现代汉语虚词手册

汉英对释

A Guide to Function Words in
Modern Chinese

主编　李晓琪
编者　任雪梅　李晓琪
　　　张明莹　徐晶凝

北京大学出版社
·北京·

图书在版编目（CIP）数据

现代汉语虚词手册/李晓琪主编；任雪梅，张明莹，
徐晶凝编 . —北京：北京大学出版社，2003.8

ISBN 7-301-06448-9

Ⅰ. 现…　Ⅱ.①李…　②任…　③张…　④徐…

Ⅲ. 汉语 – 虚词 – 现代 – 手册　Ⅳ.H146.2 – 62

中国版本图书馆 CIP 数据核字（2003）第 065614 号

书　　　　名：	现代汉语虚词手册
著作责任者：	李晓琪　主编
责 任 编 辑：	胡双宝
标 准 书 号：	ISBN 7 – 301 – 06448 – 9/H·0872
出 版 者：	北京大学出版社
地　　　　址：	北京市海淀区中关村北京大学校内　100871
网　　　　址：	http://cbs.pku.edu.cn
电 话：	邮购部　62752015　发行部　62750672　编辑部　62753334
电 子 信 箱：	zpup@pup.pku.edu.cn
排 版 者：	北京国民灰色系统科学研究院计算机室
印 刷 者：	北京大学印刷厂
发 行 者：	北京大学出版社
经 销 者：	新华书店

890 毫米×1240 毫米　A5　16 印张　460 千字
2003 年 8 月第 1 版　2005 年 3 月第 2 次印刷

定　　　　价：32.00 元

目　录

前　言 ··· *1*

Preface ·· *3*

凡　例 ··· 5

A Guide to Using the Handbook ···················· 7

副词　　Advebs ··· 1

连词　　Conjunctions ·· 249

介词　　Prepositions ·· 335

助词　　Auxiliary Words ·· 413

叹词　　Exclamations ·· 445

音序索引 ··· 453

笔画索引 ··· 475

前　言

李晓琪

　　本手册主要供具有中等汉语水平的外国人和其他母语非汉语的人学习汉语时使用。

　　汉语在类型上不同于世界其他主要语言，它缺少严格意义的形态变化。虚词是汉语表达语法关系的主要手段。它是汉语的一个重要特点，也是外国人学习汉语的难点。以非汉语为母语的外国学生在学习汉语时需要进行一种语言类型上的转换。长期从事对外汉语教学的教师都有同感，外国人学习汉语所发生的语法方面的偏误，一半以上是使用虚词不当造成的。中高级阶段的学生，甚至已经在中国取得了硕士或博士学位的外国学生，在使用一些常见的，最基本的汉语虚词时，仍然会出现错误，写出的文章还常常是疙疙瘩瘩的。简明、实用的虚词学习手册能直接有效地帮助汉语学习者学习和掌握汉语虚词的意义和用法。基于这个目的，我们编纂了这本现代汉语虚词手册。

　　本手册以汉语水平考试词汇等级大纲所列虚词为主要收词对象，并在此基础上作了适当的补充和删减。手册总条目为536条，包括副词328条，连词106条，介词56条，助词26条，叹词20条。词条除标注词性外，还标明本词条在词汇等级大纲中的类别，以方便学习者。

　　本手册具有如下特点：

　　第一，对象明确。本手册体例的设计、释义所用词汇的选择、例句难易的确定都服务于汉语学习者的需要。

第二，释义重在告诉学习者虚词的用法，而不过多地使用语法术语。例如，副词"比较"，简要说明它的意义是"表示具有一定的程度"，在此基础上，用法分列为 1. 用于形容词前。2. 用于动词前。在"用于动词前"一项中，又再进一步分为 a. 用于心理状态动词前。b. 用于其他动词性成分前。

第三，例证丰富，实用，规范，贴近人们的日常生活。从某种意义上说，本手册也是一本汉语常用句子汇编。

第四，部分条目的释义中附有"注意"和"辨析"。"注意"用以指出留学生常见的虚词使用错误，"辨析"用以指出与相近虚词之间的差异。

第五，词条的释义，用法的说明，以及"注意"和"辨析"部分有英文翻译。

第六，备有多种索引，便于使用者查阅。

本手册由韩曦做英文翻译。

限于编写者水平，本手册肯定会有不尽妥当之处，我们衷心地希望听到各方面的批评意见，以便不断改进，使之日臻完善。

2003.1

Preface

Li Xiaoqi

This handbook has been written for the learners whose native languages are not Chinese or the nonnative speakers of Chinese with medium level of Chinese.

Chinese language, which lacks strict morpheme transformation rules, is different from others. Function words, an important character of Chinese language, is then used as a main means to express grammatical functions. It is also a difficult part for nonnative speakers when they learn Chinese, because they have to transfer their mother tongue into another language type. Those who teach Chinese as a second language have found that most of the grammatical mistakes are caused by the misuse of function words. The nonnative speakers who are above medium level in Chinese language, even those who have got their master or doctoral degrees in China, often make mistakes when they use some basic function words, and their articles are still unnatural. A concise and applied function words handbook will effectively help them to grasp the meaning and usage of function words. This dictionary is going to serve this purpose.

Of 536 function words based on the Glossary Grade Synopsis of HSK, 328 are adverbs, 106 are conjunctions, 56 are prepositions, 26 are auxiliary words and 20 are exclamations. Necessary complement and reduction are made according to the Synopsis and the grade that the function word belongs to in the Synopsis is indicated so that it will be convenient for the learners.

Listed below are the characters of this handbook. First, the features of this handbook, the definitions and the sample sentences are designed for the need of nonnative speakers. Secondly, the definitions stress on the usage of function words and technical terminology has been kept to a minimum. For example, the adverb "比较"is explained as "used to indicate certain degree", then it points out that the word can be used before an adjective or a verb. Under the item "used before a verb" , it indicates that the word can be *a . used before verbs indicating state of mentality*; *b . used before other verbs*. Thirdly, the handbook supplies many useful and standard sample sentences that are often used in everyday life. In other word, this handbook can be used as a collection of Chinese everyday sentences. Fourthly, NOTE and COMPARE are used in the definitions. NOTE is used to indicate mistakes that users often make and COMPARE is used to indicate the differences between two similar function words. Fifthly, the definitions, the explanations of usage, the NOTE and the COMPARE are all translated into English. Finally, there are many indexes in the handbook, convenient for users to use.

The handbook is translated by Han Xi.

Because of our limited knowledge, this handbook is surely to have some deficiencies. We heartily hope to hear any comments on it so that we can make it perfect in the future.

2003.1

凡 例

条目安排

1. 本手册按词类分编为副词、连词、介词、助词、叹词五类。
2. 词条按音序排列。每类词条正文前有按音序排列的总表，总表前还有一个关于此类词特点的简要说明。
3. 词形、词性相同而音、义不同的词语，按不同条目分别列出。如叹词"啊"，分列为 ā、á、ǎ、à 四条。
4. 词形、读音相同而词性不同的词语，按词类分别列出。如"就"，分别出现在副词、连词、介词中。
5. 为方便学习者，本手册附有两个总索引。一是音序索引，按所有条目的第一个汉字的音序排列，并注有词性。另一个是笔画索引，按所有条目的第一个汉字笔画多少排列。两个索引均排在全书最后。

释义与例句

1. 本手册所收词语，均注明《汉语水平词汇大纲》所标明的级别和词性。例如："非常"是副词，属于《大纲》中的甲级词，手册标以[副词　甲级]。少量补充词，只标词性。例如"连忙"，只标明[副词]。
2. 释义尽量简明、通俗。一词多义的词语，不同义项用"一、二、三……"标明，同一义项中的不同用法用"1.2.3……"标明，同一用法中的不同小项用"a.b.c……"标明。
3. 每一词条的释义都附有大量用例。用例多为完整的句子，这些句子从不同的侧面说明该词条的不同用法。有时用例也以短语形式出现。

4. 例句中出现的所讲条目，用"～"代替，例句之间用"/"隔开。如果例句是疑问句或感叹句，句末加标点，其他例句句尾一律不加句号。

5. 释义中设有"注意"一项，针对常见的用法错误，作必要的提醒。有时为了进行对比说明，在一些短语或句子前加×，表示此短语或句子是错误的。

6. 某些词条在释义正文后设有"辨析"一栏，对意义或用法相近的词加以辨析。如"又"和"再"，"赶快""赶忙""连忙""急忙"等。辨析内容只在所辨析的一个条目下出现，在其余条目后注明"见'××'条"。

7. 除例句外，手册的其他部分，包括词条的释义，用法的说明，以及"注意"和"辨析"都有英文翻译。

A Guide to Using the Handbook

About the entries

1. The entries are classified into Adverbs, Conjunctions, Prepositions, Auxiliary Words and Exclamations.
2. The entries under each class are arranged in phonetic order. A list of words and a brief explanation about the word class is put at the beginning of each part.
3. A character with different pronunciation and meaning is arranged in different part. For example, "啊" is explained separately as "ā、á、ǎ、à"。
4. A character representing different word class is listed in different class. For example, "就" is explained separately in Adverbs, Conjunctions and Prepositions.
5. Two indexes, one is that of phonetic order and the other is that of strokes of the first character, will be convenient for the users.

Definitions and Sample Sentences

1. The word class and the grade showed in the Synopsis are clearly indicated. For example, "非常" is an adverb, it is a first grade character in the Synopsis, then it is represented as ［副词　甲级］in this handbook. Some complemented words are just marked part of speech. For example, "连忙" is marked as［副词］。
2. The definition of each entry is simple and easy to understand. A word with more than one meaning is marked as "一、二、三……", under "一、二、三……"is marked as "1、2、3……", then it is marked as "a、b、c……".
3. Many sample sentences and phrases are supplied in this handbook,

which show the usage of the words from different aspects.

4. The entry appeared in a sample sentence is represented as " ~ ", and "/"is used to separate two sample sentences. Only question mark and exclamation point are used after the sample sentences.

5. NOTE is used to draw attention to the common mistakes and X is used before a wrong sentence.

6. COMPARE is used to make a comparison with some similar words, such as "又" and "再","赶快""赶忙""连忙" and "急忙". It appears only after one entry, and (见"……"条)is marked after the other entries.

7. The definitions, explanations of usage, NOTE and COMPARE are all translated into English except the sample sentences.

副　词

说　明

　　副词最主要的特点是用在动词或形容词性成分的前面做状语。从语义上看,副词可以分别表示时间、范围、程度、情态方式、语气、频度和否定。如:

　　我已经去过颐和园了。("已经"用在动词前,表示时间)

　　大家都同样这样做。("都"用在动词前,表示范围)

　　他的身体非常好。("非常"用在形容词前,表示程度)

　　天气渐渐暖和了。("渐渐"用在形容词前,表示方式)

　　这幅画简直像真的一样。("简直"用在动词前,表示语气)

　　你怎么又迟到了。("又"用在动词前,表示频度)

　　我们不相信你的话。("不"用在动词前,表示否定)

　　有时副词也出现在数量词或副词前。如:

　　现在才八点钟。("才"用在数量词"八点"前,表示时间)

　　我最不喜欢吃面条了。("最"用在另一个副词"不"前,表示程度)

　　学习副词的时候,有两类副词要特别注意。一类是程度副词,如"很、非常、最、更、稍微"等。因为程度副词多用来表达某种性状所达到的程度,所以后面一般跟形容词或表示心理状态的动词(如"喜欢、想、讨厌、愿意、怕"等)。另外,一部分程度副词("更、更加、稍微"等)常常用在"比"字句中,如"他比我稍微高一点儿"。另一部分("很、非常、最、顶、极、十分、太"等)则不能用在"比"字句中,如"X 他比我很高"。

　　另一类需要特别注意的是语气副词。语气副词主要用来表达或加强各种各样的语气,传达出说话人的情感态度。如"偏偏、幸好、究竟、竟然、难道"等。语气副词往往出现在句子的最前面,它们一般不能用在疑问句中。

　　学习副词时,还要注意对意思相近的副词进行辨析,注意它们在意义和用法上的差别。比如"又"和"再"都可以表示动作重复,但"又"一般用于已经发生的情况,而"再"则用于还未发生的情况。再如"已经"和"曾经"都表示在过去的时间里发生的事,但"曾经"可以和"过"一起使用,却不能和"了"一起使用;"已经"却都可以。

　　对于以上各点,本手册都做了必要的说明。

A BRIEF INTRODUCTION TO ADVERBS

The most important character of an adverb is that it can be used to qualify a verb or an adjective. It is used to show time, scope, degree, modal manner, mood, frequency or negative. For example:

我已经去过颐和园了。("已经"is used before a verb to show time)

大家都同样这样做。("都"is used before a verb to show scope)

他的身体非常好。("非常"is used before an adjective to indicate degree)

天气渐渐暖和了。("渐渐"is used before an adjective to show manner)

这幅画简直像真的一样。("简直"is used before a verb to indicate mood)

你怎么又迟到了。("又"is used before a verb to indicate frequency)

我们不相信你的话。("不"is used before a verb to indicate negative)

Sometimes an adverb is used before a quantifier or another adverb. For example:

现在才八点钟。("才"is used before a quantifier to show time)

我最不喜欢吃面条了。("最"is used before another adverb to indicate degree)

Users should pay special attention to two kinds of adverbs. One is the adverbs indicating degree, such as"很、非常、最、更、稍微". Because these adverbs are used to show the degree some characters can reach, they are often followed by adjectives or verbs indicating the state of mentality, such as "喜欢、想、讨厌、愿意、怕". Some adverbs ("更、更加、稍微") are often used in comparative sentences. For example: "他比我稍微高一点儿". But adverbs such as "很、非常、最、顶、极、十分、太" can not be used in comparative sentences. For example, you cannot say "他比我很高"。

The other kind of adverbs is the ones used to indicate mood. They are used to show or strengthen various mood and to express the feelings of the speakers, such as "偏偏、幸好、究竟、竟然、难道". They are often put at the beginning of sentences, and can not be used in questions.

Users should also pay attention to the differences between some synonyms. For example, "又" and "再" are both used to indicate the repetition of an action, but "又" is used when the situation has already happened, while "再" is used to show that the situation has not happened. Another example is "已经" and "曾经". Both are used to show something happened in the past, but "曾经" can be used together with "过" and cannot be followed by "了", while "已经" can be followed by both.

The points mentioned above have been discussed in the handbook.

副词总表

A		不定	bùdìng
		不断	bùduàn
按期	ànqī	不妨	bùfáng
按时	ànshí	不禁	bùjīn
暗暗	àn'àn	不料	bùliào
		不免	bùmiǎn
B		不时	bùshí
白	bái	不停	bùtíng
白白	báibái	不要	bùyào
本	běn	不宜	bùyí
本来	běnlái	不用	bùyòng
甭	béng	不由得	bùyóude
比较	bǐjiào	不曾	bùcéng
必	bì	不至于	bùzhìyú
必定	bìdìng	不住	bùzhù
必须	bìxū		
毕竟	bìjìng	**C**	
便	biàn	才	cái
别	bié	曾	céng
并	bìng	曾经	céngjīng
并非	bìngfēi	差点儿	chàdiǎnr
不	bù	常	cháng
不必	bùbì	常常	chángcháng
不大	bùdà	乘机	chéngjī

重	chóng	都	dōu
重新	chóngxīn	独自	dúzì
处处	chùchù	顿时	dùnshí
从来	cónglái	多	duō
从头	cóngtóu	多半	duōbàn
从未	cóngwèi	多亏	duōkuī
从小	cóngxiǎo	多么	duōme
从中	cóngzhōng	**E**	
凑巧	còuqiǎo		
D		而后	érhòu
		F	
大半	dàbàn		
大大	dàdà	凡	fán
大都	dàdōu	凡是	fánshì
大多	dàduō	反	fǎn
大概	dàgài	反倒	fǎndào
大力	dàlì	反而	fǎn'ér
大肆	dàsì	反复	fǎnfù
大约	dàyuē	反正	fǎnzhèng
大致	dàzhì	非	fēi
单	dān	非常	fēicháng
倒	dào	分别	fēnbié
到处	dàochù	分外	fènwài
到底	dàodǐ	奋勇	fènyǒng
的确	díquè	**G**	
顶	dǐng		
定向	dìngxiàng	赶紧	gǎnjǐn

赶快	gǎnkuài	忽然	hūrán
赶忙	gǎnmáng	胡	hú
刚	gāng	胡乱	húluàn
刚刚	gānggāng	互相	hùxiāng
格外	géwài	缓缓	huǎnhuǎn
更	gèng	回头	huítóu
更加	gèngjiā	或许	huòxǔ
公然	gōngrán	**J**	
共	gòng		
姑且	gūqiě	几乎	jīhū
怪	guài	及早	jízǎo
光	guāng	即将	jíjiāng
果然	guǒrán	极	jí
过	guò	极度	jídù
过于	guòyú	极力	jílì
H		极其	jíqí
		简直	jiǎnzhí
还	hái	渐渐	jiànjiàn
还是	háishì	将	jiāng
好	hǎo	将要	jiāngyào
好容易	hǎoróngyi	较	jiào
好像	hǎoxiàng	皆	jiē
好在	hǎozài	接连	jiēlián
何必	hébì	竭力	jiélì
何等	héděng	仅	jǐn
很	hěn	仅仅	jǐnjǐn

尽管	jǐnguǎn	连夜	liányè
尽快	jǐnkuài	另外	lìngwài
尽量	jǐnliàng	陆续	lùxù
净	jìng	屡次	lǚcì
竟	jìng	略微	lüèwēi
竟然	jìngrán	**M**	
究竟	jiūjìng		
就	jiù	马上	mǎshàng
就地	jiùdì	没	méi
就近	jiùjìn	没有	méiyǒu
居然	jūrán	每	měi
决	jué	猛然	měngrán
K		明明	míngmíng
		莫	mò
可	kě	默默	mòmò
可巧	kěqiǎo	**N**	
恐怕	kǒngpà		
L		难道	nándào
		难以	nányǐ
来回	láihuí	**O**	
老	lǎo		
立即	lìjí	偶尔	ǒu'ěr
立刻	lìkè	**P**	
连	lián		
连连	liánlián	怕	pà
连忙	liánmáng	偏	piān

偏偏	piānpiān		**S**	
颇	pō			
	Q		尚	shàng
			稍	shāo
其次	qícì		稍微	shāowēi
其实	qíshí		甚至	shènzhì
恰好	qiàhǎo		十分	shífēn
恰恰	qiàqià		时常	shícháng
恰巧	qiàqiǎo		时而	shí'ér
千万	qiānwàn		时时	shíshí
悄悄	qiāoqiāo		实在	shízài
且	qiě		始终	shǐzhōng
亲笔	qīnbǐ		势必	shìbì
亲手	qīnshǒu		是否	shìfǒu
亲眼	qīnyǎn		首先	shǒuxiān
亲自	qīnzì		顺便	shùnbiàn
全都	quándōu		顺手	shùnshǒu
却	què		说不定	shuōbudìng
	R		私自	sīzì
			似乎	sìhū
任意	rènyì		随后	suíhòu
仍	réng		随即	suíjí
仍旧	réngjiù		随时	suíshí
仍然	réngrán		随意	suíyì
日益	rìyì		索性	suǒxìng
擅自	shànzì			

先	xiān
先后	xiānhòu

T	
太	tài
特别	tèbié
特此	tècǐ
特地	tèdì
特意	tèyì
挺	tǐng
统统	tǒngtǒng
偷偷	tōutōu

现	xiàn
相	xiāng
相继	xiāngjì
向来	xiànglái
幸好	xìnghǎo
幸亏	xìngkuī
徐徐	xúxú
许	xǔ

W	
万分	wànfēn
万万	wànwàn
万一	wànyī
往往	wǎngwǎng
惟独	wéidú
未	wèi
未必	wèibì
未免	wèimiǎn
无从	wúcóng
无非	wúfēi
勿	wù
务必	wùbì

Y	
眼看	yǎnkàn
也	yě
也许	yěxǔ
一	yī
一旦	yīdàn
一道	yīdào
一度	yīdù
一概	yīgài
一个劲儿	yīgejìnr
一共	yīgòng
一会儿	yīhuìr
一举	yījǔ
一口气	yīkǒuqì
一块儿	yīkuàir
一连	yīlián

X	
瞎	xiā

一律	yīlǜ	Z	
一齐	yīqí		
一起	yīqǐ	再	zài
一同	yītóng	再三	zàisān
一头	yītóu	在	zài
一下儿	yīxiàr	暂	zàn
一下子	yīxiàzi	暂且	zànqiě
一向	yīxiàng	早	zǎo
一一	yīyī	早日	zǎorì
一再	yīzài	早晚	zǎowǎn
一直	yīzhí	早已	zǎoyǐ
依次	yīcì	照例	zhàolì
依然	yīrán	照样	zhàoyàng
已	yǐ	真	zhēn
已经	yǐjīng	正	zhèng
毅然	yìrán	正巧	zhèngqiǎo
硬	yìng	正在	zhèngzài
永远	yǒngyuǎn	直	zhí
尤其	yóuqí	只	zhǐ
有点儿	yǒudiǎnr	只得	zhǐdé
有时	yǒushí	只顾	zhǐgù
有些	yǒuxiē	只管	zhǐguǎn
又	yòu	只好	zhǐhǎo
预先	yùxiān	只能	zhǐnéng
原来	yuánlái	只是	zhǐshì
约	yuē	只是	zhǐyǒu

至于	zhìyú	专程	zhuānchéng
终	zhōng	自行	zìxíng
终究	zhōngjiū	总(是)	zǒng
终于	zhōngyú	总共	zǒnggòng
逐步	zhúbù	总算	zǒngsuàn
逐渐	zhújiàn	足以	zúyǐ
逐年	zhúnián	最	zuì

按期 ànqī [副词 丙级]

依照规定的日期。

used to indicate that something is done on schedule; mostly applying to official regulations or business; on schedule; on time:

借图书馆的书要～归还/住宅大楼～交付使用/两条公交线路～实现全线通车/居民们总是～交付房租和水电费/贷款买房的人必须～到银行办理各种手续/小王在外地工作,他～给父母寄钱和包裹/工厂～向工人们支付合同上规定的工资

按时 ànshí [副词 乙级]

依照规定的时间。

used to indicate that something is done on time; can apply to a time limit set temporarily for private affairs; on time; on schedule:

医生让我～吃药/我们保证～完成工作/我们买的冰箱,商场会～送来,不用自己运/经理～去公司签合同/我们跟出版社有协议,必须～给出版社送交稿件/小胖总看电视,妈妈不催他,不会～睡觉

暗暗 àn'àn [副词 丙级]

一、动作、行为不公开地或无声地进行,后面可以加"地"。

used together with "地" to indicate that something is done quietly; secretly; inwardly:

小王～向朋友点了点头,示意他坐下/看到别人都快做完了,他～加快了手上的动作/我～地对自己说:"别担心,口试会通过的。"

二、心理活动不公开、不显露出来。修饰表示心理活动的词语。

used to modify verbs that describe a person's private thoughts or feelings; to oneself; inwardly:

同事们～地称赞他做事细心/看了成绩单,妹妹～难过起来/观众在～比较这两个主持人水平的高低/老刘突然病了,

大家~地吃了一惊

出现在某些单音节词前,有时用"暗"。

sometimes "暗" is used before some monosyllabic words:

他刚到公司就当了部门经理,许多人~把他看做竞争对手/
这十年来我~崇拜着的那位演员宣布退出演艺界了

白 bái [副词 乙级]

一、表示动作、行为没有达到预期的目的,没有取得应有的效果
或没有起到应有的作用。

used to indicate that some expected aim, result or deserved re-
ward has not been reached; in vain; for nothing; to no purpose:

大家~劝了他半天,他还是不想改变主意/我们~逛了一
天,一件衣服也没有买到/小王没当上经理,~高兴了一场/
你~念了那么多年的书,连份工作也找不到/他平平安安地
回来了,我们~为他担心了/你每天也很辛苦,我们不能~
让你给我们干活儿

二、表示没有付出任何代价而得到好处。

used to indicate that one gets some profit without payment; free
of charge; gratis:

这瓶酒是厂家~送的/小时候我们总是挤进电影院,~看电
影/机场的公用电话不能~打,得交费/你别想躺在家里~
吃~喝,赶紧去找一份工作

三、表示做了坏事却不受惩罚。

used to indicate that one does evil deeds without being pun-
ished:

你~撞人呀? 得出医药费/你们~花了国家的钱,心里好受
吗? /你不能~打我的孩子,我要去找警察/想逃跑? 你骗
了人就~骗吗?

【辨析】 白 白白 (见"白白"条)

compare 白 白白 (see "白白")

白白 báibái [副词 丙级]

一、同"白"一,表示动作、行为没有达到预期的目的,没有取得应有的效果或没有起到应有的作用。

same as "白" 一; in vain; to no purpose; for nothing:

我们~等了你半天,你不来也该打个电话呀/我们昨天~准备了一个晚上,今天根本没有考试/~做了计划,领导又改变了想法/原来你不打算买呀,~帮你讨价还价了/~地给他做了好几身衣服,他不来取,咱们就拿不着手工钱了/你得付点儿钱,我不能~给你提供信息呀

二、同"白"三,表示做了坏事却不受惩罚。

same as "白" 三:

难道我是给你~欺负的吗?/这些坏人有枪,~抢走了旅游者的钱物/不能让你们~虐待老人,法律会惩罚你们/不能让他~剥削我们,大家一起辞职,不给他干了

【注意】 NOTE

"白白"不能修饰单个的单音节词,

"白白" can't be used to modify single monosyllabic word:

例如不能说:"×白白看半天说明书/×道理白白讲了/×药白白吃了",应改为:"白看了半天/道理白讲了/药白吃了"。

【辨析】 白 白白

compare 白 白白

(1)"白白"没有"白"的第二个意思。

"白白" doesn't have the second meaning of "白".

(2)"白白"不能修饰单个的单音节词,而"白"可以。

"白白" can't be used to modify single monosyllabic word.

(3)"白白"后面可以加"地","白"后面不能加。

"白白" can be followed by "地" while "白" can not take it.

本 běn ［副词 乙级］

一、表示"原先"、"先前"，含有现在或后来已有改变的意思。

used to indicate that some change has taken place; formerly; originally; at first; initially:

他～是河南人，十几岁时跟随父母到了北京/我～不清楚这段历史，看了一些历史书以后才弄明白/小王～姓李，后来随母亲姓王了/他～不想去，可一听说有舞会，又打扮上了/前几天～已商定了条件，可他们又忽然变了/他～没上过大学，却以惊人的毅力自学成才

二、表示按道理应该这样，相当于"本来"、"原本"，与助词"该、想、要、能"等配合使用。后面常有表示转折的内容。

similar to "本来"、"原本", often used together with "该、想、要、能" in the first clause of a sentence, implying that the fact or the result is not so, usually followed by eaplaination; originally; normally; one would expect that:

这件事～该向您请示，但当时来不及了/老刘～想亲自送来，可他家来了客人，走不开/我～要提醒你，可你当时哪里听得进去呀/孩子～能考得更好些，可他这些日子一直发烧，根本没复习/我～不应该过问这些事，可是你们办得实在太差了

【注意】 **NOTE**

(1) "本"多用于书面语，口语常用"本来"。

"本" is often used in written language, while "本来" is used in spoken language.

(2) "本"多修饰单音节词语。

"本" is often used to modify monosyllabic words.

例如不能说："×我～了解这里的情况，听了你的介绍反倒不清楚了/×领导～考虑让你接替这份工作，可是你不懂日语，不太方便/×他～参加了这个项目，后来觉得太辛苦，又退出了"，以上各句都应用"本来"。

本来 běnlái ［副词 乙级］

一、原来,起强调作用。常和"就"一起用。

used together with "就" for emphasis; originally; at first:

这儿~很荒凉,最近几年才发展起来/你~就够瘦的了,不能再减肥了/他讲的~就不对,为什么一定要听他的/我~不想去的,他们一再邀请,我就答应了

二、按道理应该这样。

used to indicate a situation that something should happen but did not:

1. 词部分有助动词"应该、会、能"等。

used together with "应该、会、能" etc.:

这次考试,我~应该考得更好,偏偏考试那天发烧了/按他的条件,~能够成为一名优秀的短跑运动员,但因身体原因,他退出了体育界/那场比赛,我们~会赢的,不巧主力队员受伤了,不能上场

2. "本来 + 嘛"。单独使用。显而易见的意思更加强烈。

followed by "嘛" to indicate an obvious situation; it goes without saying:

~嘛! 他说的就是有道理/~嘛! 事实就是如此/你也别生气了,~嘛! 你这样做完全是好意/让他回去是应该的,~嘛! 他根本没资格参加这个会议

甭 béng ［副词 丙级］

是"不用"的合音,多用于口语。

spoken language; a contraction of "不用":

一、表示禁止或劝阻,相当于"别"。

used in an imperative sentence to advise sb. to refrain from, same as "别"; do not:

集合时间到了,快走吧,~买纪念品了/你~拿违反法律吓人,我们有理,不怕!/他爱说谎,~把他的话当真/他是个严肃的人,你们~跟他乱开玩笑/孩子一直咳嗽,你~不在

意,当心转成肺炎/~得意,还不知道最后结果呢

二、表示不需要。

needn't:

你认识他啊,那我就~介绍了/小王来电话说他家里有事,我们~等他了/您~担心,他能照顾好自己/我认识路,~打听了/自己家人,~客气/你~谦虚了,大家信任你,你就给大家出个主意吧

三、固定用法。

set phrases:

a.甭说,(就是)…

let alone; to say nothing of:

他发起脾气来,~说一个人,十个人也劝不住/别担心,~说一个小问题,再大的困难也吓不倒我们/北京这几年变化真大,~说外地人,就是老北京也常常找不着方向/~说大后天才要,就是明天用,我也做得完/你治病要紧,~说要几千块,就是上万块,我们也帮你想办法

b.甭提(多+形容词)了/啦

you can well imagine:

他这个人~提多热情啦,见了面就问寒问暖的/他刚工作,听别人叫他老师,~提多高兴了/孩子得了重病,父母~提多难过了/听说参加比赛的人都得到了精美的纪念品,小王心里~提多后悔了/每天跟一个爱计较的人一起工作,~提多难受了/累了一天,回家吃上一大碗母亲亲手做的热气腾腾的面条,那舒服劲就~提啦

【辨析】 不用 甭 (见"不用"条)

compare 不用 甭 (see"不用")

比较 bijiào [副词 甲级]

表示具有一定的程度。

used to indicate a certain degree; comparatively; relatively; fairly; rather:

一、用于形容词前。

　　used to modify an adjective：

　　～好/～热/～饿/～干净/～舒服/～方便

二、用于动词前。

　　used before verbs：

　a. 用于心理状态动词前。

　　used before a verb indicating mental activities：

　　领导对他～放心/他对我还～尊敬/大家都～乐意帮助她/
　　他对我的回答～满意/我～讨厌他,一般不理他/～恨他

　b. 用于其他动词性成分前。

　　used before other verbs：

　　我是～能睡的,一个午觉能睡三个小时/他这个人～敢说敢
　　当/你分析得～有道理/我哥哥～有钱/这本字典～有用/现
　　在,电脑专业毕业的大学生,～受社会欢迎/翻译外文小说
　　是～花时间的/这个办法～解决问题/这个人～靠得住,交
　　给他的事他都能尽力去做好/因为这事和我们关系不大,所
　　以我们还～沉得住气

【注意】　NOTE

　　　　(1)"比较"不用于否定式。

　　　　　"比较"can't be used in negative sentences：

　　　　"×不～好/×～不好/×不～能睡/×～不能睡"等都
　　不能说。

　　　　(2)"比较"不用于"比"字句。

　　　　　"比较"can't be used in a sentence with"比"：

　　　　"×今天比昨天～冷"是错句,应该说："今天比昨天冷
　　一点儿"。

【辨析】　比较　较

compare　比较　较

　　　　(1)"较"多修饰单音节形容词,"比较"不受限制。

　　　　　"较"is used to modify a monosyllabic adjective.

　　　　(2)"较"用于书面语,口语中少用。

"较"is often used in written language.

例如:忽然一个年纪较大的孩子埋下头来鞠躬了,其余的人马上都低下头来。

必 bì [副词 丙级]

书面语词,多修饰单音节词。

written language, used to modify a monosyllabic word:

一、同"必定"一,表示判断或推论是非常确实的,偏重于客观性。

same as "必定"一; used to indicate that the inference is unquestionable, laid particular stress on objectivity; be bound to; be sure to; surely:

他答应的事~能办到/放暑假前办公室~会通知大家/他这样做~有他的道理/谈判难以进行,双方~有误会/害人的人~将受到惩罚

二、同"必定"二,表示态度非常坚决,偏重于说话人的主观意志,多用于第一人称。

same as "必定"二; used to emphasize the speaker's subjective purpose, be resolve to; be certain to:

人若犯我,我~犯人/这件事我~定要调查到底/一旦发现他有违法行为,我们~去法院告他

三、相当于"必须",表示条件。

same as "必须", used to indicate the condition; must; necessarily; ought to:

从这里坐船去韩国,天津港是~经之地/文件上~有负责人的签字才算有效/~够十人以上,才可以办理团体票/在银行换外币,~填几张表格/这学期只有~修课,选修课都在下学期/地图、药品、雨具、手电等都是旅行~备之物

【注意】 **NOTE**

"必"的否定形式是"未必"或"不一定"。例如:

The negative form for "必"is"未必"or"不一定".

"他不是守信用的人,答应的事也未必办到/我们公司的损失不大,我们未必会去法院告他/不一定非要有十个人,五六个也可以出发/谈判难以进行,不一定有什么误会,可能双方对条件还不满意。

必定   bìdìng   [副词   丙级]

一、表示判断或推论是非常确实的,偏重于客观性。

used to indicate that the judgement or inference is unquestionable; be bound to; be sure to; surely:

1. 用在能愿动词"能、会、要、得"等之前。

used before modal verbs:

"能、会、要、得":明后天,~能收到他的信/这场大雪过后,空气~能湿润起来/既然他让你去,~会安排好你的工作和生活/服装店正在纷纷降价,女孩子们~要忙着挑选一番/开办这么大规模的工厂,~得有大量的资金

2. 用在"是"字句、"有"字句中。

used in sentences with "是"or "有":

他很怕别人提到他的过去,~是有过不幸的遭遇/他们几次打电话来,~是对我们提供的信息感兴趣/~是她自己也不太满意,否则父母怎么会对她的男朋友那么不热情/这种洗衣机连续几年销售量第一,质量~是相当好的/广告界竞争激烈,他能发展起来,~有很强的能力/他敢于主动承担这件事,~有相当的水平

3. 用在某些形容词前。

used before some adjectives:

敌人~失败,我们~胜利/他奶奶认为北方人~粗心大意,其实不是这样的/跟爱忌妒的人交朋友~不舒服/身体那么弱的人,心情~也不太愉快

二、表示意志或态度非常坚决,偏重于说话人的主观意志,多用于第一人称。

used to stress on the speaker's subjective purpose, be resolve to; be certain to:

> 等我毕业回来,~跟你结婚/我~按时寄钱给你们,让你们
> 读完大学/不管时间多么紧张,我们厂也~会按期交货的/
> 你需要的材料,我们~尽快送去

【注意】　NOTE

> "必定"的否定形式是"未必"或"不一定"。
>
> the negative form for "必定" should be "未必" or "不一
> 定".

必须　bìxū　[副词　甲级]

表示事实上或情理上一定要,含有强调语气。

used for emphasis; must:

1. 必须 + 动词/形容词。

   必须 + v. / adj.:

   > 明天你~送到,不然,一切后果由你负责/这样不行,你~照
   > 他说的去做/出院恢复一段时间后,~回来做手术/听音乐
   > 会~穿得正式一些/他太胖了,你给他买衣服~肥一点儿/
   > 想学好汉语~努力/学校的书店~大,~方便学生买书

2. 必须 + 小句。

   必须 + clause:

   > 这件事别人办不了,~你亲自去一趟/你来不行,~你们领
   > 导来才行/~写在这儿,别的地方不行/学校组织孩子一起
   > 出去玩,~要父母陪同吗?

【注意】　NOTE

> 否定形式为"不必、无须"。如:
>
> the negative form for "必须" is "不必" or "无须".

这件事很容易,不必你亲自去/去参加这样的聚会,你无须
穿得那么正式

毕竟　bìjìng　[副词　丙级]

一、表示对某种原因的强调,指出关键所在。

used to emphasize some reason and indicate the crucial point of the matter; after all; when all is said and done; in the final analysis; all in all:

1. 用于谓语动词前。

used before verbs:

他~还是个孩子,不要要求他太多/他~大学毕业,思考问题比较冷静、全面/~是春天了,冷也冷不到哪里去了

2. N毕竟是N,N为同一名词。

in the set phrase "N毕竟是N", N is the same noun:

孩子~是孩子,别对他太严厉/专家~是专家,就是懂得多/外国人~是外国人,汉语很难说得跟中国人一模一样

二、终于、最后。用于书面语。多出现在"虽然…但是(可是)…毕竟…"句式中。

written language, often used in the sentence structure "虽然…但是(可是)…毕竟…"; at last; in the end; finally:

虽然我们花费了不少时间,可我们~成功了,所以还是值得庆祝的/虽然哥哥考了两年才考上大学,但~是考上了,全家人都很高兴/虽然大家都劝她别去国外留学,可她没有听大家的劝告,~还是走了

便 bián [副词 乙级]

跟"就"相当。常见于书面语。

usually written language; used in the same way as "就", but more formal:

一、表示某种情况或动作早已发生或存在。多用在表示时间的词语后。

often used after a temporal word or phrase to indicate that something happened long ago:

他三岁时~先后失去了父亲和母亲/早在去年,她~独自一人去了海外谋生/哥哥从小~立志当一名宇航飞行员/大学毕业那年,他们俩~双双来到了西藏工作/多少天以来,病

人～一直昏迷不醒

二、表示动作在很短时间内就发生或两个动作紧接着发生。有"立刻""马上"的意思。句中可以同时出现"立刻"或"马上",更强调动作发生得快。有时也说成"一…便…"。

used in the sentence structure"一…便…", sometimes"便" can be followed by"立刻"or"马上"; at once; immediately; as soon as:

会刚结束,她马上～离开了会场/小王真聪明,经理只朝他递了个眼色,他立刻～领会了经理的意思/他太累了,刚躺下～睡着了/这门课不难,我一听～懂/他们学得都很快,一教～会/咱们明天早上天一亮～出发/真不巧,我们刚一出门～下起了大雨/一场秋雨过后,天～很快凉了下来/别着急,手续一会儿～好

别　bié　[副词　甲级]

一、用于祈使句,表示劝阻或禁止,相当于"不要"。

used in an imperative sentence to indicate dissuasion or prohibition; don't:

1. 用于动词或形容词前。

used before a verb or adjective:

老师讲课的时候你们～说话/～关电视,我还要看比赛结果呢/～在这儿钓鱼,这儿不安静/考试时～粗心大意的/妹妹不会有事的,您～太着急了/学电脑得多练习,～怕出差错

2. 用于主谓词组前。

used before a subject-predicate word group:

跟大家一起聊天吧,～一个人坐在那里想心事/～你一句,我一句的,一个说完另一个再说/～三十几岁的人还那么贪玩/～年轻轻的人整天不说不笑的

3. 用于对话中,接着对方的话说时,可以单用。

used in conversation:

A:我先走了。B:～,吃了饭再走吧/A:我不想见他。B:～,以后每天得一起工作,怎么能不见面呢/A:这张邮票我

拿走了！B:~,~,这种邮票我只有这么一张/A:后天交作文可以吗？B:你~,还是明天交来吧

二、表示推测、猜测，所推测、猜测的内容往往是说话人不愿意发生的。"别"常与"是"或"不是"合用，意义上并无区别，句末常有语气助词"吧"。

usually followed by "是" or "不是" to indicate an undesirable conjuncture, "吧" is often used at the end of the sentence：

他这么晚还没回来，~(不)是出什么事了吧/价钱这么便宜，~(不)是质量不好吧/给他打了好几次电话，一直占线，~(不)是电话没放好吧/一家人都肚子疼，~(不)是吃了不新鲜的东西了吧/她对我们这么冷淡，~(不)是谁得罪她了吧

【注意】 **NOTE**

在表示推测、猜测这种用法上，如果后面是主谓词组，只能用"别是"，不能用"别"。

"别" can't be followed by a subject-predicate word group to indicate an undesirable conjuncture.

例如不能说："×~质量不好吧/×~电话没放好吧/×~谁得罪她了吧"。

三、固定用法。

set phrases：

1. 别说…,就是…,也…

~说一顿普通的晚饭，就是一桌宴席，我也做得出来/这么好的小说，~说五十本，就是一百本也卖得出去/工资这么低，~说养老人和孩子，就是我自己吃饭也不够啊/大热的天，~说去逛街了，就是躺在宿舍里不动，也直出汗呀

2. 别看…

~看山本才学了半年汉语，已经说得相当不错了/~看他是个小伙子，他特别会带孩子/~看他年纪不大，见识可不少/~看老王从早到晚地忙，精神却特别好

3. 别提(+多+形容词)了/啦

女朋友跟他分手了,这些天他~提多难过了/小孙子摔了一跤,奶奶~提多心疼啦/这种布鞋软和,透气,穿在脚上~提多舒服啦/人家丢了钱包,心里~提多烦了,你还和人家开玩笑/这台新电脑工作起来,那个快劲儿就~提啦

并 bìng ［副词 乙级］

加强否定语气,含有反驳对方,说明真实情况的意味。后面有"不、没、未、无"等词与之呼应。

used before a negative("不、没、未、无")for emphasis, usually used to make a retort:

我~不知道他的情况,你别问我/这种网球拍~不好看,还是买那种吧/他~没有回答你的问题,你难道没听出来吗? /他自己要去,我~没有让他去啊/这种药~无副作用

并非 bìngfēi ［副词 丁级］

并不是,加强否定语气,带有反驳意味。后面常有"而是、只是、不过、是"等词与之呼应。

used as a retort for emphasis, usually. followed by "而是、只是、不过、是":

1. 用于谓语动词前。

   used before a verb:

   你搞错了,那个姑娘~他的女朋友,而是他弟弟的女朋友/我~是故意欺骗他,只是不想让他过早地知道事实真相/事实~如此/我~不了解他的困难,只是真的没有能力帮助他/他~不通情达理,而是迫不得已才那样做的

2. 用于句首。

   used at the head of a sentence:

   ~这儿的生活不方便,是你还不太熟悉这儿的情况/~我不想关心他,而是他不想接受我的帮助/~天气太冷,而是你穿得太少了

不 bù ［副词 甲级］

表示否定。

used to indicate negative：

1. 用在动词、形容词前，否定行为、性质、特点。

used before a verb or an adjective to negate an action, quality or character：

> 他~来上课/我~想去旅游/小刘~会说话，~讨人喜欢/苹果~酸/这篇文章~长

2. 单用。

used independently：

a. 上下文清楚时，"不"可以单独回答问话。

used as a negative reply to a question when the context is evident：

> A:小王明天来吗? B:~,他后天来/A:你以前没见过王教授吧? B:~,我听过他的演讲/A:你和我们一起吃饭吧! B:~了,谢谢/A:再给您倒点儿咖啡吧! B:~啦,喝得不少啦

b. 用"不"否定前面的话，引出正确的说法。

used in between two sentences to deny the first one：

> 我们已经十年，~,十二年没见面了/明天上午九点，~,九点十分吧,我在南门外等你们/小李来信向你，~,向你们全家表示祝贺/合同签字仪式推迟到后天上午，~,推迟到大后天上午举行

3. 用在少数名词或名词性成分前。

used as a negative prefix before a none or none-equivalent to form an adjective：

> 这些房屋排列得很~规则/少数~法商人卖假冒商品/偷看别人的日记是~道德的行为

4. 用在介词短语前。

used before a prepositional phrase：

> 他从来~在自由市场买东西/咱们~从学校出发/他从~向

困难低头/～朝楼下扔东西/～给别人找麻烦

5. 用在动词、形容词和补语中间,表示不可能达到某种结果。

   used between a verb and its complement to indicate negation:

   活太多了,我干～完/这件事很复杂,一句话说～清楚/快叫
   保安人员过来,这个人喝醉了,我们对付～了(liǎo)/堵车真
   厉害,照这样,晚上八点也回～去家/公司遇到了难题,他怎
   么也高兴～起来/我们去帮帮老赵吧,她一个人实在忙～过
   来

6. 用在重叠的词中间。

   inserted in a reduplicated word to form a set structure:

   a. A 不 A(A 为动词或形容词)。表示疑问。

   used between a reduplicated verb or an adjective to express
   query:

   你吃～吃? /她是～是你姐姐? /你能～能给我留个地
   址? /大家一起去,好～好? /北京的东西便宜～便宜? /
   你们搬到城外后,买东西方便～方便?

【注意】　NOTE

   A 为双音节成分时,往往只重复前一个音节。

   when the verb or adjective is a disyllable, usually the first
   syllable is repeated.

   打～打针? /这件事告～告诉老刘? /她画的画漂～漂
   亮? /丢了钱包,你难～难过?

   b. 什么 A 不 A 的(A 为动词、形容词或名词)。表示不在
   乎,无所谓的态度。

   used to express an attitude of not mind, not care; A is a verb,
   noun or adjective:

   什么谢～谢的,咱俩还用客气吗? /什么请教～请教的,有
   问题大家一起讨论吧/什么贵～贵的,需要的话,咱们就买/
   什么时髦～时髦的,我喜欢我就穿/什么钱～钱的,看病要
   紧,别的你先甭考虑/什么宝贝～宝贝的,既不能吃,又不能
   穿,有什么用?

c. "不管 A 不 A(A 为动词或形容词)"或"管它(他)A 不 A"。
表示无论这样还是不这样。常与"都、也"等配合使用。
often with "都、也"; regardless of; in any case; no matter
(what, how, etc.)：

不管去～去,你都得给我们打个电话/反正你已经提醒他们
了,不管他们听～听你的,你都没有责任/我们都准备好了,
管他回～回来,都能按时出发/饭菜都摆好了,不管爱吃～
爱吃,你都吃一点儿,别让主人不高兴/她爱买东西,不管需
要～需要,看见喜欢的就买回家去/年轻轻的,怎么能总在
家里闲着? 找份工作,管它合适～合适,也比闲着强

d. 爱 A 不 A(A 为动词)。表示无论这样还是不这样都随便,
含有不满意的意味。
A is a verb; used to indicate displeasure：

反正我给你做了饭,你爱吃～吃/钱我放在这儿了,你爱拿
～拿/他爱信～信,反正我说的都是实话

有时"爱 A 不 A"偏重于否定方面。

sometimes this structure is used to stress negation：

这个售货员对顾客爱理～理的,真不像话/你爱信～信,反
正我没骗你/我不去,我没有责任通知他们,他们爱知道～
知道

7. 不 A 不 B

a. A、B 为意思相同或相近的单音节词。表示既不 A,也不 B。
used with two synonyms or analogues as a somewhat emphatic
form of "not"：

他～声～响地走了进来/小赵可能有心事了,好多天～说～
笑/他又～傻～呆,怎么能听不懂您话里的含义? /有困难
大家帮你想办法,你～吃～喝的怎么行?

b. A、B 为意思相对的单音节形容词或方位词。表示适中。
used with two antonyms to indicate "just right"; neither...
nor...; not...not...：

蛋糕～软～硬,很好吃/～多～少,正好一个人两个苹果/北

京的十月,~冷~热,非常舒服/小李~高~矮,~胖~瘦,
穿什么衣服都好看/我们的座位~前~后,看电影很合适

c. A、B 为意思相对的单音节动词、形容词、名词或方位词。
表示既不 A,也不 B,带有不满意的语气。

used with two antonyms to indicate a dilemma; neither...
nor...; not...not...:

生意搞得不好,~死~活,真急人/房间布置得~土~洋、~
中~西的/瞧你的打扮,~男~女,又留胡子又扎小辫,奶奶
能不生气吗?/~早~晚,偏偏在我考试的时候来旅游,我
没时间陪他们/有意见直说,别说些~三~四的话

d. A、B 为意思相对或相关的动词或短语。表示如果不 A,就
不 B。

A,B are two verbs or phrases contrary or interrelated in mean-
ing; not...without; not...unless:

明天下午四点钟在南门,咱们~见~散/下星期去农村实
习,~参加~行/~打~相识,他俩通过一场误会倒成了好
朋友/我闯红灯被警察收了驾驶执照,~交罚款~发还执照
/他丢了自行车,朋友们都安慰他说旧的~去,新的~来

8. 不是 A 就是 B。表选择。

used to indicate a choice; either A or B:

你每天~是迟到就是早退,从不遵守时间/他对孩子~是打
就是骂,一点儿耐心也没有/听他的口音,~是山东人就是
河北人/反正得有个人过去一下儿,~是老王就是小王

"是"有时候可以省略。

sometimes "是"can be omitted.

我们办公室的年轻人特别活泼,休息的时候~(是)唱就
(是)跳/最近老刘不知道迷上了什么,整天在纸上~(是)写
就(是)画的

9. 不 A 就 B。表假设,如果不 A 就 B。

used to indicate a presumption; if not A, then B will not happen:

~下雨就去/~随便说话就不会招人讨厌/~明白就不要瞎

解释/～等你就不会迟到了

10. 用在其他一些固定格式中。

other usage：

a. 不几＋量词。表示数量不大。

not many; not much：

～几天就考试了,得准备了/忙了一上午,才写了～几页/刚
走了～几步,他想起没带学生证,又回去取/昨天我在路上
遇见他,说了～几句话他就急急忙忙地走了

b. 不一会儿。表示时间不长,常和"就"配合使用。

often used together with"就"; soon：

手续很简单,～一会儿就办好了/他还有事,坐了～一会儿
就走了/太热了,～一会儿就出了一身汗/他学得真快,～一
会儿就能独立操作了

c. 不的话,也说成"不然的话",表示如果不这样的话。

also "不然的话"; otherwise; if not：

你一定要吃点儿东西,～(然)的话,干起活来会饿的/你必
须把那些坏习惯都改掉,～(然)的话,别人看不起你/买鞋
得你亲自去,～(然)的话,不一定合脚/我们得快点儿了,～
然的话,要迟到了/他们最迟得后天赶到,～然的话,赶不上
开幕式了/现在车速很快,大家扶好扶手,～然的话,容易摔
倒

【辨析】 不　没有　(见"没有"条)

compare 不　没有　(see "没有")

不必　bùbì　[副词　乙级]

表示不需要、用不着,相当于"不用",但语气较强,可用于书面
语。

usually used in written language; same as"不用"with stronger tone;
need not; do not have to：

1. 用于动词前。

used to modify a verb：

打电话通知他们吧，～亲自去了／你工作忙，～每天来看我／
你自己决定吧，～问我们的意见／相信自己的判断，～太在
意别人的看法／我们出去散散步，你～穿得那么正式／旅行
社会通知我们去取票的，你～一次一次地打电话询问

2. 用于形容词前。

used before an adjective：

a. 直接用于表示情绪、态度等的形容词前。

used before an adjective expressing feeling or attitude：
你的汉语说得不错，你～谦虚／在我家～客气／你～激动，先
听他解释／他干的坏事太多了，应该受惩罚，～可怜他

b. 用于一般形容词前。形容词前常常有程度副词。

used to modify other adjectives with an adverb inserted between them：
九点出发来得及，～太早／房间～很大，但一定要干净／你告
诉我一个大致的数字就行，～非常精确／干这种活～十分细
致／他挺和气的，跟他说话～特别小心／你～什么都替他做，
让孩子学着自己照顾自己

3. 用于分句句尾。此时"不必"所修饰的成分在"不必"前出现，并常有"倒、也"等副词配合使用。

used at the end of a clause, the element modified by "不必"now occurs at the head of the clause with "倒 or 也"in the middle：
赶他走倒～（＝不必赶他走），不理他就行了／彻底断交也～
（＝不必彻底断交），少见面吧／太小心了倒～（＝不必太小
心），别大意就行了／客气倒～（＝不必客气），不过总该跟主
人打个招呼吧

4. 用于对话中。接着对方的话说时，"不必"后的动词、形容词可以省略。"不必"后要有另一句话说明自己的意见。

used in a dialogue, followed by another sentence to indicate the speaker's opinion：
A:带孩子去医院看看吧。B:～，先吃点儿药再说／A:我明
天把身份证送来。B:～，打个电话把你的身份证号码告诉

我们就行了/A:我再检查一遍,准确些。B:～,给我一个大
概的数字就行了/A:明年你的商店肯定会更加红火的。B:
～,能像今年这样我就很满意了

不曾 bùcéng [副词 丙级]

一、表示动作、行为过去没有发生过或情况过去没有出现过。
是"曾经"的否定,相当于"没有…过"。前面常有副词"从来、向来、一
直、始终"等,动词后面常带助词"过"。

used to indicate that some action or situation never happened be-
fore; used between "从来、向来、一直 or 始终" and a verb followed by
"过"; never:

他的朋友从来～跟大家见过面/我们还住在老地方,～搬家
/她对自己的要求从来～放松过/我跟他同学几年,～发现
他有什么异常的情况/小王订过许多学习计划,可是订完了
就放在一边了,这些计划都～实行过/我们始终～怀疑过他
的话

二、表示动作、行为还没有发生或情况还没有出现。是"已经"
的否定,相当于"没有"。前面常有副词"还"。

used to indicate that some action or situation has not happened,
usually used after "还"; not yet:

我们还～考虑这件事/这个人真爱抢话,我还～说完,她就
迫不及待地说起来了/真巧,他给朋友的信还～寄出,就收
到了朋友的来信/我还～向他表示感谢,他已经离开了/我
刚到这儿一个月,还～适应这里的环境,就又要离开了

不大 bùdà [副词 乙级]

一、用在动词或动词短语前,表示"不经常"、"比较少"的意思。
used before a verb or verbal phrase; seldom, not often:
她以前曾是一名歌唱演员,最近几年已～唱歌了/退休后,
除了来领退休金,他～到厂里来/在北京的一些饭馆里,过
去的很多传统小吃已～能见到了/这个汉字,除了在名字里

还用外,别的地方已经～用了/现在,人们已～讲家乡话,而
都改说普通话了/野外已经～能见到狼了

二、用在形容词或形容词短语前,表示程度,有"不很""不怎么"
的意思。

used before an adjective or adjectival phrase to indicate "not
very", "not too":

这件衣服和你的肤色配起来～好看/他的年龄和他的体重
～相称/他说话时的表情～自然/她用汉语打字～熟练/本
来她已经～生气了,看见他气又上来了

不定 bùdìng [副词 丁级]

表示不肯定、猜测,多用于口语,句尾多有"呢、了、啦"等语气词。

often in spoken language; used to indicate uncertainty:

1. 后面带有肯定、否定并列的格式。

followed by "A 不 A" structure:

先别高兴,爸爸～同意不同意呢/不要给小王买票,他还～
去不去呢/一直没复习,这次考试～能不能通过/我先写了
个申请,～行不行/咱们没事先打电话,他们还～在不在家
呢

2. 后面带有疑问词。

followed by interrogatives:

"啪"的一声,～什么东西倒了,你赶紧跑过去看看/要不是
我及时赶到,你～被他骗成什么样儿呢/他没在家,～去哪
儿啦/电脑又不工作了,～哪儿又出问题了/老王这么晚也
不回家,～又上谁家喝酒去了/看他生气的样子,～又跟谁
吵架啦

3. 后面带有表示数量或程度的疑问词。句末常有语气助词。

followed by interrogatives like "多少"or"怎么"with modal parti-
cle at the end of the sentence:

这身衣服这么漂亮,～得多少钱呢/爷爷不放心孙子自己去
旅行,出发前,～要嘱咐他多少次呢/他一脸的疲倦,～又忙

得几天几夜没好好睡觉了/小王总觉得自己很漂亮,要是听
到你们叫她傻大姐,~怎么哭闹呢

不断 bùduàn [副词 乙级]

连续不间断,可加"地"。

ceaselessly; continuously; unceasingly:

他~努力学习/在工作中,我们~发现新问题/近几年小王
~有作品发表/到北京后,安娜~地收到妈妈从国内寄来的
杂志和食品/演员还没到,主持人~地向观众解释/火车开
动了,爷爷在火车上~地向我们招手

【注意】 NOTE

"不断"原来是动词词组,如"歌声~"、"掌声~"。

"不断"was originally a verbal phrase, e.g."歌声~"、
"掌声~".

不妨 bùfáng [副词 丁级]

表示可以这样做,没有什么妨碍。隐含有这样做比较妥当的意
思。语气比较委婉。

euphemism; used to imply that there is no strong reason not to; there
is no harm in; might as well:

你~试试看,做错了也没关系/你~先打听一下儿,然后再
做决定/你~亲自去一趟嘛/做菜时,如果没有把握,~先少
放一点儿盐,淡了再加/有意见~当面提出来,不要背后乱
议论/我们~再举几个例子/给孩子买衣服~大一些,可以
多穿几年

【注意】 NOTE

"不妨"用于动词、形容词后,是动词词组。如:

when"不妨"is used after a verb or an adjective, it is then
a verbal phrase.

"给孩子买衣服,大一点儿也不妨/你直接告诉他也不
妨"。

不禁　bùjīn　［副词　丙级］

表示行为、动作或感情不自觉地产生。有"不由自主"、"情不自禁"的意思。

can't help (doing sth.); can't refrain from：

1. 用于动宾词组之前。

used before a verb-object phrase：

> 朋友的信使他～回忆起过去的岁月/新同学活泼、开朗,大家～对他产生了好感/飘来一阵酒香,老王～咽了口口水

2. 用于主谓词组之前。

used before a subject-predicate word group：

> 听说每个人都得表演,小赵～心里紧张/第一次请女孩子跳舞,～脸蛋儿红红的/我怕吃中药,一见到大药丸,就～嘴里发苦/老刘爱听表扬的话,听到表扬就～头脑发热

3. 用于带"起来、下去"等词语的动词词组之前。

used before a verbal phrase with "起来 or 下去"：

> 看到精彩的表演,观众～鼓起掌来/孩子们听着音乐,～跳起舞来/他用错了成语,在场的人都～哈哈大笑起来/医生说他得的是不治之症,听到这个消息,家里人～流下泪来

【注意】　NOTE

> "不禁"一般不能带单个的动词。
>
> "不禁"can't be followed by a single verb.
>
> 例如不能说:"×他～哭"、"×我～骂",要说成:"他～哭了起来"、"我～骂了他几句"。

不料　bùliào　［副词　丙级］

没想到,事先没有估计到。后边常有表示转折的副词"却、竟、倒"等。

usually followed by "却、竟、倒"etc.; may occur at the head of the second clause; unexpectedly; to one's surprise：

> 原打算周末去看你,～生了场病,躺了三天/我们很早就出来了,～路上堵车,来晚了/我以为买东西五百元钱足够了,

~还差一百多元/我们以为他得晚点儿来，~他却第一个就
到了/十多年没回故乡，~故乡的变化这么大，我竟迷了路/
我随便说了一句，~他倒跟我吵了起来

不免　bùmiǎn　［副词　丙级］

避免不了。表示由于某种原因自然产生某种结果，而这种结果
一般是说话人并不希望出现的。"不免"多用于后一小句。

used to indicate an unwilling result caused by something; inevitably：

老人忙了半天，~感到疲倦/小王刚毕业，干起活来~缺少
经验/跟女朋友分了手，他~伤心/第一次当众发言，她~害
羞/天天做同样的工作，~觉得厌烦/你这身奇怪的打扮，~
被人笑话

【注意】　**NOTE**

　　　　"不免"不能修饰否定形式。

　　　　"不免"can't be used to modify negative forms.

　　　　例如不能说："× ~不高兴/× ~认不出你/× ~不遇到
困难"应该用"难免"，说成："难免不高兴/难免认不出你/难
免不遇到困难"。

不时　bùshí　［副词　丁级］

表示某种动作、行为、情况或现象不定期地多次发生或出现，时
间间隔比较短。

used to indicate that some action or situation happens quite often; fre-
quently; often; from time to time：

她在等公共汽车，~地看看腕上的手表/小王走在前面，~
停下来等一下后面的同伴/他们被这精彩的比赛吸引住了，
~发出几声惊叹/他听得非常认真，~赞同地点一下头/新
年快到了，街上~响起噼啪噼啪的鞭炮声/正是放学的时
候，路上~传来孩子们快乐的笑声

"不时"在北京话里有时也说成"时不时"。

in Beijing dialect, it can also be said "时不时".

下班的人陆续回来了,胡同里时不时传来一阵自行车的铃声/他总觉着胸疼,到医院去查,说是肌肉拉伤,治来治去,也没彻底治好,时不时地还是胸发闷,一阵阵地疼/隔壁的办公室里,时不时传来老徐打电话的声音/大姐办公室的同事们都知道我有一个上幼儿园的儿子,所以时不时会送些巧克力给我儿子

不停 bùtíng 〔副词 丙级〕

连续不间断,多用于动作动词之前,后要加"地"。

usually followed by "地" before a verb; on; on and on; not stopping, continuously;

孩子第一天上幼儿园,~地哭/小丽穿上漂亮的裙子,在镜子前~地照来照去/早晨起来就开始下雨,老王~地说:"真倒霉! 可别误了飞机!"/客人一直没来,他急得~地看表/电话坏了,~地响,可拿起来却没有声音/真奇怪,她总是从早到晚~地吃这吃那,却仍然很瘦

【注意】 **NOTE**

下面各例中的"不停"是动词词组(不 + 停):

in the following sentences, 不 + 停 forms a verbal phrase.

"这两个人为一点儿小事吵个不停"、"妈妈在准备晚饭,忙个不停"、"汽车奔驰不停"。

不要 bùyào 〔副词 甲级〕

用于祈使句中,表示劝阻或禁止。

used in an imperative sentence to indicate persuasion or prohibition; don't:

1. 用于动词或形容词前。

used before a verb or adjective:

~大声说笑/~当了明星就不认识朋友了/~把一次比赛的胜败看得那么严重/~被他的怪样子吓坏了/~难过,咱们跳舞去/~那么自私,应该多替别人着想

2. 用于主谓词组前。

used before a subject-predicate word group：

～几个人在一起议论别人/～一门心思想发财,多学点儿本
领吧/～大伙儿一起在楼道里嚷嚷/～自己给自己找麻烦/
～一个人乱跑乱闯/～孩子一哭就什么都答应他

不宜 bùyí ［副词 丁级］

不适宜。多用于书面语。

written language; not suitably; inappropriately：

1. 用于动词、形容词前。有时说成"不宜于"。后面不能是单
个的单音节动词或形容词。

can't be followed by a single monosyllabic verb or adjective, also
"不宜于"; used before a verb or adjective：

幼儿～观看过于恐怖、暴力的电影/果汁饮料含大量维生
素,但～过量饮用,否则会影响蛋白质的吸收/夏天～长时
间让皮肤暴露在强烈的日光下/减肥必须循序渐进,～于短
时间内减掉太多体重,否则对身体有害/刚开始体育锻炼,
～于太剧烈/睡前应尽量放松自己,安定情绪,～兴奋、紧张

2. 宜…不宜…。"宜、不宜"后边多为意思相反的单音节词。

the monosyllabic word used after"宜 and 不宜"are usually
antonyms.

治病宜早～迟/日常饮食宜淡～咸/写文章宜简～繁/我认
为和亲戚、朋友交往,宜远～近,太近了反而容易产生矛盾

不用 bùyòng ［副词 甲级］

表示不需要、用不着。

need not; be unnecessarily：

1. 用于动词或形容词前。

used before a verb or adjective：

那本书我买到了,你～找了/孩子哭闹的时候你～理他/你
打个电话就行了,～亲自跑来/这次没考好,下次努力吧,～

太伤心了/保险公司会赔偿他的损失，~为他难受/骑自行车很好学,你~特别紧张

2. 用于主谓词组前。

used before a subject-predicate word group:

~你管我们/~他来解释,反正我不同意/亲戚们都来给我母亲拜年,就~我一家一户地去拜年了/我们自己能渡过难关,~你可怜我们/~你们替他说好话/~他们帮我搬家,我已经请了搬家公司

3. 用于对话中,接着对方的话说时,可以单说。

used independently in a conversation:

A:书我尽快还给您。B:~,慢慢看吧/A:孩子有点儿发烧,上医院吧。B:~,给他吃点儿药,睡一觉就好了/A:给老王打个电话吧。B:~,我已经告诉他了/A:再给你点儿钱吧。B:~,我还有呢

【辨析】 不用　甭
compare 不用　甭

(1)"不用"和"甭"的意义基本相同,但"甭"没有"不用"的第2、3种法。

"甭"doesn't have the second and third usage of "不用".

(2)"不用"在书面语和口语中都常用,"甭"只用于口语。

"不用"can be used both in spoken and written languages, while "甭"can only be used in spoken language.

不由的　bùyóude　[副词　丙级]

有时也写作"不由得"、"不由地"、"不由"。

also "不由得"、"不由地"、"不由"; used to indicate a necessary consequence:

一、不让、不允许,相当于"不容"。常用于主语前,动词一般为否定形式。

used before a subject in negatives, same as "不容", meaning "not allow"; can not help; have to:

> 这个球踢得太棒了，~观众不喝彩/看了他的自传，~你不佩服他/公司管理这么严格，~职员不认真工作/爸爸回来后，~你们俩不老老实实地承认错误/收入越来越少，~小李不尽力节省/小王身高一米七,体重九十公斤！~他不想办法减肥了

二、由不得自己,自己控制不住自己,相当于"不禁"。常用于主语后。

used after a subject; can't help doing sth.：

> 朋友们一见面，~议论起学校里的新闻/听着熟悉的音乐，老王~哼起歌来/提起儿子的病,父母~掉下泪来/他的家乡出产咖啡。喝咖啡的时候,他~想起年老的父母/深夜街上只有小李一个人，她~加快了脚步/他的看法正好跟我一致,我~点了点头

不至于 bùzhìyú ［副词 丁级］

表示不会达到某种程度。

used to indicate that it is unlikely to reach certain degree; can't go so far; be unlikely：

1. 用于动词、形容词前。常和"还、也、连…也…"等配合使用。

often used together with "还、也、连…也…"before a verb or an adjective：

> 爸爸很生气,但还~打弟弟/你跟他解释清楚,他~不同意/她有点儿不高兴,还~太伤心/就算你不太喜欢他,也~不打招呼、不说话呀/我本来就没抱太大的希望,所以也~太失望/他们的收入不算低，~连电脑也买不起

2. 用于主谓词组前。

used before a subject-predicate word group：

> 失恋了,也~饭不吃、觉不睡吧/她都三十来岁了，~你一走她

连饭都吃不上/心疼儿子,也~他要什么就给他什么吧

3. 用于答话。

used in a conversation independently:

A:这次考试他会不会不及格? B:~,他没那么差/A:他们
吵得那么凶,好像要离婚呢! B:~,夫妻吵吵架也很正常/
A:明天要穿羽绒服了。B:~吧,不会那么冷的。

4. 用于句尾或单独使用。表示对前边提到的事情的看法。

used at the end of a sentence or independently to show the speak-
er's opinion about what mentioned before:

奶奶总说自己的病治不好了,我看~/犯这么点儿小错误就
会被开除? ~。/一顿没吃就饿病了? ~吧?

不住 bùzhù [副词 乙级]

表示行为动作不间断地进行;不停地。多加"地"。

usually. followed by "地"; continuously; uninterruptedly; keep do-
ing sth.:

小刘发高烧,昏迷不醒,~地叫着儿子的名字/坐在我旁边
的男人~地抽烟,真受不了/他~地提醒自己:冷静点儿,别
发火/老王累坏了,两腿~地哆嗦

才 cái [副词 甲级]

一、表示时间早或晚,跟"就"相对,用在动词、形容词前。

used before a verb or adjective to indicate that the time is earlier
or later than expected:

1. 表示事情在说话前不久发生。有"刚、刚刚"的意思。

used to indicate that something has just happened, same as "刚、
刚刚":

你怎么~来就要走? /我~认识她,对她还不了解/他~当
上经理,还没什么管理经验/哥哥~从大学毕业就找到了一
份好工作

2. 用在表示时间的词语后,说明事情发生得晚或结束得晚。

used after a time expression to indicate that something happens later than expected; not...until; only then:

姐姐明年夏天～能毕业/运动会一直开到下午6点～结束/大风刮了整整一天～停/两年以后,她～从悲痛中走出来

二、表示数量少,相当于"仅、只",用在数量词前。

used before a quantifier to indicate that the number is small; same as "仅、只":

他的女朋友～18 岁/妹妹离开家独立生活～一个星期,就又搬回家住了/不知怎么搞的,我～喝了一杯,头就有点儿晕/云南我～去过一次,有机会的话,想再去一次

三、表示程度低。用在动词词组前。

used before a verbal phrase to indicate someone is weak in ability:

他～是大学一年级的学生,怎么可能报考研究生呢? /我奶奶～小学文化水平

四、表示强调,多用在感叹句里。

often followed by 呢 at the end of a exclamatory sentence for emphatic assertion:

1. 才＋形容词＋呢。强调程度高。

才＋adj.＋呢 is used to indicate high degree or level:

我要是能考上北京大学～棒呢! /今天有运动会,不刮风～好呢! /他这个人啊,～小气呢!

2. 才＋动词＋呢。多用于否定句。

才＋v.＋呢 is often used in negatives:

他不会来的,他～懒得管别人的事呢/你说什么? 我们～不相信你说的话呢,你根本就不是演员/她的眼光很高。她～不会跟这种人结婚呢!

3. 才＋是…。含有"别的不是"的意味。

才＋是… has the meaning of what the speaker said is the only correct one:

小王说的～是事实(含有"别人说的不是事实"的意思)/这

~是你应该做的(含有"别的事不是你应该做"的意思)

【辨析】 就　才　（见"就"条）

compare 就　才　（see "就"）

曾 céng　［副词　乙级］ once

意义、用法和"曾经"基本相同。多用于书面语。

often used in written language; same as "曾经":

他~在这儿住过两年/妈妈年轻的时候,~是学校广播站的
广播员/我~在哪儿见过他/当年,她~夺得过两次世界冠
军/和女朋友分手后,我也~难受过,也~痛苦过,但一切都
过去了

【注意】　NOTE

"曾"可以直接和副词"未、不、可"以及疑问词"哪、何"
等组合成词。"曾经"没有这样的用法。

"曾"can be used together with"未、不、可"or"哪、何"etc.
to form phrases.

例:

① 他未曾征得我的同意,就公布了我们订婚的消息。

② 我不曾听到过如此美妙动听的乐曲。

③ 你可曾记得你当年发过的誓言吗?

④ 我们都以为他们是天生的一对,哪曾想到不到一年
他们就离婚了呢。

⑤ 当年选择专业的时候,何曾料到这个专业现在会如
此热门呢。

曾经 céngjīng　［副词　乙级］

表示某种动作、行为、状态或情况在以前发生或存在过。

used to indicate a past occurrence or situation; once:

1. 用在动词前,修饰动词或动词性结构,后面一般要用"过",
也可以用"了"。

used before a verb with "过" or "了":

我~来过这个地方/他~结过两次婚,但都失败了/在集邮
上,他~花了很多时间和精力/她~是我们剧团最优秀的年
轻演员/我~把他看成我最好的朋友,可他辜负了我对他的
信任/他~作为优秀毕业生,被选派到国外留学深造

否定形式为"没有+动(过)"。

the negative form is "没有+v.(过)".

他没来过中国/我没养过小动物/他从来没参加过这么热闹
的晚会

2. 用在形容词前面,后面一定要加"过"或"了"。否定式为"没
有+形(过)"。

used before an adjective with "过"or"了", and the negative
form is "没有+adj.(过)":

他自己也~失望过,但终于没有放弃/这个小镇当年~热闹
过,也~繁荣过,后来逐渐衰落了/我们都~年轻过,应该理
解年轻人的想法

【注意】 **NOTE**

(1)"曾经"只能修饰肯定形式,不能修饰否定形式,
也不能直接受否定副词修饰。

"曾经"can not be modified immediately by a nega-
tive word:

例如:×没有~打过电话/×不~怀疑他。

(2)"曾经"的否定形式除了"没有+动(过)""没有+
形(过)"以外,还可以用"不曾""未曾",但只用于书面语。

"不曾""未曾", which are often used in written lan-
guage, are the other ways of refusing, disapproving, saying or
meaning "no":

例:

① 我不曾经历过人间的痛苦与磨难。

② 他很小就失去了父母,未曾感受过亲人的关怀和家
庭的温暖。

【辨析】 已经　曾经

compare 已经　曾经

　　(1)"曾经"和"已经"都可以表示从前发生或存在过某种行为或情况,但"曾经"着重表示某种经历,时间一般不是最近;"已经"则强调事情的完成,时间一般在不久以前。

　　"曾经" is used to emphasize certain experience that one got long ago, while "已经" is used to stress the thing that happened not long ago.

　　比较:

　　① 她曾经学过怎样打字,不过差不多都忘了。

　　② 她已经学了怎样打字,下面该学其他内容了。

　　例①表示过去的某种经历,不是现在或最近的事,而且现在是否会打字也不太清楚。例②表示不久以前发生的事,而且现在已经学会打字了。

　　(2)"曾经"所表示的动作、行为或情况现在已结束;"已经"所表示的动作或情况可能还在继续。

　　"曾经" is used to indicate that an action or a situation is over, yet "已经" may indicate that an action or a situation is still going on.

　　例如:"我曾经练过一年气功(现在不练了)。""我已经练了一年气功了(现在还在继续练习)"。

　　(3)"曾经"后的动词多带"过",较少带"了";"已经"后面的动词多用"了",较少用"过"。

　　the verb after "曾经" often takes "过" and the verb after "已经" is usually followed by "了".

　　(4)"曾经"不能直接修饰否定形式,"已经"没有这样的限制。

　　"曾经" can't be used to modify a nagative directly.

差点儿　chàdiǎnr　[副词　乙级]

　　一、表示不希望实现的事情几乎实现而终于没有实现。含有庆幸的语气。用于动词性成分前,肯定式和否定式意义相同。

rejoices over sth. that almost happened but didn't at last, used before a verb, affirmative and negative mean the same; nearly; all but; almost:

> 逗孩子逗得有点过分了,孩子~(没)哭了(意思是"孩子没哭")/我被绊了一下,~(没)摔倒(意思是"没摔倒")/谢天谢地,这个问题我~(没)答错(意思是"没错")/太高兴了,~(没)喝醉(意思是"没醉")/我探着身子,伸手想抓住那条小鱼,它尾巴一摆,躲进水里,我却~(没)掉进水池里(意思是"没掉进水池里")

二、表示希望实现的事情几乎实现而终于没有实现。含有惋惜的语气。只用于动词的肯定形式前。

feels sorry for sth. that almost came true but didn't at last, used before an affirmative verb; almost; all but:

> 只去晚了一步,~就买到了那本书(意思是"没买到")/要不是你昨天给我打了电话,我今天~就去南方旅行了(意思是"没去")

三、表示希望实现的事情几乎没实现而终于实现了。含有庆幸的语气。只用于动词的否定形式前。

rejoices over sth. that almost failed but came true at last, used before a negative verb; almost; nearly:

> 幸好去得及时,~没买到那本书(意思是"买到了")/这个问题我~没答上来(意思是"答出来了")/你的变化太大了,我~没认 出来(意思是"认出来了")

【辨析】　差点儿　几乎　(见"几乎"条)
compare　差点儿　几乎　(see "几乎")

常　cháng　[副词　甲级]

一、表示动作、行为或情况发生的次数多,时间间隔短,并有经常性。

used to indicate something happens many times; often; usually; frequently:

孩子们~来这座小山上玩儿/她~不吃早饭就去上课/弟弟
~一边骑车一边听音乐/出门时,我~忘了关上电视机/看
外语书时,~会遇到不认识的生词/这儿的冬天不~下雪/
他们不~带孩子去公园/他不~讲笑话,但一讲就能把大家
笑得肚子疼

二、表示动作、行为或性质、状态的长久性、一贯性。多用在单
音节词前。

used to indicate an unchanging and constant situation or action,
used before a monosyllable; permanently:

这家工厂有一个~驻北京办事处/中国是联合国安全理事会
的~任理事国/这里的气候非常好,鲜花四季~开/这种产品
可以长期使用,而且不变形,不变质,可以说是~用~新

常常 chángcháng [副词 甲级]

表示行为、动作或情况屡次发生,相当于"常"的第一个义项,但
程度较高。

used to indicate sth. happens many times, same as the first meaning
of "常"; often; frequently:

毕业以后,我们班的同学~互相联系/他~给我打电话,但
从不写信/我~利用假期去各地旅行/他~躺着看书,所以
视力越来越差/妈妈~去早市买东西/这儿的夏天~有台风
/这位老师说话的声音很小,上课时我~听不清她在说什么
/妈妈~等我回家以后才去睡觉

【注意】 NOTE

"常常"的否定式多用"不常"。

the negative form is "不常".

例:他们常常在外面吃,不常自己做饭。我们都很忙,
不常写信,但常常打电话。我常常见到小张,很少见到小
李,也不常看到小王。

【辨析】 常常 经常
compare 常常 经常

（1）"常常"是副词,只能修饰动词或形容词性词组作状语;"经常"是形容词,除了可以作状语以外,还可以修饰名词作定语。

"常常"is an adverb, can only be used to modify a verb or an adjective phrase, while "经常"is an adjective, it can function as an adverbial and an attributive as well.

例：

① 作为一名运动员,受伤是经常的事。

② 孩子正学走路,摔跤太经常不过了。

上述句中的"经常"不能用"常常"代替。

"常常"can not be used in the examples above.

（2）"常常""经常"都可以表示动作、行为屡次发生,但"经常"表示的频率比"常常"要高一些,而且强调动作、行为的一贯性,"常常"只是表示次数多。

they both mean that an action happens frequently, but "经常"emphasises the consistency of an action or a situation, and "常常"just indicates frequency.

比较：①你说的是小王啊,他经常缺课,谁说他也没有用,真没办法。

②他最近身体不好,常常缺课,他很着急。

乘机　chéngjī　[副词　丁级]

利用机会。

seize the opportunity：

出差的时候,他～回了趟老家/父母都不在家,孩子～请小朋友们来玩/服装公司正在大减价,她～买了几套漂亮的衣裙/他看地图的时候,小偷～拿走了他的行李/他很想买这只小狗,店主～提高价钱

重　chóng　[副词　乙级]

表示同一个动作或者同类动作再做一次。多修饰单音节动词。

"重"和动词之间一般不能插入其他成分。

　　often used to modify monosyllabic verbs; again; once more：

　　1．直接出现在动词前。

　　　　used before a verb：

　　　　　这篇文章我打算～写一遍/这些旧建筑～修以后比以前
　　　　　漂亮了/这张表必须～填/这盘菜做得不符合客人的要
　　　　　求,得～做/十年前我来过这儿,今天再来,是旧地～游

　　2．和"又、再"等表示重复的副词一起用,起强调作用。

　　　　used together with"又、再"for emphasis：

　　　　　这个报告你怎么又～打了一遍? /这件衣服没洗干净,得再
　　　　　～洗一次/你再～说一遍,我没听清楚

　　3．和介词词组一起用。介词词组必须出现在"重"前。

　　　　used after a prepositional phrase：

　　　　　我要把这篇小说～读一次/小王把今天新学的课文又～
　　　　　听了一遍/那个动人的场面时常在我的脑海里～现出来

【辨析】　重　重新　（见"重新"条）

compare　重　重新　（see 重新）

重新　chóngxīn　［副词　乙级］

　　一、表示同一个动作或者同类动作再做一次。多修饰双音节动
词。

　　　　used to modify a disyllabic verb; again ; once more：

　　1．直接出现在动词前。动词后常有"一下、一次、一遍、一个"
等表示动量、数量的词语出现。

　　　　used before a verb followed by a numberal-classifier compound
like 一下、一次、一遍、or 一个：

　　　　　我打算～安排一下旅行的计划/春节前,公司的办公室都～
　　　　　粉刷了一遍/这个结论不准确,咱们得～调查一次/你的申
　　　　　请报告不符合要求,得(děi)～写一个

　　2．和"又、再"等表示重复的副词一起用,起强调作用。

　　　　used together with 又、再 for emphasis：

在交考卷之前,我又～检查了一遍/爸爸恢复了健康之后,头发又～长了出来/这个问题咱们得再～研究研究/你再～考虑一下,看看计划有没有什么不合适的地方

3. 和介词词组一起用。介词词组可以在"重新"前后自由出现。

used before or after a prepositional phrase：

病好以后,她又～出现在舞台上(又在舞台上～出现)/客人走后,我又～把房间仔仔细细打扫了一遍(我又仔仔细细把房间～打扫了一遍)

二、表示从头另行开始(改变内容或方式)。

afresh; anew：

政府要求犯人出狱后要～做人/市领导～部署了今年的防洪工作/他们复婚后～开始了新的生活

【辨析】　重　重新

compare　重　重新

(1)"重"没有"重新"的第二个意思。即"重"不能表示从头另行开始。

"重"doesn't have the second meaning of "重新".

(2)"重"多修饰单音节动词,"重新"多修饰双音节动词。

"重"usually is used to modify a monosyllabic verb, while "重新"is used to modify a disyllabic verb.

(3) 和介词词组配合使用时,"重"只能出现在介词词组后,"重新"既可以出现在介词词组前,也可以出现在介词词组后。

"重" can just occur after the prepositional phrase, while"重新"can be put before or after the prepositional phrase.

处处　chùchù　[副词　丙级]

指动作、行为、状态或情况所遍及的全部范围。

used to indicate the existance of similar things or circumstances every-where：

一、表示各个地方,相当于"到处"、"各处"。

same as "到处"、"各处"; in all places; everywhere：

春天的公园里,~鲜花盛开/中央电视台的演出队,~受到
热烈的欢迎/虽然他已离我们而去,但~都留下了他的印记
/正是秋收的时候,农村~都是一片丰收的景象/这里风景
优美,~鸟语花香

二、表示在各个方面。

in all respects：

刚来的时候,她~感到不习惯/他进厂以后,~留心向老师
傅学习,进步很快/她像大姐姐一样,~照顾我、关心我/虽
然她什么都有,可她总觉得~不如别人/你要时时~注意严
格要求自己

从来　cónglái　[副词　乙级]

表示从过去到现在一直都是如此,有强调语气。

used for emphasis; indicates that something has remained unchanged
all the time from the past to the present; always; at all times; all along：

1. 用于否定句。这是"从来"最常见的用法。如果句中的否
定副词是"没有、没"时,单音节动词、形容词后面通常要带"过",双音
节动词、形容词可带可不带。

used in negatives, when 没有 or 没 is used in the sentence, a
monosyllabic verb or adjective should take "过"：

我~不知道这种东西还可以吃/他只是偶尔喝一点儿酒,但
~不抽烟/你别介意,他这个人~不会说客气话/不管顾客
的态度多么不好,她也~不发脾气/弟弟虽然年年考第一,
却~不骄傲/长这么大,我还~没去过上海/他~也没想过
有朝一日自己会做老板/在我印象中,从小到大,他好像~
没跟别人打过架/他们夫妻相敬如宾,~没红过脸

"从来"可以和"就、也、都"等搭配使用,以加强语气。

"从来"can be followed by 就、也、or 都 to indicate emphasis：

我~就不觉得他比我聪明/他~也没说过将来一定和你结

婚呀/她～也没这么晚不回家,真让人担心/我～都不喜欢
弹钢琴

【注意】　NOTE

　　"从来＋没＋动词/形容词"这种格式中,如果在动词、
形容词前面加上"这么、这样"意思就会改变甚至相反。

　　in the sentence structure "从来＋没＋v./adj.", when
"这么 or 这样"is used before a verb or an adjective, the mean-
ing could be different or even opposite.

　　例:"他从来没有认真过/他从来没有这么认真过"。前
者是说他从过去到现在一直没有认真过,现在仍然不认真;
后者是说他虽然以前也认真,但认真的程度没有现在这么
强,也就是说,他现在比以前任何时候都认真。

　　2. 用于肯定句。"从来"用于肯定句的情况比较少见,多修饰
动词短语、形容词短语或小句,一般不修饰单个动词、形容词,常和
"就""都"搭配使用,以加强语气。

　　followed by "就"or "都"in an affirmative sentence for emphasis;
can be used to modify a verbal phrase, adjectival phrase, or a clause:

　　我们的老板～就是一个人说了算,不太听得进别人的意见/
他～都是早来晚走,工作认真勤奋/他们在工作中～都是互
相关心、互相帮助,是一对很好的合作伙伴/有困难时,他～
都冲在前头,所以他深受大家的尊敬

从头 cóngtóu 　[副词　丁级]

一、从最初(做)。

　　doing sth. from the very beginning; from the beginning:
　　我没用过电脑,得～学起/三十几岁了,～学习一门外语有
些困难/小王把那件事～给我讲了一遍/这本书的内容我几
乎忘光了,现在还得～看

二、改变方式或内容后再一次开始(做)。

　　doing sth. once again after changing the method or the content;
anew; afresh; once again; all over again:

我弄错了一个重要的数字,只好~再算/他的公司破产了,
不过他还要~干起/毛衣织瘦了,我只好拆了~织/论文没
有通过,小王得~写起

从未　cóngwèi　[副词　丁级]

相当于"从来没有",常与"过"配合使用。多用于书面语。

literary language, usually followed by "过"; same as "从来没有";
never:

他工作认真,~出过差错/来中国之前我~吃过涮羊肉/那
个小村子非常偏僻,村里的人甚至~见过火车/他只希望毕
业后找份好工作,至于自己开公司,那可是~想过的事/第
一次见到小李时,小王心中涌起了一种~有过的亲密的感
觉/这家商场开业两年多了,生意~好过,现在连营业员的
工资都发不出来了

从小　cóngxiǎo　[副词　丁级]

从年纪小的时候。当强调时间早时,常和"就"配合使用。

usually followed by "就"for emphasis; from childhood; as a child:

她~喜爱音乐/小王~立志成为一名作家/好习惯要~培养
/他俩~一起长大,是要好的朋友/我~就讨厌菠菜/她~就
很骄傲,长大以后也没什么改变

从中　cóngzhōng　[副词　丁级]

在中间;在里面。

usually refers to the things previously mentioned; out of; from
among:

他俩常吵架,每次都多亏小王~调解/你把这些事件按年代
排列起来,也许能~找出一些有趣的规律/他的文章很深
刻,人们可以~了解他的性格和理想/他的婚事吹了,没想
到~破坏的人竟是他姐姐/他把成批的小商品卖给小商店,
~赚钱/本来很顺利,突然出了差错,是谁~捣乱呢?

【注意】 NOTE

"从中"后面一般需要双音节动词或动词性词组，例如不能说"×～挑／×～帮／×～找／×～赚"，应该说："～挑选／～帮助／～找到／～赚钱"。

"从中"should be followed by a disyllabic verb or verbal phrase, for example one should say "～挑选／～帮助／～找到／～赚钱"instead of "×～挑／×～帮／×～找／×～赚".

凑巧　còuqiǎo　［副词　丁级］

表示事情发生得正是时候，或正是所希望或所不希望的。

used to indicate that something happens on time, or just as what one expects or not; luckily; unluckily; fortunately; unfortunately; as luck would have it：

天热，他突然晕倒了，我～从那儿经过，就把他送到了医院／你需要的这种药，我们医院的药房里～没有了，你去别的药店看看吧／真～，我们正需要一名打扫卫生的工人，你明天就来上班吧／你来得不～，经理刚刚出去／真不～，这本书昨天刚刚卖完／今天真不～，正好我晚上没空儿，改天吧

大半　dàbàn　［副词　丙级］

表示大多数情况下是这样的。常用于推测。多用于谓语动词前。

used before a verb to indicate that in most cases it is like this; probably; most likely：

对于他的批评，我们～不予理睬／他不开心～是因为考试考得不好／这个主意～是他想出来的

【辨析】　大半　多半　（见"多半"条）

compare　大半　多半　（see"多半"）

大大　dàdà　［副词　丙级］

表示动作行为所达到的程度很高。多修饰动词的复杂形式。后

边常常用"地"。

usually followed by "地" to indicate a high degree an action can reach; greatly; enormously; fully; thoroughly:

1. 大大 + 双音节动词 + 了。

　　大大 + disyllabic verb + 了.

　　人民的生活水平~提高了/这几年,我们家的收入~地增加了/经过几个月的相处,我们之间的距离~地缩小了

2. 大大 + 动词性词组。

　　大大 + verbal phrase.

　　改革开放~提高了人民的生活水平/这些政策的实行~便利了我们的工作/生产工具的质量太差,~影响了他的工作进度/校长把他~地称赞了一番/到世界各地旅游~增长了他的见识/阅读可以~丰富学生的知识

大都　dàdōu　［副词　丙级］

表示大部分或大多数。

for the most part; mostly; largely; mainly:

　　早晨在公园锻炼身体的~是老年人/我们学校的老师~有硕士以上的学位/这儿卖的书~是科技方面的/星期日晚上,他~在家看电视/过了那么多年,那些老学生我~叫不出名字了/店里摆的这些小吃,我~没吃过/他挑的西瓜,~比较甜/他们学校的毕业生,水平~比较高/为了完成这个任务,他们几天都没好好睡觉了,身体~很疲乏

大多　dàduō　［副词　丁级］

表示大部分或大多数,基本同"大都"。

same as "大都"; for the most part; mostly; largely; mainly;

　　来她家的人~是年轻人/这次展览的作品~都是第一次展出/北京的名胜古迹我~游览过了/这本书中记述的~是过去老北京的情况/他说的话,我~听不懂/树上的苹果~还没熟/早市上的蔬菜~很新鲜/这些作品~出自名家之手/

外交部的官员～都能说一口流利的外语

大力 dàlì [副词 丙级]

用很大的力量去(做);努力。多用于好的方面。

usually appreciative; energetically; vigorously;

> 政府～发展农业科技/科学家们～宣传保护环境/我国一直
> ～推广普通话/学校领导～支持教学改革/市政府下决心～
> 整顿交通秩序/报纸、电视都在～提倡文明、健康的生活方
> 式

【注意】 NOTE

> "大力"一般修饰多音节词语,
> "大力"usually modifys polysyllabic words.
> 例如不能说:"×～搞/×～抓/×～办",应改为"～搞
> 好/～抓紧/～兴办"。

大肆 dàsì [副词 丁级]

完全不考虑自己以外的人或事物。多指做坏事。后面需要多音节的词语。

often used before polysyllabic words to indicate doing evil; recklessly; wantonly; viciously:

> 最近他俩～从事犯罪活动,已经被逮捕了/他恨小王,就在
> 背后～辱骂他/这个导游～欺骗旅游者,已经被取消了导游
> 资格/他们为了建工厂,～污染环境/他利用姑娘们爱美的
> 心理,～鼓动她们购买不合格的化妆品

大约 dàyuē [副词 乙级]

一、表示估计的数量、时间不十分精确。句中要有数量、时间词。

used to indicate that the quantity or time is not accurate, there should be a numeral-classifier compound or temporal word in the sentence; approximately; about:

1. 表示对数量的估计。

showing a rough estimate at the quantity：

这套书~三百元左右/那部电视剧~五十集/~七百多人参加了大会/今年秋天开学时,学校~可以增加十多位新教师/这种可怕的疾病死亡率~有百分之八十/这种定期存款的月息~是千分之二点四

2. 表示对时间的估计。

showing a rough estimate at the time：

你们~三月底可以知道考试结果/孩子每天晚上~九点就睡了/我们明天早上八点出发,~十点左右可以到你那儿/代表团~在明年三月访问这里/他走了~十分钟,这会儿可能已经上了公共汽车/老王那身衣服~穿了十年了

二、表示有很大的可能性。

indicating the great possibility; probably; most likely：

都十一点了,他~不回来了/~他自己也没有信心,所以他不肯回答我的问题/领导一直不签字,~对这份报告不满意吧/他~是遇到了难题了,你看他皱着眉头的样子/小王~有什么难言之隐吧,要不为什么总是躲着我们/对方不再打电话来,~他们已经找到新的合作者了

大致 dàzhi ［副词 丙级］

一、表示就主要方面或多数情况来说是如此。

In the main; on the whole; by and large：

这篇文章的内容~可以概括为三个方面/他所说的情况与事实~相符/他的病情~如此

二、表示粗略地、概括地,所涉及内容不十分清楚。有"大概"的意思。

same as "大概"; roughly; approximately; more or less：

你能不能把那儿的环境、条件~介绍一下儿? /那本书我只是~翻看了一下儿,所以说不出具体意见/关于教学实习问题,老师们已~拟定了一个计划

单 dān [副词 乙级]

表示把动作、行为或事物限定在某个范围内。

used to indicate the range of activity or thing:

1. 用在动词或动词短语前面,相当于"只"、"光"。

　　used before a verb or verbal phrase; only; alone:

　　～靠我们几个人准备这么大的晚会,绝对不行/对孩子来说,身教重于言教,～讲道理是没有用的/干工作～有热情还不够,还要有过硬的业务能力/～有理想并不能成功,更重要的是要脚踏实地地去努力/现在,～会外语已很难找到好工作,一般好的用人单位除了外语以外,还要求懂专业和电脑

2. 用来提出例证,说明不需要例证以外的情况就足以达到某目的或某种程度,别的更不用说了。常和"就"搭配使用。

　　used to indicate that the example alone is sufficient for purpose, nothing else is needed; often used together with "就"; only:

　　a. 用于名词性成分前。

　　　used before a noun:

　　　(我很忙)～手头这些事就够我忙的了,现在真的没有时间再管别的了/最近赚了很多钱,～这一笔买卖就赚了3万块/这家游乐场玩的东西非常多,～这一处就要玩半天/打高尔夫要很多钱,～球杆和服装就是一笔不小的费用

　　b. 用于"是"前,组成"单是"结构。

　　　used before "是":

　　　他们结婚花了很多钱,～是家具就花了两万多/～是两个孩子就够你操心的了,何况还有两个老人/～是这一个项目就足以让你们研究几年/现在教师队伍受教育的水平越来越高,有的中学教师中～是硕士以上学位的就占10%

倒 dào [副词 乙级]

一、表示出乎意料,与事实或一般情理不符。

　　used to indicate that something is out of expectation, contrary to what is expected or thought; somewhat unexpectedly：

　1. 用于转折复句。

　　used in transition compound clause：

　　　平日也没见他努力学习,可是他的成绩～挺好/他的话不
　　　多,～是句句在理/已经春天了,怎么～冷起来了/工厂不
　　　大,设备～还齐全/不吃药,病～慢慢好起来了/他是南方
　　　人,普通话～说得很标准

　2. 用于让步复句,后一小句常有"就是、可是、但是、不过、只
是"等呼应。

　　usually followed by "就是、可是、但是、不过、只是"in a conces-
sive clause：

　　　内容～不错,就是篇幅长了点儿/大小～合适,可是式样有
　　　点老/这事做起来难～不难,但是需要仔细一些/我～是可
　　　以帮你,不过今天不行/我～不反对你去,只是别在那儿呆
　　　得太久

　二、表示舒缓语气。

　　used to indicate a mild tone：

　1. 用于"得"字句,动词限于"想、说、看"等,形容词限于"简单、
轻松、容易"等, 主语限于"你、你们、他、他们"等第二、三人称。多用
于责怪。

　　used in "得" sentence structure to show reproach, only "你、你
们、他、他们", verbs "想、说、看, etc." or adjectives "简单、轻松、容
易, etc." can be used in the sentence：

　　　你说得～轻巧,你自己做做看/他想得～简单,事情哪会那
　　　么好办! /你想得～轻松,这么多工作一天做完,可没那么
　　　容易

　2. 用于肯定句。后面多跟表示积极意义的词语。

　　used in an affirmative sentence followed by appreciative words：

　　　他这个人～还老实,说的都是实话/交了这么多朋友,～挺
　　　不错的/一起去看电影～是个好主意/玩玩电脑游戏～很有
　　　意思

3. 用于否定句。

used in a negative sentence：

你说他不肯帮忙，那～不见得/报道说我们一定能打赢这场
球，我～不这样认为/他学习～不一定就比你好

三、表示追问或催促，多用于祈使句。

used in an imperative sentence to urge somebody to respond
quickly：

你们～是说话呀！/你～是坐啊！/你～快拿个主意呀！/
你～同意不同意呀？

到处 dàochù ［副词 乙级］

表示动作、行为、状态或事物所涉及的全部范围。有"各处"、"各
个地方"的意思。

same as "各处"、"各个地方"；everywhere, in all places：

1. 表示相同的情况在范围包括的各个地方都存在，后面常加
"都"。

usually followed by "都"to indicate that the same situation exists
everywhere：

她的房间里～摆满了鲜花/下雨后，～都是水/节日里，～都
是欢乐的人群/钥匙在哪儿？我怎么～找都没找到/街上、
报纸上、电视里、～都有广告/如果没有太阳，地球上将～是
黑暗，～是寒冷，没有风、雪、雨、露，没有草、木、鸟、兽，自然
也不会有人/像他这种热心助人的人在我们周围～都是。

2. 表示某人进行某种活动所遍及的各个地方。后面一般不
加"都"。

indicating that someone's action reaches everywhere：

为了给孩子治病，她～求医问药/他为了美术创作，四海为
家，～流浪/她～散布关于小王要离婚的谣言/他～张贴非
法广告/参加竞选的人，想方设法～拉选票/这个小镇上从
此少了一个～闲逛的流浪汉，而我的家乡又多了一位优秀
的中学教师

到底　daodi　［副词　乙级］

表示追究。有"究竟"的意思。要求确定的答复。

used in the same sense as "究竟":

1. 用于疑问句中。可出现在动词、形容词或主语前面。

   used in a question for emphasis; on earth; in hell:

   他～是哪国人？／你～去还是不去？／这家餐馆～好不
   好？／这～是为什么？／今天的晚会，你们～谁去？／～什
   么事使得他改变了主意？

2. 用于有疑问词的非疑问句中。

   used in a sentence with interrogative:

   我想弄清楚他～为什么会变成这样／谁都不知道他～哪天
   离开

3. 表示经过某种过程以后最终出现的情况。有"终于"的意思。
   句中多有"了"或其他表示完成的词语。finally; at last; in the end:

   经过多年的努力，试验～成功了／在大家的帮助下，小王～
   顺利地完成了毕业论文／天气～暖和起来了，花都开了

的确　díquè　［副词　乙级］

表示十分肯定，带有强调语气，相当于"确实"。

same as "确实", used for emphasis; indeed, really:

1. 用在动词、形容词前。

   used before a verb or adjective:

   你～有办法解决这个问题吗？／他们～想过这个主意／我们
   ～不应该在这里吵闹／这本词典～很实用／他～了不起／这
   个结果～令人兴奋

2. 用在句首，后面要有停顿。

   used at the beginning of a sentence, and a pause is followed:

   ～，他是最熟练的工人了／～，他要说不行的话，我们也没有
   办法了／～，我们这里的生活条件是差一些，不过，我们还是
   希望年轻人能来这里工作／～，没有您的支持，我们的工作
   不可能这么顺利／～，这套书前两天还有不少，可是上午来

了一批学生，一下子卖光了

3. "的确"重叠为"的的确确"，语气更重一些。

the tone is stronger when it is reduplicated as "的的确确"：

我的的确确听你说过，你怎么说没有呢？/他的的确确不在
这里，你不相信可以进来看看/我们的的确确不是故意迟到
的，路上堵车呀/小王的的确确把书上的题都掌握了，可是
一道题也没考

【注意】 NOTE

"的确"一般不能修饰单个的单音节动词，动词后要带
其他成分。

"的确" can not be used to modify single monosyllabic
verb, other element should go together with the verb.

例如不能说："×他～走/×这个问题我们～想/×这种
词典我～买"，应该说："他～走了/这个问题我们～想过/这
种词典我～买到了"。

顶 dǐng ［副词 丙级］

表示程度很高，常用于口语。

often used in spoken language to indicate the superlative degree;
very; most; extremely：

1. 用于形容词前。如果形容词后还带有名词，形容词后必须
带"的"。

used before an adjective, if it is followed by a noun, "的" should
be inserted：

这个人～笨了/孩子们玩得～快活/这个老师～厉害的/他
是～糊涂的人了/他是我们班～好的学生/～简单的问题让
你一说变得复杂了/这是一群～活泼的孩子

【注意】 NOTE

"顶+形容词"后也可以跟动词性成分，如"他～胖也不
过80公斤"。但形容词限于"多、少、坏、好、快、慢、长、短、
宽、窄、厚、瘦、便宜、贵、麻烦、复杂"等，而且整个格式多修

饰带有时间、数量的动词短语,表示最大限度。再如"~便宜也得 100 块/~快也需要三天才能到"。

"顶 + adj."could be followed by a verb, but the adjectives can only be "多、少、坏、好、快、慢、长、短、宽、窄、厚、瘦、便宜、贵、麻烦、复杂"etc., and a verbal phrase with time or quantity should be used in the structure to show the full limitation.

2. 用于动词性成分前。

　used before a verb：

　　a. 用于心理状态动词前。

　　　used before a verb indicating mental activities：

　　　你别找我,我~讨厌这种事/老师对他的表现~满意的/没事儿,你去求他,一定可以的,他~爱帮助别人了/我~喜欢吃中国菜了,我还要学习做中国菜呢/我~不愿意和他一起去了

　　b. 用于其他动词性成分前,句末常有"的"配合使用。

　　　used before other verbs and "的"is often used at the end of the sentence：

　　　他呀,~能跟人开玩笑的/他~会办事的,你放心好了/这幅画看起来~有诗意的/去一趟得三个小时,~花时间的/他还~沉得住气的,坐在那儿一动不动的

3. 用于"上边、东头、右边"等方位词前。

　used before nouns indicating directions like "上边、东头、右边"：

　　我要~上边的那本书/他住在~东头的那间屋子里/~前边的车是我的

【辨析】　顶　最　(见"最"条)

compare　顶　最　(see"最")

定向　dìngxiàng　[副词　丁级]

有一定的方向。

fixing the orientation of; directly：

今年这个学校是～招生,只招收山西、陕西、内蒙古等五省、
区的学生/对毕业生实行～分配,从哪儿考来的还回哪儿去
/研究所的工作人员到农村～考察农业技术的推广情况

都 dōu [副词 甲级]

一、表示范围,总括全部。

used to indicate range; all; every:

1. 用于陈述句中。"都"总括的对象必须在"都"前。"都"不
轻读。

used in a declarative sentence; "都"is used to refer to the subject
of the sentence, which is plural, either agent or recipient:

　　a. 总括名词性成分。

　　used to sum up nouns:

她的姐姐和哥哥～是体操运动员/全班同学～同意春游去
爬山/这两种颜色我～不喜欢/我们已经把房间全～打扫完
了

　　b. "都"前有疑问代词。

　　interrogative is used before "都":

咱们去哪儿吃晚饭～可以,我什么～吃/你多会儿来我～欢
迎/他什么爱好～没有/你决定吧,骑自行车或者坐车,怎么
去～行/我有一这张电影票,你给谁～可以,随你的便

2. 用于疑问句中。总括的对象在"都"后,一般为疑问代词。
"都"要轻读。

used in an interrogative sentence, and followed by a interrogative
word; "都"is often pronounced in the neutral tone:

今天～谁来参加会了? /看你的脸色不太好,是不是病了?
～哪儿不舒服? /这个假期你～准备干些什么? /听别人说
"和"这个字有三个发读音,～怎么念? /这件事你～对谁说
了?

3. 用于复句中。"都"要和"除了"或"不管、不论、无论"配合使
用。

used in a complex sentence with"除了"或"不管、不论、无论"：

除了下雨天,老王每天~骑自行车上班/不管去哪儿,他~
要每天给妻子打一个电话/不论遇到什么情况,总经理~非
常冷静/无论我们怎么跟老师开玩笑,他~不生气

二、"甚至"的意思。"都"一般轻读。

same as "甚至"; pronounced in the neutral tone; even：

1. 与"连"一起用。

used in conjunction with "连"：

会场里的气氛紧张得连最爱开玩笑的小张~不敢说话了/
书店一点儿也不远,连五分钟的路~不到/他怎么糊涂得连
老朋友~不认识了?

2. "都"字前后用同一个动词的肯定形式和否定形式。

used between an affirmative-negative form of the same verb：

他怎么说~没说一声就走了/来到工地,大家问~不问就干
了起来/她胖得两个人抱~抱不动/你猜~猜不到,今天我
在商店碰到谁了

3. 用在复句中。表示强调。

used in a complex sentence to show emphasis：

你是她丈夫,你~不支持她,我们就更不会支持她了/这个
小孩子老师的话~不听,父母的话就更不听了/我买 14 英
寸的电视~买不起,别说买进 25 英寸的了

三、表示时间。有"已经"的意思。表示说话人认为时间晚、
数量多或情况早已存在。一定要有"了"配合使用。

used to indicate that the speaker thinks the time is late, must be
followed by "了"; already：

~十二点多了。老师还不下课/~三月份了,天气怎么还这
么冷? /~二十多岁的人了,说话、做事还像个小孩子似的/
~下班一个多小时了,老王还在图书馆里查资料

四、"都是"。用来解释原因,带有不满的语气。

used together with "是"to explain cause, indicating dissatisfac-
tion：

~是你,要坐公共汽车,否则咱们不会迟到/~是老王,把地址记错了,害得我们白跑了一趟/~是这场倒霉的病,姐姐错过了进音乐学院的考试机会

独自　dúzì　[副词　丙级]

自己一个人(做某事)。强调个体性,多用于书面语。口语中也说"独个儿"。

often in written language; "独个儿" is used in spoken language; alone; by oneself:

1. 用于动词或形容词前。

   used before a verb or adjective:

   我没参加旅行社,~去了趟西藏/孩子不喜欢~玩耍,总是要父母陪他/同病房住的人都回家过年了,她忍不住~落泪/父母去世后,他~支撑着家庭/有困难跟大家说说吧,别~发愁/出去走走吧,不要又在房间里~难过

2. 直接用于数量短语"一人、一个"前。

   used before "一人 or 一个":

   你们都回去吧,我想~一人呆会儿/他不会玩牌,只好~一人坐在书房里看书/刚办公司的时候,我~一个忙里忙外,真累/他没有告诉任何人,~一个去了广州

顿时　dùnshí　[副词　丙级]

表示行为动作发生得很快或紧接着另一件事发生。有"立刻、马上"的意思。但只用于叙述或描述已经发生的事情。多出现在书面语中。

often used in written language; same as "立刻、马上"; used to describe something happened already; at once; immediately:

下课铃响了,校园里~热闹起来/听到这个不幸的消息,她~晕倒在地/老教授微笑着走上讲台,会场里~响起热烈的掌声/突然停电,教室里~伸手不见五指/走出房间,凉气~迎面扑来

多 duō [副词 甲级]

一、用于疑问句,询问程度或数量。多用于单音节形容词"大、长、高、宽、肥、重、远、粗、厚、深"等前。"小、短、低、矮、窄、瘦、轻、近、细、薄、浅"等不可以用于此格式。

used in an interrogative sentence to ask about degree or extent; often used before a monosyllabic adjective like "大、长、高、宽、肥、重、远、粗、厚、深"etc., can't be followed by "小、短、低、矮、窄、瘦、轻、近、细、薄、浅"etc.:

他今年~大? /那张桌子有~长? ~宽? ~高? /你家离学校有~远? /他的包有~重?

二、用于感叹句,表示程度高,常含有夸张的语气,带有强烈的感情色彩。同"多么"。

same as "多么"; used in an exclamatory sentence to indicate a high drgree or great extent; how; what:

1. 用于形容词性成分前。

used before an adjective:

a. 多 + 形容词。

多 + adjective:

今天天气~好啊! /这些孩子~可爱啊! /他女朋友~安静啊! /这个菜~难吃啊! /这个问题~复杂啊!

b. 多 + 不 + 形容词。

多 + 不 + adjective:

这孩子~不简单哪/在过去做到这一点是~不容易呀/你看,这样穿~不好看/坐硬座~不舒服哇

【注意】　NOTE

"多"还可以出现在"动词 + 不/没 + 多 + 形容词"格式里,这时,表示的不是程度高,而是相反,强调程度不高。

"多"can be used in the sentence structure "v. + 不/没 + 多 + adj."to stress a low degree:

例如:"走不~远,他就回来了/睡不~长时间就得起来/小桥没~宽,只能走一个人/行李没~重,我一个人就拿

得动/这条河没~深,别怕"。

2. 用于动词性成分前。

used before a verb:

a. 用于心理状态动词前。

used before a verb indicating mental activities

他对工作~负责啊! /领导对我们的工作~支持啊! /你看他~尊重你的意见! /远在国外,孤身一人,他~怀念祖国亲人哪/我~羡慕你们年轻人哪

b. 用于其他动词性成分前。

used before other verbs:

那时候的人~能干啊! /瞧,人家~会办事! /那个年代的人~有理想啊! /这些年轻人~善于学习,又~富于创造精神! /你这样做~花时间啊! /看,小王~沉得住气! /瞧,人家夫妻俩~和睦啊!

三、表示某种程度。常用在"不论(不管、无论)…多…,都(也)…""多…都(也)…""要多…有多…"等格式中。

used to indicate a certain degree or extent, usually used in the sentence structures "不论(不管、无论)…多…,都(也)…""多…都(也)…""要多…有多…":

不论刮~大风,下~大雨,他都准时去给孩子们上课/~麻烦的问题也难不倒她/那个小孩要~调皮有~调皮,真拿他没办法

【辨析】多 多么

compare 多 多么

(1)二者用法基本相同,但"多么"不用于疑问句询问程度或数量。

"多么"can't be used in an interrogative sentence to ask about the degree or extent.

(2)"多么"所含有的语气和感情色彩比"多"强一些。

"多么"shows stronger emotions than"多".

多半 duōbàn ［副词　丙级］

表示有很大的可能性。用于谓语动词前。

used before a predicate to indicate great possibility; probably; most likely：

别急,再等一等,他~会来接我们的/他常来这儿,但~是在晚上/我猜这事儿~和他有关,不信你去问问他/他~是生病了,不然,他不会不来上课的

【辨析】 多半　大半

compare 多半　大半

"多半"多用于口语,"大半"则口语、书面语都可以。

"多半"is often used in spoken language while"大半"can be used both in spoken and written languages.

多亏 duōkuī ［副词　丙级］

表示由于某种有利条件或某人的帮助,避免了某种不希望的结果或得到了某种好处,可带"了"。

used to indicate that something unpleasant is avoided or some profit is reached because of some beneficial condition or someone's help, usually followed by"了"; thanks to; luckily：

1. 多亏…,…。

~王平来了,我们都不认识路/~了咱们没去,人多得都坐不上汽车/~了小王懂英文,我们差点儿买了给狗吃的罐头/~我的朋友又高又壮,还会点儿武术,把几个坏人吓跑了

2. 多亏…才…。

~你跟他不熟,他才没逼你喝酒/路灯坏了,~了你有手电,我们才没掉到沟里/我的袜子破了,~了我书包里还有一双,才没有丢脸/~有你介绍,我们才找到了这么好的工作

3. 多亏…否则(不然、要不)…。

那个女孩子对我太热情了,~我的女朋友没看见,否则她一定会怀疑我/~了他会修车,不然回不去家了/~你来了,要不我们非跟他打起来不可/~了我妻子花钱很有计划,不然

我们的工资不够花的

【注意】 **NOTE**

"多亏"后面有时可以带名词或代词,"多亏"后常有"了"。例如:

"多亏"can be followed by a noun or pronoun and "了" is often used after it.

~了小王,我们才找到了一家又便宜又好的旅馆/~了他,看出那个人用的是假钞票/~了这顶帽子,我的脸才没被晒黑/~了老李他们几个人,帮我搬完了家

多么 duōme [副词 甲级]

表示程度高,含有强烈的感情色彩和夸张的语气。

used in an exclamatory sentence to indicate a high degree; what; how:

他的发音~标准哪/这场足球赛~精彩呀/他的话听起来~动人哪/我是~佩服她的工作能力啊/孩子们是~盼望早点儿放假呀!

【辨析】 多么 多 (见"多"条)
compare 多么 多 (see"多")

而后 érhòu [副词 丁级]

表示时间上的承接关系,同"然后"。书面语词。句中常有"又、再、才"等配合使用。

written language; same as "然后"; used only after another element to indicate the continuity, often followed by "又、再、才"; after that; then; afterwards:

她先是默默地背诵,~又大声地念出声来/领导要求我们先做深入调查研究工作,~再制订方案/一位医生快速走进手术室,~又匆匆走了出来/谁也记不得她到底是先读完了大学~才结婚的,还是先结婚~才继续读完大学的

凡 fán [副词 乙级]

一、用来总括某个范围内的所有事物或情况,表示在此范围内没有例外,有"只要是"的意思。一般修饰名词性词组。多用于句子的开头或前半部分,后面常有"都""均""无不""一律"等词语与之呼应,书面色彩较重。

used at the beginning or the first clause of a sentence to indicate no exception, usually followed by "都""均""无不"or"一律"; all; every; without exception:

~年满十八岁的公民都可报名/~因故未到者,均按自动弃权处理/~听到这个消息的人无不欢欣鼓舞/~考试作弊者,一经发现,一律严肃处理/~没有资格证书者,一律不准上岗

二、表示总计,相当于"总共""总计"等,后面一般要带数量词。是古代汉语的用法,现多用于书面语。

written language; should be followed by a quantifier; altogether; in all; totally:

全书~一百卷

凡是 fánshì [副词 丙级]

用来总括某个范围内的所有事物或情况,表示在此范围内没有例外,有"只要是"的意思。一般修饰名词或名词性词组,多用于句子的开头或前半部分,后面常有"就"、"都"、"一律"、"无不"、"无一"等词语与之呼应,比"凡"更口语化。

used at the beginning or the first part of a sentence to indicate no exception, usually followed by "就"、"都"、"一律"、"无不"、"无一", more colloquial; every; without exception; all:

~记者,他都不喜欢/~不懂的问题,我就请教老师或同学/小王是我们公司的舞星,~公司有舞会的时候,都会看到他的身影/~成功的人,都是从小就有远大理想,并勤奋努力,坚持不懈/~大学生集体宿舍,晚上11点一律关灯/~通过考试的人,无不高兴万分/~参加国内联赛的运动员都必须

通过体能测试,无一例外

反 fǎn ［副词 丙级］

表示出现与预料或常情相反的结果。同"反而"。多用于书面语。

written language, same as "反而"; on the contrary; instead:

他开车撞了人,不怪自己不小心,~怪别人不对/虽然这次比赛我们队输了,可是全体队员都没有灰心,在总结经验之后~对今后的比赛更充满了信心/退休以后,爷爷天天坚持锻炼身体,精神~比以前更好了

反倒 fǎndào ［副词 丁级］

表示产生了跟预料或常情相反的结果。多用于口语。

same as "反而", but more colloquial; on the contrary; instead:

我把他送到医院之后,他~说是我把他撞伤了/上了大学,读了那么多书,~更不懂道理了/在这种情况下,严厉地批评孩子,不但不能帮助他,~会打击他的自信心/已经是春天了,天气~冷起来了

反而 fǎnér ［副词 丙级］

表示出现与预料的或与常情相反的结果。常与"不但、不仅"等词一起用。

used to indicate that a situation has brought about a result contrary to expectations; often used together with "不但、不仅"; on the contrary; instead:

明明是他的错,可是他不但不承认自己的错误,~说是我的错/我动身最早,但是由于塞车,~最后一个才到/我不但没能劝阻他不要去看这场电影,~被他动员一起去了电影院/经过一个多月的治疗,张教授的病情不仅没有好转,~比以前还严重了一些

反复 fǎnfù ［副词 乙级］

表示同一个或同类行为、动作多次重复进行。一遍又一遍。可重叠使用。

repeatedly; again and again; over and over again:

我们经过～研究,终于发明了一种治疗感冒的新药/老师在考试前～强调考试纪律/我～思考了这个问题,怎么也想不出正确的答案/收音机里～多次地报导了这次地震的消息/妈妈年纪老了,总是一件小事要反反复复地说个没完没了

反正 fǎnzhèng ［副词 乙级］

一、表示在任何情况下都是一样的。常和"不管、无论"等词或表示正反两种情况的词语搭配使用。"反正"可用于小句主语前,也可用于小句主语后。

used to indicate that whatever condition, the conclusion remains unchanged; usually used together with "不管、无论":

不管你答应不答应,我～一定要去/无论你说什么,～计划不再改变了/天气好也罢,不好也罢,你～要按时赶到,不能迟到/无论如何,我～要亲自去一趟

二、强调原因,该原因在说话人看来,是引起某种结果或得出某种结论的主要原因,带有较强的主观性。"反正"常用于小句主语前。

used to convey certainty or resolution, it is usually put at the beginning of the clause:

～他们也不来了,咱们自己去吧/天气冷,你就穿着这件衣服吧,～我也不穿/下雨了,你就留下来吧,～这儿也有地方住/～你也不用,借给我得了

非 fēi ［副词 丙级］

表示否定。多用于书面语。

used to indicate negative:

1. 非…不可/不行/不成。双重否定,表示肯定。这一格式强调必然性、必要性或表示坚定的意愿或决心。

used in conjunction with "不" to indicate affirmative; have to; must：

> 酒后开车，~出交通事故不可/他俩整天吵吵闹闹,这样下去,~离婚不可/动大手术之前,~有病人家属的签字不行/最近外出度假的人很多,~提早预定机票不成/今年真够热的,空调我是~买不可了/这孩子被他爷爷惯得不成个样子,我~好好教训他不行

"非"后有时加"得"或"要"：

sometimes followed by "得"or"要"：

> 我今天~得把这几个词记住不可/他们不相信我,~得你亲自去一趟不行/这孩子,~要跟妈妈去办公室不成/你打扮得这么怪,~要把观众都吓跑了不可

口语中,上下文清楚时,"不可/不行/不成"可以省去。

"不可/不行/不成"can be omitted in spoken language when the context is evident.

> 再这么加班,你~得累病了！/他才十几岁,干吗~给他买名牌服装？/我不想去,可他们~要我去/他不讲理,我只打了一个电话,却~让我交一块钱

2. 非…不…。这一格式表示前者是后者的必要条件。

in the sentence structure 非…不…, the former part is the necessary condition of the later one; be bound to：

> 他对穿着十分讲究,领带、衬衫~名牌的不要(＝只要名牌)/他俩感情很好,他表示,~她不娶(＝只娶她);她则说~他不嫁(＝只嫁他)/我不愿跟他来往,~十分必要,我不会给他打电话(＝只有在十分必要的时候才打电话给他)/~有公安局签发的通行证,不能进入这个地区(＝有通行证的人才能进入这个地区)

3. 非…才…。这一格式的意思与"非…不…"一样,但"非"后常跟"要、得"。

same as 非…不…, but"非"is usually followed by "要、得"：

> ~得经理亲自批准,你才能进我们公司/~要在小城镇住上

几个月,你才能真正了解那里的生活习惯/~得妈妈、爸爸
回来,你才能开门/你怎么买这么多东西,是不是~要把商
店搬回家才停手

非常 fēicháng ［副词 甲级］

表示程度很高,超出一般的标准。

used to indicate a high degree; very; extremely; exceedingly; high-
ly:

1. 用于形容词性成分前。

   used before an adjective：

   a. 非常 + 形容词。

   非常 + adjective：

   他 ~ 聪明/那儿的风景 ~ 美/我认识一个 ~ 聪明的姑娘/中
   国的长城是 ~ 有名的/他的男朋友长得 ~ 难看/酒后开车是
   ~ 危险的

   b. 非常 + 不 + 形容词。形容词一般是表示程度的。

   非常 + 不 + adjective：

   我认为你这样做 ~ 不好/前边的路 ~ 不平/你的中国菜做得
   ~ 不地道/他那里 ~ 不安全,你就住在这儿吧/这个数据 ~
   不准确/这几个二年级小学生能跟国人用英语对话,~ 不简
   单

2. 用于动词性成分前。

   used before a verb：

   a. 用于心理状态动词前。

   used before a verb indicating mental activities：

   我 ~ 喜欢小孩子/妈妈 ~ 担心他的身体/这位老师 ~ 关心自
   己的学生/说实话,我 ~ 害怕失去他/有衣服穿,有饭吃,他
   就觉得 ~ 满足了/我 ~ 后悔没有陪他一起去,害得他整整找
   了一天也没找到那个地方

   b. 用于动词性词组前。

   used before a verbal phrase：

他有一个~能干的助手/这些学生~会学习,进步很快/我~愿意去那里看看/我认为花这么多钱能买到这样一本好书~值得/他~善于交际,走到哪里都能交到很多朋友/他是~乐于助人的,你可以去请他帮忙/他曾经是一个~有理想的年轻人,没想到现在竟变得这么没出息/这是现在~受欢迎的一种食品

【注意】 **NOTE**

(1)"非常"重叠使用,语气加强。

it can be reduplicated to indicate a strong feeling.

如"~~快/~~聪明/~~能干/~~喜欢孩子/~~有理想/~~合得来"。

(2)"非常"后加"之",语气加强。

it can be followed by "之"to indicate a strong feeling.

如"~之快/~之聪明/~之能干/~之喜欢"。

分别 fēnbié [副词 乙级]

一、表示对于不同的情况,采取不同的方式或措施。

used to indicate that different situations are dealted with in different ways; respectively; differently:

厂长根据他们贡献的大小,~给予了奖励/按照产品的质量,~定了等级/每个学生的身体条件不同,应该~给他们制定锻炼计划/不同民族信仰、习惯不同,必须~对待/中学毕业后,父亲根据孩子的性格特点,~为他们选择了专业/我的情况跟他的完全不一样,我希望您能~对待

二、表示不共同,不一起。

used to indicate that different things or persons are treated in different ways, or each of them does the same thing respectively; separately; respectively:

1. 同一主体对应不同的对象。

different objects share the same subject:

昨天我~给老王、老李、老丁打了电话/期末老师~给每位

学生的家长写了一封信/"初一"一大早,小胖给父母、姥姥、姥爷、爷爷、奶奶~拜了年/办公室把信~放入每个教员的信箱

2. 不同主语对应同一对象。

different subjects share the same object：

20 位幸运球迷~收到了球星签名的照片/母亲过生日那天,孩子们~给她送了礼物/咱们几人~去陪他说话,别让他觉得寂寞/各大报纸~刊登了这条新闻

3. 不同主体对应不同的对象,一个对一个,有"分头、各自"的意思。

same as "分头、各自"; used to indicate that different subjects deal with different objects：

你们三个人~完成该书的第六、第七、第八部分/他给弟弟的一儿一女~买了玩具汽车和布娃娃/小徐、小钱和小龙~住在这座楼的五层、十四层和十七层/放学后,孩子们~回到自己的家里

分外   fènwài   [副词   丁级]

表示因为某种原因,所以程度很高,超过一般。

used to indicate that the degree is extremely high for some reason; particularly; extraordinarily：

1. 用于形容词前,形容词多为表示积极意义的词。

used before an appreciative adjective：

节日的王府井~热闹/恋爱中的她显得~温柔,~漂亮/雨后的天空~清新/饥饿的时候会觉得饭~香

2. 用于某些表示心理状态的动词性成分前。

used before verbs indicating mental activities：

病中的他~想念祖国的亲人/对你的遭遇,我们~同情/得到了这么多的支持与帮助,取得了这么多的成就,她~热爱自己的事业了/这种衣服~受年轻人欢迎/他对中国的传统艺术~感兴趣

奋勇 fènyǒng ［副词 丁级］

以极大的勇气和坚定的信念(做某事)。

used to show that someone summons up all of the courage or energy to do something：

> 长征中,红军克服重重困难, ~ 前进/他 ~ 、顽强地同敌人搏斗/小王 ~ 抢救落水儿童/着火了,他们 ~ 扑灭了大火

赶紧 gǎnjǐn ［副词 乙级］

表示行为、动作迅速、急迫,毫不拖延。

used to indicate that someone loses no time：

1. 用于陈述句,说明行为、动作发生迅速。多用于已经或正在发生的动作、行为。

used in declaractive sentence to indicate a quick action; at once; quickly：

> 外面突然刮起了大风,我 ~ 关上窗户/听说妈妈病了,我放下电话 ~ 往家跑/眼看一个小朋友要摔倒了,我 ~ 跑过去扶住了她

2. 用于祈使句中,表示劝说、催促或命令别人加速或尽早行动。用于还未发生的情况。

used in an imperative sentence to advise, urge or order someone to take action quickly：

> 小明,下雨了, ~ 把阳台上的衣服收进来/你哥哥被车撞了, ~ 去看看吧/都 12 点了,咱们 ~ 走吧,可别迟到了

【辨析】 赶紧 赶快——赶忙 连忙 (见"赶快"条)

compare 赶紧 赶快——赶忙 连忙 (see"赶快")

赶快 gǎnkuài ［副词 乙级］

抓紧时机,加快速度。同"赶紧"。不过"赶快"更偏重于强调动作的快速,尽早。

same as "赶紧", but "赶快" emphasizes more on a quick action; at once; hurriedly; quickly；

1. 用于陈述句。

used in a declarative sentence：

看见被邀请的客人来了,厂长~迎了上去/听到电话铃声一响,我~拿起听筒/孩子病了,我~带她去医院

2. 用于祈使句。

used in an imperative sentence：

你们~走吧,不然时间来不及了/~睡觉吧,明天还要早起呢/咱们~吃吧,人家饭馆要关门了

【辨析】   赶紧   赶快——赶忙   连忙

compare   赶紧   赶快——赶忙   连忙

(1)"赶紧"、"赶快"比"赶忙"、"连忙"更强调动作行为的急迫。

"赶紧"and"赶快" emphasize more on the urgency.

(2)"赶紧"、"赶快"既可以用在陈述句中,又可以用在祈使句里,而"赶忙"、"连忙"只能用在陈述句中。

"赶紧"and"赶快" can be used in declarative sentences as well as in imperative sentences, while"赶忙"or"连忙"can only be used in declarative sentences.

赶忙   gǎnmáng   ［副词   丙级］

表示迅速行动。常用于陈述句的后一部分,强调前后两个动作之间的时间间隔很小。

used in the later part of a declarative sentence to indicate a short time between two actions; immediately; hurriedly：

她差一点儿晕倒,我~把她扶到床上/一觉醒来,快八点了,我~爬起来/老同学来北京出差,一下火车就~给我打来电话

【辨析】   赶紧   赶快——赶忙   连忙   (见"赶快"条)

compare   赶紧   赶快——赶忙   赶忙   (see"赶快")

刚 gāng ［副词 甲级］

一、表示时间。

used to indicate time:

1. 表示动作、行为或情况不久前发生。

used to indicate that an action took place only a short while ago; just; only a short while ago:

a. 用于动词或动词性词组前。

used before a verb or verbal phrase：

~起来/~到/~结束/~来一会儿/~吃过饭/~洗完衣服/ ~从图书馆回来/~买了一台电视机/~收到妈妈寄来的包裹

b. 用于"好、红、绿、冷、热、平静…"等少数表示变化的形容词前。

used before an adjective like "好、红、绿、冷、热、平静…"：

你的病~好，要注意休息/树上的苹果~红，过几天就能吃了/我的心情~平静下来，又听到了这个坏消息/我现在~清楚是怎么回事

2. 表示两种动作、行为或情况紧接着发生，后面可以和"一"连用，常有"就、便"等呼应。

used in the first clause of a compound sentence with "就"or"便" followed in the second clause to indicate immediacy; hardly ... when...; no sooner than：

我~下楼就碰见了他/~躺到床上，他就打起了呼噜/他~进门，电话铃便响了起来/我~一抱这个孩子，她便大哭起来/我们的船~离开港口，海上就起了风暴。

3. 表示某种情况或行为开始的那一段时间，常有"…的时候"或"…时"配合使用。

used to indicate the first period of time when something happens, often followed by "…的时候"或"…时"：

~到中国的时候，我什么也听不懂/他~听到这个消息时，非常生气，现在已经平静了/~见到长城时，我激动极了/妈

妈说,我~会走路那会儿,淘气极了

二、表示勉强达到某一数量或程度,含有"仅仅"、"才"、"只"的意思。

used in the same sence as "仅仅"、"才"、"只"; indicates that something is barely enough to serve the purpose or only just up to a certain degree; just; barely; only:

a. 用于数量词前。

used before a quantifier:

你~十七岁,怎么能结婚? /我来这儿~两个月,对周围的环境还不大熟悉/~九点,还早呢,再坐会儿吧/她~三十五岁,头上已经有白头发了

b. 用于动词前。

used before a verb:

他个子很矮,~到我鼻子/我带的钱不多,~够坐公共汽车/我~学了两个月的汉语,还听不懂你说的话

三、表示正好达到某种程度,有"恰好""正好"的意思。多用于形容词前。

same as "恰好""正好"; used before an adjective to indicate something is just right; neither more nor less than; just:

这件衣服我穿不肥不瘦,~好/他的英语水平上中级班~合适/这个菜不咸不淡,我吃~好

【辨析】　刚　刚刚　刚才

compare　刚　刚刚　刚才

(1)"刚""刚刚"是副词,只能修饰动词和动词性词组作状语;"刚才"是时间名词,可以修饰名词作定语,也可以作时间状语。

"刚""刚刚"are adverbs and can only be used to modify verbs or verbal phrases, while "刚才"is a temporal noun and can function as an attribute or adverbial.

例如:

① 刚才的事,你千万别告诉他。

② 你为什么刚才一声不吭?

(2)"刚"和"刚才"都表示动作、行为不久前发生,但"刚才"只和现在发生联系,而"刚"既可以跟现在发生联系,也可以跟过去的某一时刻发生联系。

"刚" and "刚才" both indicate some actions happened not long ago, but "刚才" can only be used in a sentence with present tense to indicate that something happened just now, while "刚" can be used in present tense or in past tense. 比较:

① 他刚才还在这儿,现在不知去哪儿了。

② 我刚下飞机。

③ 那天,我刚下飞机就给你打电话了。

(3)"刚"、"刚刚",表示说话人主观认为发生或完成某个动作或事情的时间很短,但实际上并不一定很短,"刚才"没有这样的用法。例如:

"刚"、"刚刚" sometimes is used to show that the speaker thinks some action happened not long ago, but actually it is not the case:

① 他是刚(刚刚)(×刚才)来我们这儿的,有两个月了吧。

② 关于这个问题,我去年刚(刚刚)(×刚才)写了一本书。

(4)"刚才"后可以带否定词,"刚"、"刚刚"不行。例如:

"刚才" can take a negative:

甲:你为什么刚才(×刚)(×刚刚)不吃,现在饭凉了又想吃了?

乙:我刚才(×刚)(×刚刚)不想吃。现在气没了,肚子就饿了。

(5)"刚"和"刚刚"可以用在带时量短语的句子里,"刚才"不行。例如:

"刚"、"刚刚" can be used in a sentence with time and measurement:

① 他刚(刚刚)(×刚才)走了一会儿,可能还追得上。

② 我刚(刚刚)(×刚才)来两天,还不了解情况。

(6)"刚"和"刚刚"都可以表示数量,"刚才"不能。

"刚"、"刚刚"can be used to show quantity, but "刚才" does not have this usage:

例如: ① 他今年刚(刚刚)(×刚才)二十岁。

② 刚(刚刚)(×刚才)九点,还早呢,再玩一会儿吧。

(7)"刚"和"刚刚"表示数量时,表达的意思有所不同。"刚"表示勉强达到,强调数量少,有"只"、"才"的意思;"刚刚"则偏重于表示"正好""刚好"。比较:

when "刚"、"刚刚"are used to show quantity, the meanings are different. "刚"is used to emphasize small quantity and "刚刚"is used to indicate no more, no less:

① 他今年刚十八岁,还没达到法定结婚的年龄。

② 十八岁以上是青年组,而他不多不少刚刚十八岁。

③ 学校规定,男体重 70 公斤以下、女体重 50 公斤以下者不能参加献血。他体重刚 65 公斤,不能献血。她刚刚 50 公斤,成了光荣的献血队伍中的一员。

刚刚　 gānggāng　[副词　乙级]

意义和用法基本和"刚"相同,但比"刚"更强调时间间隔的短促。

same as "刚", emphasizes more on the transitoriness of time:

那天,我们围坐一圈,~坐定,准备聊天,小李就来叫我,说是有人找我/我随手点燃一支烟,这是不久前~学会的/这是一棵~长出花盘的向日葵/~大学毕业的小王,身体健康,品学兼优,在许多单位都应聘成功/一切才~开始,咱们今后要走的路还长着呢/上海经济开发区~建立时,老王便当上了开发区的办公室秘书长/~决定的事,你就要改变,也太快了点儿了吧!

【辨析】 刚　刚刚　刚才 （见"刚"条）
compare 刚　刚刚　刚才 （see "刚"）

格外　géwài　［副词　丙级］

表示程度高,超出了一般的情况。含有"更加"的意思。多与双音节词配合使用。

used to indicate a high degree, often used together with disyllabic words; especially; particularly; exceptionally; extraordinarily:

1. 用于形容词前。

used before an adjective:

草地上长满了淡紫色的野花,显得~美丽/雨过天晴,空气~清新/今天的天气~好,万里碧空飘着朵朵白云/节日的天安门~庄严/她今天的情绪~低落

2. 用于动词性成分前。

used before a verb:

自己亲手做的衣服,穿起来~爱惜/他正在病中,~需要你的关心/一个人留学外国,每逢节日~想念亲人/你的孩子正处于青春期,思想波动比较大,你要~留心他的言行

更　gèng　［副词　甲级］

表示程度增高。用于比较。

used for making a comparison; more; even more; still more:

1. 用于形容词性成分前。

used before an adjective:

a. 更+形容词。

更 + adjective:

今天来的人很多,我希望明天来的人能~多/那个房间比这个房间~干净/他比我~紧张/咱们宁肯把事情想得~复杂一点儿,省得遇到问题时不知所措

b. 更+不+形容词

更 + 不 + adjective:

他说的当然不对,可你说的～不对/你这一说,我～不明白
了/你们家那儿的交通不方便,老王住的地方交通～不方便

2. 用于动词性成分前。

　　used before a verb:

　a. 用于心理状态动词前。

　　　used before a verb indicating mental activities:

　　　我不大喜欢看小说,我～喜欢看的是散文/和上届领导比较
起来,这届领导～支持我们的工作/听说父亲病了,我～惦
记家里了/这孩子长大了怎么反而～害羞了?/听了他的遭
遇,我们～同情他了

　b. 用于其他动词性成分前。

　　　used before other verbs:

　　　社会的需要比大学～能把科学推向前进/上大学了,～应该
努力学习/这篇散文～有诗意/他说的比你～有道理/年轻
人～有创造精神/你是她好朋友都说不出口,我只是她的一
般同学就～说不出口了

　c. 用于"是"前。

　　　used before "是":

　　　随着年龄的增长,他对书～是达到了着迷的程度/他的言行
越来越激烈,～是难以让人理解了/战争年代的人～是渴望
和平安定

【注意】 **NOTE**

　　　　"更"用于比较时,常意味着比较的对象也具有一定的
程度。

　　　　when "更" is used in a comparative sentence, it often
means that the object is comparable:

　　　　如"小王比我更努力",意味着"我也很努力"。

【辨析】 更　更加

compare 更　更加

　　　　(1)"更"可用于口语和书面语,"更加"多用于书面语。

　　　　"更" can be used in spoken or written languages and "更

加", in most cases, is used in written language.

(2)"更加"不用于单音节动词、形容词前。

"更加"can't be used before monosyllabic verbs or adjectives.

如:"更加勤奋/更加肮脏/更加帮不上忙/更加合得来"都成立,可是"×更加笨/×更加懒"都不成立。

(3)"更加"的语气比"更"稍重一些。

"更加"shows a stronger tone than"更".

更加　gèngjiā　[副词　乙级]

表示程度增加。用于比较。

same as"更"; usually used to modify a polysyllabic word or phrase; more; even more; still more:

1. 用于形容词性成分前。

　used before an adjective:

　a. 更加 + 形容词。

　　更加 + adjective:

　　明天会比今天 ~ 美好/这样做 ~ 危险/这里比他哪儿 ~ 安全/房间被他一收拾,~ 舒服了/他比我 ~ 马虎

　b. 更加 + 不 + 形容词。形容词一般限于积极意义的双音节词。

　　更加 + 不 + adjective; the adjectives are mostly disyllabic:

　　听了他的一席话,我心里 ~ 不平静了/汽车多了,道路更加拥挤了,出门旅行就 ~ 不方便了/看了他的表演也并不怎么样,我 ~ 不服气了/我刚进门的时候就有点儿疑惑,现在 ~ 疑惑了;虽然猜不出坐在中间的那个人是谁,但可以断定:一定是一个不平常的人

2. 用于动词性成分前。

　used before a verb:

　a. 用于心理状态动词前。

　　used before a verb indicating mental activities:

听了他的报告以后,我们~佩服他了/病中的我~怀念死去
的母亲/自从那件事后,他~尊重我的意见了/分开了这么
久,他对我~不理解了

  b. 用于其他动词性成分前。

    used before other verbs:

    干上推销工作后,他~能说会道了/你既然明白,就~不应
    该这样做了/孩子受了老师的批评后,~不肯上幼儿园了/
    比起来,他~需要你的帮助/灾区的孩子值得同情,失去父
    母的孩子~值得同情/你不知道自己错在哪里,就挺让人生
    气的了,知错不改就~让人生气了/失败过几次以后,他对
    登山运动~不感兴趣了

【辨析】　更加　更　(见"更"条)

compare　更加　更　(see"更")

公然　gōngrán　[副词　丁级]

公开地、毫无顾忌地,多指做坏事。

derogatory term; openly; undisguisedly; flagrantly; brazenly:

    为了赚钱,这家公司~制造、出售不合格产品/他觉得自己
    了不起,~污辱请他签名的歌迷/他们~在街头打骂行人,
    令人气愤/工厂老板~强迫工人签订违反《劳动法》的合同/
    这个国家为了争夺资源,~发动战争/这家报纸真不像话,
    ~散布地震谣言

共　gòng　[副词　乙级]

一、表示总计,总和,意思相当于"一共"、"总共"。

    altogether; in all; in total:

1. 用于带数量补语的动词短语前。

    usually modifies a verb and is followed by a N-M phrase:

    全文~分三个部分/我市近三年来~植树500棵/这支球队
    成立以来,~获得三次联赛冠军/由于天气恶劣,这几天发
    生的大小交通事故~有25起

2. 直接带表示数量的词语。

　　used directly before a N-M phrase:

　　　　这部文集～一百五十卷,50 万字/失物招领所收到的丢失
　　　　物品～30 多件/本节目接到的来自全国各地的观众来信～
　　　　200 多封

　　二、表示"共同"、"一同"的意思。一般只修饰单音节动词,多用
于固定格式或词语。

　　　usually modifies monosyllabic word in a fixed structure or
phrase; used to indicate doing the same thing together; in company;
together:

　　　　全国人大代表聚在一起,～商国家大计/代表们畅所欲言,
　　　　～商国策/中国一贯坚持和平～处五项原则的外交政策/全
　　　　国人民和灾区人民同舟～济,～渡难关/他们夫妻几十年,
　　　　同甘～苦,生死与～/我们两个公司同享利润,～担风险

姑且　gūqiě　［副词　丁级］

　　表示暂时地,相当于"暂时、权且"。有时含有让步的意思,表示
在不得不如此的情况下,只得如此。多用于书面语。

　　used to show concession in written language and indicate that a partic-
ular way of doing something might not be the best, but one might act in
such a way for the time being; tentatively; for the moment; for the time
being; might as well:

　　　　我这儿有两本参考书,是几年前出版的,你～先用着/你逃
　　　　课的事～不提,你昨天和人打架是怎么回事? /在重新分班
　　　　之前,你先～在这个班听课吧/在没有找到更好的工作之
　　　　前,我～在这儿先干着/这道题～算你蒙对了,下面的题你
　　　　一定不会做了/他的名字我已记不清了,～叫他小 X 先生
　　　　吧

【辨析】　暂且　姑且
compare　暂且　姑且

　　　　(1)"暂且"着重强调时间的短暂,有时相当于"暂时",

表示让步的意思比较少,甚至没有;"姑且"更着重强调让步的意思,并表示在不得已的情况下只好如此,有无可奈何的语气。

"暂且"emphasizes the transitoriness of time, while "姑且"emphasizes concession:

例:A: 这个月的房租我暂且先欠着,等我家的钱一寄来马上给你。

　　B: 这次姑且这样吧,下次不交房租绝对不行。

(2)"姑且"文言色彩较重,多用于书面语;"暂且"书面语、口语都可以用。

"姑且"is often used in written language, and "暂且"can be used in written and spoken languages

怪　guài　[副词　丙级]

表示程度相当高。多用于口语,带有较强的感情色彩。后边一般有"的"。

spoken language, usually followed by "的" with an overtone of abhorrence or appreciation; rather; quite:

1. 用于形容词前。

used before an adjective:

手~脏的,先洗一洗再吃饭吧/外面~冷的,咱们进屋吧/他这样一打扮还~好看的呢/这个问题~复杂的,以后再说吧/听了他的遭遇,我心里~难受的/在家里请客~麻烦的,还是出去吃吧/想说的话没机会说出来,心里~不舒服的

2. 用于动词性成分前。

used before a verb:

a. 用于心理状态动词前。

used before verbs indicating mental activities:

几个月不见~想你的/听说你病了,我们还真是~担心的/小姑娘~害羞的,你别跟她开玩笑了/奶奶~惦记你的,你抽空回去看看/这么多作业,~愁人的

b. 用于其他动词性成分前。

 used before other verbs：

没想到,他还～能说的/跑那么远的路去买一本书～费时间的,不如邮购一本/没想到她这个人还～有本事的/想尽办法跟对方搞好关系,可是人家还不理,真是～没意思的/老是麻烦你,～不好意思的/他这个人～会顺着领导说话的

【辨析】　怪　挺

compare　怪　挺

(1) 二者都用于口语。但"怪"多含有亲昵、爱抚、满意的感情色彩。"挺"只表程度,不带感情色彩。

both of them can be used in spoken language，but "怪" shows stronger feelings：

(2)"怪"的适用范围比"挺"窄。如"长、大、对、错、近、普通、平常、支持、感谢"等词都不能受"怪"的修饰,但可以受"挺"的修饰。

"怪"can not be used to modify "长、大、对、错、近、普通、平常、支持、感谢".

(3)"怪"后一定带"的","挺"后可以不带。

"怪"has to be followed by "的"，while"挺"doesn't have to take it．

光　guāng　[副词　乙级]

限定动作、事物的范围,多用于口语。

spoken language；used to restrict the range of some action or thing：

1. 用在动词或形容词前面,限定动作、行为所涉及的范围,有"只"、"仅"的意思。

same as "只"、"仅"；used before a verb or adjective to restrict the range of some action；merely；only：

我的孩子吃饭时～吃肉不吃菜,你说怎么办才好?/他～笑不说话,弄得我莫名其妙/这么大了,别一天到晚～想玩,也该干点儿正事了/别～说不干呀,给我们露一手/～顾说话

了,我给你们做饭去/~长得漂亮不行呀,还得有知识/~难过有什么用,要记取教训

2. 用在名词或名词短语前面,限定人或事物的范围。

used before a noun or nominal phrase to restrict the range of a person or thing; solely; alone; only:

这么多的工作,~我一个人怎么行/今天的主食~米饭,没馒头/这件事不~他反对,我也不同意/这个问题不~你不知道,老师也不太清楚

3. "光"和"就"搭配组成"光……就"格式,用来提出例证,借以说明一般的情况。中间可插入名词或动词性成分。

"光…就" structure is used to show a general situation by giving an example, a noun or verb can be used between them:

我们只准备招 20 名学生,但~报名的就有 250 人/为了绿化荒山,村里每年都要种树,~今年一年就种了 200 多棵树/为看病他到处求医,~北京就去了好几次/他在河边种了树,河里养了鱼,还养了鸭子,今年~养鱼一项就收入两万块

果然 guǒrán [副词 乙级]

表示事实与所说或所预料的相符合。

used to indicate that something has turned out just as expected or stated; really; as expected; sure enough:

1. 用于动词或形容词前。

used before a verb or adjective:

天气预报说有大风,晚上~起风了/他一向很准时,刚到约定时间,~就把图纸送来了/他是有名的裁缝,衣服~做得很合身/报上介绍的那种方便面味道~不错/名牌大学的毕业生外语水平~很高/书上说做肉放点儿醋,我试了试,~又香又软

2. 用于主谓词组前。"果然"后可以停顿。

used before a subject-predicate word group, a comma can be used after "果然"to indicate pause：

听说他正打算换工作，~我在人才市场遇到了他/商场答应
尽快送货，~，我刚到家，他们就把洗衣机送来了/都说女孩
子们喜欢那个男歌手，~，我的几个侄女都在收集他的照片
/他提醒我孩子穿得太少了，会感冒的，~，临睡前孩子开始
头疼、咳嗽/他让我别担心，~手续很快就办好了

过 guò [副词 丙级]

表示在程度上、数量上超过一定的标准。只用于某些 单音节形容词前。

used before some monosyllabic adjectives to indicate excess；too；over：

保存这种水果，温度不要~低/饭店要求服务员的个子在
1.70 以上，不能~矮/盐放得~多或~少都不好吃/在事实
没有调查清楚之前，不要~早下结论/我们对自己的力量估
计~高，对对方的力量估计不足，所以比赛失败了

【辨析】 过 过于
compare 过 过于

"过"只修饰某些单音节形容词，并且"过 + 形容词"一
般很少做谓语，常做补语、状语，或在"不要"后做宾语。"过
于"使用范围比"过"广。

"过"can only be used to modify some monosyllabic adjec-
tives and "过 + adjective"mostly functions as a complement,
adverbial or an objective after "不要".

过于 guòyú [副词 丁级]

表示在数量上、程度上超过一定的标准。

too；unduly；over；excessively：

1. 用于形容词前。

used before an adjective：

这件衣服的颜色 ~鲜艳，我不喜欢/他这个人~热情，有时

候让人受不了/你也~紧张了,没那么严重/温度~高或~
低都不利于种子的发芽/你批评得~多了,应该适当地表扬
表扬他

2. 用于某些动词性成分前。

used before a verb:

不要~看重金钱/她~相信自己的判断力,不听别人的劝
告,结果又错了/生活上~依赖父母的孩子,独立生活的能
力一定很差/不要~ 强调个人的作用/对孩子~溺爱最终
会害了她的

【辨析】 过于　过　（见"过"条）

compare 过于　过　（see"过"）

还　hái　[副词　甲级]

一、表示动作或状态保持不变。有"仍然、仍旧"的意思。

used to indicate that an action or a statement remains
unchanged; still; yet:

1988 年,我~在大学学习,~没毕业/几年没见,他~跟过
去一样,~很爱开玩笑/你的意思我~不明白,请你再说一
下/比赛早已结束了,可是大家~处于胜利的喜悦之中/都
立春了,天气~那么冷/虽然父母亲都反对,可是哥哥~打
算报考经济专业

二、表示有所补充。

used to indicate complement:

1. 用在形容词前。表示在某种程度上有所增加。有"更"的
意思。常出现在比较句中。

used before an adjective in a comparative sentence; even more;
still more

北京的夏天比东京~热/没想到学韩语比学日语~难/他的
女朋友比他~粗心,自行车钥匙常常找不到/你这儿的交通
~没我们那儿方便呢

2. 用在动词前。表示在某个范围外有所补充。有"另外"的

意思。

used before a verb; also; too; as well; in addition：

～昨天我到医院看了一位朋友，～顺便看了看病/姐姐去过日本、韩国、新加坡，～去过泰国/除了英语和法语之外，我～会一点儿德语/他不但是孩子们的父亲，～是他们的朋友

三、表示早已如此。用在表示时间的词语前。常说成"还在…""还是…"。

used before a temporal word to indicate that the speaker thinks it was long ago；"还"often takes"在"or"是"after it; as early as：

～在我上小学的时候，我的爷爷就去世了/～在你们刚离开家的那一年，这里曾发生过一次大地震/～是好几年前，我在飞机场遇到过他一次/这张照片～是我刚大学毕业那年照的呢

四、表示语气。

used to indicate mood：

1. 表示对某种情况比较满意。用在动词和形容词前。

used before a verb or adjective to indicate that the speaker finds something comparatively satisfactory; passably; fairly; rather：

这里的环境和交通都～不错，咱们就在这儿附近租一间房子吧/他的发音～挺标准的/老板对人～和气，只是难得见到她的笑脸/我唱传统歌曲～行，但唱流行歌曲就不行了/这儿的生活条件～可以，学习条件不太好

2. 表示对某种情况不太满意。常有"呢"配合使用。

used together with"呢"to indicate dissatisfaction：

他～是领导呢，一点儿也不了解群众的要求/你～去日本留过学呢，日语说得这么糟糕/他～算你朋友，关键时刻一点儿忙也不帮

3. 加强反问语气。一般出现在反问句里。

used in a rhetorical question to make it sound more convincing：

他～能得第一名？(＝他得不了第一名)/我说得～不够明白吗？(＝我说得已经很明白了)/他是很开朗的人，～会计

　　较这么一件小事吗?(=他不会计较这件小事)

还是　háishì　[副词　甲级]

　　一、同"还"一。表示动作或状态保持不变。有"仍然、仍旧"的
意思。

　　　　same as the first usage of "还":
　　　　十几年过去了,他~一个人生活/我没搬家,~住在老地方,
　　　　有空儿来玩/虽然我解释了半天,可是他们~弄不明白我们
　　　　的意图/尽管爷爷已经快八十岁了,身体~那么结实,能吃
　　　　能睡/虽然这个牌子的电视机已经有十几年的历史了,可是
　　　　质量在同类产品中~很好,销量也~全国第一

　　二、表示经过比较、考虑之后有所选择。有"这么办比较好"的
意思。

　　　　used to indicate that after weighing the pros and cons, a com-
paratively satisfactory choice is made; had better:
　　　　小王是那所学校毕业的,对学校的情况比较熟悉,~他去比
　　　　较合适/你看,好像要下雨,咱们~改天再去吧/今天是星期
　　　　天,肯定堵车,~骑自行车比较快/两件衣服比起来,~这件
　　　　蓝的更适合你

好　hǎo　[副词　甲级]

　　一、表示程度深。含有轻微的感叹语气。

　　　　used before an adjective for emphasis and with exclamatory
force:
　　1. 用于形容词性成分前。

　　　　used before an adjective:
　　　　a. 好+形容词。
　　　　　好+adj.
　　　　~辣呀! /你的手~脏啊! /这儿的风景~美呀! /这儿~
　　　　舒服哇! /你~马虎哇! 怎么能看错人呢?
　　　　b. 好+不+形容词。表示肯定意义。

好 + 不 + adj.；used before some disyllabic words with exclamatory force; how; what; so:

他哭得～不伤心(＝好伤心)/大街上～不热闹(＝好热闹)/被妈妈误解了,我心里～不委屈(＝好委屈)

【注意】 NOTE

(1)形容词只限于某些双音节的。

the adjectives can only be some disyllabic words.

"×～不脏/×～不累/×～不马虎/×～不危险/×～不漂亮"都不成立。

(2)"好不容易"和"好容易"意思相同,它们都不表肯定意义,而表示否定义:很不容易。

"好不容易"and"好容易"are both negative forms.

例如:"我好不容易才找到了他(＝找到他很不容易)""我好容易才找到他(＝找到他很不容易)".

2．用于动词性成分前。

used before verbs for emphasis and with exclamatory force:

你原来在这儿! 你让我们～找/我～喜欢他呀/他的话让我～感动

二、表示数量多、时间长或范围广。用于数量词、时间词和"多、久"的前面,数词只限于"一、几":

used before certain time or numeral indicators (e.g. "多、久、一、几") to suggest a large number or a long time:

你到哪儿去了? 叫我～一阵子找/找了你～半天/年轻了～几岁/～多年没见面了/等了～久/过了～一会儿才听见了/找了～一会儿,连一条小虫也没找到

好容易 *hǎoróngyì* [副词 乙级]

很不容易,表示难度很大。后常常有"才"与之搭配,常常用于转折复句。

often used in conjunction with "才"to have the meaning of having a hard time (doing sth.); manage with great difficulty:

1. 用于动词性成分前。

　　used before a verb：

　　　找遍了校园，～才找到他/想了半天，～才想出答案来/想尽了一切办法，～才把他说服了/坐了三个小时的车才到了他的单位，真是～才见上了一面/好容易才盼来了一个星期天，可是偏偏又要加班

2. 用于形容词性成分前，形容词后多带有"下来、起来、一点儿"等词。

　　used before an adjective followed by "下来、起来 or 一点儿"：

　　　他～才平静下来，你别再去打扰他了/农民们～才富起来，他们很珍惜现在的生活/我～才瘦了一点儿，可是没几天又胖起来了

【注意】　NOTE

　　　　"好不容易"跟"好容易"的意义相同，也是"很不容易"的意思，以上各句中的"好容易"都可以换成"好不容易"，意思不变。

　　　　"好不容易"is similar to"好容易"in meaning, they are changeable.

好像　hǎoxiàng　[副词]

　一、用于叙事。表示说话人不十分有把握的想法或看法。

　　　seem：

　　　外面～下雨了/这个人我～以前在哪儿见过/听他的口音，～是广东人/看他那样子，～有什么话要对你说/你怎么～心事重重的样子？/我记不清了，～他没说过要跟我们一起去

　二、用于比喻。有"仿佛、好似"的意思。常与"似的、一样"搭配使用。

　　　same as "仿佛、好似"; often used in coordination with "似的、一样"; be like：

　　　他身上～总有一股使不尽的劲儿(似的)/张老师对待学生

~对待朋友一样,总那么亲切、和气/到这儿就~到了自己的家,千万别客气/雨后的夜晚,天上的星星亮极了,~点燃了无数的灯

好在 hǎozài ［副词 丁级］

表示在困难或不利的情况下还存在着某种有利条件。可用于句首,也可用于后一分句。

used to indicate an advantageous condition in unfavourable circumstances; may occur at the head of a sentence, or in the second clause as well: fortunately; luckily:

~我认真准备了,口试还算顺利/~我带了不少衣服,这儿真够冷的/~他很快就离开了,跟他谈话简直是受罪/你不愿意开会就走吧,~没人注意你/我不该说那样的话,~小王并没有放在心上/家里突然来了客人,没准备,~出门就有一家不错的餐厅

何必 hébì ［副词 丙级］

表示"不必",是一种反问语气。语气比"不必"重,有"为什么一定要"的意思。多用于后一分句。

used in a retorical question or statement to indicate that there is no need to do something, often used in the second clause of a complex sentence:

1. 用于动词或形容词前。

used before a verb or adjective:

坐公共汽车很方便,~坐出租汽车呢? /你已经原谅他了,~不理他呢? /离了婚,~还天天见面! /既然你同意他们来你家住,~还对他们冷言冷语的呢? /都是一家人,~那么客气? /大家都知道你的汉语最好,~这么谦虚!

2. 用于主谓词组前。多用于前一分句。

used before a subject-predicate word group, often used in the first clause of a sentence:

~大伙儿都去呢？有两个人就行了/~你们俩一天到晚地
争吵,干脆离婚算了/~几件小事干起来没完没了的,快点
儿干完大家都轻松/~他一张嘴你就不说了？有什么话说
出来嘛

3. 用于名词或名词性词组前。

used before a noun or nominal phrase:

~他呢？我们每个人都会操作/~下学期？这学期就能学
完这本教材/~老王？这儿的人都熟悉这种仪器/~名演员
呢？随便请几个演员就行了,反正也不是正式演出

4. 单独作谓语,后跟"呢"。

followed by "呢"as a predicate independently:

为了看场电影花这么多钱,~呢/您还带了礼物来,~呢？
来看看就行了/看您,亲自来通知我们,~呢,打个电话就得
了/为这样的人生气,~呢？不值得

5. "何必"前可加副词"又",加强语气。

used together with "又"to show emphasis:

既然你并不关心他,又~总打听他的情况呢/妈妈只不过嘱
咐你几句,你又~那么不耐烦呢/你对他不满意骂他好了,
又~连他父母一起骂呢/考试成绩早就通知大家了,你又~
假装不知道呢

何等 hédĕng [副词 丁级]

表示程度很高。含有强调、赞叹的语气。多修饰双音节词,用于
书面语,可以带"地"。

written language; used in an exclamatory sentence to indicate a high
degree, and often modifies disyllabic words or phrases; can be followed
by "地":

1. 用于双音节形容词前。

used before a disyllabic adjective:

节日的街道~热闹! /~纯洁的心灵! /这是~重要的地
位! /这是~壮观的景象! /这将产生~巨大的力量! /长

城,是~地伟大!

2. 用于心理状态动词前。

　　used before a verb indicating mental activities：

　　　那时候我是~地羡慕你! /他对自己的祖国是~地热爱!
　　　为了祖国的繁荣发展,他愿意献出自己的一切/他以前是~
　　　重感情的一个人,怎么会做出伤害朋友的事来!

很　hěn　［副词　甲级］

表示程度高。

used it indicate a high degree; very; quite; awfully：

1. 用于形容词前。

　　used before an adjective：

　　　他说话~快/汽车上~挤/教室里~干净/他们的生活~幸
　　　福/他的毛笔字写得~漂亮/老王~详细地向我们介绍了那
　　　儿的情况/主人们~热情地接待了我们

2. 用于动词性成分前。

　　used before a verb or a verbal phrase：

　　a. 用于心理状态动词前。

　　　used before a verb indicating mental activities：

　　　　小王~喜欢唱流行歌曲/我~讨厌有人在房间里吸烟/领导
　　　　~支持我们的想法/我~了解她的性格/大家都~关心你的
　　　　健康/同学们都~佩服他的毅力/说实话,每个人都~羡慕
　　　　他的家庭

　　b. 用于其他动词性成分前。

　　　used before other verbs：

　　　　你说得~有道理/他对中国的茶道~感兴趣/这种式样的衣
　　　　服~受年轻人的欢迎/我们~为他的身体担心/这个消息~
　　　　令人鼓舞/你的表现~叫我失望/我和我的同屋~谈得来/
　　　　他啊,~沉得住气,办什么事都不慌不忙的/他很自大,~看
　　　　不起人/他~会讲话,~善于表达/这已经~能说明问题了

【注意】　形容词、动词前的"很",在用法上跟英语的 very 不完全相

当。比如说"这个人很诚实",实际意思是说这个人诚实,并不一定是说他比某些诚实的人更诚实。其他如"这座古建筑历史很悠久""那个孩子很顽皮""哈尔滨冬天很冷""我很同意这么办""他很支持你这样做"等。这类句子的"很",是不必或不能对应翻译成英语 very 的。有学者把这种现象解释为完句作用。如果只说"哈尔滨冬天冷",句子在语气上没有完,似乎是在跟"杭州冬天暖和"对比着说的,或者下边要有"你可得多带些衣服"或"所以称为冰城"之类的内容。有了"很",这个句子就完成了

NOTE　sometimes, "很"is used in a sentence for grammatical purpose and it does not really mean very, e.g. "这个人很诚实". This sentence means that theperson is honest, and it does not mean that he or she is more honest than theothers. Some scholars explain that"很"used here is just to make the sentencesound finished and does not really mean "very". If "很"is not used in thesentence"哈尔滨冬天冷", it sounds that the speaker is making a comparison with other city or he or she is going to say more, but if "很"is used here, then the sentence sounds finished. Other examples are listed above.

3. 于"得"后,组成"…得很"式。

used before "得"to form "…得很"pattern:

他的身体好得~/我最近忙得~/这家饭店的菜糟得~,别去吃/星期天,这条街热闹得~/他啊,聪明得~,什么事都一学就会

4. 用于"不"前,组成"很不…"式。多表示消极意义。

followed by "不" to form "很不…" pattern:

我今天~不舒服/他对待工作~不认真/晚上一个人出去~不安全/这个人~不诚实

【注意】"很不…"和"不很…"意义不同。

NOTE　"很不…"is different from"不很…"in meaning.

比较:

(1) 学好一门外语很不容易。(= 很难)

(2) 学好一门外语不很容易。(= 有点儿难)

忽然 húrán [副词 甲级]

表示动作、行为、事件的发生或情况、状态的变化迅速而又出乎意料,有"突然"的意思。

similar to "突然"; used to indicate that something takes place quickly and unexpectedly; suddenly; all of a sudden:

1. 用于动词、形容词前。

used before an adjective or verb:

我刚走出门,~想起电视还没关,又赶紧回去/最近不知什么原因,我~瘦了/他走着走着,~停住了/那个孩子~大哭起来,原来妈妈不见了/我们正玩得高兴,~停电了

2. 有时"忽然"可以用在主语前,后面常常有停顿。多用于描述句。

used before the subject of a descriptive sentence and may be followed by a pause:

~,人们向前拥去/刚才天还是好好的,~一阵大风刮过来,吹得我们睁不开眼/我们边走边谈,~,一辆摩托从胡同里冲了出来

3. "忽然"有时也可以说成"忽然间"。

sometimes can be replaced by "忽然间" which is usually placed at the beginning of a sentence:

我不知他怎么~间有了研究佛教的兴趣/人们正在散步,~间听见有人大叫一声,不知出了什么事/~间门帘掀起,走进来一个年轻的护士

【辨析】 忽然 突然

compare   忽然 突然

(1)"忽然"和"突然"语义基本相同,但"突然"比"忽然"更强调情况发生得迅速和出人意料。

"忽然"and "突然" are almost the same, but "突然"is

used to emphasize more on the emergency or sth. that is out of expectation.

(2)"忽然"是副词,只能做状语;"突然"是形容词,除了做状语以外,还可以做定语,可以受"很、太、非常、十分、特别"等修饰。例如:

"忽然"is an adverb and can only function as an adverbial, while "突然"is an adjective, and can be modified by "很、太、非常、十分、特别"etc.:

① 这个消息对我来说太突然了,一时我什么话也说不出来。

② 事情发生得很突然,大家都没有来得及反应。

③ 面对突然事件要沉着、冷静,千万不要惊惶失措。

上面句中的"突然"都不能换成"忽然"。

in the sentences above, "突然"can not be replaced by "忽然".

胡 hú [副词 丁级]

表示行为、动作非常随便,没有根据,不符合规则,相当于"乱"、"瞎"。

same as "乱"、"瞎"; recklessly; randomly; wantonly:

1. 用在动词前。动词多为单音节的。

used before a monosyllabic verb:

让孩子学抽烟,你这是~闹/先看看说明书再拆,别~来/你~说! 昨天我一整天都在家里,根本没去喝酒/小王不可能欺骗丈夫,你们别~猜/什么? 月球要消失? 你这是~扯!

2. 用在固定词组中。

used in set phrases:

~说八道/~作非为/~思乱想/~打乱闹/~编乱造/~言乱语

【辨析】 胡 瞎 (见"瞎"条)

compare 胡 瞎 （see"瞎"）

胡乱 húluàn ［副词 乙级］

一、表示动作、行为马虎、随便。

carelessly; casually; perfunctorily:

这些天他工作特别忙,经常是～吃上几口饭就又干上了/他到劳动力市场～找了个保姆,到了家才发现她什么活都不会做/这个裁缝太粗心了,～把衣料在顾客身上比一比就开始剪了/这么～看几眼就算是检查过了吗? 也太不负责任了

二、表示动作、行为任意,无根据或无规则。

at will; at random:

我是～猜的,不一定对/他在纸上～画着什么,不一会儿又撕掉了/他一发脾气,就把孩子～批评一顿/你不能总是～花钱,要有点儿计划/那个姑娘是小李的表妹,你们不要～开玩笑

互相 hùxiāng ［副词 甲级］

表示彼此以同样的态度对待。

mutually; each other:

同事之间要～尊重/他俩经常～帮忙,一来二去,成了好朋友/家庭成员之间也应该～沟通感情/千万别说"请教"的话,咱们～学习吧/两篇报道～矛盾,不知该相信哪一篇/摄影艺术的发展与摄影材料等的技术水平是～依赖,又～促进的

【注意】 NOTE

不能用于单个的单音节动词前。

"互相"can not be used before single monosyllabic verbs.

例如不能说"×大家～帮""×两股势力～扰""×他们俩都喝多了酒,～搀",应该说:"大家～帮助""两股势力～干扰""他们俩都喝多了酒,～搀扶(或"搀着")"。

【辨析】 互相　相

compare 互相　相

(1)"相"多用于书面语,"互相"没有语体的限制,既可以用于书面语又可以用于口语。

"相"is often used in written language, and "互相"can be used in written and spoken languages.

(2)"相"多用于单音节动词前,较少用于双音节动词前。"互相"不能用于单个的单音节动词前。

"相"seldom precedes a disyllabic verb, while"互相"can not be used before single monosyllabic verbs.

(3)"互相"不能表示一方对另一方的行为、态度,即"互相"没有"相"的第二个义项。

"互相"doesn't have the second usage of "相".

缓缓 huǎnhuǎn ［副词　丙级］

行为、动作慢慢地进行。可加"地",多用于书面语。

often used in written language; slowly; unhurriedly:

他~地抬起右手,指指前面不远处的木牌/羊群~地爬上山坡/老王停了一下儿,又~地讲了下去/轻风吹过,一片片树叶~落下来/车辆~驶过十字路口/老人~地讲起了四十年前的往事/一条弯弯的小河~地向东南流去/船~地动了,向着河中间流去。

【注意】 **NOTE**

"缓缓"不能用于祈使句中。

"×你~吃/×爷爷您~走吧/×别着急,~地说",以上各句都要用"慢慢"。

"缓缓"can not be used in an imperative sentence, and "慢慢"should be used in the sentences above.

回头 huítóu ［副词　乙级］

表示过一段时间以后。口语词,一般用于将来时。

often used in spoken language; later; some other time; in a moment：

我先走了，~见/你先忙，我们~再谈/事儿很急，我先去了，饭~再吃/~我给你打电话，再详细跟你说/小王离婚的事，~你再劝劝她/你要的那本书，~我让小明给你送家去，你就别特意跑一趟了

或许 huòxǔ ［副词 丁级］

一、同"也许"一，表示猜测、估计或判断不十分肯定，但语气比较委婉。

same as the first usage of"也许"; perhaps; maybe：

外面很亮，~雨已经停了/你的回答~很巧妙，但我并不满意/他~太紧张了，否则不会连名字都写错了/~他对目前的生活不太满意，总是愁眉苦脸的/他什么也没说，~他并不相信我的解释/他母亲没有参加他的婚礼，~老人不同意他的婚事？

二、同"也许"二，表示非常委婉的肯定。

used to indicate affirmative; same as the second usage of "也许"; probably：

很多同学都问我这个问题，~我们再讲一下比较好/你应该给他打个电话，表示你已经原谅了他/你没弄清楚人物之间的关系，~你得再看一遍小说/~你不把事实真相说出来更好一些，否则大家接受不了/这点儿钱~并不能解决你们的困难，但这是我的一片心意/你试试看，~写小说并不像想象中的那么难

几乎 jīhū ［副词 乙级］

一、表示非常接近某个数量、范围或程度。

close to; nearly; practically; all but：

1. 用于形容词性成分前。

used before an adjective：

他比我~高一头/他比以前~胖了一圈儿/那儿离学校比北

京图书馆~远了一倍

2. 用于动词性成分前。

used before a verb:

雨~下了一整天/来华留学的人数~超过了一万/他~跑遍
了所有的图书馆才查到这个资料/我吓得~跳起来/他的嘴
~没停过,一直在说,真让人受不了/那孩子对那一带非常
熟悉,每所房子~都进去过

3. 用于名词性成分前。

used before a noun:

他~每个星期都要去一次健身房/~全校学生都报名了/~
所有的人都知道了这件事/~每个周末,小徐都会在河边儿
坐上一天

【注意】   **NOTE**

(1) 以上三种用法中,句中往往都带有表示数量、范
围的词语。

in the usages above, words or phrases indicating quan-
tity or range should be used in the sentences:

(2) 如果含有比喻夸张的意思,"几乎"相当于"简直"。
如:

when used to imply exaggeration, it means "simply":

他工作很忙,几乎一点儿休息的时间都没有。

二、相当于"差点儿"。

same as "差点儿"; hardly; almost:

1. 表示不希望实现的事情终于没有实现。含有庆幸的语气。
用于动词性成分前,肯定式和否定式意义相同。

used before a verb to indicate that something undesirable did not
take place at last, implying that the speaker thinks it was good luck; nega-
tive and affirmative forms mean the same:

那场大病,他~(没)死了(意思是"没死")/太紧张了,说得
太快,~(没)说错了(意思是"没错")/老楼房年久失修,~
(没)漏雨了(意思是"没漏雨")

2. 表示希望实现的事情到底还是没有实现。含有惋惜的语气。只用于动词的肯定形式前。

used before a verb to indicate that something very desirable which initially seemed realizable was not in fact realized, implying a feeling of regret; the verb must be in the affirmative:

> 如果不是太紧张,他～就通过了检查(意思是"没通过")/我～跑了第一名,最后要冲线的时候才被人追上了(意思是"没跑第一")/要不是有妈妈护着,这孩子～就挨爸爸打了(意思是"没挨打")

3. 表示希望实现的事情终于实现了。含有庆幸的语气。只用于动词的否定形式前。

used to indicate that something desirable was realized in the end, implying that the speaker thinks it was good luck; the verb should be in the negative:

> 火车开车前五分钟,我才上了车,～没赶上(意思是"赶上了")/天气不好,雾太大,飞机～不能起飞(意思是"起飞了")/想了半天才想起来,那个问题我～没答上来(意思是"答出来了")/他的演唱风格变得很大,我～没听出来是他(意思是"听出来了")

【辨析】　几乎　差点儿

compare　几乎　差点儿

> "几乎"在第二个义项上,同"差点儿"。但"几乎"多用于书面语,而"差点儿"多用于口语。
>
> the second usage of "几乎" is similar to "差点儿", and "几乎" is mostly used in written language, while "差点儿" is often used in spoken language.

及早　jízǎo　[副词　丁级]

趁时间还早。一般不修饰单音节的词语。

used to modify polysyllabic words or phrases; at an early date; as soon as possible; before it is too late:

毕业论文很重要,应该~考虑,广泛收集资料/需要我帮忙
的话,~通知我/应定期检查身体,发现疾病~治疗/我们的
公司不行了,我劝你们~找别的工作吧/这场火灾如果~发
现,不会造成这么大的损失

即将 jíjiāng ［副词 丙级］

表示事物、情况或现象在说话后不久就要出现或发生。常用在
双音节动词前。相当于"就要"、"快要"。多用于书面语。

used to modify disyllabic verbs; same as "就要"、"快要"; be about
to; soon:

这个学期~结束/展销会~开幕/工程~完工/目标~实现/
任务~完成/五天的中国之行~结束时,平时言语不多的父
亲说出了他对中国的感受/夫妻俩坐在沙发上,正在为~出
世的孩子起名字

极 jí ［副词 乙级］

表示达到最高程度。

extremely; exceedingly; utterly:

1. 用于形容词前,形容词多为单音节的。

used to modify monosyllabic adjectives:

这是一个~好的机会,你不要错过/从来不上课的人居然考
了第一名,这真是一个~大的讽刺/~简单的事也能被他想
得~复杂/他住在一套~普通的房子里

【注意】 NOTE

(1) 某些单音节形容词不能受"极"修饰。如"密、成、
新、肥、软、穷"

some monosyllabic adjectives can not be modified by
"极", e.g. "密、成、新、肥、软、穷"。

(2) "极+形容词"做定语要带"的"。

when "极 + adj." functions as an attribute in a sen-
tence, "的" has to be used in the structure:

如"极好的办法"、"极平常的事"。

2. 用于动词性成分前。

　　used before a verb or verbal phrase：

　　a. 用于心理状态动词前。

　　　used before a verb indicating mental activities：

　　　这孩子～爱问问题/由于工作不顺利,所以他～想离开这个
　　　单位/对这种欺骗顾客的做法,我真是～反感/我～怀疑他
　　　的意图

　　b. 用于其他动词性成分前。

　　　used before other verbs：

　　　考试成绩就～能说明问题/他～会安排生活/对,这～有可
　　　能/他～有兴趣地观看孩子们的演出/学校～需要年轻有作
　　　为的教师/对这类问题他一向都～感兴趣

3. 极+不+动词/形容词。动词、形容词只限于表示积极意义
的双音节的词。

　　in the sentence structure 极+不+v./adj.，the verbs or adjec-
tives are limited to disyllabic words with appreciative meaning：

　　　你的回答～不准确/他的汉语说得～不地道/我认为你这样
　　　做是～不合适的/发生这种事,是我们大家都～不愿意看到
　　　的/让他一大早就出门,他是～不乐意的

4. 形容词/动词+极了。

　　adj./v.+极了：

　　　好～了,都做完了/那家商店的东西贵～了,别去那儿买东
　　　西/房间打扫得干净～了/这人,讨厌～了/考试不及格,他
　　　伤心～了/他真棒,我佩服～了

【辨析】　极　极其

compare　极　极其

　　　(1)"极其"的语气比"极"稍重一些。

　　　　"极其"is more emphatic than"极".

　　　(2)"极"多用于口语,"极其"只用于书面语。

　　　　"极其"can only be used in written language, while

"极"is mostly used in spoken language.

  (3)"极其"不修饰单音节动词、形容词。如"×～大×～冷×～想×～恨"都不成立。

  "极其"can not modify monosyllabic verbs or adjectives.

  (4)"极其"只能用于动词、形容词前。"极"还可用于动词、形容词后。

  "极其"can only be used before verbs or adjectives, while"极"can also be used after verbs or adjectives.

极度　jídù　[副词　丁级]

表示程度非常高,达到了极端。书面语意味比较浓。多用于双音节形容词、动词前。

same as"极其",but more literary; mostly used before disyllabic adjectives or verbs; extremely; exceedingly:

连续工作了24个小时,他已～疲劳,不能再干下去了/上下班的时候,马路上～拥挤/他的心胸～狭窄/因为～悲伤,他的身体越来越虚弱/他对敌人是～地憎恨,但对自己的朋友却是非常地热情/我～厌恶他的虚伪,简直连话也不想和他说/看到中国在短短的几年内发生了这么大的变化,他～惊讶

极力　jílì　[副词　丁级]

大力,尽一切力量,用尽一切方法。用于动词前,单音节、双音节都可以。

used to modify monosyllabic or disyllabic verbs; exert onself to the outmost; spare no effort:

对我的提议,他～表示赞同/一些国家～主张和谈,另一些则主张武力解决问题/这个公司在北京办了分公司后,便想尽法子～扩大自己的影响/西部地区正在～缩小与东部发达地区的差距/我～想使自己冷静下来,可怎么也冷静不下

来/她～不让自己流下眼泪,但还是忍不住哭了出来

极其 jíqí ［副词 乙级］

表示达到最高程度;极。

most; extremely; exceedingly:

1. 用于形容词前,形容词多为双音节的。

used to modify disyllabic adjectives:

这孩子～单纯/他爷爷的脾气～古怪,从来不跟邻居们说话/会场的气氛～严肃/我受到了～深刻的教育/他担负着～繁重的任务/形势对我们～不利

2. 用于动词性成分前。

used to modify a verb:

领导～重视这件事/这个人～讨人嫌/老师对他的表现～满意

【辨析】 极其 极 (见"极"条)

compare 极其 极 (**see** "极")

简直 jiǎnzhí ［副词 丙级］

表示达到或接近某种程度,差不多如此。含有强调、夸张的语气。

an emphatic and exaggerative expression indicating high degree;

simply; just; at all:

1. 用于形容词性成分前。

used to modify an adjective:

a. 简直+形容词+坏了/极了/透了/死了。

简直+adj.+坏了/极了/透了/死了:

今天～热坏了/他的汉字写得～好极了/这个消息～糟透了/有这么多好玩的,孩子们～高兴死了

b. 简直+太+形容词。

简直+太+adj.:

这几天～太热了/他～太激动了,连话都说不出来了/中国

的自行车~太多了/你这样对顾客说话~太不礼貌了

c. 简直＋形容词＋补语。

简直＋adj.＋complement：

他~累得挪不动步了/他对我照顾得很好,~好得不能再好了/他~聪明得有点超常

2. 用于"是"字句。

简直＋是：

你~是不懂道理/他~是个糊涂蛋/你们~是在胡闹！怎么可以这样！/你~是不把妈妈放在眼里/这~是个奇迹

3. 用于比喻句。

used in a metaphorical sentence：

他的女朋友~像电影明星一样,太漂亮了/那儿美得~跟画儿似的,你快去看看吧/把他急得~像疯了似的/这儿~像天堂一样,我太喜欢了

4. 用于"不、无、没"等否定词前。

followed by a negative, e.g."不、无 or 没"：

我~不知道该怎么感谢他/他激动得~不能控制自己的感情/我~无法相信自己的眼睛/太惭愧了,我的水平~没法和你同日而语

5. 用于含有"使、让、叫、令"等动词的句子。

used in a sentence with "使、让、叫、令"：

他的话~使我目瞪口呆/你这样做~让爸爸感到绝望/你~叫我不知道该怎么办了/这个孩子有时候~令他的父母头疼

6. 用于述补结构前。

used before a verb followed by a complement：

这么重的行李,我一个人~拿不了/人太多了,我们~挤不上去/她哭得太伤心了,~说不出话来了/他的笑话~说不完

渐渐 jiànjiàn ［副词 乙级］

表示程度或数量随着时间一步步地增加或减少,可加"地"。用

于书面语。

used in written language to indicate that the process of change is slow but continuous, it can be followed by "地"; gradually; by degree; little by little:

1. 用于形容词前。形容词后常常带"了、起来、下去"等。

used before an adjective followed by "了"、"起来"、or "下去":

天气~暖和了/病人~好起来了/下午两点以后,操场上~地热闹起来了/经过一段时间的锻炼,小胖~地瘦下去了

2. 用于动词或动词性词组前。动词成分常带"了"。

used before a verb or verbal phrase with "了":

父母~接受了孩子的意见/树叶~落光了/计算机~进入了人们的日常生活/火车~看不见了/各种奶制品~成为人们早餐中不可缺少的部分/在北京住了两年多,山本~记熟了北京的大街小巷

【注意】　NOTE

动词后不能带"着"或"过"。

the verbs can not be followed by "着"or"过".

例如不能说:"他~跑着""杂志~看过"。

3. 有时可以用于句首,后面必须加"地",并且要有停顿。

when used at the head of a sentence with "地", a comma should be used to separate it from the main part of the sentence:

~地,他远离了我们/~地,他的身体好了起来/~地,河里的冰都融化了/~地,我被那些美丽的花吸引住了/~地,孩子对音乐产生了兴趣

将 jiāng ［副词 乙级］

一、表示时间。多用于书面语。

used in written language to indicate time:

1. 表示某种动作、行为或某种情况、事情在不久的将来的某个时间发生或出现。

used to indicate that an action or situation will happen in the near future; be going to; will：

> 下个月我～回国参加考试/飞机～在下午两点到达北京/他
> ～成为我们村的第一位大学生/人之～死,其言也善

2. 表示接近某个时间。

used to indicate that it is approaching a certain moment; soon：

> 到明年二月小女儿～两周岁了/天～傍晚,家家烟筒开始冒
> 烟/明年～是母校建校 100 周年

二、表示对未来情况的判断。有"一定""肯定"的意思。常和
"会"连用,以加强肯定的语气。

same as "一定""肯定"; often followed by "会"; surely, cer-
tainly：

> 如果不努力学习,～不能通过考试/大雪过后,气温～有所
> 下降/到下个世纪,人们的生活水平～大大提高/医生们～
> 会尽最大的努力抢救她

三、表示勉强达到某个数量或某种程度。相当于"刚""刚刚"。
"将"可以连用作"将将",以加强语气。

same as "刚""刚刚"; used to indicate no more, no less, the
word can be reduplicated for emphasis; just：

> 她的声音很低,我～能听见/他考了 60 分,～将及格/房间
> 很小,～将能放下两张床/路很窄,～将能过一辆汽车

【辨析】 将 将要

compare 将 将要

> (1)"将"和"将要"都可以表示情况在不久的将来会出
> 现,在这个意义上,"将"和"将要"可以互换。

> when they are used to indicate something will happen
> soon, they mean the same.

> (2)"将要"没有"将"的第二个意思和第三个意思。

> "将要"doesn't have the 2nd and 3rd meanings of "将".

将要 jiāngyào [副词 乙级]

表示动作、行为或情况在不久以后发生或出现。相当于"就要、

快要"。多用于书面语。

same as "就要、快要", often used in written language to indicate that an action or situation will happen in the near future; be going to; shall; will:

> 下周我的父母亲～来北京旅游/这里～建起一座现代化的大商场/北京足球队下周～迎战来访的美国队/据说,这个地区近期内～发生一次大地震/中国经济代表团下个月～访问欧洲四国

【辨析】 将 将要 （见"将"条）
compare 将 将要 （see "将"）

较 jiào ［副词 乙级］

表示有一定的程度,多用于书面语。

written language; used to indicate certain degree; comparatively; relatively; quite; rather:

1. 用于形容词前,形容词多为单音节的。

used before a monosyllabic adjective:

> 这个牌子的产品质量～好/他的外语水平～差,你得多帮助他/这个班的人数～多/今天的气温～低,你多穿一点儿/文章组织～乱,让人不能一下子抓住要点/那个工厂生产规模～大,你可以去参观参观/学生的进步～明显

2. 用于动词性成分前。

used before a verb:

> 他花钱～省/我对这个问题～感兴趣/这种样式～受顾客欢迎/最近一段时间我工作～有成绩/对这个问题我～有把握/常常出去考察,所以他对农村的情况还～了解一些

皆 jiē ［副词 丁级］

表示总括范围,相当于"都""全"。多修饰单音节动词或形容词。多用于书面语和一些固定词组中。

written language, used to modify monosyllabic verbs or adjectives;

all; each and every：

> 孔子是世人~知的古代教育家/参加这次研讨会的,~为知
> 名的专家和教授/这些年,北京城市建设有了很大的发展,
> 高楼大厦比比~是/这是"放之四海而~准"的真理/真没
> 想到,处理结果是这么圆满,各方人士~大欢喜

接连 jiēlián ［副词 丙级］

表示动作、行为或情况一次接着一次地发生或进行。可以加
"地"。句中常有数量词组。

often followed by a N-M phrase and may take "地"; repeatedly; in
succession; one after another：

> 老师~问了三遍,还是无人回答/他~跑了几次,才把出国
> 的手续办好/刚搬了新家,我们~收到各种家具、用品的宣
> 传材料/这段时间~地丢失自行车,同学们不得不把自行车
> 搬到了楼里/警察把证人们带到警察局,让他们把事件的经
> 过~回忆了几遍/~被他骗了几回之后,无人再相信他、可
> 怜他

竭力 jiélì ［副词 丙级］

表示主观上尽全部力量(做)。可以加"地"。

can be followed by "地"; do one's outmost; use every ounce of
one's energy; go all out：

> 那里交通方便,他~劝说妻子在那儿安家/我把这封信反复
> 看了几遍,~想搞清楚到底是怎么回事/老王~地回忆着儿
> 时的伙伴,不记得有一个姓钱的同学/他一句话接一句话地
> 说着,~不让对方有说话的机会/她~地控制着自己,做出
> 很高兴的样子/她很喜欢儿子的女朋友,~地促成他们的婚
> 事

仅 jǐn ［副词 乙级］

限定动作、行为或事物所涉及的范围或数量。强调范围小,数量

少。

used to set restriction to the range or quantity; only; merely; barely; just:

1. 用在动词或动词短语前面。

　　used to modify a verb or verbal phrase:

　　　　他从早上忙到夜里～吃了一个面包/今年入冬以来,～下过
　　　　一场小雪/离家以后,几年间,他～回去过两次/他们参赛十
　　　　场,～输了一场/UFO 我～是听说过,可从没见过/这只是
　　　　我个人的一点看法,提出来～供大家参考

2. 用在名词或名词短语前面,带有举例性质,常有"就"搭配
使用。

　　often used together with "就" before a noun or nominal phrase:

　　　　来中国留学的外国学生越来越多,～我们学校就有近 1000
　　　　人/参加暑期社会实践活动的大学生,～经济系报名的就有
　　　　100 多人/电脑已逐步进入普通人的家庭,～我们单位有电
　　　　脑的就占一半以上/来书市买书的人非常多,～我们出版社
　　　　就卖出了近两千本/现在农民办工厂的积极性很高,～江苏
　　　　一个省就有一千多家农民企业

3. 直接用在数量短语前。

　　used before a N-M phrase:

　　　　他大学毕业时年～二十岁/这项工程～半年就完工了/这次
　　　　考试～一位同学不及格/因为是第一次离开父母,～一天他
　　　　就想家了/盘腿坐了～半个小时,腿就变得又酸又麻

仅仅　jǐnjǐn　［副词　乙级］

意义和用法同"仅"基本相同,只是语气更重一些。

used in the same sense as "仅", but is more emphatic:

　　　　他们～见了一面,就好像老朋友似的/这么多年,他～回过
　　　　一次家/这次展览盛况空前,～一天时间来参观的人就多达
　　　　2000 人/他不～在生人面前说话口吃,在熟人面前也一样/
　　　　你浪费的不～是粮食,而是农民的血汗/这把大火烧掉的不

~是树木,还有那些野生动物的家园

尽管 Jǐnguǎn [副词 乙级]

一、表示不必考虑别的限制或条件,放心去做,相当于"只管"。后面的动词多为肯定形式。

same as "只管"; feel free to; not hesitate to:

你在这儿有什么不方便~告诉我,不用客气/衣服不合适~拿回来,我们给您退换/放了假您~带孩子来吧,我们一起好好玩儿玩儿/小王很细心,他做的工作你~放心/这些饮料是厂家免费提供的,你们~喝吧/老王刚得了一笔稿费,他对女儿说:"喜欢买什么,~说"

二、含有"总是、老是"的意思,多用于口语。

often used in spoken language; always; all the time:

出了什么事你说出来,~哭有什么用!/你都快迟到了,还~在镜子前照个没完/小王一言不发,~想自己的事

尽快 jǐnkuài [副词 丁级]

表示尽量加快。可以加"地"。

may take "地"; as quickly as possible; as soon as possible; promptly:

他答应~给我们答复/我一定~写好这份报道,寄回报社/家里让我~地赶回去/回国后请~来信,免得我们惦记/这本书请~看完送回,好多人等着呢/无论成功与否,都请~地通知我们

尽量 jǐnliàng [副词 乙级]

表示在一定的范围内力求达到最大的限度。

to the best of one's ability; as far as possible; to the greatest extent:

会议室内禁止吸烟,老王只能~克制自己/他是个认真的人,每项工作都~做好/我们抓紧干,~早一点完成这批任务/你得把文章中这些多余的话都去掉,~简单明白/我们

的经费不多,~节约

净 jìng ［副词 丙级］

一、表示范围。多用于口语。

mostly used in spoken language; used to indicate the range:

1. 表示所指事物全部属于某一类,有"全"、"都"的意思,常常与"是"连用,有时有夸张的语气。

often precedes"是"to indicate that those things denoted by the subject belong to one type without one exception; nothing but; only:

这家店出租的~是些功夫片/来参加家长会的~是爷爷奶奶们/我们那儿~是山,能种粮食的土地很少/他的家里~是有意思的书/风景区~是人,根本看不到风景

2. 限定动作、行为或事物所涉及的范围,有"只""光"的意思。

used before the verb to indicate that all things denoted by the object belong to one kind only; same as "只""光"; only; merely:

孩子们~拣没人的地方走/~顾了看电视了,作业还没写完呢/别~说好听的,谁信呢/脑子里~想事儿了,他回来都没听见/整个晚上,~听他一个人说了

二、表示动作、行为或情况一直持续或多次发生,有"总是""老是"的意思。

occurs before the verb to indicate that one action takes place too often; same as "总是""老是"; always:

你~说些没用的话,快想想办法吧/别相信他,他~骗人/这几天~刮风了,没有个好天/他很马虎,~写错别字/她感冒了,晚上~咳嗽/你~装糊涂,其实你什么都明白/电视里~放广告,没意思

竟 jìng ［副词 丙级］

同"竟然"。表示出乎意料之外。用于动词性成分前,动词多为单音节的。

same as "竟然"; used before a monosyllabic verb to indicate that something takes place unexpectedly or surprisingly; unexpectedly; to one's surprise：

> 我忙得～把妈妈的生日给忘了/我一直盼望着回国,但真的要走了,我～又有点儿留恋这里的一切了/你～敢这样和老板讲话? /一个大人～让一个小孩子给骗了

竟然 jìngrán ［副词 丙级］

表示出乎意料之外。

same as "竟"; unexpectedly; to one's surprise; beyond one's estimation：

1. 用于形容词性成分前。

used before an adjective：

> 什么药也没吃,我的感冒～好了/真没想到,这个问题～如此简单/他的房间～这样狭小/一天没吃饭,我～一点儿也不饿/你～懒成这样啊,连房间也不收拾

2. 用于动词性成分前。

used before a verb：

> 我和她已失去联系多年,没想到昨天～在一家饭店相遇/听到这个消息,他高兴得～跳起舞来了/这么大的事,你怎么～不知道? /没想到他～这么快就同意了我们的要求/他～那么没有自信,我以前从没注意过

究竟 jiūjìng ［副词 甲级］

一、表示进一步追究,含有强调语气。多用于疑问句,有时可用于陈述句,而且句中必须有"什么、谁、哪儿、哪、怎么"等疑问代词,或者含有动词或形容词的正反疑问形式。

> used in an affirmative-negative or alternative question or a question with an interrogative pronoun for emphasis, implying the determination to get to the bottom of things; on earth; however; in hell; exactly; actually：

1. 用于疑问句。

used in questions：

a. 用于动词或形容词前。

　used before a verb or adjective：

钱，~意味着什么？十岁的张华还不能十分理解/你~是和谁一起去的？/他~去了哪儿？/你~选了哪几门课？/我们~应该怎么办？/你~去不去？/这件衣服~合适不合适？

b. 用于句首。

　occurs at the head of a sentence：

~谁去？/~你去还是他去？/~是怎么一回事儿？/~在什么地方找到了他？

2. 用于陈述句。

used in declarative sentences：

同学们都愣住了，谁也说不出~是什么原因造成实验失败/我也不清楚下一步~应该采取哪些措施来防止空气污染/~谁让他去参加这个会议的，我们谁也说不清楚

二、表示归根到底结论就是如此，多用于强调事物的本质和特点。有加强语气的作用。多用于含有评价意义的陈述句。

　occurs in a declarative sentence to point out the essentials; used for emphasis; after all; in the final analysis：

1. 用于动词前。

used before a verb：

他~还是个孩子，你别太责备他了/他~上过学，读过书，懂的道理就是比我们多/~是兄妹，刚吵完架就和好了

2. 用于"A~是A"格式，强调义加强。

used in "A~是A"sentence structure for emphasis：

孩子~是孩子，你不能对他有太多要求/老教师~是老教师，教学经验就是比我们丰富/学语言~是学语言，有一个语言环境好得多

【辨析】　究竟　　到底

compare　究竟　　到底

1．"究竟"多用于书面语，"到底"多用于口语。

"究竟"is often used in written language and "到底"is used in spoken language.

2．二者在表示追究和强调事物的本质和特点时，意义、用法相同。

both of them can be used to indicate "after all".

3．"到底"还有"终于"的意思，"究竟"没有。如："我考了三年，到底考上了理想的大学。"

"到底"also means: finally; at last, in the end.

就 jiù ［副词 甲级］

一、说明时间。

used after a word or phrase denoting time:

1．表示在很短时间内即将发生。"就"后常跟"要、快"等词，说成"就要、就快"。

often used together with "要、快" to indicate that something will happen in a moment; at once; right away; in a moment:

看样子雨马上～停了，等会儿再走吧／秘书说，王经理一会儿～来，咱们在这儿等他／这门课下星期～要结束了，可是我好像还没学到什么东西似的／别着急，我～回来／天～快黑了，他怎么还没给我打电话

2．强调在很久以前已经发生。"就"前一般有表示时间的词语。

used to indicate that something happened long ago, a temporal word is used before "就"; as early as; already:

今天是他第一天上班，8点上课，他7点半～来到了教室／我昨天～知道他要出国留学的事了／他们俩是同乡，从小～认识／一年前～提醒过你，要注意锻炼身体，你看，现在你的身体多糟糕／姐姐去年～从医学院毕业了，现在在一家儿童医院工作

3．表示两件事紧接着发生。常出现在"一…就…"格式里。

used in the sentence structure "一…就…"to indicate that one action is closely followed by another; as soon as; no sooner ...than; right after：

> 我下了课~回宿舍,你在宿舍等我吧/听到上课铃声,大家
> 立刻~回到了自己的座位上/我一走进厨房~闻到一股刺
> 鼻的大蒜味/我的同屋一感冒~发烧/你一解释我们~明白
> 了/我一遇到紧急情况~紧张/他啊,一有钱~乱花

二、说明数量。

used to stress quantity：

1. 用于数量词后,表示数量少,时间短。"就"轻读。

used after a N-M phrase to indicate a small quanitity, or the shortness of time, with "就"pronounced in the neutral tone：

> 最近电脑大降价,买一台进口的,一万元左右~够了/我今
> 天不饿,晚上喝一碗粥~行了/这么厚一本小说,他一天~
> 看完了/你的酒量真小,两瓶啤酒~醉了

2. 用于数量词前,表示数量多,时间长。"就"轻读。"就"前的名词要重读。名词前可加副词"光",进一步强调。

usually followed by a N-M phrase to indicate that the following number is large, "就"is pronounced in the neutral tone and the noun precedes "就"should be stressed; "光"can be used before the noun to show emphasis; as many as; as much as：

> 她的衣服真多,光裙子~有几十条/参加世界大学生运动会
> 的运动员真不少,中国~派出了一个一百多人的代表团/她
> 是一位邮票收藏家,光日本邮票~有上百种

3. 用于数量词前,表示数量少。"就"重读。

used before a N-M phrase to indicate that the quantity concerned is small, with "就"stressed; only; just：

> 今天晚上我~吃了十个饺子,没多吃/我~有一个妹妹,哥
> 哥、姐姐、弟弟都没有/来听这门课的人不多,正式注册的~
> 8个人

三、说明范围。有"只"的意思。

used to indicate restriction, same as "只"; only; merely; just：

我～去过韩国,别的国家都没去过/我奶奶这一辈子～坐过
一次火车,没坐过飞机和轮船/他没什么其他爱好,～喜欢
下象棋/经理～相信你一个人,所以这件事非你去不可/～
凭他一个人,一天之内怎么能完成这么多工作

四、表示强调、肯定的语气。

used for empahsis; exactly; precisely; very; right:

他～是新来的数学老师/这儿～是你要找的那家素菜馆/图
书馆～在前边/我～要跟你们一起去看电影,你们不带我不
行/行,～这么办! /我～不同意你们的意见/A:你们谁去
过西藏? B:销售部小王～去过

还可表示意志坚决。

used as an emphatic word to show one's strong emotion or firm reso-
lution; "就"should be stressed:

A:汉语词典有好几种,你要哪种? B:～要商务印书馆出
的那种,别的不要/他家长不让他考,他非要去不可,还说:
"～去,～去,～要去!"

五、表示关联。用在复句的第二分句里,第一分句多有"如果、
既然、因为、只要"等关联词配合使用。"就"要出现在主语后。

occurs after the subject in the second clause of a complex sen-
tence to indicate that something comes natually under certain conditions or
circumstances; "如果、既然、因为、只要"or similar phrase is often used
in the first clause:

如果实在有困难,你～别来了/既然大家已经开会决定了,
那～照大家说的办吧/因为有人不同意6点半出发,我们～
改在了7点半集合/只要有机会,我～要回老家看看

【辨析】　就　才

compare　就　才

"就"和"才"都可以用来说明时间和数量,区别是:

"就"and"才" can be used to modify a temporal word and
quantity, but:

(1)"就"强调行为动作发生得早;"才"强调行为、动

作发生得晚。

"就" is used to stress that an action took place long ago:

比较：

① 9 点开会，老王 8 点半就到了会场。(早，early)

② 9 点开会，老王 9 点半才到会场。(晚，late)

(2)"就"强调行为动作实现得快；"才"强调行为、动作实现得慢。

"就" is used to stress that an action is realized quickly:

比较：

③ 这篇课文，小王看了两遍就都记住了。(快，quick)

④ 这篇课文，小王看了五遍才记住。(慢，slow)

(3)"就"既可以表示数量多，也可以表示数量少，而"才"只能表示数量少。

"就" can be used to express a large or small quanitity, while "才" can just be used to indicate a small quanitity:

比较：

⑤ 他家的书真多，光小说就有 100 多本。(多，many)

⑥ 他家的书真不算多，一共就有十几本。(少，few)

⑦ 他家的书真不算多，一共才有十几本。(少，few)

就地　jiùdì　［副词　丁级］

就在原地(做某事)，不到别处去。

on the spot; on site:

离比赛还有一会儿，运动员们~休息/建房子用的材料可以~解决/他们厂的产品大多~销售了/这批劳动力当地政府希望~安排，不鼓励他们外出打工/县里投资办了一所技术学校，~招生、~分配

就近 jiùjìn ［副词 丁级］

行为、动作就在附近完成,不去远处。

(do or get something)nearby; in the neighbourhood; without having to go far：

> 儿童可以~入学/他的公司离家不远,~上班,早晚还可以接送孩子/工厂成立了门诊部,小病都~治疗/我家门口开了一家超级市场,日常用品可以~购买了/这些纺织品~销售吧,免得长途运输/他打算办个公司,但~打听了一下,没有找到合适的房子

居然 jūrán ［副词 丙级］

表示出乎意料之外,超出常理。多指不可能发生或不该发生的事发生了,不容易做到的事竟然做到了。

often used when something unexpected happened; unexpectedly; to one's surprise; (go)so far as：

1. 用于动词性成分前。

used before a verb：

> 这么大的事,他~没和家里说/你~支持他去做违法的事,简直太不应该了/这个村子里~有二十多个百岁老人/你~敢顶撞老板,难道你不怕丢掉饭碗吗? /你们~集体逃课! /他~比我还喜欢旅行

2. 用于形容词性成分前。

used before an adjective：

> 向来不打扮的她,今天~漂亮得让每个人都不由得多看她几眼/他对学习~也认真起来? 我真不能相信/没想到那个小商店的东西倒~很丰富/他一向冲动,这次~这么冷静

3. 用于句首。

used at the beginning of a sentence：

> ~所有的学生都不喜欢上他的课/这个公司的服务真的很好,~每一个城市都设有他们的服务点/~是他们俩最终成了夫妻,他们以前可是见面就吵

决 jué ［副词 乙级］

加强否定，含有坚决的语气。后面常有"不、没、没有、无"等词与之呼应。

used to modify negatives; definitely; absolutely; certainly; under any circumstances：

> 你不用说了，我～不会同意的/你放心，这儿～不吵闹，非常安静/我发誓我～没骗你/我～无他意，请别误会/这事～非偶然，我们一定要查个明白

可 kě ［副词 乙级］

口语词，有加强语气作用。

spoken language; used for emphasis：

一、用于陈述句，加强肯定语气，有时可用于反驳或申辩。

used in a declarative sentence for emphasis; sometimes is used to show contradiction or excuse：

1. 用于谓语动词、形容词前。

used before a verb or adjective：

> 我～不知道，你别看着我/这～不能怪我/你～真够忙的/～饿死我了/你不管，我管，我～要好好问问他

2. 可+不+形容词。

可+不+adj.

> 我们这儿的衣服式样～不少，你自己挑吧/你错了，那儿的交通～不方便/他的房间～不干净，脏着呢

二、用于感叹句。

used in an exclamatory sentence：

1. 用于形容词前，后面常有"了、呢、啦"与之搭配使用，带有一种轻松的夸张语气，多用于向不知情者报告一个消息。

used before an adjective to express exaggeration, often followed by"了、呢、啦"at the end of the sentence：

> 你不知道吗？他跑得～快了！/他的女朋友～漂亮啦！/他们俩婚后的生活～幸福呢！

2. 用于动词性成分前。

used before a verb：

你～算是想通了！/这～是一个伟大的工程啊！/～把你们给盼来啦！

三、用于疑问句，多用于反问。起加强语气的作用。

used in a rhetorical question for emphasis：

这～怎么办哪？/你～曾听说过这么一个名字？/这么多东西，你～怎么拿呀？

四、用于祈使句，加强恳切劝导的语气。后面常有"要、得、不能、别"与之搭配，句末常有"啊"呼应。

often used together with "要、得、不能 or 别" for emphasis and "啊" is used at the end of the sentence：

你～要听话啊！/你～得早点儿来啊！/～不能这样不讲道理！/～别喝醉了啊！

可巧　kěqiǎo　[副词　丙级]

表示事情或情况发生的巧合，常处于句首。多用于口语。

spoken language; often occurs at the head of a sentence; as luck would have it; by a happy coincidence：

我们正想找你，～你就来了/最近妈妈心情不好，～爸爸的单位有一个度假的机会，我们就劝说她一起去/我饿极了，～前面有一个小饭馆，赶快走了进去/他陪女同事去跳舞，～被他的妻子看到了，闹了一场不愉快/他正在路上散步，一根树杈掉了下来，～就打在他的头上

恐怕　kǒngpà　[副词　甲级]

一、表示揣测、估计。有"也许、大概"的意思。带有委婉的语气，常和"吧"搭配使用。

often used together with "吧" to indicate an estimation; perhaps; probably：

都这时候了，～他不会来了(吧)/我想～他是不想再等下去

了/都二月份了,今年～不会下雪了(吧)/他啊,～永远也不
会明白这个道理/他～是我们班英语最糟糕的/如果你问刚
刚入学的大学新生:"你希望由国家分配工作呢,还是希望
自己找工作?"～很多人都会选择后者

二、表示担心、忧虑,也含有估计成分。

used to indicate doubt or anxiety about consequences; to be
afraid:

你喝酒喝得这样厉害,～不行吧? /我家经济状况不好,～
负担不起这么多医疗费/他病得这么厉害,～也活不多长时
间了/妈妈走了以后,你～就得自己照顾自己了

来回 láihuí [副词 丙级]

反复多次或重复多次。可重叠使用。后边可以加"地"。

can be followed by "地" and reduplicated; back and forth; to and fro:

1. 用在与人的动作有关的动词前。

used before a verb connecting with an action:

幼儿园里的小朋友们在院子里～跑着,玩着,可高兴呢/我
奶奶真是老了,有时候一件事要～地说好几次/王教授思考
问题的时候喜欢在房间里～走动/我看他不怎么会唱这首
歌,否则怎么一句歌词来来回回地唱呢? /我在图书馆里来
来回回地找了好几遍才找到小王

2. 用在与人的思想活动有关的动词前。

used before a verb connecting with thought:

到底去不去参加他的婚礼呢? 这件事我已经在心里～地想
了好几天了/你怎么搞的,一会儿说同意,一会儿又反对,已
经～改了好几次了/这个人真没自己的主见,老是跟在别人
后边～变

老(是) lǎo [副词 乙级]

一、表示动作、行为或状态在一段比较长的时间内一直持续不
变或不断重复。为了加强强调的语气,也常说成"老是"。

often used together with "是"for emphasis; always; constantly; frequently:

> ~麻烦你,真不好意思/因为不适应北方的天气,他~感冒/最近一段时间,我~想着这件事/最近眼睛~不舒服,我想下午去医院看看/北京的春天~刮风/妈妈~担心他不会照顾自己,每次打电话来都要嘱咐半天/她好像有心事,~一个人发呆/她们~喜欢和我开玩笑,真没办法/~想去看他,但~抽不出时间/他一天到晚~高高兴兴的,很少见他生气/凡事想开些,别~愁眉苦脸的

二、用在单音节形容词前,表示程度高,相当于"很"。形容词后常加"的"。多用于口语。

used in spoken language before a monosyllabic adjective to indicate a high degree; very; extremely; terribly:

> 城里有好多~高的楼/我记得她留着~长的辫子/他~远就跟我打招呼/因为今天学校有活动,所以他~早就起来了/他戴着~厚的眼镜片,一看就知道是有学问的人/他背上的背包~重~重的,不知都装了些什么/井~深~深的,一眼看不到底/因为常在海边游泳,他的皮肤被晒得~黑~黑的

【注意】　**NOTE**

　　"老半天"、"老大一会儿"是一种习惯搭配格式,强调时间久、时间长。

　　used in set phrases "老半天"、"老大一会儿"to indicate a long time.

　　例:他去了老半天也没回来,我都等急了/他听了老半天也不说话。

　　不能说"老一天""老两天""老大半天"等。

立即　lìjí　[副词　乙级]

　　同"立刻"。多用于书面语。

　　often in written language, used in the same sense as "立刻"; immediately; at once; straight away; promptly:

从北京请来的三位专家,他们一下飞机就赶往医院,～投入手术/一位运动员违反了比赛规则,场上裁判～给以警告/如果发生什么情况,请～向领导报告/消防队员们来到现场后～冲进大楼灭火/这种危害群众利益的做法一经发现,便～被有关部门制止了

立刻 lìkè ［副词 甲级］

表示动作、行为、事情很快发生或紧接着另一件事发生。强调时间间隔很小。一般不修饰单个动词。

used to indicate one thing or action happens right after another; immediately; at once; right away:

1. 用于已经发生的事情。这是"立刻"最常见的用法。

used in the past tense:

接到我的电话,他～就赶来了/大夫询问了妈妈的病情后,～让她住院检查/这部反映"文化大革命"题材的电影一上映,～成了人们谈论的话题/走进餐厅,一股刺鼻的气味扑面而来,不少人～又退了出来

2. 有时也用于未发生的事情。

used in the future tense:

请大家～到楼下集合,马上就要开车了/这个消息～就在校园里传开了/请～通知老王去大使馆取签证

【辨析】 立刻 马上 （见"马上"条）
compare 立刻 马上 （see "马上"）

连 lián ［副词 乙级］

表示连续。用于单音节动词前,动词后面常有数量词。

used before a monosyllabic verb and a N-M phrase is often followed; in succession; one after another; repeatedly; continuously:

由于他工作出色,经理给他～升三级工资/我们～吃了几天面条,都吃腻了/我们队～输了两场/怎么回事? ～叫你几声都不回答/他困得不行,～打好几个哈欠/这个话剧在北

京~演十几场,场场爆满

【注意】 **NOTE**

"连"只修饰单音节动词,双音节动词前用"接连、连着、一连"等。

"连"can only be used to modify monosyllabic verbs,"接连、连着 or 一连"can precede a disyllabic verb:

例如不能说:"×~询问了三次""×~观看了几次演出""×~教训了他几回",应该说:"接连(连着、一连)询问了三次""接连(连着、一连)观看了几次演出""接连(连着、一连)教训了他几回"。

连连   liánlián   [副词   丁级]

某个行为、动作或情况在短时间内一次接一次地反复进行或出现。可以加"地"。

used to indicate that the same action takes place repeatedly; can be followed by "地"; repeatedly; again and again:

他同意我的话,~点头/见了小王,老人~称赞/他不让我说下去,朝我~摇手/比尔不懂汉语,急得~摇头/这支球队~地失误,真让球迷们失望/最近名牌电脑的销售量~上升

【注意】 **NOTE**

(1)"连连"后面常修饰双音节动词或动词性词组。

"连连"can only be used to modify disyllobic verbs or verbal phrases

(2)"连连"后面不能有数量词组,

"连连" can not be followed by a N-M phrase:

例如不能说:"×~说三遍好/×~道歉几回/×~向大家问四次好",应该说:"~说好/~道歉/~向大家问好"。

连忙   liánmáng   [副词   乙级]

意思和用法同"赶忙",但更强调前后动作、行为的连续关系。

same as "赶忙"; can not be used in an imperative sentence nor any other sentences relating to an unfulfilled event; promptly; quickly; at once：

> 看到锅里的牛奶要溢出来了,妈妈~把火关了/司机看到一辆摩托车快速开来, ~刹住了车/一位老人差一点儿晕倒,我~跑过去扶住了她

【辨析】 赶紧　赶快——赶忙　连忙 （见"赶快"条）

compare 赶紧　赶快——赶忙　连忙 （see"赶快"）

连夜 liányè ［副词　丁级］

行为、动作当天夜里就开始,形容非常紧急。

used to indicate an urgent situation; same night; that very night：

> 这批药品必须~送到灾区/丈夫明天一早出差,妻子~为他收拾行李/小王突然发病,家里人~把他送进医院。查明病情后,医生~对他进行手术治疗/出发时间提前了,他~通知了同学们

另外 lìngwài ［副词］

在前边所说的范围之外。

in addition; moreover; besides：

> 这个人当不了翻译,你~再请一个来/请代我向班里的同学们问好,我就不~写信了/会议为每位代表准备了一套礼品, ~还组织大家去参观了艺术博物馆/我这次出差,去了广州、深圳,另外还去了香港/你们必须按照规定执行,不能自己~再搞一套

陆续 lùxù ［副词　乙级］

表示行为、动作先先后后、时断时续。可加"地"。

can be followed by"地"; one after another; in succession：

> 客人们~地离开了/王老师新年前~收到来自全国各地的贺年卡/他最近~发表了几篇论文/同学们~来到展览馆/春天到了,花儿~开放了/电视剧播出后,编剧~接到一些

观众打来的电话

"陆续"可以重叠为"陆陆续续"。

can be reduplicated as"陆陆续续"：

材料陆陆续续都寄来了/乘客陆陆续续地走下列车/作业陆陆续续地交到了老师的办公室

屡次 lǚcì ［副词　丁级］

一次又一次。表示同一情况多次出现。用于已经发生的情况。多出现在书面语中。

used in written language; applies to fulfilled events only; time and again; repeatedly：

为什么我们的实验~失败? /这位运动员真了不起,~打破世界跳高记录/由于他出色的工作成绩,~受到政府奖励/中国女排曾~获得世界比赛冠军/我的同屋几年来~得到学校最高奖学金

略微 lüèwēi ［副词　丁级］

表示程度浅或数量少、时间短。

slightly; a little; somewhat：

1. 略微+形容词+一点儿/一些。常用于表示比较的句子里。

略微 + adj. + 一点儿/一些; often used in a comparative sentence：

他的英语比我~好一点儿/今天比昨天~冷一点儿/他的房间(比你的)~干净一些/这样做(比那样做)~麻烦一些/比起来,我的身体还~健康一些

2. 略微+有点儿/些+形容词/动词。多用于表示不如意的事情。

略微 + 有点儿/些 + adj./v. ; used to indicate something unpleasant：

这个菜~有点儿辣/问题~有点儿复杂/我~有点儿讨厌他/初到北京,他~有点儿想家/对她的回答,我~有些怀疑/

我的到来让她~有些诧异

3. 略微+动词+ 一点儿/一些/一下/一会儿。

略微 + v. + 一点儿/一些/一下/一会儿:

晚饭她~喝了一点儿啤酒/再~放一些糖就行了/你们先~

休息一下吧/请~等一会儿

4. 略微+动词重叠式。句中常有副词"只"。

略微 + reduplicated verb; often used together with"只":

只是去参加同学的生日晚会,~打扮打扮就可以了/你们只

要~听一听他说话就能判断出他是哪里人/在讨论会上,我

只~说了说我的意见,并没有全面介绍情况

【注意】 NOTE

"略微"后边不能是光杆形容词,必须有连带成分,如

不说"略微快"、"略微漂亮",要说"略微快些"、"略微漂亮一

点儿"。

"略微" can not be used independently, it has to be fol-

lowed by other elements.

马上 mǎshàng [副词 甲级]

表示动作、行为、事情很快发生或紧接着某件事发生。后面常常

有"就"配合使用。

often used together with "就"; at once; immediately; straight away:

1. 用于已经发生的事情。

used in the past tense:

看到我,她~就走了过来/听到门铃,爸爸~就站起身来

去开门/老师了解了我们的情况后,~就同意了我们的

要求/得知太极拳班招生的消息,我~(就)跑到办公室

报了名/虽然我们的建议是合理的,但领导并没有~表

示同意

2. 用于即将或不久的将来发生的事情。

used to indicate the near future; be about to:

你先走,我收拾一下,~就来/电影~就要开演了/天~就要

黑了,咱们还是早点儿回家吧/冬天过去了,春天 ~ 就要到
了/你 ~ 就是三十岁的人了,可做什么事还都像个孩子似的
/哥哥已经是四年级的学生了, ~ 就要大学毕业了/ ~ 就要
期末考试了,你怎么一点儿也不着急啊?

【辨析】　立刻　马上
compare　立刻　马上

(1)"立刻"没有"马上"的第二个意思。

　　"立刻"doesn't have the second usage of "马上":

例如不能说:

① × 冬天过去了,春天立刻就要到了。

② × 你~就是三十岁的人了,可做什么事还都像个
　　孩子似的。

(2)在表示动作、行为、事情很快就要发生或紧接着
某件事发生时,用"立刻"比用"马上"更强调时间间隔小。

　　"立刻"stresses more on the quickness of the following
action.

没　méi　[副词　甲级]

否定动作或状态已经发生。多用于口语。意义、用法跟"没有"
基本相同。

spoken language; same as "没有":

1. 用在动词、动词短语或表示状态变化的形容词前。

used to modify a verb, verbal phrase or adjective indicating some
change:

　　她头疼, ~ 去上课/我根本 ~ 打算通知他们/我从来 ~ 见过
这种水果/你病还 ~ 好,别出去了/她从小就 ~ 喜欢过颜色
鲜艳的衣服/在 ~ 把情况弄清楚之前,先别着急下结论

2. 用在两个相同的动词之间,表示疑问。

used between reduplicated verbs to indicate a question:

　　你见 ~ 见到老王? /她来 ~ 来北大? /这部话剧,你看 ~ 看
过? /你采访 ~ 采访过那起案件的几个证人?

【辨析】　没　没有

compare　没　没有

(1) 上下文清楚时,"没有"可以单用,而"没"则不行。

"没有"can be used independently, while "没"doesn't have this usage.

(2) 在一些较为固定的说法中多用"没",而不用"没有",例如:"～留神/～想到/～在意"等。

"没"can be used in some set phrases.

没有　méiyǒu　[副词　甲级]

否定动作或状态已经发生。

used to indicate that an action or situation didn't take place:

1. 用在动词和动词短语前。

used to modify a verb or verbal phrase:

我～给他打电话/当时他～想到会出现这么多问题/小王以前～出过国/真～见过你这么话多的人/我走的时候,他～看书/我和孩子～逛商场,在儿童乐园玩呢

2. 用在某些表示状态、变化的形容词前。在否定表示变化已经完成的句子里,"没有"前常有"还"配合使用。

used before an adjective indicating some change, "还"often precedes "没有" in a sentence indicating that the change has not taken place:

我～生气,只是不爱听他说话/饭～熟,先喝点儿啤酒吧/试验～成功,大家都挺失望的/才九月,北京香山的红叶还～红呢/趁现在天还～黑,咱们到外面活动活动吧/你的病还～好,应该多休息

3. 用在问句中。

used in an interrogative sentence:

a. 动/形＋没有。

v./adj.＋没有

老王昨天回来了,你看见他～? /他说他不想干了,辞职了

~? /您家装空调了 ~? /北京的天气暖和了 ~?

b. 没有 + 动/形 + 吗。表示说话人的怀疑或猜测,要求得到证实。

没有 + v./adj. + 吗:

都十点多了,你们还 ~ 吃晚饭吗? /我让他通知你的,他 ~ 给你打电话吗? /你跟他一起工作了这么久, ~ 看透他的为人吗? /晒了一上午了,衣服还 ~ 干吗?

4. 上下文清楚时,"答话"中"没有"可以单用。

can be used for answering a question independently:

A:接到我的信了吗? B: ~ /A:小李毕业了吗? B: ~ /A:以前见过老王吗? B: ~ /A:学校里有个新闻,你听说了没有? B: ~ 啊/A:老李在你们那儿开会呢吗? B: ~ 哇

【辨析】 (一)不　没有

compare (一)不　没有

(1)"不"用于主观意愿,"没有"用于客观叙述。

"不" is used to show subjective desire and "没有" is used to express objective statement:

比较:

① A.你们不请他,他就不去。

　 B.昨天你们没有请他,所以他没有去。

② A.老王怕热,他不去上海。

　 B.老王没有去过上海。

③ A.电视没意思,我不看电视。

　 B.我正给他们写信呢,没有看电视。

(2)"不"用在动词前,是对动作本身的否定,例如:"不看/不跑/不拿"否定的是"看、跑、拿";"没有"用在动词前,是对动作或状态已经发生的否定,例如:"没有看/没有跑/没有拿过"否定的是"看了/跑了/拿过"。

"不" is used before a verb to negate the verb itself, while "没有" is used to negate the occurrence of the action or situation.

(3)"不"用在形容词前,是对性质的否定,例如:"不好/不干净/不清楚"否定的是"好、干净、清楚"这些性质;而"没有"用在形容词前,是对性质变化的否定,例如:对"好了/干净了/清楚过"的否定是"没有好/没有干净/没有清楚过"。

"不"is used before an adjective to negate the quality and "没有"is used to negate the change of the quality.

(4)"不"可以用在所有的助动词前,而"没有"只能用在"能、能够、要、肯、敢"等少数几个助动词前。例如:"不会改变/不可能失败/不必客气/不应该答应他"等,其中的"不"都不能换成"没有"。

auxiliaries are usually negated by "不" and "没有"can only be used to negate"能、能够、要、肯 or 敢".

【辨析】　(二)没　没有　(见"没"条)
compare　(二)没　没有　(see "没")

每　mĕi　[副词　甲级]

同一个动作反复地、有规律地出现,而且动作所引出的结果有共同点,句中常有"就、总、都"等呼应。

used to indicate an action takes place repeatedly, often used together with "就、总、都"; every; each; every time; per:

1. 每 + 动 + 数量词组

每 + v. + N-M phrase:

他~隔两年来一趟中国/我们~学五课书就考一次试/山很陡,我们~爬一段都不得不休息一会儿/小王~过一两个月,总要买点儿糖果去看看奶奶/妹妹在饭店工作,她~工作三天,休息一天/老王看书看得真慢,~看上一章,都要停下来写点儿笔记

2. 每 + 当/逢/到

~逢春节,奶奶都给小孙子压岁钱/到九、十点钟,这个路口就堵车堵得厉害/~当听到那段熟悉的音乐,小王总忍不住

哼起歌来/～逢节假日,逛商店的人就格外多/～到寒假、暑
假,学校里就冷冷清清/～说起男朋友,小许的脸就红红的

猛然　měngrán　[副词　丙级]

用在动词、动词短语前面,表示动作、行为发生得迅速而突然。
有时也可以说成"猛然间"。

also "猛然间"; may occur at the head of a sentence and be followed
by a pause; all of a sudden; suddenly; abruptly:

我看着电视,～想起炉子上正煮着东西,赶快跑进厨房/有
人～在我背上拍了一下,吓了我一跳/公共汽车～刹车,乘
客们惊得大叫起来/我们在人群中～发现了失踪多年的老
王/前面的人～回过头来,我吃了一惊/看到女儿唱歌的样
子,我不禁热泪盈眶。～间我意识到,我们已经老了,下一
代已经成长起来了/我们在小城的一条河边散步,～间我觉
得河边的小石头在晃动。定睛一看,我的天,原来满河边浅
水里全挤满了鱼

明明　míngmíng　[副词　丙级]

表示显然如此或非常确实。

evidently; obviously; undoubtedly; plainly:

1. 强调确实如此,常用反问句一起用。

used in a rhetorical question for emphasis:

他这样说,～是在骗人嘛! 你怎么还相信他的话? /这里～
写着"禁止吸烟",你看不见吗? /这孩子哪里是在洗衣服
呀? ～是在玩儿嘛! /你是提问题吗? ～是在捣乱嘛!

2. 强调真实性,多用在复句的前一个分句里,有时"明明"出现
在主语前。

used in the first clause of a complex sentence to emphasize the
truth of a fact:

这里～已经没有房间了,咱们再等也没用/他～让别人骗
了,还高兴呢/咦,我～把地址写在这个小本子上了,怎么找

不到了呢? /~我们都不喜欢这个人,你怎么还直说他好? /~你有理,却说不清楚

莫 mò [副词 丁级]

古汉语词。

archaic Chinese:

一、表示劝阻或禁止,相当于"不要、别",多见于方言中。

often used in dialect to indicate dissuasion or prohibition; don't:

妈妈在工作,你~捣乱/马上就到了,~急/他这个人真麻烦,~提他了/~管闲事,回家去吧/这两种药样子差不多,你~把它们弄错了/他总是骗人,你~上他的当

二、固定用法。

set phrases:

1. 莫不。是双重否定,表示肯定。多用于书面语。

written language, double negative; used to indicate affirmative; there is no one who doesn't or isn't; everybody does or is:

爷爷要来了,全家人~不高兴/一听说要去看木偶戏,孩子们~不兴高采烈/比赛激烈地进行着,全体观众~不鼓掌欢呼/总理作的政府工作报告给人们以信心,全国上下~不欢欣鼓舞

2. 莫非、莫不是。表示揣测或反问。

used to indicate an estimation or rhetorical question; is it possible that...; can it be possible that...:

小王还没来,~非他忘了时间? /他不见我们,~非他改变了主意? /你一直不给妈妈写信,~非你不想妈妈? /你怎么不说话? ~不是你对我有意见? /怎么一个人都没有? ~不是活动取消了/他们一直不通知我去面试,~不是他们觉得我不合适?

默默 mòmò [副词 丁级]

行为、动作不出声、无声息地发生或进行。多用于书面语,可加

"地"。

written language, can be followed by"地": silently; quietly:

门卫~地打量着陌生人/所有的条件他们都~地接受了/一
路上他始终~无语,好像有心事/老板心里~计算着成本和
收益/我们和孩子说话时,不远处有一位年轻妇女~地注视
着这边,她就是孩子的母亲/他又向我们~地挥了挥手,转
身上了火车

难道 nándào ［副词 甲级］

加强反问语气。常组成"难道…吗"或"难道…不成"格式。

used in a rhetorical question for emphasis, usually used in the sen-
tence structures"难道…吗" or "难道…不成":

1. 用于谓语前。

used before a predicate:

这件事你~不知道吗? /那双鞋~还不合你的意吗? /他都
能学好汉语,你~不如他? /我这样大年纪的人,~还不能
照料自己? /这样改过以后,~还长(cháng)吗? /送些儿童
读物,~不合适吗?

2. 用于主语前。

used before a subject:

~你昨天没听说过这事? /~你不知道他会说汉语吗? /~
你没告诉我你不再睡懒觉了不成? /~你不承认我们是朋
友?

难以 nányǐ ［副词 丙级］

不容易做,不方便做。

be difficult to; be hard to:

他的行为太奇怪了,令人~理解/你的证件不全,手续~办
理/资金不足,工作~进行下去/病人不配合,治疗~顺利完
成/文章不真实,读者~相信/一幅画着儿童、鸽子和橄榄枝
的宣传画给人留下~忘怀的印象

【注意】 NOTE

"难以"后多为双音节的动词成分。如是单音节的动词,一般要加上结果补语或趋向补语,然后再带宾语。

"难以"should be followed by a disyllabic verb, if it is a monosyllabic verb, it should take a complement and object:

例如不能说:"×~写文章/×~吃水果/×~说真相",应要说:"~写成文章/~吃到水果/~说出真相"。

偶尔 ǒu'ěr ［副词 丙级］

表示某种动作、行为或情况发生、出现的次数少、时间不定。含有"间或"、"有时候"的意思。

used to indicate that certain action rarely takes place, or a state or phenomenon seldom emerge; once in a while; occasionally:

他从来不给朋友写信,只是~打一两次电话/星期天我一般都在家,~才去一次舞场/他总是高高兴兴的,~遇到不顺心的事,也不大往心里去/这儿的冬天又湿又冷,常常下雪,~晴一两天,家家户户的阳台上就都晒满了衣服/我从不喜欢喝酒,~陪朋友喝一次,要难受好几天/老人一生节俭,~和孩子们吃一次饭馆,也会唠叨好几天

怕 pà ［副词 甲级］

表示估计。有时含有一种委婉的语气,常和"吧"搭配使用,多用于谓语动词前。也可说成"怕是"。

often used together with "吧" to indicate an estimation, implying euphemism; I'm afraid that; perhaps; probably:

他今年~考不上大学了/他的话~靠不住(吧)/这次考试~太容易了(吧)/我们~赶不上公共汽车了,坐出租车好了/看你的样子~是感冒了,快去医院看看吧

偏 piān ［副词 乙级］

一、表示主观上故意去做某事或和某人作对。常与"要"、"不"

合用。

often used together with "要"、"不" to indicate a deliberate violation of regulation or opposition to someone：

明知山有虎,～向虎山行/你不让我去,我～要去/他的父母当初劝他去留学,他～不听,现在后悔了吧/她不是最不喜欢为大家做事吗? 那我～要找点班里的事给她干干/听说她很不好说话,我～要试试看/人们传说这所房子常闹鬼,我～不信,～要去看个究竟

二、表示客观存在的情况与主观愿望正相反。

used to indicate that the reality is contrary to one's hope or expectation：

还有一个月就要高考了,哥哥～在这个时候病了,真急人/现在正是庄稼需要雨水的时候,可老天～不下雨/只有他可以解决这个问题,可他～又回老家了/早上起晚了,自行车～又没气了,真倒霉

三、表示范围,有"只"、"单"、"仅仅"的意思,多含有不满或表示费解的语气。

used to indicate the range in a sense of discontent or perplexity; same as "只"、"单"、"仅仅"：

我今天忙得要死,你为什么～现在来呢? /早不病晚不病,～考试的时候病/全校那么多班,怎么～选中了我们班/找什么工作不行,为什么～要到那个街道小厂去呢? /现在的孩子呀,什么好东西都不想吃,～想吃红薯/大家都是四菜一汤,为什么～你要搞特殊?

偏偏　piānpiān　[副词　丙级]

意思和用法跟"偏"相同。语气比较重。

used in the same sense as "偏", but is more emphatic：

一、主观上故意去做某事或跟某人作对。常修饰双音节词语。

often used to modify disyllabic words, showing wilful action contrary to objective conditions or requirement：

他知道我喜欢安静,却~给我租了一处市中心的房子/妈妈要求她十一点前一定要回家,她~每天都十一点以后才回去/我怕狗你不是不知道,却~弄条狗来养,这不是成心和我过不去吗?/他不愿意见到我,我~每天都要在他办公室门前过/本来一点儿小事,没什么大不了,可他~不肯原谅对方,弄得大家都不高兴/你想知道? 我~不告诉你

二、实际存在的情况跟主观愿望或常理恰好相反。

used to indicate that the reality is contrary to one's hope or expectation:

本来我们打算今天去郊游,可是~下雨了/我最不想见到他,可~一上楼就遇上了他/她不喜欢吃辣,可这儿~一日三餐顿顿都有辣椒/为买这本词典,我去了几家书店,~都卖完了/大家都以为他会选择小王,可他~和小李好上了/我又累又饿,想歇歇,可~附近连家小茶馆也没有

三、表示范围,有"只""仅仅""单单""就"等意思。多含有不满、出乎意料或难以理解的语气。

used to indicate the range in a sense of discontent or perplexity; same as "只"、"单"、"仅仅":

大家都同意骑车去,~她一个人要坐车去/班里有那么多好同学,怎么~选她当代表/你有那么多新衣服,为什么~穿这么一身,一点儿也不好看/值得写的人很多,不知道你为什么~要写她/那么多人老先生都没看中,~看中了你,这也真是缘分/他对谁都很热情,~对他的妻子却总是不冷不热的

颇 pō [副词 丁级]

表示程度很高。多用于书面语。

used in written language to indicate a high degree; quite; rather; considerably:

1. 用于形容词前。

used before adjcetives:

a. 颇+单音节形容词。

颇 + monosyllabic adj.：

那个厨师手艺~佳,你不妨去那家饭店尝尝/他的门路~广,各方面的人他都认识,你可以去找他帮忙/他们队有些队员水平~差,我们不必太担心

b. 颇+不+形容词。

颇+不+ adj.：

这几天心情~不宁静/对于这次失败,她~不甘心/他的思想~不开放,你得想法让他接受这个现实

【注意】 **NOTE**

"颇"后可以跟"有点儿、有一些"等词,表达一种委婉的语气。如"颇有点儿愤怒/颇有一些味道"。

"颇"can be followed by "有点儿、有一些"to imply euphemism.

2. 用于动词性成分前。

used before verbs：

他今年四十多岁,~能吃苦/他是一个~重感情的人,你不要戏弄他/妻子~爱交际,几乎每晚都有朋友来访,做丈夫的有些吃不消了/回国后,~想大大发展一下/她刚进公司几个月,但由于工作出色,~得经理重视/对这个问题他~感兴趣/你说的~有道理,我听你的/对我所取得的一切,他~不以为然/这么一打扮,还~有几分知识分子的味道

其次 qícì ［副词 乙级］

第二,表示次第在后,前面一般有"首先"与之呼应。

often used in conjunction with "首先"; next; then：

要想成功,首先要有一个明确的目标,~要努力去争取/要想提高口语水平,首先要多听多看,~要多说多练/减肥的秘诀首先是控制饮食,~是加强体育锻炼/家庭问题首先是孩子教育的问题,~是赡养老人的问题/教育孩子,首先要告诉他怎么做人,~才是智力教育

其实 qíshí ［副词 丙级］

表示所说的情况是真实的。

often occurs at the head of a sentence and may be followed by a pause：

1. 引出和上文相反的意思，更正上文的内容。

used to indicate that what is introduced in the first sentence is not true, but what follows 其实 is; in fact; actually：

> 他给别人介绍说那个姑娘是他姐姐，~是他的女朋友/小王通知我九点开会，~是九点半/他以为要满十八岁才可以办居民身份证，~十六岁就可以办了/鲸~是哺乳动物，不属于鱼类/你说叔叔不爱喝酒，~叔叔最爱喝酒，只是你从来没见他喝过

2. 修正或补充上文的内容。

used to supply some supplementary explanation; actually; as a matter of fact：

> 他把书后的练习都做了，~做四、五、六题就可以了/他们说要来六个人，~有两个是孩子，准备五个人的饭就够了/他说他愿意试试，那是客气，~他完全有把握做好/不少人都说象是很大的动物。~还有比象大得多的动物/小王没有想到这位老人会主动和自己讲话。~，小王也一直想和这位老人讲话，只是有些不好意思

恰好 qiàhǎo ［副词 丙级］

一、事情的发生正是时机，可以是希望的，也可以是不希望的，有"正巧"、"恰巧"的意思。

same as "正巧"、"恰巧"; coincidentally; as chance would have it：

> 我们打算一周学一课，这样一学期~学完这本书/我正想找人帮我出出主意，~老王来了/在回家的路上，突然下起了雨，~路边有一个车棚，我就走了进去/小王想换一个工作，~有一家合资公司招聘，他就去应试了/你要借的那盘录像

带～刚被朋友借走了，你下星期再看吧/去上海的火车票～
到我这儿卖完了，这倒霉！

　　二、时间、数量、条件等正好达到某种程度，有"正好""正合适"
的意思。

　　　　used to indicate that the time, quanitity and condition just reach
a certain degree; just right; precisely; exactly:

　　　　我们班加上老师一共二十个人，～坐满两桌/从这儿到机
　　　　场，～二十公里/他们都属马，老张比小王～大两轮（24
　　　　岁）/你买的这块布料～够做一件旗袍/他的体重80公斤，
　　　　～是儿子的两倍/他们夫妻两个性格～相反，一个急性子，
　　　　一个慢性子

恰恰　qiàqià　［副词　丙级］

　　一、某种情况的发生正好是所希望的或正好是所不希望的，用
于不希望的时候为多，有"正"、"正好"、"正巧"、"恰巧"的意思。

　　　　same as "正"、"正好"、"正巧"、"恰巧"; just right; precisely;
exactly:

　　　　你提的这个问题～是我们现在正需要进一步研究的问题/
　　　　我昨天太累了，工作没有做完就回家了，～今天老板来检查
　　　　工作，我挨了批评/～是我最好的朋友出卖了我，真令我痛
　　　　心/坐在他对面的～是他最不想看到的人/他伸长了脖子往
　　　　前看，前面不远的一个大个子～挡住了他的视线

　　二、用在正反对比的句子里，加强肯定语气。一般是先提出一
个事实，然后由"恰恰"引出一个与之不同或相反的事实。

　　　　used in an affirmative and negative sentence for emphasis, "恰
恰"is usually used to introduce a fact contrary to what is mentioned in the
first clause:

　　　　告诉她的不是别人，～就是你自己/你这样说，～说明你心
　　　　虚/他不敢承认错误，～表明他已认识到错误的严重性了/
　　　　他一向对钱不在乎，～因为这一点，他的实验无法进行下去
　　　　/清洁的环境需要大家共同来创造，而有的人～没有意识到

这一点

恰巧 qiàqiǎo ［副词 丁级］

同"恰好"的第一个义项,表示事情或情况的偶然巧合,有"正巧"、"刚巧"、"凑巧"的意思。

same as the first usage of "恰好"; by chance; as chance would have it:

> 我正想通知他,～他女儿来了/我大学毕业时,～他们单位要人,我就去了/来的路上,我～和他坐同一辆车/我们正在谈论他,～他从旁边经过,都听到了/发生事故时,我～在事故现场/我借出差的机会去看望一个多年不见的老朋友,没想到他～也出差了,真遗憾

千万 qiānwàn ［副词 甲级］

表示一种强烈、恳切的语气。用于祈使句,常和"要、不能、别"搭配使用。可重叠,语气更强。

often used together with "要、不能、别" in imperative sentences to emphasize sincerity; it becomes more emphatic when it is reduplicated; must; be sure to:

> 你可～要小心啊! /～不要大意/～不能酒后开车/～别生气/～别把这事放在心上/～～要记住这句话/～～要小心/你们没遇到什么麻烦事吧? 发生意外情况时可～～别慌

悄悄 qiāoqiāo ［副词 乙级］

没有声音或声音很低;(行动)不让人知道。常常带"地"。

often takes "地":

1. 用于"说、问、告诉"等说话类动词前,相当于"轻轻地"。

used before "说、问、告诉" etc.; in a low voice:

> 我不知道老师讲到哪儿了,只好～问旁边的同学/医生～告诉了我奶奶的病情/他～地说了谜语的答案/小王～问身边的人:"那个胖老头是谁呀?"

2. 用于"走、坐、站、离开、溜、放"等移动类动词前,相当于"不声不响地"。有时含有暗中做某事的意思。

used before"走、坐、站、离开、溜、放"etc.; quietly; silently:

开会时小李～站起来走了出去/他来晚了,～地找个位子坐下,拿出书来/孩子～走过去抱住妈妈的腿/舞会正开得热闹,小王却～地、不声不响地溜了/周围没人注意他,他～地把东西放进了口袋

【辨析】　悄悄　偷偷

compare　悄悄　偷偷

(1) 都表示声音很低,但"悄悄"强调不出声音,不引起别人注意;"偷偷"强调怕被人发现,秘密程度比"悄悄"高,有时带贬义。

"悄悄"stresses on not making sound and not being noticed, and "偷偷"stresses on not being found, it means stealthily, secretly:

比较:

① 看到他们都上了自己的当,他躲在房间里偷偷地笑了起来。

② 他要去看场球赛,趁老师写黑板的时候,悄悄地离开了教室。

(2) 所修饰的动词不同。"悄悄"主要用于上述"说"类和"走"类动词前,"偷偷"的适用范围宽,可以说"偷偷地笑了"、"偷偷地哭了"、"偷偷地看了他一眼"。

"悄悄"can only be used to modify the verbs above and "偷偷" can be used before other verbs.

且　qiě　[副词　乙级]

一、表示暂且先做某事而别的不管,或暂且先不做某事而做别的。"且"字句后要有另一句话,进一步说明情况。

used to indicate that one does one particular thing for the time being and puts aside other affairs, or puts aside one particular thing and does something else; just; for the time being; for a while:

> 我～先跟他到他家看看他新买的电脑,回来再做练习/你～安心在医院养病,工厂里的事就别操心了/你～别走,等人到齐了,你解释清楚了再走/我～不回答你的问题,我得先把实验做完

二、同"姑且"。表示某种程度的让步。

used in the same sense as "姑且"to indicate concession; tentatively; for the moment:

> 我们～相信这一切都是真的,但这也不能证明你就是对的/～不说你骑车撞人这件事,你骑车带人也是违法的/我们～不论这样做对不对,单算经济账就不能这样做

三、表示经历的时间长。多用于口语。句尾常有"呢"配合。

spoken language, often with "呢"at the end of the sentence; for a long time; for quite some time:

> 这张床是实木的,特结实,～用呢/这么多人排队办入学手续,～等呢/他刚走一会儿,～回不来呢,你别等了/今天的会要讨论的问题很多,～完不了呢

亲笔 qīnbǐ ［副词 丁级］

亲自动笔(写)。

writes in one's own hand:

> ～题词/～题字/～书写一副对联/这是一封奶奶的～信/"北京大学"的校牌是毛泽东同志～题写的/这是老王的～字,我认识

亲手 qīnshǒu ［副词 丁级］

自己动手(做)。

(do something)with one's own hands; in person:

> 这双鞋是我母亲～做的/节假日父亲总是下厨房,～给我们烧菜/他给那位明星画了一幅漫画像,想有机会～交给他/当年我们～种植在校园里的小树,如今已长成了大树

【注意】 **NOTE**

"亲手"多修饰手能完成的动作。例如不能说:"×～看/×～吃/×～考察",应该说:"亲眼看/亲口吃/亲自考察"。

"亲手"is used to modify something can be done with one's hands.

亲眼 qīnyǎn ［副词 丙级］

用自己的眼睛(看),带有强调语气。含有自己直接经历的意味。

can only precede verbs such as 看, 见, or 目睹; (see) with one's own eyes; personally (witness):

他～看着孩子吃了药,躺在床上,才放心地上班去了/不是～看到,我真不敢相信她对人这么凶/他～看到了家乡的变化,非常激动/我～见到你把一个纸包藏在床下了,为什么不敢承认? /奶奶一定要去剧场～看看孙女的表演/几个行人～目睹了交通事故的全过程

亲自 qīnzì ［副词 乙级］

强调由于重视而自己(做)。

used to indicate that one takes something so seriously that one does it by oneself rather than through others; in person; personally; oneself:

用信用卡付钱,得～去/重要客户一般由经理～接待/每次全家出远门,奶奶都要～检查一遍门窗、水电/买鞋您得～去试试,不然不合脚/这道菜很难做,老师傅要～下厨/据说明天几位作家～到书店签名售书/这种表格你必须～填写,不能由别人代替

全都 quándōu ［副词 丁级］

概括整个范围,表示在此范围内没有例外。

wholly; all:

他们～通过了资格考试/你要保证同学们在旅行期间～吃好睡好/他一向热心为大家服务,因此大家～选他当代表/

不要说了,你心里想什么,我~明白/这次考试我~做对了/经过几天的工作,麦子~种好了/这件事他没有告诉我们,大家~不知道/他平时是一个很听话的孩子,听说他离家出走了,大家~不相信/培训以后,职工的业务水平~有了不同程度的提高

却 què [副词 乙级]

加强转折语气,常和"虽然…但是/不过/可是"搭配使用。

used to indicate transition, often with "虽然…但是/不过/可是"; but; yet; however:

他们虽然是第一次见面,但是~像老朋友似的聊个没完/他虽然很聪明,可是~不大努力,成绩一直不好/我有许多话要对你说,~不知从何说起/已经十二月了,天气~一点儿也不冷/我们大家都在等他,他~一个人先回家了

【注意】 **NOTE**

"却"只能用于分句的主语后面。例如不能说"我来过三次北京,却长城一次也没去过"。

"却" can only be used after the subjective of the second clause of a sentence.

任意 rènyì [副词 丙级]

表示行为、动作爱怎么样就怎么样,没有拘束,也不加限制。

at will; arbitrarily; just as one likes:

父母不在家,孩子们~玩耍/朋友们在一起~说笑/得奖者可以在这些奖品中~挑选一件/大家可以~发表自己的观点/设计师把这些不同颜色、风格的上衣、裤子、裙子~搭配,展现出完全不同的效果

【注意】 **NOTE**

"任意"一般不修饰单音节的动词,例如不说:"×~发言论/×~猜结果/×~选合作伙伴",要说:"~发表言论/~猜测结果/~选择合作伙伴"。

"任意" usually can't be used to modify monosyllabic verbs.

仍　réng　［副词　乙级］

意义及用法和"仍然"基本相同,多用于书面语。

written language, same as "仍然"; still; yet; as ever:

离开老家已经十几年了,可是奶奶~记得我小时候的样子/我看那位外国朋友听不懂中文,就又用英语说了一遍,她~没听懂/我们又等了半个小时,~不见小王的影子/老师又让他补考了一次,~是不及格/虽然有很多困难,他们~按时完成了任务/几年过去了,她~是那么年轻漂亮

【注意】　**NOTE**

当"仍"和一些单音节词语连用,在音节上构成双音节词组时,只能用"仍",不能换成"仍然"。例:

"仍" sometimes is used to form a disyllabic word group with a monosyllabic word:

① 革命尚未成功,同志仍需努力。

② 我们的很多法律法规仍待完善。

仍旧　réngjiù　［副词　丙级］

意义和用法同"仍然"。

used in the same sense as "仍然"; still; yet; as ever:

家乡的一切~是我记忆中的样子/他下了几次决心,~戒不了烟/工作几年了,他看上去~是一副学生样/几十年过去了,他~住在学校旁边的那间屋子里/虽然离婚是没办法的事,可她~觉得对不起孩子/已经走了两天两夜了,可是前面~是一望无际的黄沙,见不到一个人影

仍然　réngrán　［副词　乙级］

一、表示某种情况一直保持原来的样子,没有发生变化。有"继续"、"还是"的意思。"仍然"常常用于表示转折的后一小句中,前面

常有"可是、但是、却"等词语。

often used together with "可是、但是、却" to indicate an unchanged situation; same as "继续"、"还是"; still; yet：

几年后,回到家,一切~是原来的样子,既亲切又熟悉/他今年已是80高龄了,但~保持着一颗童心/他把文章又改了一遍,~觉得不太满意/她虽然努力睁大眼睛,可是~什么也看不清/虽然汽车越来越多,但自行车~是大部分中国人传统的交通工具/虽然妈妈给他请了家庭教师,但他的成绩却~没有提高

二、表示某种事情或情况虽然曾一度中断或发生过变化,但后来又恢复了原状,有"照旧"、"照样"的意思。

used to indicate that something remains the same though stopped for a period of time; same as "照旧"、"照样"; as before：

他大学毕业后,~回到母校,当了一名中学教师/妈妈在城里住了两个月,觉得处处不习惯,~想一个人回到乡下去住/产假休满以后,她把孩子送到托儿所,~回到公司工作/只要你改正了自己的错误,我们~欢迎你回来/从学校辞职后,他在商界干了几年,最后~回到大学当了一名教书匠

日益 rìyì ［副词　丙级］

一天比一天,表示事物逐渐发展变化或程度逐渐加深。多修饰双音节动词或形容词,不能加"地",多用于书面语。

written language, often used to modify a disyllabic verb or adjective, "地" can not be used after it; day by day; more and more; increasingly：

两国关系~改善/环境保护问题~引起人们的重视/王教授的病情~好转/电视节目~丰富/环境污染~严重/随着家庭规模的缩小,老年人生活保障问题~突出

擅自 shànzì ［副词　丁级］

超越职务范围以内的权力,自作主张。常带有贬义。多用于书面语。

written language, pejorative; used to indicate that one acts without authorization:

> 任何人都不能～修改劳动合同/营业员～提高了商品价格/住户不应该～改动房间的结构/出版社未经作者本人同意,～出版了他的小说集/他因为～动用公司的钱炒股票而进了监狱/他们没有许可证,～复制、销售 CD 和 VCD,受到了处罚

尚 shàng ［副词　丁级］

古汉语词。只用于书面语。

only in written language; archaic Chinese:

一、表示动作或状态持续不变,仍然。多用于谓语动词、形容词前。

used before a verb or adjective to indicate that an action or phenomenon reamins unchanged; still; yet:

> 趁老人家～在人世,好好对待他/对方的情况目前～难知晓/他们俩目前～未离婚,但估计是不可能在一起继续生活下去了/这个问题目前～未解决/管理人员的素质～待提高

二、表示程度不高,含有委婉的语气。用于表积极意义的单音节形容词或助动词前。

used to indicate euphemism; occurs before a monosyllabic adjective denoting a positive quality or auxiliary word to indicate a low degree; barely passable:

> 文章内容～好,但组织得稍嫌混乱/他的办事态度～可,只是能力不太高/我的话他～能听得进去

三、表示在上文所说的范围之外有所补充。多用于谓语动词前。

used to modify a verb; in addition; also; as well:

> 除了导游人员以外,～需十名服务人员/他收藏的字画,除了献给国家的以外,～有一部分由他的后代保存着

稍 shāo [副词　乙级]

表示程度浅或数量少,同"稍微"。多用于书面语。

used in written language; a little; a bit; slightly:

1. 稍+形容词/动词。动词、形容词多为单音节的,后面常常带有"一点儿、一些、一下、一会儿"等词。

稍 + adj./ v.; the verb or adjective should be monosyllabic word and is often followed by"一点儿、一些、一下、一会儿":

请~等,我马上就来/这边光线~暗些,请去那边/老人的腿有毛病,走得比别人~慢一些/岁数~大一点儿没关系/~放一点儿盐,别太多/~停一会儿再说/~给他一些就行了

2. 稍+不+动词/形容词。动词、形容词多和人的心理活动有关。

稍 + 不 + v./adj.; the verb or adjective is used to show mental activities:

你得仔细一些,~不留神就会出问题的/工作太难做,~不注意就犯错误/雪后,路很滑,~不小心就会摔倒/他的性格也太不好了,~不如意就不高兴,那怎么行? /他不是一个好父亲,~不顺心就拿孩子出气

【辨析】　稍　稍微　(见"稍微"条)

compare　稍　稍微（see"稍微"）

稍微 shāowēi [副词　甲级]

表示程度浅或数量少。

a little; somewhat; slightly:

1. 稍微+形容词+一点儿/一些。

稍微 + adj. + 一点儿/一些

沙发摆在窗户边儿比摆在床边儿~好一点儿/这间教室还~干净一点儿/宿舍里安一部电话~方便一点儿/他比别人~努力一些/这个孩子太调皮,只有生病了才能~安静一些/他每天都八点起床,今天~早了一点儿,七点半就起来了/听了他的解释,我的心才~平静了一点儿/经过几个星期的

学习,他的汉语水平~提高了一些

2. 稍微 + 有点儿 + 形容词/动词。多用于不如意的事。

稍微 + 有点儿 + adj./v.; it is often used to indicate something unpleasant:

窗户玻璃~有点儿脏/早上出门时~有点儿冷/这个菜~有点儿辣/这件事处理起来~有点儿麻烦/让他一下子拿出这么多钱~有点儿困难/第一次离开家住校~有点儿想家/心里~有点儿恨他/~有点儿不喜欢/~有点儿不愿意

【注意】　NOTE

形容词多为贬义形容词,动词多为表心理、态度、评价的动词。

the adjectives should be pejorative ones and the verbs are the ones indicating mentality, attitude or evaluation.

3. 稍微 + 动词 + 一点儿/一些/一下儿/一会儿。"一点儿、一些"后常常可以再加名词。

稍微 + v. + 一点儿/一些/一下儿/一会儿; a noun can be used after "一点儿、一些":

你~喝一点儿(这个汤)吧/鱼里~放一些醋更好吃/我想~休息一下儿/请~等一会儿/他说他要~睡一会儿再去吃饭

4. 稍微 + 动词重叠式。

稍微 + reduplicated verb:

不用太认真~看看就行了/你太累了~休息休息/现在人很多~等一等再去/他把杯子~洗了洗

5. 稍微 + 不 + 形容词/动词。

稍微 + 不 + adj./v.:

~不注意就出了错/路太滑,~不留神就得摔跤/~不小心就会出问题/现在工作越来越难,~不努力就跟不上了/这个孩子被惯坏了,~不如意就不高兴

【注意】　NOTE

不是所有的动词、形容词都可以出现在此格式中,常用的词有"注意、小心、留神、努力"等,而且此格式后必须有后

续成分,如"就…"。

    only"注意、小心、留神、or 努力"can be used in the negative structure and must be followed by "就…"to complete the sentence.

【辨析】   稍微   稍

compare   稍微   稍

    (1)"稍微"书面、口语都可以用,"稍"多用于书面语。

    "稍微"can be used in spoken or written languages, while "稍"can only be used in written language.

    (2)"稍微"后接动词或形容词时,后面必须有"一点儿、一些、一下儿"等词;"稍"则不一定,如可以说"请稍等"。

    "稍微"has to be followed by "一点儿、一些 or 一下儿"when occurs before a verb or adjective, while"稍"doesn't have to.

    (3)"稍"后多为单音节动词或形容词,"稍微"后单音节、双音节都可以。

    "稍" is often followed by a monosyllabic verb or adjective, and "稍微"can be followed by monosyllabic or disyllabic words.

甚至 shènzhì [副词 丙级]

    用于提出一个极端的或突出的事例,进而强调说明某种情况。"甚至"出现在动词性成分前,也可以说成"甚至于"。

    used to introduce an example of an extreme nature to show that some state has reached a very high degree, sometimes "甚至"can be replaced by "甚至于", without changing the meaning; even;(go) so far as to; so much so that:

    他一辈子勤奋、努力,~在病中还在坚持写作/学了半年汉语,他一点儿进步也没有,~到现在也听不懂最简单的日常会话/对她的不幸,他不但不表示同情,~还幸灾乐祸,真不像话/他高兴得~于流下泪来/他的病越来越严重,现在不

但走动很困难,~于连饭都吃不了了

十分　shífēn　[副词　甲级]

表示程度高,非常。

used to indicate a high degree; very; extremely:

1.用于形容词性成分前。

　used to modify an adjective:

　　大桥在明媚的阳光下,显得 ~ 雄伟壮丽/这种精神 ~ 可贵/每逢节假日,新闻工作者就 ~ 忙碌/雨后的天空 ~ 明净/车站里 ~ 嘈杂,吵得我头疼/看到他满脸沮丧的样子,我们 ~ 惊讶

2.用于动词性成分前。

　used to modify a verb:

　a.用于心理状态动词前。

　　used before a verb indicating mental activities:

　　老板~欣赏他的才华/我 ~ 感动,不知该说什么好了/孩子 ~ 佩服父亲的勇气/日本的大学特别是私立大学,历来~重视毕业生的就业工作/他~后悔自己当时没有勇敢一些,错过了那么好的一个机会

　b.用于其他动词性成分前。

　　used to modify other verbs:

　　那位年轻人的诗写得~有意境/这种场面~令人鼓舞/他觉得~对不起你,所以不好意思来见你

3.不+十分+形容词/动词。表示程度不太高。

　不 + 十分 + adj./v.; the structure is used to indicate a low degree:

　　这个旅馆不 ~ 干净/我看得也不 ~ 仔细,你再看一遍吧/我不 ~ 喜欢他的工作作风/他不 ~ 爱好打网球/他对老师的教学态度不 ~ 满意

4.十分+不+形容词/动词。形容词和动词多是表示积极意义的词。

十分 + 不 + adj./v. ; the adjectives or verbs are appreciative ones：

他拿出一万块钱资助你,是～不容易的/他摔断了一条腿,行动～不方便/他～不情愿一个人留在家里看家

【辨析】 （一）十分 非常

compare （一）十分 非常

(1)"十分"多用于书面语,"非常"不限。

"十分"is often used in written language, and "非常" can be used in written or spoken languages.

(2)"十分"前可加"不","非常"不可以。

"不"can precede"十分", but it can't precede"非常".

(3)"十分"不能重叠,"非常"可以。

"非常"can be reduplicated, but"十分"can't.

【辨析】 （二）十分 万分 （见"万分"条）

compare （二）十分 万分 （see"万分"）

时常 shícháng ［副词 丙级］

动作、行为或情况、现象屡次发生或出现。相当于"常常",但语义较轻。

used to indicate that an action or phenomenon happens repeatedly or that a situation arises time and again；often；frequently；again and again：

虽然你们工作很忙,但一定要～回老家看看父母/傍晚,我～看到他在楼下散步/在我睡梦中～会出现我儿时的情景/哥哥的身体越来越虚弱,～感到头昏眼花/平时与人聊天,～听到"活得累"的抱怨/小红在城里开了一家小饭馆,几年以后,不但还清了贷款,还～往家里寄些钱,供弟弟妹妹上学

【注意】 NOTE

(1)"时常"的否定形式为"不常",而不是"不时常"。

the negative form for"时常"is"不常".

如不能说"×不时常在家"、"×不时常见到他",要说成

"不常回家"、"不常见到他"。

(2)"时常"不能修饰含有"不"的否定形式。如不能说"×时常不出门"、"×时常不在家"、"×时常不吃早饭","时常"要换成"经常"。

"时常"can't be used to modify a negative structure with"不","时常"should be replaced by"经常".

时而 shíér [副词 丁级]

一、表示某种动作、行为、状况或现象不定时地重复产生或出现。多用于书面语。

often used in written language; from time to time; often; every now and then：

已是深秋时节,两旁的树上 ~ 飘下几片叶子/水里的鱼儿 ~ 跃出水面,激起一片涟漪/外面寒风习习, ~ 传来几声新年的鞭炮声/整个星期天,他一直专心复习功课, ~ 抬起眼睛看看窗外、休息一下儿/老人年纪大了走不快, ~ 停下脚步歇一歇

二、两个以上"时而"叠用,表示在一定时间内,不同的动作、行为、状况或现象交替发生,或同一动作、行为、状况或现象不断变化,相当于口语中的"一会儿…一会儿…",多用于书面语。

often used in pairs in written language; same as "一会儿…一会儿…"in spoken language; sometimes...sometimes...：

这几天 ~ 刮风, ~ 下雨,没有晴过一天/孩子们 ~ 唱歌, ~ 跳舞, ~ 围在一起做游戏,玩儿得很高兴/她 ~ 微笑, ~ 紧锁双眉,不知都想到了什么/他发烧了, ~ 感到热得难受, ~ 又觉得冷得要命/她在离我不远的地方来回踱步。 ~ 仰起脸,望望灰蒙蒙的天空, ~ 低下头,看看粼粼的河水,似在与这美好的世界作最后的告别。

时时 shíshí [副词 丙级]

一、表示"每时每刻"的意思,强调某种情况的持续不间断。常

修饰表示抽象思维活动的动词,很少修饰表示具体动作的动词。

　　　　often used to modify verbs indicating abstract mental activities;
often; constantly; again and again:

　　　　他~提醒自己,凡事要小心谨慎/父母老师的话我~记在心
　　　　上/医生们~关注着他的病情变化/他~不忘家乡人民对他
　　　　的期望/你们要~注意敌人的动向/她~被偏头疼所困扰,
　　　　遍寻名医也不见好转

　　有时"时时"和"处处"连用,表示"每时、每地、每一方面"。

　　sometimes used together with "处处" to indicate everywhen and ev-
erywhere:

　　　　他~处处留心向老师傅学习/她~处处严格要求自己/领导
　　　　~处处关心职工的生活/她特别喜欢让别人注意到自己,~
　　　　处处不忘表现自己

　　二、表示在一定的时间内,某种情况多次发生,而且时间间隔很
短。多用于人的思维活动的描写或具体的景物描写。

　　　　often used when describing one's mental activities or scenery;
(within a short span of time) from time to time; every now and then:

　　　　回到母校,见到熟悉的一切,当学生时的情景~浮现在脑海
　　　　中/可能是老了,最近我~想起小时候的事情/湖面上~吹
　　　　过一阵微风,清新凉爽/林中非常幽静,~传来几声鸟鸣

实在　shízài　[副词]

　　表示确认。有"的确、确实"的意思。

　　used to indicate acknowledgment; really; in all conscience:

　　1. 实在+形容词/形容词短语。

　　　　"实在"+ adj. or adj. phrase:

　　　　你~忙,今天晚上就别来了/这个小女孩长得~可爱/他装
　　　　得~太像了,我们都被他骗了/这儿的东西~很便宜/~对
　　　　不起,让你久等了

　　2. 实在+动词/动词性短语。

　　　　"实在"+ verb or verbal phrase

a. 用于能愿动词前。

　　used before modal verb：

你～想去，我就陪你一起去吧/他～要买，就让他买/如果～
需要的话，我可以留下来不走

b. 用于动词"是、有"前。

　　used before "是，有"：

你这样做～是不对/他～是被人逼得才会变成这样/我今天
晚上～有事，来不了

c. 用于否定式。

　　used before negative：

我对逛商店～没兴趣/这件事我们～不知道/～去不了就改
天再说/～吃不下了，不能再吃了/对于这种人～无理可讲

始终　shǐzhōng　［副词　乙级］

某种情况或状态从开始到最后一直如此，没有任何变化。

from beginning to end; all along; throughout：

领导～支持我们进行科学研究/我们～拥护改革开放的政
策/从会议开始到会议结束，他～保持沉默，没说一句话/因
为没有人告诉过她，所以，她～不知道这件事/因为打电话
来的人没有留下姓名，所以小王～不清楚到底是谁给她打
来的电话/不管有多困难，她～没掉过一滴泪/虽然我们要
求见校长，但校长～没跟我们见面

势必　shìbì　［副词　丁级］

表示事物发展的必然性，用于推断结果，带有很重的强调语气。
势必所推断的结果常常是消极意义的。

used to indicate that, judging from the situation, an undesirable con-
sequence is bound to follow; implying an emphatic tone; certainly will;
be bound to; inevitably：

长期过量饮酒～损害健康/父母管得太严太细～影响孩子
的性格发展/你总是赞美别的女人，这～引起妻子的不满/

老人一个人在家～会感到孤独、寂寞/工作没有计划，～降低工作效率/违反法律，～要受到惩罚

是否　shìfǒu　［副词　丙级］

是不是。书面语。

Written language; whether or not; whether; if:

1. 用于疑问句。

used in an interrogative sentence：

这个结论～正确？/这个方案～应该再讨论一次？/你～亲眼所见？/你们～已经搞清楚了问题的关键？/这个决定～符合实际情况？

2. 用于叙述句。句中多有否定词语出现。

used in a declarative sentence, and a negative is often used in the sentence：

我不知道他们～会同意这个意见/～能完全治好他的病，医生也没有十足的把握/他～说过这句话，我已经记不清楚了/这个解释～准确，查查《现代汉语词典》就清楚了

首先　shǒuxiān　［副词　乙级］

最先最早地。

first：

这个方案是小王～提出来的/拿到工资后，他～想到的是寄给乡下的父母/王总工程师～把这项技术应用到了实际生产中/这种病菌～是在猴子身上发现的/想成为一名教师，～要通过教师资格考试/在这个陌生的环境里，是她～向我伸出了援助之手

顺便　shùnbiàn　［副词　乙级］

乘做某事的方便做另一件事。不能加"地"。多用于口语，可以儿化。

used in spoken language, can't be follow by"地"; incidentally; in passing; conveniently:

> 他去邮局取包裹,~发封信/小王跟朋友聊天的时候,~打
> 听了一下计算机的价钱/你回宿舍吗? 请~通知小王来办
> 公室办理手续/我陪母亲去买东西,~看了场电影/小王这
> 次出差,~回了一趟老家

顺手   shùnshǒu   [副词   丙级]

一、很轻易、随便地一伸手就完成了某个行为、动作,不能加
"地",可以儿化。

"顺手" should be used to modify a verb indicating manual action and can't be followed by"地"; smoothly; easily; without difficulty:

> 请~把灯关上/小胖看着电视,~拿起个苹果吃了起来/他
> 让我等一会儿,~递给我一本杂志/小王觉得画上的人物很
> 像老刘,~给画上的人物添上了胡子/孩子看见钢琴,~弹
> 了几下

二、乘做某事的方便,顺便完成某个行为、动作。

same as"顺便"; (do something)as a natural sequence; in passing; without extra effort:

> 妈妈擦完家具,~擦了地板/我买完菜,又~买了份报纸/拿
> 出蛋糕,~擦了擦烤箱/我们打扫了房间,~也把楼道扫了/
> 出门的时候~扔了垃圾袋

【注意】   **NOTE**

> "顺手"修饰的动作必须和手有关,如不能说"×请~打
> 听/×~问好",应该用"顺便"。
>
> "顺手"can only be used to modify some action done by
> hands.

说不定   shuōbudìng   [副词   丙级]

表示猜测、估计有发生某种情况的可能性,但不十分肯定,多用
于口语。句中常有说明情况的话。

often used in spoken language; perhaps; maybe; possibly:

1. 用于动词、形容词前。

   used before verbs or adjectives：

   你看天阴下来了，~要下雨,快收衣服/我的提包呢？~忘在车上了/他妈妈~出差了,最近都是他爸爸来接他/刚干了一天就走了,~嫌工资低/这些菜~不新鲜了,我觉得味道不对

2. 用于主谓词组前。

   used before a subject-predicate word group：

   这团毛线有粗有细,~质量有问题/他俩谁也不理谁,~他俩吵架了/怎么一本也没有了？~大家都觉得不错,卖光了/经理气冲冲地走了出去,~谁要挨批评了

私自 sīzì ［副词 丁级］

背着上级或有关的人,自己偷偷做不符合规定、制度的事。

used to indicate that someone does something against rules or regulations; secretly or without permission; on the sly：

不要~拿走办公室的文具/他未经哥哥同意,~取走了哥哥的存款/他背着经理,~跟别的公司签订了合同/未经允许,不能~进入这间实验室/他~把国家机密透露给记者,造成了很坏的影响

似乎 sìhū ［副词 甲级］

一、表示对某种推测、判断或感觉不十分肯定。

used to indicate an uncertainty; it seems that：

看他的样子,~不太愿意去/这件衣服你穿~有点儿肥/他只是微笑着点头,~有些不好意思/~他是对的,我们都错了/他觉得自己~一天不如一天快活/大家都不说话,~一切尽在不言之中/他们俩是好朋友,~无话不谈

【注意】 NOTE

因为"似乎"表示不十分肯定的推测、判断或感觉,所以在一定的语境里,可用于表商量的语气。例如:"这件事,你

~应该先和妈妈说一下儿。"也可用于委婉的劝告。例如：
"你的表演~该结束了吧。"

　　　　it can be used to indicate consultation or euphemistic
advice.

二、表示某一件事看来如此，而事实并不一定。

as if; seemingly：

他走了才一个月，可我觉得~已经分别很长时间了/他看起
来~已经七八十岁了，其实才刚六十出头/表面看来他~不
太乐于助人，其实他是很热心的/他说起话来滔滔不绝，~
很有学问，其实一点自己的主张都没有

随后　suíhòu　［副词　丙级］

　　某种动作行为或情况在另一种动作行为或情况之后发生，有时
可用在句首。常和副词"才、就、便、又"等配合使用。

often with "才、就、便、又"; soon after：

你们先走，我~来/大家先吃吧，老王~就到/走在队伍最前
面的是校领导，~是各系的教职员工/她先去了当地的医
院，~，又去了城里的几家大医院，可是她的病情仍不见好
转/他们召开了由各部门负责人参加的会议，专门讨论这件
事，~便签了协议/电视台首先做了现场直播，~记者又对
此事进行了追踪报道

【辨析】　随后　随即　（见"随即"条）

compare　随后　随即　（see "随即"）

随即　suíjí　［副词　丙级］

　　表示某种动作、行为或情况紧接着另一种动作行为或情况发生，
相当于"立刻"、"立即"、"接着"。有时前后两种动作或情况有因果关
系，常和"一"搭配使用。

often with "一"; same as "立刻"、"立即"、"接着"; immediately;
presently; right away：

楼道里一阵脚步响，~便听到"咚咚"的敲门声/演员从高高

的跳台上一跃而下,引起观众的一片惊呼,~爆发出一阵热烈的掌声/耀眼的电光闪过,~四周一片漆黑/她看到我以后,先是惊讶,~低下了头/海湾战争一爆发,石油的价格~上涨/公司一宣布破产,~引起了社会各方面的反应

【辨析】 随后　随即
compare 随后　随即

　　"随后"比较强调两种动作行为或情况发生的先后次序,"随即"则偏重强调两种动作、行为或情况衔接的时间非常短促。

　　"随后"is used to indicate that two actions happen one after another; and "随即"is used to emphasize that the second action happenes right after the first one.

随时　suíshí　[副词　乙级]

　　一、有"时时刻刻"的意思,表示某种动作或情况每时每刻都可能发出或出现,常与"都"配合使用。

　　often with"都"; used to indicate that an action or situation may occur at any moment; at any time; at all time:

　　大家已经到齐了,~都可以出发/我们公司挨着电脑公司,~都可能有买电脑的人进错了门/约定的时间到了,他~可能推门进来/午餐已经准备好了,~可以吃饭/这一片危旧房,~都有倒塌的可能/他把家里人的照片放在书桌上,~都可以看见

　　二、有需要或可能的时候就进行相应的活动,不限制、规定在某一特定时间。

　　whenever necessary; as the occasion demands:

　　需要帮助的话,可以~给我们打电话/电器出了问题我~上门修理/医院24小时有医生值班,病人~能得到医治/发现孩子的缺点就~提醒/我把资料都找齐了,你要用的话可以~来拿/这是医生开的药,疼的话~都可以吃

随意 suíyì ［副词 丁级］

完全按照自己的想法意愿(做)。

freely; at will; as one pleases:

> 他是我们的好朋友,我们家他可以~出入/大家不必客气,
> 到各处~走走,六点半回来吃晚饭吧/这些衬衫和裙子可以
> ~搭配,效果都不错/他~画几笔,就是一幅挺有意思的漫
> 画/我~烧的几个菜,客人们竟大加称赞

索性 suǒxìng ［副词 丁级］

动作、行为直截了当或态度果断坚决,相当于"干脆"。

used to indicate that a resolute measure is taken; same as "干脆";
may (might) as well; simply:

> 他坐在最后一排,听不清楚,~坐到了讲台边上/做菜、洗碗
> 太麻烦了,~去外面吃/吞吞吐吐的是什么意思? ~给我说
> 个明白/毛衣洗完后缩水了,~给孩子穿吧/我嫌他走得慢,
> 他~不走了/你~搬到单位宿舍来住吧,每天上下班多辛苦

太 tài ［副词 甲级］

表示程度很高。带有夸张、感叹的语气。常和"了、啦"搭配使
用。

often with "了、啦"; used to indicate a high degree; over; too; ex-
tremely:

1. 用于形容词性成分前。

  used to modify adjectives:

  a. 太+形容词。

   太 + adj.:

> 这些苹果~大了,一个就有半斤/今天~冷了,哪儿都不想
> 去/这儿的风景~美丽了/你的方法~复杂了,我学不会

【注意】 NOTE

> "太+形容词"表示感叹时,不能做定语。如不能说"×
> 我想看太精彩的足球赛/×这是一个太漂亮的公园"。

太 + adj. can't function as an attributive when one
expresses admiration.

b. 太 + 不 + 形容词。

太 + 不 + adj.:

你的房间也~不干净了,快打扫打扫吧/汉字写起来~不容
易了/没有电话真是~不方便了/这件衣服~不好看了,换
一件吧

【注意】　**NOTE**

形容词只限于表示积极意义的。"脏、难、拥挤、难看"
等表示消极意义的形容词,以及"高、深、长、宽"等表示中性
意义的形容词,都不能用于此格式。

only appreciative adjectives can be used in this sentence
structure.

c. 不 + 太 + 形容词。表示程度不高。多用于委婉的否定。

不 + 太 + adj.; this structure is used to indicate euphemistic
negative:

他这个人不~虚心,你别和他计较/这家旅店不~干净,换
一家吧/这样做不~安全,你应该戴上手套/没关系,不~危
险/还不~脏,可以再穿一天/他家离这儿不~远,我们骑车
去吧/超市在我国出现的时间虽然还不~长,但老百姓已经
很习惯了/这份工作工资不~高,但比较轻松/这家饭馆的
菜很好吃,价钱也不~贵

2. 用于动词性成分前。

used before verbs:

a. 用于心理状态动词前。

used before a verb indicating mental activities:

他~喜欢聊天儿了,聊起来就没完没了/你~喜欢评论别人
了/我~羡慕你,有这么幸福的一个家/他~怀念过去了,
可是一切都不能挽回了/他~得意了,都有点忘乎所以了/
他~想家了,几乎天天都要给家里打电话/我~后悔了,可
是又能怎么办呢? 我已经永远失去她了

b. 用于其他动词性成分前。

 used to modify other verbs:

你的秘书~能干了,一个能顶俩/你~会说话了,我都不知该说什么好了/你们的产品~受欢迎了,我们决定再进一批/你~富于幻想,应该实际一些/你们及时给我们送来了棉被,真是~解决问题了/你也~经不住考验了,怎么这么一点困难就克服不了了呢/他们俩~合不来了,只好离婚了

【注意】　NOTE

　　"太"无论是用在形容词性成分前还是动词性成分前,都可以用来表示两种意义:

　　"太"can be used to express two kinds of meaning before verbs or adjectives:

　　(1) 感叹。

　　　　sigh with feeling.

　　例如:这场足球赛大精彩了/他太能干了! 真了不起/我太喜欢汉语了,还要继续学下去/这个式样的衣服~受年轻人欢迎了,真没想到/你得学会适应,你这样~吃不开了。

　　(2) 过分,因而感到不满意。

　　　　going too far; excessively:

　　例如:这件衣服太肥了,怎么穿? /太爱孩子反而会害了他。

　　两者的区分,可以根据以下标准来判断:

　　the difference between them can be judged according to:

　　(1) 词义。"太"后如果是表示消极义和中性义的词,往往表示过分、不满意。"太"后是表示积极义的词时,两种可能都有。例如:"他~聪明了,真让人羡慕/他~聪明了,我不喜欢他"。前者表示感叹,后者表示过分、不满意。

　　　　the word after"太". If the word after "太" is a perjorative or neutral word, it often means excessively; if it is an appreciative word, it can be used to indicate excess or sigh.

　　(2) 重音。表示感叹义时,重音在"太"上,表示过分,

不满意时,重音在"太"后面的词上。

stress. When it is stressed on "太", it means sigh; when it is stressed on the word, it means dissatisfaction.

(3) 表示感叹时,后面总有"了"或"啦"配合连用,表示过分、不满意时,"了、啦"可有可无。

often used together with "了"or"啦"to express sigh.

(4) 表示过分、不满意时,前面可加"别、未免"等词。例如:"你别太厉害! /你未免太厉害了。"

often used together with "别、未免"to express dissatisfaction.

【辨析】 太 极 (见"极"条)

compare 太 极 (see "极")

特别 tèbié [副词]

一、表示程度极高。有"格外、非常"的意思。

used to indicate a high degree; unusually; uncommonly; extraordinarily:

雨后,空气~新鲜/这个电影~好看/他对待工作~认真、负责/哥哥~爱看足球比赛/那部电影~吸引年轻人/最近,这个地区的治安~不好

二、专门为某一目的(做某事)。有"特地"的意思。

going out of one's way to (do sth.); especially:

我是~来向你告别的/老师向同学们~强调了预习和复习的重要性/为了参加朋友的婚礼,老张~卖了一套新西装/这是大会主席~为你留的一个座位

三、在几件同类事情中,指出突出的一个。有"尤其"的意思。常跟"是"一起用。

usually followed by "是"; especially; in particular; particularly:

他很喜欢运动,~是游泳/全班同学都来得很早,~是小张,每天 7:30 准到教室/他不善于当众讲话,~是当着生人的面

特此 tècǐ ［副词 乙级］

为某件事情特别在这里通知、公告、奉告等等。书面语,仅用于公文、书信等。

only used in official correspondence or documents:

为庆祝澳门回归,学校决定 12 月 20 日放假一天,~ 通知/
李明宇 1982 年毕业于我校物理系,~ 证明/~ 规定/~ 公告

特地 tèdì ［副词 丁级］

专门为某一目的或某一对象而做某事。

for a special purpose; specially:

知道你要来,我 ~ 包了白菜馅饺子/小王比较瘦,我 ~ 给他
挑了一件小号的上衣/他不爱穿皮鞋,老伴 ~ 买了双舒服的
布鞋/今年流行明黄色,小王 ~ 做了条明黄色的裙子/听说
你要出国了,大伯 ~ 从外地赶来看你/爸爸担心儿子找不到
考场,~ 送他去

【辨析】　特地　特意　（见"特意"条）

compare　特地　特意　（see"特意"）

特意 tèyì ［副词 丁级］

专门为某一目的或某一对象而做某事。

for a special purpose; specially:

这是我 ~ 留给你的水果/老王 ~ 打电话来,请我们过去/为
了让孩子多认识一些植物,妈妈、爸爸 ~ 带他去了趟植物园
/听说电影厂要来挑演员,小王 ~ 打扮得漂漂亮亮的/他怕
你生气,~ 不告诉你/我就知道他很注意别人对他的看法,
~ 刺激他一下

【辨析】　特地　特意

compare　特地　特意

意义、用法基本相同,常常可以换用。但"特意"更强调
说话人的主观意愿,例如:"他怕你生气,特意不告诉你"和
"我就知道他很注意别人对他的看法,特意刺激他一下",都

不应换为"特地"。

　　　almost the same, but "特意"emphasizes on the speaker's subjective desire.

挺　tǐng　［副词　甲级］

表示程度高。多用于口语,常组成"挺…的"格式。

spoken language, often with "的" to form "挺…的"; used to indicate a high degree; very; rather; quite:

1. 用于形容词性成分前。

　used before adjectives:

　　父亲对我～严厉的/在外边跑了一整天～累的,快休息休息吧/这床还～舒服的/衣服洗得～干净的/话说得～实在的/孩子们都玩得～开心

2. 用于动词性成分前。

　used before verbs:

　a. 用于心理状态动词前。

　　used before a verb indicating mental activities:

　　你不是～喜欢音乐的吗?真该去听这个音乐会/我～欣赏这个人的幽默/我～佩服他不屈不挠的精神/他～了解我,我们在一起合作觉得很愉快/说真的,我～羡慕他的/他～惦记你的,你有空给他写封信吧

　b. 用于其他动词性成分前。

　　used before other verbs:

　　他这样做就～能说明问题/你还～会办事的,大家都很满意/没想到你对经济还～有研究/这里面的故事～有意思的/他的所作所为～让人生气的/辅导孩子学习～费神的/我对这个问题～感兴趣的

3. 挺＋不＋动词/形容词。形容词、动词只限于表示积极意义的。

　挺＋不＋v./adj.; verbs and adjectives can only be appreciative ones:

他对人～不热情的,不知为什么/这椅子太硬,坐着～不舒服的/他常常说别人的坏话,我～不喜欢他的/他～不支持我们的工作

【注意】　**NOTE**

"不少、不错、不小"等也可以受"挺"修饰。

"挺"can also be used to modify "不少、不错、不小".

例如:

"他认识的汉字还～不少的"、"你的发音～不错"、"困难还～不小的呢"。

统统　tǒngtǒng　[副词　丙级]

总括范围,强调没有例外。总括的对象必须放在"统统"的前面。

used to indicate no exception; all; completely; entirely:

别问我,他们的事我～不知道/村民们把余粮～卖给了国家/这面山坡～种上了果树苗,几年后,就可以吃上自己种的水果了/你这些旧报纸别放在楼道里挡道,～给扔到垃圾箱里去/孩子大了,我们身边一个也不留,～都搬出去住了/我们单位的这些年轻人,～都是好样的

偷偷　tōutōu　[副词　乙级]

行动不使人觉察,秘密地。可加"地"。可以儿化。

can be followed by "地"; stealthily; secretly; covertly; surreptitiously:

他们没有票,趁服务员没注意时～进去了/小王躲在被子里～地哭/小李～指了指旁边的老王,于是大家请老王表演/孩子的谎话被揭穿了,他～地瞪了我们一眼/钱都被他们～地花光了/菜烧糊了,小王只好～倒掉了/我把弟弟的球拍弄丢了,怕他难过,～买了副一样的还给他

【辨析】　悄悄　偷偷　(见"悄悄"条)

compare　悄悄　偷偷　(see "悄悄")

万分   wànfēn ［副词 丙级］

表示程度非常高。非常;极其。多用于书面语。

used in written language to indicate a high degree; very much; exceedingly; extremely：

1. 用于形容词前,形容词只限于表示心理活动或状态的双音节词。

　　used before a disyllabic adjective indicating mental activities：

　　　看到如此的大好形势,她～高兴/有机会出席这样的会议,每一个人都～激动/只有她才能解决这个难题,我们～焦急地等待着她的出现/由于她的疏忽大意,他们失去了最后的一次机会,她～惭愧/听到她去世的消息,我们心情～沉重

2. 用于心理状态动词前。

　　used before a verb indicating mental activites：

　　　小小年纪就有如此成就,我～佩服/关键时刻你及时给我指点,我～感激/由于治疗不及时而使她过早地离开人世,我真是～懊悔

万万   wànwàn ［副词 丙级］

表示劝阻、命令,含有一种极端强调的语气。用在否定形式前。

a emphatic word used in nagative form to indicate dissuasion, command or conjecture; absolutely; on no account; wholly：

　　　她的话,你～不能信/司机～不可酒后开车/你～不可对自己失去信心/你～不要答应他的要求/他～没想到,自己竟是一个私生子/我本想帮她,可～没料到竟然会害了她/他们～想不到这事是我们干的

【辨析】 万万 千万

compare 万万 千万

　　　(1)"万万"后必须是否定形式,"千万"后肯定、否定形式都可以。

　　　　"万万"must be used in a negative structure; "千万" can be followed by a negative or affirmative form.

(2)"万万"的口语色彩更重一些,语气也比"千万"更
强烈。

"万万" is stronger and more colloquial in expression.

万一   wànyī   [副词   丙级]

表示假设情况发生的可能性很小,多用于不希望发生的事情。

(just) in case; what if:

旅行时最好带上药品,~生病可以及时吃/先别想得太好
了,~考试没通过呢/早点儿出发吧,~堵车呢/警察们做了
很多准备,防止~出现意外情况/我得再背一遍,我怕考试
时~忘了

往往   wǎngwǎng   [副词   乙级]

表示在通常条件下,某种行为或情况一般怎样发生或可能怎样
发生,常常带有规律性或推断性。

used to indicate that such is the situation in most cases; often; fre-
quently; usually:

人的年纪一大,记忆力~减退/独生子女~成为家庭注意的
中心/春节时,人们~回到父母家过年/季节交替时,商家~
进行各种各样的大减价和营销活动/学习成绩好的学生~
是那些学习勤奋、用功的学生/拳击运动~给人留下野蛮和
残酷的印象/容易得到的东西人们~不懂得去珍惜

【辨析】 常常   往往

compare 常常   往往

(1)"往往"是对到目前为止出现的情况或对以往经
验的总结,带有一定的规律性,不用于主观意愿。"常常"则
单纯指动作、行为的多次重复,不一定有规律性,可以用于
主观意愿。比较:"独生子女往往容易娇生惯养/独生子女
常常容易娇生惯养"。前者是对目前为止某种情况的总结,
带有一定的推断性;后者则单纯表示这种情况发生出现的
次数比较多。再如:"请你常常来我家玩儿/我一定常常来

看你",因为表示的是主观意愿,不能用"往往"代替。

"往往"stresses on the conclusion of the former situation and can't be used to express a subjective desire, while "常常"is often used to indicate the repetition of some action.

(2)"往往"只能用于表示过去,不能用于表示将来;"常常"没有这样的限制。

"往往"can only be used to indicate what happened in the past.

例如:"有时间的话他希望能常常去棋院下棋/我希望以后常常看到你的作品"。因为是表示将来的事情,"常常"不能用"往往"替换。

(3)"往往"多修饰在某种条件或情况下经常发生的动作、行为,使用"往往"的句子一般要指明与动作、行为有关的情况、条件或结果,"常常"没有这种限制。

"往往"is often used to modify some action or situation happened under a certain condition, so a clause should be used to explain it.

如:

① 周末天气好时,他们往往骑车去城外郊游/×他们往往骑车去城外郊游

周末天气好时,他们常常骑车去城外郊游/他们常常骑车去城外郊游

② 全家人在一起时,妈妈往往要做一桌子的菜/×妈妈往往要做一桌子的菜

全家人在一起时,妈妈常常要做一桌子的菜/妈妈常常要做一桌子的菜

惟独 wéidú [副词 丁级]

一、用在动词、动词短语前面,限制动作、行为所涉及的范围,相当于"单单"。

used before a verb or a verbal phrase to restrict the range of some action, same as"单单"; only:

> 我找遍了学校的各个角落,~忘了湖边的小亭/她为每个人都想到了,~没有想到自己/他见了谁都喜欢开玩笑,~见了小王,一个玩笑也不敢开/他会开汽车,开火车,还会开飞机,~不会骑自行车/我们家这个孩子,什么都喜欢,~不喜欢学习

二、用在名词性成分前,相当于"只有"。"惟独"也写作"唯独"。

used before a noun, same as"只有"; also "唯独"; only; alone; just:

> 大家都说好,~他一个人说不好/那儿的景物没有给我留下什么特别的印象,~那儿的小吃,印象却极深/大家都报考经济、法律等热门专业,~她坚持报考历史系/他的功课门门优秀,~外语总不及格

未 wèi [副词 乙级]

一、否定动作、行为已经发生,相当于"没有"、"没"。

same as "没有"、"没"; used to negate a past experience; not yet:

> 我们都~接到通知/检查了几遍,~发现错误/编辑决定发表这篇小说,还~通知作者/调查工作开始了两个星期了,尚~查明真相/七月份他一直在海边休养,并~会见过任何人/我们从~批准过任何关于延长学习期限的申请

二、相当于"不",使用范围较窄。用于少数单音节动词前,带有文言色彩。

used before some monosyllabic verbs to form set phrases; not; no:

> 能不能通过考试,现在还是个~知数/奶奶在农村住了几十年,~必习惯城市里的生活/孩子离开家去外地读书,父母心里~免难过/他的反应也~足为奇

【注意】 NOTE

> "未"是古代汉语的否定副词,现在常用在书面语或保

留在成语及固定说法中。

　　it used to be a negative form in archaic Chinese, now it is used in some set phrases. 例如："前所～闻／～卜先知／～雨绸缪"。

未必　wèibì　［副词　丙级］

表示否定,相当于"不一定、不见得",语气委婉。

same as "不一定、不见得", used to indcate euphemism;

may not; by no means; not necessarily:

1. 用于动词或形容词前。

　　used before verbs or adjectives:

　　儿子的情况他父亲～了解／吃太多药～对身体有好处／我想经理～允许你带孩子上班／他的话～可信／包装很好,但味道～好／大商场的东西～比小商场的贵

【注意】　NOTE

　　　"未必"用于否定式之前,双重否定就表示肯定。

　　　如:抓紧时间干,～不能完成(＝能完成)／他～不知这些情况,只是不愿意表示罢了(＝知道)／年轻人的技术～不好(＝好)／国产电器～不如进口的(＝比得上进口的)。

　　　when used to modify a negative form, it indicates affirmative estimation, meaning "probably":

2. 上下文意思清楚时,"未必"可以单独作谓语。

"未必"can be used as a predicate independently when the context is evident:

　　你说他俩感情不错,我看～／A:爸爸不会喜欢我们的礼物的。B:～吧。／你认为老王对你印象不错,其实～／A:女孩子很少会对理科感兴趣。B:～,女科学家也不少啊!

未免　wèimiǎn　［副词　丁级］

多用于评价某种过分的行为或情况,并觉得不以为然。带有委婉的否定语气。句中常带有"太、过分、有点儿、一些、一点儿"等词。

often used together with "太、过分、有点儿、一些、一点儿" to
indicate euphemistic negative; rather; a bit too; a little:

> 你也～太懒了,房间怎么也不收拾收拾? /老师的作业～多
> 了一些/他这个人看问题～有点儿片面/你对孩子的要求～
> 过于严格了吧/你喝得～多了一点儿/他这样做～欠考虑/
> 你对这件事～过分热心了/她对孩子～太溺爱了/价钱～定
> 得高了一些/你～穿得多了一点儿

无从 wúcóng [副词 丁级]

(做某件事)没有依据,找不到解决的途径(因而无处着手),多修
饰双音节的词语。多用于书面语,口语中常用"不知道从哪儿"、"没
法儿"等词语。

often used in written language to modify disyllabic words，"不知道
从哪儿"or"没法儿"is often used in spoken language; have no way (of
doing something); be unable (to do something):

> 我对事件的经过不了解,这篇报道～下笔/姓名都不知道,
> ～打听/事情很多,一时～下手/千言万语涌上心头,实在～
> 说起/这个词的来源和变化已～查考/试验方案还没定下
> 来,～入手

无非 wúfēi [副词 丁级]

表示不会超出说话人设定的范围,相当于"只、不外乎"。常用在
判断句中。有时带有轻蔑的语气。

same as "只、不外乎"; nothing but; no more than; merely; only:

> 他这样说,～是有两个目的:一是打击别人,二是抬高自己/
> 学外语的困难,我以为～是单词和习用语罢了/文章一开始
> 谈到那里的地理位置、人口、物产等,～是想让读者对那里
> 有个大致的认识而已/女孩子们在一起,～谈些时装、化妆
> 品之类的内容/他的每封信都不长,～向家里人问问好、介
> 绍介绍他那儿的生活情况/我不看这种杂志,每期～都写写
> 歌星、影星们的婚恋故事

勿 wù ［副词 丁级］

古汉语词。表示禁止或劝阻。相当于"不要、别"。多用于书面语,尤其是固定词组。

archaic Chinese, used to indicate prohibition or dissuasion in set phrases; no; not:

> 请~入内/请~吸烟/请~挂念/~用铅笔填写/切~粗心大意/万~轻信谣言,小心上当受骗

务必 wùbì ［副词 丁级］

表示愿望、要求等非常强烈、迫切。意思与"一定要、必须"相近,多用于祈使句,并且祈使句为肯定句。

used in an imperative sentence to indicate a strong desire, same as "一定要、必须"; must; be sure to:

> 如果您有什么要求,请~提出来,千万不要客气/病房内~保持安静/开车时~小心,防止发生意外事故/你们~要尊重那里的风俗习惯,避免造成误会/~使每位同学了解实验室的规定/~把这些药品和食品尽快送到灾民手中

瞎 xiā ［副词 丙级］

一、行为、动作非常随便,没有目的或根据,相当于"乱"、"胡"。

used in the same sense as "乱"、"胡"; groundlessly; foolishly; purposelessly:

> 他整天~逛,什么也不干/她总是~买东西,钱不够就跟父母要/跟他一起来的女孩是他妹妹,你别~说/他根本没去过那里,不了解情况,~介绍/他讲不出道理来,就一个劲儿地~嚷嚷/那种药不治胃病,老王~宣传

二、行为、动作达不到目的或没有效果。相当于"白"、"白白地"。

used in the same sense as "白"、"白白地"; in vain; without purpose; without avail; fruitlessly:

> 你别~忙了,他们不在咱们家吃饭/孩子自己能解决,你别

~操心了/~打扮了半天,更难看了/小王不会做饭,在厨房里~帮忙

【辨析】 瞎 胡

compare 瞎 胡

"瞎"比"胡"的语气轻。"胡"没有"瞎"的第二个意思。

"瞎"is not as serious as "胡"and "胡"doesn't have the second meaning of "瞎".

先 xiān [副词 甲级]

一、表示某一动作、行为或事件在时间顺序上发生在前面。

used to indicate one thing or action takes place before another; first:

你~走,我随后就到/今天我有点儿累,~睡了/找专家看病要~预约/来这儿以前,我~吃了一点儿东西,所以不太饿/5号运动员比7号~到达了终点/在出门旅行前,最好~找去过那里的朋友打听一下情况/如果家人落水了,你~救谁?

有时前面用"先",后面有"后、然后、再、才"等词语相呼应。

sometimes used together with "后、然后、再、才":

我一般~洗脸,后刷牙/报考大学,要~填志愿,然后参加统一考试/~听听别人的意见,再决定自己怎么做/去别人家时,最好~打个电话再去,这样比较礼貌/你~去,回来后再告诉她,这叫"~斩后奏"/她总是~等别人都吃完了才去吃饭/学习语言一般是~学语音,然后才学语法/她~把孩子送到幼儿园,然后才匆匆忙忙赶去上班

二、表示时间,有"暂且、暂时"的意思,"先"字后面常有否定词。

often followed by a negative to indicate time; temporarily; for the time being:

你今天~回去,明天再来看看/你的书找不到就~用我的吧/我换工作的事,~不要告诉我妈妈/~别着急打电话报警,看看情况再说/~不要批评别人,看看你自己有没有不对的地方

三、"先"跟"是"组成"先是",用来说明动作行为发生的先后顺序。下文常有"后来、接着、随即、随后"等词语相呼应。

"先是" can collocate with "后来、接着、随即、随后" to show the sequence：

> 我~不习惯,后来见得多了,也就习以为常了/他大学毕业后,~在一所中学教了半年的书,接着去了海南/他见了我,~一惊,随即走过来打招呼/发现汽车被偷后,老王~打电话报警,随后打电话去公司请假

先后 xiānhòu [副词 乙级]

动作、行为或事件在一段时间内前后相继发生或出现。句中常有数量结构。

early or late; one after another; successively：

1. 同一主语。

used to share the same subject：

> 他~去过云南、广西、广东和四川调查/这学期学校~为留学生开办了武术、书法、手工艺、烹调等传统文化学习班/大会主席~听取了五十几位代表的意见/他俩~购买了家具、电器和各种生活用品/为了减肥,她~尝试了十几种减肥茶、减肥食品/1949年以来,政府已经~进行过几次大规模的人口普查

2. 不同主语。

different subjects：

> 我们单位的老王、老李~辞职,下海经商/去年小王、小刘~结婚,都成了家/日本、法国、德国、意大利等国的服装~进入中国市场/《北京日报》、《北京晚报》的记者~采访了这位著名的京剧表演艺术家/为了普及电脑知识,学校、机关、街道等都~开设了各种电脑学习班

现 xiàn [副词 丙级]

表示某种动作或行为是根据需要临时产生的,而不是事先就有

的。多用于单音节动词前。

usually used before a monosyllabic verb; as the occasion arises; impromptu; extempore:

> 我一点准备也没有,会上发言时只好~想发言词/你应该事
> 先预定房间,否则~找旅馆哪儿来得及/没有票也没关系,
> 咱们到电影院门口~买吧/我不会游泳,~学也来不及了/
> 你要的照片我没有,只好~照一张了/我穿的这套衣服,是
> 为了今天的晚会~买的

"现"可以连用,构成"现…现…"的格式,表示后一行为是由于前一行为的影响才发生的,"现"在这个格式里一般修饰两个彼此相关的动词或动宾词组。

it can be used in the pairs to form"现…现…", indicating that the second action is caused by the first one:

> 我们都没有准备,只好在留言簿上~想~写/其实,你不用
> 一次买那么多的菜,每天~买~吃,又新鲜又实惠/这家饭
> 馆的小吃都是~做~卖,让顾客吃着放心/很快就要节目汇
> 演了,可是一直没有好剧本,时间又紧,我们只好~编剧本
> ~排练节目

相 xiāng [副词 乙级]

一、相当于"互相",多用于书面语。

written language, same as"互相"; each other; one another; reciprocally; mutually:

1. 用于单音节动词前。

used before monosyllabic verbs:

> 他们俩互不~识/几条船首尾~接/两辆货车~撞/他二人
> 始终以兄弟~称/把最后一行的数字~加/两地~距八九百
> 里

2. 用于双音节动词前。多为某些熟语和固定说法。

used before disyllabic verbs in set phrases:

> 把这两张纸币~对比,可以发现真伪/事故现场的人们彼此

~救助、~支援,非常感人

3."相"前有"和、跟、同、与"等组成的介词词组,指明对象。

"和、跟、同、与"can precede "相" to form a prepositional phrase indicating the object:

> 亮丽的丝巾和同色的皮包~映生辉/我跟他~处久了,发现
> 他有不少优点/同南方的山~比,北方的山多了几分气势,
> 却少了几分灵秀/小王明知哥哥也来北京了,就是不肯与哥
> 哥~见

"相"的这种意义和用法,在成语中很常见

often used in idioms:

如:"~依为命"(互相依靠,维持活命,形容相互不可分离)、"~
敬如宾"(互相敬重就像与贵客相处一样)、"唇齿~依"(嘴唇和牙齿
相互依存,比喻相互关系极为亲密)、"不~上下"(分不出高低、好坏,
形容差别不大,程度近乎相等)等。

二、表示一方对另一方的行为、动作及态度。多用于单音节动
词前。

used before a monosyllabic verb to indicate how one party deals with the other:

> 姐姐不喜欢弟弟的朋友,但还是以礼~待/我们好言~劝,
> 他改变了主意/实不~瞒,他得的是不治之症/这批人还没
> 打发走,另一批人又~随而来

【辨析】 相 互相 (见"互相"条)

compare 相 互相 (see "互相")

相继 xiāngjì [副词 丁级]

一个接一个,没有间隔或间隔很短。多用于书面语。一般不修
饰单音节词语。

often used in written language; usually doesn't modify monosyllabic word; in succession; one after another:

> 各国运动员~到达上海/直到去年,他的十几篇小说才开始
> ~发表/每年五月,各单位~组织群众性的歌唱比赛/暑期

一过,来海边度假的人~返回城里,这里又恢复了平静/到
场的书法家、艺术家~题诗作画,表示祝贺

向来　xiànglái　［副词　丙级］

从过去到现在一直如此,没有改变。

used to indicate that something has remained the same; always; all a-
long; invariably:

我~主张妇女应该走出家庭,走向社会/不管什么时候,在
什么地方,他~自我感觉良好/她的性格~温顺平和,今天
不知怎么会发这么大的脾气/他们姐弟几人~孝顺父母,尊
敬老人,口碑非常好/我们~遵纪守法,从没干过违法的事/
妈妈~省吃俭用,从不大手大脚

幸好　xìnghǎo　［副词　丁级］

意义、用法同"幸亏"。但"幸好"多用于口语。

spoken language, used in the same sense as "幸亏"; fortunately;
luckily:

刚暖和了几天,又冷了,~冬天的衣服还没收起来/她最讨
厌红玫瑰花! ~给她买的是白玫瑰花/~我有他的名片,才
跟他联系上了/信超重了,~我多贴了邮票,才没被退回/你
怎么管他叫"老头儿"? ~他没听见,不然你就会有麻烦的/
看你把家里弄得这么乱,~爸爸不在家,要不他非发火不
可!

幸亏　xìngkuī　［副词　丙级］

由于某种有利条件,侥幸避免了某种不良的或不希望发生的后
果。多用于主语前。

used before a subject to indicate that some undesirable result has not
taken place because of an advantageous condition; luckily; fortunately:

1. 幸亏…,才…。

~我带了学生证,他们才让我进去/~我们走了这条路,才

遇到了你们/～他的病发现得早,才没耽误治疗/～我记下了出租车的车号,才找到了那个骗人的司机

2. 幸亏…,不然/要不/否则…。"不然/要不/否则"引出不良的或不希望发生的后果。

"不然/要不/否则"is used to introduce undesirable result or untoward consequence:

那个人真不讲理,～你没去,不然一定也被他骂一顿/入学手续真麻烦,～我带了两支钢笔、十张照片,要不填不完那么多表格/～我把你的介绍信带在身边,否则谁会相信我呢?/～又找了这位大夫,要不小王就被误诊为癌症了

3. …,幸亏…。

我差点儿受骗,～他提醒了我/他的家这么远呀,～我出来得早/热水瓶突然炸了,～周围没人/去旅行的路上,小王突然肚子疼,～我们带了药

徐徐 xúxú ［副词 丁级］

慢慢地,多用于书面语,可以加"地"。

used in written language, can be followed by "地"; slowly; gently:

飞机～降落/汽车～开过田边的小路/一缕清烟～上升/队伍～向前移动/列车～开动,站台上的人们挥着手

许 xǔ ［副词 乙级］

也许,表示推测。多用于口语,常说成"许是"。

occurs in spoken language, also "许是"; perhaps; probably; maybe:

她～是已经睡了,我们走吧/火车～是晚点了,不然她该到家了/他～是没接到通知,要不这会儿早该到了

眼看 yǎnkàn ［副词 丙级］

一、表示某种动作、行为、情况或事情很快就要发生。相当于"马上"、"很快"。常和"就、要、就要"一起使用。可出现在句首,也可

以出现在主语后。多用于口语。

occurs in spoken language, same as "马上"、"很快", usually used together with "就、要、就要"; often used to imply great urgency or imminence; soon; in no time:

> ~要下雨了,大家快走吧/~车就要开了,他还没来,真急人/~就要比赛了,你怎么一点儿也不紧张呢/春节~就到了,我们却连年货还没买呢/火车越开越近,~就要撞上路口停着的汽车了

二、表示事情正在发生或发展,而且发生、发展的过程在说话人看来比较迅速。多用于句首。

used at the beginning of a sentence to indicate that the speaker thinks something is developing quickly:

> ~你汉语一天比一天说得好,我们都很高兴/~孩子一个个长大了,妈妈心里很安慰/~生意一天不如一天,老板非常着急/~要入秋了,天气渐渐凉下来了/~他的病越来越重,医生却一点儿办法也没有

也 yě [副词 甲级]

1. 表示跟前面所说的有相同之处。

used to indicate that the first part and the second part are similar or same in a certain way; also; too; as well; either:

a. 主语相同。

same subject:

> 我会说广州话,~会说四川话/这样办有利于节约资金,~有利于发展生产/他说这话考虑到了自己的身份,~考虑到了对方的感情/我上午去了一趟图书馆。下午~去了

b. 主语不同。

different subjects:

> 他是陕西人,他爱人~是陕西人/小王喜欢滑雪,他哥哥~喜欢滑雪/学画画儿需要天分,学书法~需要天分/我在外边工作一天很累,妻子在家带孩子、做家务~挺累的

2. 用在表示转折或让步的复句中的后一分句。前一分句常有"虽然、尽管、即使、哪怕"等配合使用。

used together with "虽然、尽管、即使、哪怕" to indicate concession:

虽然他们什么都没说,可我从大家的表情里～能猜到事情的结果/尽管我们说尽了好话,他～不肯跟我们一起去/即使你们大家都反对。我～不改变自己的意见/哪怕再大的困难,他～能克服

3. 两个"也"连用。

used the pairs:

a. 表示同时存在。有强调作用。

used for emphasis; both...and ...:

房间～打扫了,衣服～洗完了,现在休息一会儿吧/饭～吃饱了,觉～睡足了,该干活了/他们两个～是朋友,～是对手,在商场上度过了十几年风风雨雨

b. 用"也…也…"列举出假设的情况,然后进一步说明结论或情况都不会改变。

used to indicate that the conclusion or situation will remain the same; either... or...; whether... or...; no matter whether:

你同意～好,不同意～好,反正这件事必须这么办/你去～行,他去～行,总之得去一个人跟他们当面说清楚

4. 有"都"的意思。

used in the same sense as "都":

a. 跟"连"配合使用。表示强调。

often used together with "连" to indicate emphasis:

我的奶奶老得已经连路～走不动了/他是一位非常知名的歌手,连小孩子～会唱他的成名歌曲/外面静悄悄的,连一点儿声音～听不到

b. 跟疑问代词连用,概括事物的全部。动词多是否定的。

often used together with an interrogative pronoun in an all-inclusive sense, the verb should be negative:

我什么酒~不会喝/参加今天哥哥婚礼的客人我谁~不认
识/我怎么~弄不明白他为什么会突然退学

　　c. 跟"一、一点儿、一会儿"等结合,表示最大程度的否定。动
词前都带否定副词"不"或"没"。

　　used together with "一、一点儿、一会儿" and followed by a
negative verb to indicate the strongest of negatives:

他经常说谎话,他的话一句~不能相信/我身上一分钱~没
带,什么也买不了/这个人一点儿~不讲信用,不能跟他合
伙做生意/他下班回家后一会儿~没闲着,一直忙着修理电
视机

5. 表示委婉的语气。减轻肯定或否定的程度。

　　used to moderate the tone of a sentence and to weaken the degree
of assertion or negation:

依我看,暂时~只好这样了/这个人~太不客气了,怎么能
这么跟老人说话呢/情况~不一定就像他说的那样糟糕,咱
们再等等看吧/路上要走一个多小时,可~不近啊

也许　yěxǔ　[副词　甲级]

一、表示猜测、估计或判断不十分肯定,意思跟"可能"相近。

　　used in the same sense as "可能" to indicate conjecture; per-
haps; maybe; probably:

1. 用于句首。

　　used at the head of a sentence:

~我们得检查一遍所有的设备,才能发现哪儿出了问题/~
他肯帮我们的忙,不过我觉得希望不太大/~他们快结婚了
吧? 最近老看见他俩一起看家具、买东西/~他是在暗示我
们他的行动已经得到了某些大人物的许可?

2. 用于句中。

　　used after the subject:

小王~有四十八九了吧? 该称他老王了/他们~过些日子
才能回来,听说那边的工作进行得不太顺利/银行~能提供

一部分资金,但你必须找到合格的担保人/下个月我~去趟
香港,需要什么我可以帮你买

3. 在对话中,"也许"有时可以单独回答问题。

used independently when answering a question in conversation:

A:他脸色那么难看,是不是身体不好? B:~/A:小王不爱
理人,可能又跟谁吵架了。B:~吧/A:我昨天给你打了三
次电话,都占线。B:~,最近我儿子特别爱打电话/A:你说
他们俩会不会离婚? B:~吧,他们婚后的生活一直不太愉
快

4. 用于否定形式前。

used to modify a negative form:

时间不够了,~来不及去车站送你了/~他并不是你们要找
的那个人/这些药品虽然很贵,但效果~并不好/他~不太
合适,他的年纪大了些

二、表示非常委婉的肯定。

used to affirm a certainty in a euphemistic tone:

你们要找的那个人我~认识/找工作的事我~可以帮点儿
忙,前几天有朋友托我给介绍个秘书/多喝点儿水~对你的
嗓子有好处/小赵~是我见过的最厉害的姑娘/~孩子的话
倒有些道理/她~并非你想像的那么简单,她的社交能力可
强呢

一 yī [副词 乙级]

一、"一"和"就、便"搭配构成"一…就(便)"格式。

used in the sentence structure "一…就(便)":

1. 表示某一动作、行为紧接着另一动作、行为而发生。

used to indicate the succession of two actions or events, which are
closely linked in sequence of time; no sooner... than...; hardly...
when...:

a. 同一个主语。

two verbs may share the same subject:

我～听说你病了,立刻就赶来了/她～看到我,便马上跑了
过来/我～进门便感觉气氛有点儿不对/我～想到将来就感
到很茫然

b. 不同的主语。

each verb may have its own subject:

他～下飞机我就看见他了/他～出门,电话铃便响了/我刚
～进屋,雨就下起来了/他们刚～跑出门,炸弹就响了

2. 表示在通常情况下,只要发生某一情况,就会发生另一情况,
含有"每"、"每逢"、"只要"等意思。

used to indicate that once a certain condition is fulfilled, a certain
result is bound to follow; the moment that. . . :

我～看书就困/他～想到做饭就头疼/～到假期他就去各地
旅游/春天～到花便开了/～到春节,就到处都是欢乐的人
群/他平时不努力学习,～到考试就发愁/他～见到不公平
的事就想管一管

3. 表示某种动作、行为一发生就达到某种程度,或产生某种结
果。"就"后边一般要重复这个动词,后一动词常为动补式或带数量
短语。

used to indicate that once an action takes place, it reaches a cer-
tain degree; as soon as:

门～撞就撞开了/这种打字方法一点儿也不难,～学就学会
了/妈妈拿起电话～听就听出了我的声音/他～跳就跳了五
米远/好久没给家里写信了,～写就写了三页/我们～聊就
聊了三个小时/他们在这儿～住就住了八年

有时,"就"后也可以跟简单动词,或跟"是＋数量短语"。

sometimes "就"is followed by a single verb or N-M phrase:

骑自行车很容易,～学就会/使用说明很清楚,～看就明白/
单位里的会真多,～开就是半天/他们在这儿～住就是五年
/他去外国读书,～去就是十年

二、表示动作、行为或情况的发生、变化比较突然或彻底。

used before a verb to indicate that the action or situation leads to a complete or sudden change：

　　他~反过去睡懒觉的习惯,今天很早就起床了/李明发奋努力,由过去的穷光蛋~变成为全村的首富/经过改良优良品种,亩产量由原来的二百斤,~跃为六百斤/经过装修,这所老房子从里到外焕然~新

　　三、"一"和动词搭配,构成"一+动"格式,一般用在第一分句,表示经过某一短暂动作后,发现或得出某种结果。

　　used before a verb to indicate that the action soon leads to the following consequence：

　　我拿起电话~听,原来是小王/他回头~看,小李坐在他后面/我打电话~问,果然他生病住院了/医生~检查,原来是急性肠胃炎/我打开窗户~看,外面已是银色的世界/他回家~想,觉得她说的话有道理

　　四、用在重叠的单音节动词中间,表示动作短促或尝试,语气比较随意。

　　inserted in the reduplicated（often monosyllabic）verbs to indicate that the action is just for once, or of short duration, or that the action is an experimental one：

　　你来看~看,哪一种颜色更合适/我来试~试,也许电视能修好/你再想~想,这样回答对不对/请你尝~尝,看看菜的味道怎么样/新鞋子都有点儿不舒服,穿~穿就好了/你好好儿听~听,看看人家是怎么做的

一旦　yīdàn　[副词　丁级]

　　意思为有一天具备了某种条件,就会产生某种结果。常与"就、便"等搭配使用。

　　often used together with"就、便"：

　　一、用于已然,表示忽然有一天。

　　applies to a fulfilled event and indicates that a new situation may occur suddenly; some day; once：

　　老夫老妻,~分开,怎么会不想念呢? /他是个很正直的人,

　　　　～看到不合理的事就一定要管

二、用于未然，表示要是有一天。

　　　　applies to an unfulfilled event; once; one day; in case：

　　　　他～做出决定，就再也不会改变/这事～被他知道了，你怎
　　　　么办？/～发现煤气泄露，请赶快和我们联系

一道　yīdào　[副词　乙级]

　　相当于"一块儿"。"一道"前常有由介词"和、跟、同"等组成的介
词结构。

　　often used together with "和、跟、同" etc. to form prepositional struc-
ture; same as "一块儿"; together; side by side; along with：

　　　　把问题总结一下，～提出来/这些天我们～游览了北京的名
　　　　胜古迹/等等我，我和你们～进城买东西/经理把小刘跟小
　　　　王、小李～分配到餐厅工作/饭费可以先记账，离开饭店时
　　　　跟房费、洗衣费等～付/孩子难过，父母也同他～难过

一度　yīdù　[副词　丁级]

　　在过去某段时间内发生过，常与"曾、曾经"配合使用。多用于书
面语。

　　often used together with "曾、曾经" in written language; used to re-
late a situation which has changed; once; for a time：

　　　　他曾～成为青年人崇拜的明星/小王～对自己很失望，后来
　　　　在父母的鼓励下才渐渐恢复了信心/她曾～失去工作，生活
　　　　没有保障/连最好的朋友也～对他的看法表示怀疑/他们曾
　　　　经～考察过全国的江河湖泊/他俩的爱情故事曾～在全校
　　　　引起轰动

一概　yīgài　[副词　丁级]

　　用来概括全部，表示没有例外，意思和"全"、"都"近似。一般不
修饰单音节词。前面常有"无论"、"不管"等词语相呼应。

　　same as "全"、"都", often used in conjunction with "无论"、"不

管"; one and all; without exception; totally; altogether：

> 其他国家发展经济的经验不能～接受,也不能～排斥/对他们的做法采取～否定的态度是不对的,应该看到其积极意义的一面/不管谁提意见,提什么意见,我们～欢迎/不管你说什么,他～不予理睬/不管讨论什么事情,老王都～投赞成票/无论谁来采访,经理都～拒绝/无论你问什么问题,她～回答:"不知道"

【注意】 **NOTE**

> "一概"所概括的事物一般放在前一小句,由"一概"在后面再次指代。

> the persons or things referred to must precede "一概" in the first clause of a sentence：

> 比较:

> ① 只要是你推荐的,不管什么书,我～喜欢读。

> ×我～喜欢读这些书。

> ② 对下级送的礼物,他～不收。

> ×他～不收下级送的礼物。

> ③ 无论你说什么,我～不听。

> ×我～不听你说的话。

一个劲儿   yīgejìnr   [副词   丁级]

从开始到最后都不松劲,后面常加"地"。

often followed by "地"; without stopping; continuously：

> 风～地刮/他很喜欢小王,～地称赞/孩子放学回来,～地喊饿/我说错话了吗? 你为什么～地朝我使眼色? /他丢了护照,急得～地跺脚/她担心衣服不合体,在镜子前～地照来照去/大家都说好吃,她就～地劝他们多吃

一共   yīgòng   [副词   甲级]

表示数量的总计。

altogether; in all; in total：

1. 修饰带数量词语的动词短语。

   used to modify verbal phrases with N-M phrase：

   我们班~有四十八名学生/他们昨天~喝了两箱啤酒/这座
   房子~有六个房间/我买了七本书,~花了不到一百块钱/
   我~给他写了五封信,他却一封也没回

2. 修饰表示数量的疑问词语。

   used in questions：

   连去带回,路上~要走几天? /如果去留学的话,各种费用
   加在一起,~需要多少钱?

3. "一共"有时可以直接放在数量短语前修饰数量词语,这种情
   况可以看做省略了某个动词。

   used immediately before a N-M phrase：

   ~(是)九百八十块,你给我一千,我找您二十/大米二十斤,
   小米十斤,~(是)三十斤/来报名的~才(有)十几个人/他
   住的房间,算上客厅~才(有)二十平方米/这篇文章~(有)
   三千字/我在北京前后加起来~(住了)十年

一会儿 yīhuìr [副词 甲级]

一、表示很短的时间或在很短的时间之内,常有"就"与之呼应。
既可以用于已然也可以用于未然。

   used together with "就"to indicate a short period of time; for a
while：

   a. 用于未然,"一会儿"多出现在主语或动词的前边。

   used before a subject or verb; applies to an unfulfilled event; in
a moment; in a minute; presently：

   ~我还要开会,你先回去吧/别着急,你妈妈~就回来了/这
   雨,我看下不大,~就停/你先在这儿等一下儿,车~就修好
   /你先喝点儿茶,饭~就好/你别担心,我~开车送你去机场

   b. 用于已然,"一会儿"出现在动词前后都可以。

   used before or after a verb; applies to a fulfilled event; for a
moment：

我们休息了～,又继续往前走/那位师傅技术非常好,我的
车～就修好了/今天的雪不大,～就停了/打完电话才～,出
租汽车就到了/她很久没走路了,才走了～,就觉得气喘/我
们去得太晚了,刚玩了～,舞厅就关门了/他在公园前等了
～,不见女朋友的影子,又等了～,还没人,他不禁有点儿着
急了

二、叠用表示两种情况交替进行。

　　used before each of a pair of antonyms to indicate alternating
circumstances:

他～出～进,忙个不停/她高兴得～哭～笑,拉着儿子的手
不肯松开/股票～升～降,让人心惊肉跳的/他的病～好～
坏,真让人担心/今天的天气很奇怪,～晴～阴/～看电视,
～听收音机

一举　yījǔ　[副词　丁级]

经过一次行动就完成。相当于"一下子"。多用于书面语。句中
常有"了"。

　　used in written language, same as "一下子"; with one action; at
one stroke; at the first try:

队员们团结奋斗,～夺得了全国冠军/消防队员～扑灭了那
场大火/研究人员～攻克了这道技术难关/他因为一首歌～
成名

一口气　yīkǒuqì　[副词　丙级]

始终以一种状态不间断地做某事。可以加"地",也可以儿化。
也说"一气"、"一气儿"。多用于口语。

　　often used in spoken language, also "一气"、"一气儿"; in one
breath:

小王～读完了这篇文章/他口渴,～喝光了一瓶啤酒/接到
孩子的电话,爸爸～跑回了家/他到中国后～买了五六本汉
语词典/今天是星期天,他～把所有的脏衣服都洗了/妈妈

做的菜太好吃了,真恨不得~全吃掉/这家超级市场的东西
又好又便宜,我~买了一星期吃的和用的

【注意】　NOTE

　　　"一口气"所修饰的动词后常有结果补语或数量成分,
不能说:"×我~写文章/×他~吃了苹果/×小王~看电
影",要说成:"我~写完了文章/他~吃了五个苹果/小王~
看了三部电影"。

　　　the verb modified by "一口气"should have a complement
to complete the sentence.

一块儿　yīkuàir　[副词　甲级]

　　表示在同一地点或合到一处。前面常有介词"和、跟"等组成的
介词短语。多用于口语。

　　spoken language; often used together with "和、跟"to form a preposi-
tional phrase; at the same place; together; in company:

　　　你俩~走吧,可以互相照顾/这孩子,别人一哭,他也~哭了
起来/你一个人别做饭了,咱们~吃吧/为了和家人~过春
节,他急急忙忙地赶回老家/上午他一直和我~在电脑房忙
碌,没有去别的地方/小王的照片跟那个电影明星的~登在
报纸的第四版上了

一连　yīlián　[副词　丙级]

　　表示同一动作、行为或同一情况连续发生。后面要有数量词组。

　　used to indicate that an action or situation takes place continuously;
often followed by a N-M phrase; in a row; successively; continuously;
one after another:

　　　大风~刮了三天/他~打了五个电话/今天~来了几个推销
员,推销这种洗发水/他最近有点儿奇怪,~摔坏了三个茶
杯了/最近老王心情不好,总拿儿子出气,儿子~被他骂了
好几顿

【注意】　NOTE

　　　　　"一连"后面一般是动词加数量词组的格式,意思清楚时,动词可以省略。

　　　　　when the meaning is evident, the verb after "一连"can be omitted.

　　　　　如:"~(过了)七八天,没见他的人影,不知跑到那儿去了。"

一律 yīlǜ　[副词　丁级]

　　一概,没有例外。多用于人。

　　often used to indicate people; all; each and all; without exception:

　　　　　来参加今天晚会的~凭票入场/他的朋友们~都喜欢喝酒/没有经过身体检查的~不能献血/凡是不符合质量标准的产品,~退回厂家

一齐 yīqí　[副词　乙级]

　　表示同时。多用于书面语。

　　used in written language; at the same time; simultaneously; one and all; in unison:

　　　　　他们不约而同,~在教师节那天去看望老师/他把这几份报告~寄给了各个部门的负责人/指挥一示意,各种乐器就~响了起来/明晚九点,我台八个频道将~转播这次大会的盛况/发令枪一响,运动员们~向终点飞跑

【辨析】 一起　一齐　(见"一起"条)

compare 一起　一齐　(see"一起")

一起 yīqǐ　[副词　甲级]

　　一、表示两个或两个以上的人或事物在同一地点。

　　used to indicate that two or more persons or things are at the same place:

　　　　　大家~讨论这个问题/吃完饭全家人~看电视/下班后同事~聊天/几个老人~打太极拳/离校前我们~照相留念/比

尔在中文系学习,~学习的还有从别的国家来的学生/妈妈
让我把糖果拿出来,大家~吃

二、表示两个或两个以上的人或事物合在一处。"一起"前常常
有"跟、和、同"。

often with "跟、和、同"; together; in company:

咱们去我家~做饭吧/我也跟你们~去逛逛/你把小宝送
来,跟这些孩子~玩/爸爸和妈妈~来幼儿园接我/我的作
业和你们的~交到办公室了/联欢会上老师同我们~表演/
小王带了女朋友~回来过年

【辨析】　一起　一齐
compare　　一起　一齐

(1)"一起"表示在空间上合在一处或在同一地点发
生,而"一齐"则表示在时间上同时发生,有"同时"的意思。

"一起" is used to indicate that two or more actions
take place in the same place, and "一齐"can apply to things or
persons in different places, meaning "at the same time":

比较:
① 他们几个人一起搬进了那座新楼。
② 他们几个人一齐搬家了。
③ 小王和小李一起去买结婚时穿的衣服。
④ 小王比小李谈恋爱晚,可是他和小李一齐结了婚。

(2)"一起"还有名词用法,表示同一处所。"一齐"无
此用法。以下各例中的"一起"是名词。

"一起"can be used as a noun:
A. 用于"在、到"等少数动词之后。
used after "在、到":
昨晚他一直和我们在~/他俩不能到~,到~就吵
B. 动词＋在/到＋一起。
V.＋在/到＋一起:
食品别和药品放在~/把不懂的问题写在~/奶奶
爱看京剧,我爱看足球,奶奶和我看不到~(奶奶和

我爱好不一样)

C. 在 + 一起 + 动词。

在 + 一起 + V.：

弟弟和小王在～工作/平时两个老人在～锻炼

一同 yītóng ［副词 乙级］

表示在同一时间,同一地点(一致行动)。"一同"前常有"和、跟"组成的介词结构。

often used together with "和、跟" to form a prepositional structure ; together; in company; at the same time and place：

> 别忘了把这些药品也～带去/明年再来我们这儿度假的时候,让几个孩子也～来/全国上下～谴责那篇不负责任的报道/这几项新法规、政策将于今日～公布、实施/寒假我不回国,和朋友们～去旅行/学生们精彩的演出使老师也忍不住跟大家～鼓起掌来

一头 yītóu ［副词 丁级］

动作很急、很猛。

used to indicate a quick action; suddenly; all of a sudden：

> 他累坏了,～倒在床上就睡着了/我们正在谈话,小李～闯进来,吓了我们一跳/他喝多了酒,～撞在电线杆子上/孩子～扑进妈妈怀里,大哭起来

"一头"还带有很强的方向性,表示直接向某处前进,不绕道,不停留。

used to indicate that someone goes to a place directly; headlong; directly：

> 刚到郊外,孩子们就～扎进树林里/进了门,她～钻进自己的房间,跟谁都不打招呼

一下儿 yīxiàr ［副词 丙级］

一、表示动作、行为迅速发生或事物、情况突然出现变化。多用

于口语。有时也说成"一下子"。

　　　　spoken language, also "一下子"; in a short while; all at once; suddenly:

　　　　看到小王进来,她的脸~红了/车失去了控制,~撞在了墙
　　　上/球正好砸在他的头上,~把他砸晕了/人越来越多,小桥
　　　~塌了/我看着眼前一张张熟悉的面孔,恍惚觉得时间~退
　　　回去了十几年似的/写一部好的小说不是~就能写得出来
　　　的,而是要靠平时的积累

　　二、两个"一下儿"连用。表示情况变化或交替出现。

　　　　used before each of a pair of antonyms, indicating alternating circumstances:

　　　　我可能要生病,浑身~冷,~热,难受极了/这个人真难琢
　　　磨,对人~热情得不得了,~又冷冰冰的/你到底怎么回事,
　　　~说去,~又说不去

一下子　yīxiàzi　[副词　乙级]

　　一、动作、行为迅速地发生、完成。也可以说"一下"。多用于口
语。

　　　　spoken language, same as "一下"; in a short while; all at once; suddenly:

　　　　他本来安静地坐在那里看书,听到窗外有人叫他,~站了起
　　　来/他很有经验,~就修好了机器/小偷~抢走了我的钱包/
　　　他~遇到了两个对手,心里不免着起急来/同学们见她倒在
　　　地上,~全围了上来

　　二、事物、状态、情况等在很短的时间内出现、变化。

　　　　used to indicate that a situation or something changes in a short while:

　　　　听他一说,我~明白了/天~晴了/新观念很难~被大家接
　　　受/同学们~喜欢上了这位新老师/由于他说了谎话,~失
　　　去了同事们的信任/这首诗~感动了所有的人/孩子的烧退
　　　了,父母的心~就平静下来了/她的歌声极富感染力,能让

人～忘记烦恼。

一向　yīxiàng　[副词　丙级]

表示某种行为、情况或状态从过去到现在一直如此,保持不变。相当于"向来"。

same as "向来"; used to indicate that an action or situation has remained the same from a certain time in the past up to present; consistently; all along; always:

我～认为人生来就是不平等的/爸爸～主张儿女的婚姻应该由他们自己决定/他的脾气～暴躁,动不动就发火,真让人受不了/这种花～喜欢温暖湿润的环境,所以在干燥的环境里无法生长/他～自以为是,从来不听别人的意见/老人的生活～俭朴,要改变他的生活方式简直不可能/这家企业～关心教育事业,先后出资在几所大学设立了奖学金

一一　yīyī　[副词　丙级]

表示行为、动作一个一个地依次发生或出现。一般不能加"地"。
can't be followed by "地"; one by one; one after another:

主持人给观众～介绍演员/妈妈把晒的衣服～取下、叠好/警察把孩子～领过马路/小王～和大家握手/记者～记下那些问题/参加座谈会的读者～谈了自己对那本书的感想/邮票我都装信封里了,等有空儿再～整理/明天有个紧急会议,秘书～打电话通知经理们

一再　yīzài　[副词　丙级]

一次又一次,屡次。表示情况反复出现。用于已经发生的情况。

applies mostly to human actions which are fulfilled; time and again; again and again; repeatedly:

老师～强调,拿到试卷后首先写上报名号和名字/出门前,奶奶～叮嘱我路上要小心/事实～证明,我们的分析是正确的/他哥哥是个出色的游泳运动员,几年来～打破世界记录

/在同学们~要求下,学校决定取消这次考试/在大家的~请求下,厂长同意把午休时间延长半小时/最近你怎么~发生交通事故?

【辨析】 一再　再三

compare 一再　再三

　　"再三"一般只修饰与说话类有关的动词,"一再"还可修饰其他动词。

　　"再三"can only be used to modify the verbs concerning speaking and "一再"can be used to modify other verbs.

一直　yīzhí　[副词　甲级]

一、表示在一定的时间里,某种动作、行为持续进行没有间断,或情况、状态持续不变,始终如此。有时在"一直"的前后有"从、到"等介词,表示时间的起止点。

used to indicate that within a certain period of time, an action continues without interruption or a situation remains unchanged; sometimes used in conjunction with "从"and "到"; continuously; always; without intermission:

这几年,他~在坚持学习英语/从大学开始,他~坚持每天跑步锻炼身体/雪从早上~下到夜里才停/从小到大,她~没让父母操过心/我~不知道她是你的亲戚/我~不明白当年她为什么和我分手/她~哭,谁劝也不听,把眼睛都哭肿了/新年联欢会~开了三个小时/妈妈~盼了十年才把儿子盼了回来/买房子欠银行的钱,他~还了二十年才还清

【注意】 **NOTE**

　　(1)"一直"后的动词、形容词一般为可持续性的,如果是不可持续的,或者为否定形式,如"~不知道""~没回来",或者在动词、形容词后出现"在、着、了、到"等词,构成较复杂的表可持续义的短语。如:"~在看书"、"~住在北京"、"~望着天花板"、"~站着"、"~学了两年"、"~讲了三个小时"、"~睡到下午四点"、"~送到机场"。

the verbs or adjectives after "一直" usually are durative ones, if not, then they should be in negative forms or followed by "在、着、了、到".

（2）"一直"所表示的时间段可以由过去延续到现在或者将来，也可以由现在及将来的某个时间延续到将来。

no time limitation for "一直".

如：

① 他上周去南方开会了，估计~到下周会议结束才能回来。

② 下个月开工的教工宿舍楼，~要到明年年底才能建成。

二、强调所指的范围。常用在"到"或"V+到"的前面。

often used before "到"or"V+到"for emphasis：

下雪了，从门口、树上、~到屋顶，到处是一片银色的世界/车从北京~到上海，一次也没停/购书的人非常踊跃，长长的队伍从门口~排到街角/车~开进院子，到房子门口才停下

三、表示某种行为顺着一定的方向进行。后面常跟表示方向的介词"向、往、朝"等。

often with "向""往""朝"; straight：

~朝前走，到十字路口往右拐，就到邮局了/因为它的头~朝着太阳的方向，所以叫向阳花/我们看着北斗星，~往北走，终于走出了森林/到南方过冬的大雁~往南飞/车子疯了一样，~向桥下开去

依次 yīcì ［副词 丁级］

按照次序。

in proper order; one after another; successively：

她把旧报纸、杂志按时间顺序~整理好/会议结束了，代表们~走出会场/他们~分析了去年举行的几次考试/比赛结果宣布了，获奖的运动员~登上领奖台/会上~发言的是校

领导、教师代表、工作人员代表和学生代表

依然　yīrán　［副词　丙级］

某种动作、行为或状况不因外界的影响而发生变化,始终维持不变,或虽有间断但又已回复到原来的样子,相当于"依旧"、"照旧",多用于书面语。

often used in written language; still; as before; as usual:

虽然他有种种缺点,但他~是一个好同志/他的生意越做越大,可是他~过着俭朴的生活/现代都市人常常有这样的感觉,虽身处闹市,~感觉孤独/虽然多年不见,但我们的友情~未变/在这条街上,相继开了几家快餐店,但他的小吃店~很红火/这个故事我不知听他讲了多少遍了,但今天再一次听他讲时,却~像第一次那么新鲜、有趣

已　yǐ　［副词　乙级］

意义和用法基本同"已经",多用于书面语。

written language, used in the same sense as "已经"; already:

这本书我~看过三遍了/我~把申请书交给了王老师/我回到家时,他~回来了/我早~给他打过电话了/~是寒冬时节,路边树上的叶子都~掉光了/她的孩子结婚后~搬出去住了,家里只有她一个人/他再返回家乡时,~是头发花白的老人

【注意】　**NOTE**

"已"作为完成态常常和表未然态的"未"相对。

"已"can be used to indicate the opposite state of "未":

例:

已婚/未婚

已成年人/未成年人

已入选/未入选

已然/未然

已经 yǐjīng [副词 甲级]

一、表示动作、行为、情况、事物在以前或在某一动作、行为、情况之前就发生、存在或完成了。

　　used to indicate that an action or something has already been completed, or a circumstance emerged; already:

1. 已经+动词 "已经"修饰单音节动词时后面必须带"了"。

　　已经+v.；when"已经" is used to modify a monosyllabic verb, it should be followed by"了":

　　　　车~来了/那件事我~忘了/到会场时,我~晚了/菜~熟了/我去的时候,他~回国任教/弟弟~大学毕业,正在找工作/几个孩子都~长大成人/我们~吃过了/雨~停了/她~晕过去了/病人~抢救过来了

2. 已经+形容词 修饰形容词时要带"了、下来、过来、起来"等。

　　已经+adj.；the adjective should be followed by"了、下来、过来 or 起来":

　　　　他跑步的速度~明显慢了下来/我~明白过来了,原来是你在帮助我/他的身体~渐渐好起来了

【注意】 NOTE

　　　　"已经"只是表示完成态,既可以用在过去时,也可以用在将来时。

　　　　"已经"can be used in perfect tense:

　　　　例:

　　　　① 明年这个时候,我们~搬进新家了。

　　　　② 睡梦中,他仿佛~长大,~不再是那个小不点儿了。

二、表示数量多、时间长或时间晚。

　　used to indicate a large amount, a long period of time or tardiness:

1. 用在带数量宾语的动词结构前面。

　　used before a verb followed by a N-M phrase:

　　　　这部电影我~看了三遍了/我~工作五年了/我们~学完了

两本书/房间的温度~升高到摄氏 40 度/他~喝了三瓶啤酒,不能让他再喝了/到现在为止,他~获得了八个世界冠军

2. 直接用在表示数量或时间的词语前面。后面常跟"还",以加强语气。

used immediately before a N-M phrase or temporal word, "还" is often used for emphasis:

爷爷今年~八十了,但耳不聋,眼不花/~半夜两点了,明天再干吧/~六点了,还不下班呀/~十八岁了,还像个孩子/~九十年代了,还用这么旧的机器呀

毅然 yìrán ［副词 丁级］

果断坚决地、毫不犹豫地。有时说成"毅然决然",语气更重一些。

also "毅然决然"; resolutely; firmly:

鲁迅年轻时~弃医从文,创作出一大批优秀的文学作品/母亲~卖掉了心爱的项链,给孩子交了学费/小王看不起经理的为人,~辞掉了工作/毕业那年,小李为了爱情,~离开大城市,来到生活不便的山区/他~把做生意赚来的钱都捐给了母校

硬 yìng ［副词 丙级］

一、不考虑客观条件或别人的想法,强行做某事。

forcefully do something regardless of the actual conditions or the other party's will:

他不愿意在家里躺着,发着烧也~来上课/孩子~要买高级玩具,可父母根本没有那么多钱/他不喜欢历史,但爸爸~叫他学/老王~不让女儿的男朋友进门,很伤女儿的心/他不会喝酒,别~劝他

二、表示力量强大。动词常带结果补语。

used to indicate a strong force; strongly; firmly; toughly; rigidly：

> 风真大，～把碗口粗的树刮断了／他一急，举拳砸过去，板子
> 上～砸出了一个洞／他左冲右撞，～挤到人群前头去了／天
> 长日久，海边的岩石～给浪花"咬"成了各种形状

永远 yǒngyuǎn ［副词 甲级］

表示某种行为、状态或情况一直继续下去，没有终止。

always; forever; once and for all：

> 我们～是朋友／这美好的印象～留在我的记忆中／愿我们两
> 国世世代代～友好下去／他这个人最大的特点就是～不服
> 输／虽然我们是好朋友，但我～也弄不清她脑子里在想些什
> 么／这也许是一个～不可能实现的梦想，但我会为了实现它
> 而努力／作为一名演员，她～也忘不了第一次登台演出的情
> 景／在妈妈眼里，我好像～长不大似的，～是个孩子

尤其 yóuqí ［副词 甲级］

表示某人、某事物在全体中或与其他人或事物比较时特别突出。
一般用在句子的后一部分。"尤其"后有时可带"是"。

"是"is often used after it; used to pick out a particular example from
a general class; especially; particularly：

1. 用于形容词前。

   used before adjectives：

   > 他们几个都很聪明，小王～聪明／这几天天气一直很好，今
   > 天～好／节日的天安门～壮观／古典音乐很好听，中国古典
   > 音乐～好听

2. 用于动词前。

   used to modify a verb：

   a. 用于心理状态动词前。

   used before a verb indicating mental activities：

   > 他喜欢小说，～喜欢当代小说／他很欣赏中国画，～欣赏山
   > 水画／我想念家人，～想念我的父母／我佩服他，～佩服他的

勇气/我们都不喜欢他，～讨厌他的自以为是

b. 用于其他动词性成分前。

   used before other verbs：

   他们工作都很努力，小王～肯干/他很会做饭，～会炒鱼香
   肉丝/你要注意帮助同学，～要帮助后进同学/编词典很花
   时间，编学习词典～花时间/这种衣服很受欢迎，～受年轻
   人欢迎

3. 用于名词前。"尤其"后可以加"是"。

   used before a nouns, and can take"是"：

   他们都很聪明，～（是）小王/冬天要注意保暖，～（是）出去
   玩儿的时候/多活泼的小金鱼啊！ ～（是）那两条黑得发亮
   的小鱼，它们摆着尾巴顽皮地追逐着

有点儿   yǒudiǎnr   ［副词 乙级］

表示程度不高。多用于不如意的事情。

used to indicate a low degree and refer to something dissatisfactory or
disagreeable; somewhat; a bit; rather：

1. 用于形容词前。

   used before an adjective：

   这个～脏，换一个/不好意思，房间～乱/每次考试的时候，
   我都～紧张/她刚从外地旅行回来，觉得～疲劳/他这几天
   ～不高兴，为什么？/这个老师讲话～不客气，孩子们不喜
   欢她

【注意】 NOTE

　　　　（1）"有点儿"后要带表示消极意义的词语，所以积
极意义的形容词在"有点儿"后出现时，一定是否定形式。

　　　　　appreciative adjectives used after "有点儿" should be
in negative forms.

　　　　（2）形容词前还可以带"太"，含有委婉语气。如"有点
儿太脏""有点儿不太干净"。

　　　　　"太"can precede an adjective to indicate euphemism.

2. 用于动词性成分前。

　　used before a verb：

　　a. 用于心理状态动词前。

　　　used to modify a verb indicating mental activities：

　　　刚来中国,她～想家/她没别的毛病,就是～爱打扮/我们都
　　　～害怕他,他太严厉/男朋友有两个星期没来看她了,她～
　　　生他的气/你这样说就～不负责任了/妈妈对她的学习成绩
　　　～不满意

　　b. 用于其他动词性成分的否定形式前。

　　　used before other verbs in negative forms：

　　　关于这件事,我～不敢随便说/你这样做就～不应该了/她
　　　这人～不讲道理,你别理她/我真～拿她没办法/这个人～
　　　靠不住,你别指望他来帮你/我们俩～合不来,总是吵架

有时　yǒushí　[副词　乙级]

一、有时候。

　　sometimes; at times; from time to time：

1. 用于动词、形容词前。

　　used before verbs or adjectives：

　　今天晴转阴,～有小雨/我最喜欢散步,～也打打羽毛球/周
　　末,我常常在家看电视,休息休息,～也和朋友们一起去看
　　看电影,唱唱卡拉OK/爷爷～高兴了就给我们讲他小时候
　　的故事/爬山是一项很好的运动,但～比较危险

2. 用于主语前。

　　used before a subject：

　　～坏事会变成好事,他虽然失去了这个工作,但却找到了另
　　一份更适合他的工作/广场上小鸟很多,～它们会飞到人们
　　的手上和肩上

二、两个或多个"有时"叠用,表明动作、行为、情况或状态的变
化。

　　used in pairs to indicate change of an action or circumstance：

看电视时,她~打毛衣,~洗衣服,~一边看一边和别人聊
天/我们买菜,~去农贸市场,~去平价商店/双休日,我们
一家~去逛商店,~去郊游,~去朋友家串门,~就在家看
电视/这儿的天气预报特别不准,~说有雨却晴空万里,~
说没雨却又大雨倾盆,真没办法

有些　yǒuxiē　[副词　丙级]

表示程度不高,多用于不如意的事情,"一"常常略去不说。

used to indicate a low degree, and refer to something dissatisfactory or disagreeable; "一"can be omitted; to some extent; somewhat; rather：

1. 用于形容词前。

　　used before an adjective：

天气~冷,多穿点儿/鱼香肉丝~辣,点个不辣的吧/等了半
个多小时了他还不来,我都~着急了/他这个人~马虎,你
得多提醒着点儿/年轻人做事~急躁是可以理解的/他学习
~不刻苦,你要多帮助他

【注意】　NOTE

　　　　"有一些"多用于不如意的事情,所以积极意义的形容
　　　　词一定要以否定形式出现在"有一些"的后面。

　　　　appreciative adjectives should be used in negative forms.

2. 用于动词性成分前。

　　used to modify a verb：

　a. 用于心理状态动词前。

　　used before a verb indicating mental activities：

老太太什么都好,就是~溺爱孙子/你事业这么成功,难免
会有人~嫉妒你/我对你还是~不放心/说实在的,我~不
喜欢她/取得这样的成绩,她还是~不满足/我觉得这两种
颜色~不相配,你最好换一件别的颜色的/让他一个人来负
这个责任,我是~不同意的

　b. 用于其他动词性成分前。

　　used before other verbs：

这样严厉地对待一个不懂事的孩子就～不应该了/我觉得
你也～不讲道理,怎么能不让人说话呢? /这条小狗～不讨
人喜欢,我不打算要了/看到她那么难过,我心里～觉得不
安/你这样想～不合乎情理,她怎么会故意破坏家具呢? 她
自己就是这房子的主人嘛/她们俩～合不来,在一起总觉得
别扭/接连遭到打击,她～受不了了

又 yòu [副词 甲级]

一、表示同一个动作重复发生,同一个状态再次出现。

used to indicate repetition of an action or state; again:

1. 用在动词、形容词前。

used before a verb or adjective:

今天～下雨了/你怎么～跟他一起去喝酒了/夏天到了,～
可以天天去海边游泳了/病好了以后,爸爸～恢复了每天早
起锻炼身体的习惯

2. 用在前后重复的同一个动词之间,组成"V了又V"格式。

inserted in a reduplicated verb to indicate the repetitions of the action:

我想了～想,还是不明白这是怎么回事/我挑了～挑,选了
～选,结果买回来的桃子还有一个是烂的/奶奶拿起那张旧
照片,看了～看,仿佛回到了那遥远的过去

3. 用在前后重复的"一 + 量词"中间(既可以是名量词,也可以
是动量词)。

inserted in a reduplicated"一 + measure word"to indicate a large
quanitity or reiteration:

我念了一遍～一遍,终于把这篇课文的内容全记住了/他看
了一本～一本,一个星期里连续看了七八本关于经济方面
的书/一杯～一杯,真不知他喝了多少杯了/一天～一天/一
次～一次/一趟～一趟

二、表示两个动作反复出现。

used often in parallel to indicate that two actions take place alternately:

> 病人家属焦急地等在手术室外,站起来～坐下,刚坐下～站
> 起来/她把所有的裙子都拿出来了,穿了～脱,脱了～穿,整
> 整试了一个晚上

三、表示几个动作、几种情况相继发生或同时存在。

　　used to indicate that several actions or conditions exist at the same time or take place one after another:

1. 每一项都用"又"。主语可以相同,也可以不同。

　　the subject can be the same or different:

> 她的房间～干净～舒适/她对她爱人的感情很复杂,～爱～
> 恨/新上市的方便面味道～好,价钱～便宜

2. "又"只用于最后一项。

　　"又"can precede the last part of the sentence:

> 从图书馆出来,我～去食品店买了点儿牛奶和面包/北京的
> 秋天凉爽～迷人/张老师讲课简明～生动

3. 与"既"配合使用,组成"既…又…"格式。主语一般是相同的。

　　often with"既" to form "既…又…":

> 这个书柜既实用～大方,咱们就买这个吧/改进了学习方法
> 后,既节省了时间,～提高了学习效率/你这样做既不能取
> 得领导的谅解,～不能得到群众的支持,何必呢?

四、表示语气。

　　used to indicate tone:

1. 表示转折语气。一般出现在复句的后一分句里,并多跟"可是、但是、却"配合使用。后一分句为否定句。

　　used together with"可是、但是、却" in the second clause of a complex sentence to indicate transition, often modify negative form; but; yet; however:

> 她很想跟我们一起去秋游,可是～不直说出来/领导不同意
> 我们的意见,但～提不出更好的方案/他说请我们吃饭,却
> ～没带钱包,只好我们请他了

2. 加强否定语气。出现在否定词前。后面往往有另一句话进一步补充说明。

　　used for emphasis in a negative sentence：

　　她~不是班长,你跟她请假可不行/我~没去过那儿,怎么给你当导游呢? /妈妈身体~不太好,干脆提前退休算了

3. 加强反问语气。

　　used for emphasis in a rhetorical sentence：

　　他一点儿也听不进别人的意见,~怎么能当好领导呢? /那么大的困难都克服了,这点儿困难对他来说~算得了什么? /灾民这么多,只凭这点儿救济款~能解决什么问题呢?

五、表示整数之外再加零数。

　　used to indicate that an odd number is added to a whole number：

　　我在日本一共住了一年~四个月/一~二分之一

【辨析】　再　又　（见"再"条）
compare　再　又　（see "再"）

预先　yùxiān　[副词　丙级]

表示在事情发生或动作进行之前。

beforehand; in advance：

　　如果时间、地点有什么变化,我们会~通知你们/在客人住进来以前,你们一定要把房间~收拾好/在移民加拿大之前,他们~购置了房产/高考之前,要~做好考不上的思想准备/有任何贵重物品请~声明,否则损坏概不负责

有时可以用"预"表示"预先"的意思,"预"多用于书面语。只能修饰单音节词语。

often used in written language; "预" can be used to modify a monosyllabic word with the meaning "pre-"：

　　今年基本完成了~定的目标/结果和我们~想的一样/旅行之前最好~订飞机票/看专家门诊需要~约/~计五年后这

个地区将建成一座现代化城市

原来 yuánlái ［副词］

表示发现了原来不知道的情况。

used to indicate a discovery of sth. unknown; so; as it turns out to be:

1. 原来 + 动词短语。

   "原来" + verbal phrase

   我以为是谁来了呢，~是你呀/我听了讲解员的介绍之后才知道,这件文物~是那么珍贵/我刚听说,他~比你还小气/是吗? 他~住在这么简陋的地方

2. 原来 + 主语短语。常用于句首,后面可以有停顿。

   "原来" + subject-predicate word group; often used at the head of a sentence, and a pause can be followed:

   ~他就是新来的厂长啊! /~你也喜欢打网球,咱们以后一起去打吧/我问了半天才弄明白, ~她是不希望出国/经调查发现, ~这个地区是肺癌高发区/~,你知道的情况也不比我们多多少,我还以为你什么都知道呢! /~,他所谓的友谊就是要大家都为他服务

3. 固定用法。"原来如此"。原因见于上文。

   set phrase "原来如此"; so, that is how it is; I see:

   A: 小王出国了。B: ~如此,怪不得一个星期都没看见他了/噢, ~如此,你不告诉我,我还真的不知道呢!

约 yuē ［副词 乙级］

表示估计的数量、时间不十分精确。

about; around; or so; approximately:

1. 表示对数量的估计。

   estimating quantity:

   a. 用于"有、占、为、等于"等词语,或"可、能"等能愿动词前。

   used before "有、占、为、等于" or "可、能":

这次考试~有十人达到了高级水平/上个月对产品质量进行了检查,合格率~为百分之六十/我国山区面积很大,~占国土面积的三分之二/这套化妆品的价钱~等于我一个月的工资,太贵了/广告上说这种床垫~可承受几吨的重量/他一次~能跑上十几公里

b. 直接修饰数量词语。

can be used immediately before a N-M phrase:

他年~三十左右/这段距离~十公里/这套两居室公寓~四十平方米/这位诗人生活的年代距今~八百多年

2. 表示对时间的估计。"约"后要用"在、于"等介词。

estimating time, often followed by "在、于":

这部书~在明年三四月份出版/考察团~在下月上旬到达/这种奇特的天文现象~于今年九月底出现/比赛~于下周举行

再 zài [副词 甲级]

一、表示一个动作或一种状态重复或继续。多用于还未发生的动作、状态,或者是经常性的行为、状态。

used to indicate a repetition which has not yet been realized or is to be realized; again; once more; another time:

1. 用于动词前。动词一般是复杂的,或为动词重叠式,或为动词性词组,或者动词后带动量补语。

used before a verb, or verbal phrase:

你~试试,也许这次能成功/咱们~等等,秘书说经理就快回来了/请~说一次,我没听清楚/这个电影太好了,我打算~看一遍/咱们~这么等下去,饭菜都凉了,我看还是边吃边等吧/你~仔细看看,到底名单里有没有我的名字

2. 用于假设句中。"再"后可带"…的话"。后一分句要有"就、也、还是"等呼应。

indicating what will happen if things are allowed to continue, "…的话" is often used at the end of the clause, and "就、也、还是" is often used in the next clause:

> 他要是~问起这件事的话,我就告诉他事情的真相/你~睡懒觉的话,就赶不上火车了/你别劝我了,就是~便宜,我也不买/我工作~努力,也还是比不上他

3. 和否定词"不、没"搭配使用。

  used together with "不、没"in the following structures:

  a. 不(V)再 + V。用于未发生的情况。

   不(V)再 + V; applies to the situation that will not happen:

> 都7点了,我看他们不会~来了/他辞职了,以后不能~和我们一起工作了/他下星期结婚,结婚以后,他就不~住集体宿舍了/我不想~管你的事了

  b. 没再 + V。表示过去未实现的重复。

   没再 + V; refers to a past unrealized repetition:

> 自从大学毕业后,我们就没再见过面/妻子去世后,他没再结婚/听完法官的宣判,他没~说什么,只是默默地低下了头

  c. 再也不 + V。加强否定语气。用于未发生的情况。

   再也不 + V.; never:

> 那家饭店的菜又贵又不好吃,以后我~也不去那儿吃了/妈妈对儿子说:"你~也不要骗人了"

  d. 再也没 + V。有"一直没"的意思。用于过去的情况。

   再也没 + V.; same as "一直没":

> 自从上大学离开家乡后,我~也没回去过/十年前,他摔断了腿,此后,~也没参加过任何比赛/出国后,我~也没吃到过那么地道的家乡菜

二、表示一个动作将要在某种情况下出现。

  used to indicate that some action will take place in a certain circumstance:

1. 动作将在未来的某一时间出现。

  indicating that one action will take place in the future:

> 经理正在开会,不见客,你二十分钟后~来/现在堵车,咱们

晚上～去吧

2. 动作将在某一动作结束之后出现。

indicating that one action will take place after the completion of another：

这件事必须等爸爸下班回来后～决定/他打算研究生毕业以后～考虑结婚问题

3. 和"先"呼应，表示两件事一先一后。

used together with "先" to indicate that something follows something else：

你先进去，我打个电话，一会儿～进去/你们要先办入学手续，～到教室上课

三、表示程度加深。有"更"的意思。多出现在形容词前。

used to modify an adjective, same as"更"; to a greater extent or degree; still：

飞机是10点的，咱们8点必须动身，不能～晚/能不能～便宜一点儿？/如果你也能来参加我们的晚会，那真是～好不过了/菜有点儿咸，～淡点儿就好了

四、表示追加和补充。有"另外、又"的意思。

indicating additional information, same as "另外、又"：

学校～一次发出布告，要求全体同学准时参加考试/我～一次告诉你，你这样做一定没有好结果/旅游团参观了四个地方：故宫、颐和园、天坛，～就是长城/这里的学习环境很好，～加上大家的努力，一定能取得好成绩

【辨析】 再　又

compare 再　又

(1)"再"一般用于还未发生的情况，"又"用于已经发生的情况。

"再"is often used to indicate something takes place in the future and "又"is used to indicate the situation that has happened already：

比较：① 我打算明年再来中国；×我打算明年又来中

国。

②他上午来过,现在又来了;×他上午来过,现在再来了。

(2)"再"后的动词多为复杂形式(动词重叠式,动词性词组,或动词后带动量补语),但不能跟"了"配合使用,"又"后则一般要有"了"出现。

instead of "了", a complement should be used after "再" and "又" should be followed by "了".

比较:①颐和园太美了,我昨天去了,今天又去了。×颐和园太美了,我昨天去了,今天又去。

②那个地方真不错,我打算有机会再去一次。

×那个地方真不错,我打算有机会再去。

再三 zàisān [副词 丙级]

一次又一次地,多次。是一种强调的说法。

It is an emphatic expression. over and over again; time and again; repeatedly:

1. 用在动词前。动词多为与说话有关的动词。

used before verbs concerning speaking:

来中国前,妈妈~嘱咐我们要注意安全/离开宾馆时,客人们向饭店经理~道谢/参观前,导游~强调一定要带好安全帽/我们~邀请他,他终于答应出席开幕式

2. 用在"考虑、思考、斟酌"等动词后。"再三"后要有停顿,一般不跟其他词语。

used after "考虑、思考、斟酌", and no other elements should follow "再三"except a pause:

我考虑~,还是决定出国留学/老师斟酌~,才下笔修改了我花了半年时间写成的论文

【辨析】 一再 再三 (见"一再"条)

compare 一再 再三 (see "一再")

在 zài ［副词 甲级］

表示动作、行为在进行中或处于某种持续状态。

indicating an action in progress:

1. 单独使用。

　used independently:

　　　风~一个劲儿地刮/我~看书,她~写信/他~打篮球/我们
　　　~开新年联欢会/孩子们~练习弹钢琴/人们都~议论这件
　　　事/这条河水~变黄

2. "在"和"一直、还、又"等副词一起用,强调动作、行为的持续
或重复。

　used together with "还"、"又" to emphasize the continuance or
repetition of an action:

　　　几天来,我一直~想这件事/从进门,她就一直~笑/大家都
　　　起来了,只有他还~睡/十二点了,妈妈还~忙家务/你又~
　　　想家了/他又~玩电脑

有时"在"还可以表示过去某个时间内行为、动作持续不断地进
行。前面也常有"还、一直"等词一起搭配使用。

　often used together with "还"、"一直" to indicate that one action hap-
pened in the past:

　　　昨天我们还~说这件事/刚才还~下雨,这么一会儿又晴了
　　　/住院前他一直~坚持工作/申请奖学金的事以前一直由老
　　　王~管,我不太清楚

【辨析】　正　在　正在　（见"正"条）

compare　正　在　正在　（see "正"）

暂 zàn ［副词 丁级］

与"暂且"意义相同,多修饰单音节动词。

used in the same sense as "暂且", modifies monosyllabic verb; for
the time being; for the moment; momentarily:

　　　我们刚到,房子还没找好,~住在一家饭店/因临时有任务,
　　　他只好~别了新婚的妻子,匆匆赶回部队/针对宿舍管理存

在的问题,学校最近公布了几条~行规定/节日期间,~停营业/考虑到各方面的情况,领导决定~不宣布对他的处理决定

暂且 zànqiě [副词 丁级]

表示动作、行为、状况等的产生、存在是短时间的、临时性的,带有一点儿让步的意思。

temporarily; for the time being; for the moment:

没有别的办法,看来只好~如此了/你先~在我这儿住下,房子慢慢再找吧/你欠我的钱可以先~不还,可欠小王的钱说什么今天也要还/为了将来,你应该学会~忍耐/今天~放过你,以后再找你算账/他中学毕业后没考上大学,目前~在一位朋友开的公司里帮忙

早 zǎo [副词]

一、表示某种行为或情况,在离现在较长的一段时间前就已经发生或存在了。后面常跟"了"。

often followed by "了"; long time ago; as early as:

老王~来了,在屋里坐着呢/等我赶到会场时,会~开完了,人也~都走了/哪儿用你告诉他,他~知道了/你寄来的信~收到了,谢谢/饭~做好了,快吃吧/我去叫他们时才发现他们~就起床了/你还做呢,我的暑期作业~做完了/她已经不会哭了,她的眼泪~哭干了/你不用道歉,其实我~原谅你了

二、解释或责问为什么以前未做此事。用在假设句或反问句里。多用于对往事的追悔,含有"现在太晚了"的意思。

used in a rhetorical question to indicate that the speaker asks why something has not been done until now; implying compunction:

要是~去看大夫就好了/如果~知道他是这种人,说什么也不会嫁给他/她病得这么厉害,为什么没~发现呢?/你既然知道,为什么不~说?/这么大的事,你怎么不~告诉我?

早日　zǎorì　［副词　丁级］

表示希望某件事情或某种情况尽早实现。一般用于将来时。

used to indicate a wish in the future tense; at an early date; early; soon：

> 希望职工宿舍楼～完工，这样我们就能住上宽敞明亮的大房子了/妈妈盼望着孩子们～长大/分重点班的目的是为了孩子们～成材/我预祝你们的实验～成功/愿中国南极科学探险队～平安归来/祝你～恢复健康/父母希望他能～成家，以了却一桩心愿/愿你～找到称心如意的工作

早晚　zǎowǎn　［副词　丙级］

表示尽管时间不能确定，但某种行为或情况或早或晚总会发生。常与"要、会、得"等词连用，强调发生的必然性。多用于口语。

used in spoken language to indicate that something is bound to emerge sooner or later; sooner or later; one of those days：

> 孩子～都要离开家，最后又只会剩下我们老两口/只要你有才能，～有机会实现自己的理想/你不告诉她，她～也会知道的/你这坏脾气不改，～会吃亏/我觉得这孩子～会有出息的/既然～都要做手术，晚做不如早做

早已　zǎoyǐ　［副词　丙级］

表示某种动作行为或情况事件很早就已经发生或完成了。有强调语气。

used to indicate that an action or event has been fulfilled, it becomes more emphatic when it is used; long ago; for a long period of time：

> 信～收到，勿念/这种样式～过时了，别穿了/对集邮，他～失去了兴趣/他虽然今年才四十六七岁，头发却～花白了/我回到家时，妈妈～包好饺子等我了/事情过去了这么多年，她～记不得我是谁了/城市噪音，～成为了社会的一大公害

照例 zhàolì ［副词 丙级］

动作、行为按照一向的做法或通常的情况进行。

as a rule; in general; as usual; usually:

做完晚饭,妈妈~把厨房收拾得干干净净/病人住院后~要
接受全面检查/年年正月初一,晚辈~给长辈拜年,而长辈
~给年幼的晚辈压岁钱/每年 9 月 25 日,老王~给在外地
的哥哥打电话,祝贺哥哥的生日/年底了,~,经理给工作好
的职员发了年终奖金/~,考试不及格的学生在开学后的第
二个星期里参加补考

照样 zhàoyàng ［副词 丙级］

一、表示动作、行为或状况维持原来的情况不变,即使有干扰也
不会受到影响,相当于"依然"或"照常"。

same as "依然"or"照常"; all the same; as before:

别说是你,就是你爸爸做了错事,我也~批评他/领导迟到
了,也~扣奖金/虽然是假期,他~一早就起床了/就是刀山
火海,也~往前冲/虽然他今天有事不能来,会~要开/即使
是博士毕业,也~要有一年实习期

二、表示某一动作、行为或状况跟另一动作、行为或状况相同,
有"同样"的意思。

similar to "同样"; in the same way:

遇到这样的事,你觉得为难,我~也觉得为难/再能干的厨
师没有好材料也~做不出饭来/你忙,他~也忙,都不做饭,
你们吃什么?/这问题,别说我,你也~回答不出来/虽然你
身体好,不注意的话~会生病/虽然你们是大企业,但如果
不注意开发新产品,不注意广告宣传,也~会倒闭

【注意】 NOTE

下面的"照样"是动词,不是副词。

in the following sentences "照样"is used as a verb:

(1) 先听我说,然后你~说一遍。

(2) 老师的动作很优美,可我~做了一遍,却很难看。

（3）请你按照说明书再~装一遍。

真 zhēn ［副词 甲级］

一、表示程度高。含有感叹语气。

　　used to indicate a high degree, really; truly; indeed:

1. 用于形容词性成分前。

　　used to modify an adjective:

　　这儿可~美呀！/你~坏！当着那么多人开我的玩笑/他的汉语说得~流利！/啊，洗个热水澡~舒服哇！/你~马虎！怎么能把题目看错？

2. 用于动词性成分前。

　　used to modify a verb:

　　a. 用于心理状态动词前。

　　　used to modify a verb indicating mental activities:

　　　我~害怕到时候答不上来/我~怀疑你的诚意/我~恨自己当时不够坚决/我~发愁，怎么办哪？/我~佩服你,遇事那么沉着/他那么可怜,我~同情他

　　b. 用于其他动词性成分前。

　　　used before other verbs:

　　　这推销员可~能说/你~会办事,恐怕谁也挑不出你的毛病来/他的朋友~肯帮忙/你怎么能这样？~应该挨批评/这部小说~有意思/当时的情景~令人难忘/你~让人失望

　　c. 用于"是"前。

　　　used before "是":

　　　~是好学生/你~是经不住挫折/他对法律~是很感兴趣

【注意】　NOTE

　　　　"真是"单用,表示轻微不满,用于口语。

　　　　"真是"can be used alone to indicate a slight complaint in spoken language:

　　　　例如："你真是,怎么也不提前告诉我一声就来了。""真是的,这样做都不能让你满意,你还想我怎样？""他也真是,

光哭有什么用啊。"

　3. 真 + 不 + 形容词/动词。形容词、动词限于表示积极意义的。

　　used to modify a negative form：

　　　~不巧,我身边也没带钱/这活儿~不简单/作个幼儿教师

　　　~不容易/你~不争气/我~不能理解他

二、强调事情的真实性。多修饰动词性成分。

　　used to emphasize the truth of a fact, mostly modifies a verb,
an auxiliary or a phrase：

　　　我是~感冒了,不骗你/他这次~让我伤了心/你是~不知
　　道还是假不知道? /我~拿他没办法/我~要和他结婚了,
　　你~无所谓吗? /我~想帮他一把,可他自己不同意

正　zhèng　[副词　甲级]

一、表示时间。

　　used to indicate time：

　1. 表示动作、行为在进行中或状态在持续中。

　　used to indicate that an action is in progress; be doing：

　　a. "正"用在动词、形容词前,句尾常有助词"呢"。单音节
动词、形容词后一般要带"着",双音节动词、形容词可带可不带。

　　　used to modify a verb or adjective, and"呢"is often used at the
end of a sentence, "着"should be used after a monosyllabic verb or adjec-
tive：

　　　他来时,我~吃饭呢/你打电话时,她~洗衣服呢/他~上着
　　课呢,走不开/~打着电话呢/~忙着呢/~后悔着呢/为这
　　件事我~头疼呢/~觉得无聊呢/领导~研究这事呢/我心
　　里~不痛快呢/他目前~处于危险期

　　b. "正 + 形容词"作补语。

　　　"正 + adj."functions as a complement：

　　　我们走到摇篮前,孩子睡得~香/他离开时舞会开得~热闹
　　/那次我见到他时,他生意做得~红火,每天忙得不得了/风
　　刮得~紧/谈得~投机/玩儿得~欢/写得~起劲/聊得~

高兴

c. "正"用在复句中的前一小句,表示在一个动作、行为进行的过程中,另一个动作、行为发生了或新的情况出现了。

used in the first clause of a complex sentence to indicate that while one action is in progress or is about to begin, another action takes place:

我~躺着看电视,突然听到一阵敲门声/我们~玩得高兴,灯忽然灭了/我~给小王打电话,没想到他正巧来了/她~不知道该怎么办,一个警察走了过来/他~往前走,忽听有人叫他

2. "正"跟"想、要"等词连用,表示动作、行为将要发生而尚未发生。

often with "想"、"要"to indicate that an action is going to happen, but has not taken place yet:

几年没回家了,我~想回去看看/他~要说什么,看到我就不说了/她~要出门,忽然想起电视还没关/他~想下班回家,老板又叫住了他

二、"正"用在动词、形容词前面,表示巧合、恰好,相当于"恰恰、刚好、正好",有轻微的强调的语气。

precedes a verb or adjective to indicate slight emphasis; similar to "恰恰"、"刚好"、"正好"; happen to; chance to:

我们~找你,你自己就来了/当我们赶到车站时,旅客~开始进站/他出生时~赶上国家经济困难时期,生活条件不太好/他的分数不多不少,~够分数线/水不热不凉,现在喝~好/我的衣服他穿大小~合适

三、"正"用在动词前,表示强调或肯定的语气。和"是、像、如"等词连用,表示肯定、强调的语气更加明显。

used before a verb for emphasis, when used together with "是、像、如", it becomes more emphatic; just; right; exactly; precisely:

房间的窗户~对着那座小桥/~是午夜时分,街上一个人也没有/小红~像妈妈当年一样,也报考了医学院/~如专家

所说,吸烟危害人体健康/这~是我喜欢做的事/小伙子~
当年呀,将来一定大有作为

　　四、"正"、"正是"同"因为、由于"一起使用,强调原因,有指明作
用。多有"才"相呼应。

　　　　used together with "因为、由于"to emphasize the reason:

　　　　~因为你的发音不好,才更需要多多练习/~因为你年纪
轻、没有经验才派你去学习/~是由于你的失职,才造成了
今天的困难局面/~因为如此,所以更应该慎重

【注意】　**NOTE**

　　　　(1) "正"没有否定形式。

　　　　"正"doesn't have a negative form.

　　　　(2) "不正是"结构用在反问句中,用否定的形式表示
肯定的语气。如:

　　　　"不正是"is used to indicate affirmative in a rhetorical
question:

　　　　① 现在打官司的越来越多,不正是说明了人们的法律
　　　　　意识增强了吗?

　　　　② 爸爸常常批评你,不正是因为他关心你吗?

【辨析】　正　在　正在
compare　正　在　正在

　　　　(1) "正"着重指时间,"在"着重指状态,"正在"既指
时间又指状态。

　　　　"正"is used to stress the time; "在"is used to stress
the state and "正在"can be used in both circumstances.

　　　　(2) "正"后不能单用一个动词,"正在"、"在"不受这个
限制。

　　　　"正"can't be used to modify a single verb:

　　　　比较:① 我正在看/我在看/×我正看(要说成"我正看
　　　　　着呢")

　　　　② 我们正在考虑/我们在考虑/×我们正考虑
　　　　　(要说成"我们正考虑这个问题呢")

（3）"在"可以表示反复进行或长期持续，"正"、"正在"不能。

"在"can be used to indicate repetition or keeping on doing something for a long time:

如:① 他又在拉小提琴了。

② 妈妈还在想昨天的事。

③ 这些年来我一直在寻找失散的姐姐。

（4）"在"可以表示过去正在进行的动作、行为，"正"、"正在"不能。

"在"can be used to indicate an action took place in the past:

如:① 昨天我们还在谈起你。

② 刚才他还在说话，怎么这么一会儿就睡着了。

③ 早上我走的时候她还在看书，怎么又病了?

正巧 zhèngqiǎo [副词 丁级]

表示巧合，相当于"刚好"、"正好"。

used in the same sense as "刚好"、"正好"; happen to; have the luck to; as it happens:

他爱吃天津麻花，~朋友去天津出差，帮他买了一盒/考试时有一道难题，~我复习了，所以答得很好/我很崇拜那位老作家，~前天在北海公园遇见了他，我请他签了名/你在收集意大利邮票，~我有一些，拿去吧/车坏了，~路边有家修车铺，没耽误多少时间/还没吃饭吧? ~我们刚做好，一起吃吧

正在 zhèngzài [副词 甲级]

"正在"用在动词、形容词前面，表示动作、行为在进行中或状态在持续中。

occurs before a verb or adjective to indicate that an action is in progress; in the process of; in the course of; be doing:

我们～上课/同学们～复习功课/两位老人～下棋/他们～
谈恋爱/他的身体～一天天好起来/她～伤心,姐姐进来了/
他最近～忙着出国/据说,她～啃书本,准备报考法律研究
生/我汗流浃背地赶到朋友的公司时,却看见朋友～喝茶看
报纸

【注意】 NOTE

(1)"正在"只可以用来表示现在,不能用来表示过
去和将来。

"正在"can only be used in the present tense.

(2)下面例句中的"正在"不是一个词,而是副词"正"
修饰介词"在":

in the following sentences, "正"is used as an adverb
to modify "在":

① 昨天下午? 当时他正在公司开会呢,怎么可能撞伤
别人呢?

② 下周一? 那时候我正在家里喝茶、看电视呢。

(3)"正在"的否定式是"不是"。

the negative form for "正在"is "不是":

甲：你们正在上书法课吗?

乙：我们不是上书法课,我们正在上绘画课。

【辨析】 正　在　正在 （见"正"条)
compare 正　在　正在 （see "正")

直 zhí ［副词　乙级]

一、表示动作、行为连续进行一段时间,或向同一个方向不中断
地前进。相当于"一直"。

same as "一直"; used to indicate that an action happens for a
certain period of time, or goes straight to its destination without any inter-
ruption; directly; straight; :

这条小路～通广场/本次航班不是～飞珠海,途中要在南京

停留/这趟火车~达广州/队员们冲进院子,~奔北屋

二、表示动作不断重复,或状态持续不变,相当于"一个劲儿"。

same as "一个劲儿"; used to indicate that an involuntary action is repeated without any interruption, or that a state remains unchanged; continuously：

大家让小王表演,小王~摆手说:"不行,不行!"/收错了钱,营业员~跟顾客说对不起/谁干的坏事? 气得小王在屋子里~哭/下一个面试的是小李,他在外面~紧张/第一天见面,山本~向老师和同学们鞠躬/你怎么了? 为什么~朝我挤眼睛?

三、肯定某种情况或程度,含有确认语气,相当于"简直"。多用于不满意的情况。

used to indicate dissatisfaction; just; simply; exactly：

他的话~让我恶心/看你的表现,我~想揍你一顿/这几天忙得我~想逃跑

四、其他用法。

other usage：

1. 跟"到"或"至"连用,表示某一情况晚到某一时刻才发生。常和"才"呼应。

used together with "到" or "至" to indicate that a situation didn't take place until a certain time, often used in conjunction with "才"; until; up to; up till：

手术~到夜里十二点才结束/我的故乡~到去年才通火车/她从小跟爷爷奶奶一起生活,~到上中学时才回到父母身边/~到要交卷了,他才发现自己没写名字/这项设计~至今年年底才完成/~至年近三十,她才有机会上大学

2. 从…直到/直至。表示范围、时间。"直"和"到、至"中间可插入动词。

从…直到/直至 is used to indicate extent or time, a verb can be inserted between them：

他的歌迷很多,从少男少女~到老先生老太太都有/大厅里

长长的彩带从屋顶～拖到地上/他俩从幼儿园～到中学毕业都是同学,后来成了夫妻/小胖爱玩电子游戏,从下午～玩到晚上

只 zhǐ ［副词 甲级］

表示限定动作、行为或事物所涉及的范围、数量,强调范围小,数量少。

used to indicate restriction:

1. 用在动词或动词短语前面。动词后面可带表数量的短语。

used before a verb or verbal phrase, which can be followed by a N-M phrase:

我～去过上海,没去过北京/～听不练是说不好外语的/我～听说过他,但从来没有见过面/这～是我的一点儿心意,请收下/他身体很好,一年里～得过一次感冒/这本书特别没意思,我～看了一半就看不下去了/他们～用了五天时间就完成了设计任务/这件事,我～告诉了她一个人

"只"常常跟"不"对举。

often used in pairs with "不":

汉字我～会读,不会写/他只有一岁,还～会走,不会跑/她～吃蔬菜,不吃肉/～许成功,不许失败/～见树木、不见森林/～许州官放火,不许百姓点灯

2. 用在名词或名词短语前面。后面多带数量短语。这类用法可以看做中间省略了一个动词。

used before a noun or nominal phrase, a N-M phrase is often used after it; all that there is; only:

～(有)我一个人赞同他的意见/～(是)一夜的功夫,他的头发就全白了/～(是)短短三年的时间,我的家乡就完全变了样子/～(有)他们一个班没有去春游/全班～(有)他一个人没考上大学

"只"有时带有举例性质,通过所举例证来说明整体或一般的情况,相当于"仅",后面常有"就"搭配。

often with "就"; just:

> 他家今年收入超过十万元,~养鱼一项就有三万元/大家踊跃报名参加社会实践活动,~我们系报名的就 500 人/他儿子结婚花了很多钱,~婚礼就花了一万块钱/他们昨天喝了很多酒,~白酒就喝了五瓶

只得 zhǐdé [副词 丙级]

相当于"不得不"、"只好",有时可用在主语前。

same as "不得不"、"只好"; have no choice but to; be compelled to; have to:

> 车坏了,他~步行回家/家里来了客人,住不下,他~安排客人们去旅馆住/她没时间带孩子,~把他送到爷爷、奶奶家/他生气了,不肯接我的电话,~我亲自去跟他解释/来听课的人太多了,~大家挤一挤,三个人一张桌子

只顾 zhǐgù [副词 丁级]

注意力集中于某一件事或某一方面,而没有注意其他的事情或情况。

used to indicate that one is absorbed in doing something, while paying no attention to other things; be absorbed in; pay attention only to; care only for:

> 他~埋头想心事,领导的话一句也没听进去/~聊天了,差点儿忘了正事/~看前面了,没注意旁边的行人,差点儿撞了人家/你看我,看见你~高兴了,都忘了给你倒茶/这些年他~忙事业了,很少有时间照顾家人

只管 zhǐguǎn [副词 丁级]

一、放心去做,不受任何条件限制或不必有任何顾虑。相当于"尽管"。多用于祈使句。

same as "尽管", used in an imperative sentence; by all means; feel free to:

有问题~问,不必举手/要我帮忙~说,别客气/想吃饺子~
来我这儿,大家一起包,热闹/今天是周末,我们~开开心心
地玩,晚点回去不要紧/你们需要什么~拿,这些东西我都
不打算带走了/有什么意见~提,不用不好意思

二、注意力集中在一件事上,没有或不愿意注意其他方面。相
当于"只顾"。

same as "只顾"; just; pay attention only to; be absorbed in:
她~看小说,天黑了也不知道/你~说,没看见小王直看表
吗? /他~大口大口地吃,没小心把假牙也咽下去了/快迟
到了,你别~对着镜子照个没完

只好 zhǐhǎo [副词 甲级]

表示没有其他的选择,只能如此。

used to indicate that one has to do something because it cannot be
helped; cannot but; have to; be forced to:

1. 用于动词性成分前。

used to modify a verb:

下雨了,孩子们~呆在家里看电视/错过了末班车,我~走
回学校去了/起床太晚,没时间吃早饭,~饿着肚子去上课/
我们没买到当天的票,~等到第二天才走

2. 用于主语前。

used before a subject:

我们谁劝他他都不听,~你来试试了/他们都有事不能去,
~我一个人去了/我们都没时间,~你去一趟了/今天要加
班,~明天再去看他了

3. 用于形容词前,形容词后要加"一点、一些"等。

used before an adjective followed by "一点、一些":

家里穷,付不起这么高的医疗费,他~早一点出院/时间有
限,我们的演讲~简短一些/中午只休息半个小时,午饭~
简单一点儿了

【辨析】 只好 只得

compare 只好　只得

　　二者意思一样,但"只得"强调出于不得已,语气稍重一些。

　　"只得"stresses on "have to" and is more emphatic:

　　如"明天要交的作业我还没做完,今天晚上只得晚一点儿睡了。"

只能　zhǐnéng　[副词　丁级]

表示没有别的选择,只好如此。

used to indicate that there is no other choice; have to; cannot but:

　　我的钥匙丢了,~等同屋回来/他病得很重,~吃一点儿流质食物/现在停电了,~等电来了才能工作/汉语我~说,不会读也不会写/今年招工已经招过了,你~明年再来了/他没有文化,又没有特殊的技能,~做一些体力活儿

只是　zhǐshì　[副词　乙级]

一、限定动作、事物的范围,意思相当于"仅仅是、不过是",前后常有进一步说明或解释的词语。

　　same as "仅仅是""不过是"; just; merely; only; nothing but:

　　~听说他回来了,我还没见到他/没什么事要谈,~想随便聊聊/这~刚刚开始,以后的路还长着呢/我没病,~有点儿累,休息休息就好了

有时用"罢了、而已"等词语与"只是"相呼应,使语气变得更加和缓。

sometimes used together with "罢了""而已"to relax the tone:

　　他~跟你开开玩笑而已,并没什么恶意/我们~彼此有些好感而已,还没有你说的那种关系/我~说说罢了,哪儿能真辞职不干了/他~发发牢骚罢了,该怎么干还会怎么干/心理疾病几乎人人都有,~轻重不同而已

二、表示动作、行为保持不变或连续进行。

　　used to indicate that one persists in doing something and will not change; simply:

> 他~看着我笑,什么话也不说/无论我怎么说,她~摇头/他
> 一声不吭,~背着手在房间里走来走去/他~闷头抽烟,头
> 也不抬一下儿

只有　zhǐyǒu　[副词　乙级]

表示没有其他办法。有"只好、只得"的意思。

used to indicate that there is no other choice, same as "只好、只得";
cannot but; have to:

> 咱们谁也不懂日文,~请王老师来帮忙了/张教授出国开会
> 了,他的课~暂停/我们的车被堵在了高速公路上,寸步难
> 行,~等待/如果你提不出更好的方案,~按这个计划执行
> 了

至于　zhìyú　[副词　丙级]

表示行为或状况达到某种程度,往往是人们不希望发生或出现
的。

can only be used in a negative sentence or rhetorical question, what
followes it is something undesirable; go as far as to; go to such an extent:

1. 不 + 至于 + 动词:

不 + 至于 + v.:

> 我想小王不~做出这样的事/虽然很冷,但还不~会冻死人
> /我们那个地方虽然穷,但也不~让你们饿肚子/都是因为
> 等你,要不我也不~赶不上火车

2. 至于 + 问句:

至于 + question:

> 有什么事吃了饭再说,~那么忙吗? /和他这种人生气,~
> 吗? /他答应帮助我们的,他不~说话不算话吧? /就为这
> 么点儿小事,~闹到离婚的地步吗?

终 zhōng ［副词 丁级］

一、表示"不管怎么样、最后终究会如此",含有"总"、"终究"的意思。一般表示将来会发生的事情。

used to indicate that something is bound to take place; ultimately; after all:

只要付出努力,～有成功的那一天/是金子～要发光,是人才～会有用武之地的/诚心～能感动上帝,她早晚会了解你的心的/女孩子嘛,～要嫁人的,别说不结婚的傻话了/这样躲着～不是办法,还是去跟他当面解释清楚吧

二、表示某种情况或结果,经过较长的过程或一定时间的等待,最后终于出现了。含有"最后、最终、终于"的意思,多用于书面语。

often used in written language, same as "最后、最终、终于"; eventually; in the end:

虽然队员很努力,～因实力不如对手,输了这场球/"送君千里,～有一别",我们就在这儿说再见吧/他们经过多年的等待,终于"有情人～成眷属",二人结为夫妻/任何罪犯都～难逃脱法律的制裁

终究 zhōngjiū ［副词 丁级］

一、同"毕竟"。对某种原因加以强调,在说话者看来,这个原因是对事物的本质特点的确认,因而是不可忽视的。

same as "毕竟"; used to indicate the most essential aspect of something; all in all; after all:

1. 用于谓语动词前。

used before a verb:

他～只学了半年汉语,说得还不太流利/他～是你父亲,你得尊重他/～是深秋了,傍晚的时候还挺冷的呢

2. A终究是A。A为同一词语。

A终究是A (A is the same word):

茅台酒～是茅台酒,味道就是不一样/年轻人～是年轻人,干了一天活,晚上还照样玩/老了～是老了,体力大不如

前了

二、表示某种情况或结果一定会出现。常与"会、要"等搭配使用。

often with "会、要"; eventually:

长大以后,你～会明白做父亲的这一片苦心的/你～要离开父母独立生活的/不管你愿意不愿意,你～是要通过考试才能取得驾驶证的

终于 zhōngyú ［副词 乙级］

表示某种情况或结果,经过较长的过程或一定时间的等待,最后终于出现了。相当于"到底"。多用于希望达到的情况或结果。

often refers to fulfilled events; at (long) last; in the end; finally; eventually:

1. 用在动词前。所修饰的成分多为动词结构。

used to modify a verb:

我们爬了两个小时,～爬到了山顶/我到处打电话找你,～把你找到了/在他们的坚持下,父母～同意了他们的婚事/她忍了半天,～没哭出来/经过医生的精心治疗,他～活了下来/打了两年工,他～买了一台属于自己的电脑/经过大家的共同努力,～超额完成了今年的生产任务

2. 用在形容词前。所修饰的形容词多为表示状态变化的形容词,并且形容词后常用"了"或"起来、下来"等表趋向的词语。

used to modify adjectives indicating the change of state and the adjectives are often followed by "了""起来" or"下来":

经过一年的努力,实验～成功了/经过老师的耐心讲解,他～明白了/坚持锻炼了半年多,她的身体～强壮起来了/天色越来越暗,～完全黑下来了/看到他的妻子,她才～明白过来,他是一个感情骗子

3. 有时"终于"也可以用在主语的前面。

sometimes used before a subject:

经过多年的奋斗和拼搏,～有一天,他感到累了,倦了,～意

识到了家庭的温暖和重要

逐步 zhúbù ［副词 乙级］

缓慢地、一步一步地进行。可以加"地"。修饰多音节词语。

used to modify polysyllabic words and may take "地"; step by step; gradually; progressively：

经过一段时间的学习,大家的汉语水平 ~ 提高/由于他出色的工作,他 ~ 取得了领导的信任/我们是 ~ 总结出了这个规律的/这两家公司都 ~ 认识到了合作的重要性/调查还要 ~ 深入下去/我们在大家的共同努力下, ~ 完成了生产计划

【辨析】 逐步　逐渐
compare 逐步　逐渐

(1)"逐步"强调行为或状态有目的、有意识地发展变化,"逐渐"强调行为或状态自然而然地变化。

"逐步"emphasizes that the development is on the purpose, while "逐渐"stresses the natural development.

(2)"逐渐"可修饰动词、形容词,"逐步"不能修饰形容词。例如:"天气逐渐(× 逐步)暖和起来了"。

"逐渐"can be used to modify verbs and adjectives, while "逐步"can only be used to modify adjectives.

逐渐 zhújiàn ［副词 乙级］

缓慢地发展变化,渐渐。可以加"地",多用于书面语。

often used in written language and can be followed by "地"; gradually; steadily; by degrees：

1. 用于动词前。

used before a verb：

父母 ~ 理解了孩子/随着岁月的流逝,他也 ~ 忘记了过去/经过老师的解释,同学们 ~ 打消了顾虑/听说能力 ~ 提高/要 ~ 习惯北京的生活/你应该 ~ 学会和不同性格的人交朋友

【注意】　NOTE

　　　　"逐渐"后面如果是单音节动词,后面要加上结果补语。

　　　　if the verb after "逐渐" is a monosyllabic verb, then a complement should be used after it:

　　　　　　例如不能说:"×个子～长了/×他～认了他的朋友/× ～改了作法"。应该说成"个子～长高了/他～认清了他的 朋友/～改变了作法"。

　　2. 用于形容词前。形容词常带"了、起来、下去、下来"等。

　　it should be used before adjectives followed by "了、起来、下去、下来":

　　　　　　脸色～红润了/顾客～多了/那条街～热闹起来了/吵架声 ～高起来了/兴趣～淡了下去/会场上～安静了下来

【辨析】　逐步　逐渐　(见"逐步"条)

compare　逐步　逐渐　(see "逐步")

逐年　zhúnián　[副词　丁级]

　　一年一年地。

　　year by year; with every passing year:

　　　　　据调查显示,电影院的观众～减少/为了刺激消费,银行存 款利率～下降/塑料袋、方便饭盒等造成的"白色污染"～严 重/服装的流行趋势真有趣,姑娘们的鞋跟～增高增粗,裙 子～变长变细

专程　zhuānchéng　[副词　丁级]

　　专门为了某目的而去某处。

　　make a special trip to:

　　　　　五月初他～去洛阳看了牡丹花/她嫌北方货不精细,～到上 海购买结婚用的东西/我今天是～来向你们表示感谢的/这 家医院很有名,他们～来这儿求医/他～到北大向老教授请 教学术问题

自行 zìxíng ［副词 丁级］

一、自己(做)。

by oneself:

我们只安排住宿,吃饭问题你们～解决/他的工作态度如何,请您～考察吧

二、自动;不需要外力推动。

of oneself; of one's own accord; of one's free will:

这个外语班没意思,刚学了一半,不少人就～退出了/文艺小组没活动几次就～解散了/温度过高时它会～断电/我们决不会～放弃合法权利

总(是) zǒng ［副词 甲级］

一、表示一直或经常如此,几乎没有例外。也可以说成"总是"。

without exception; always; invariably:

出国以后,她～想家/他办事～丢三落四的,信写好了,却～忘了寄/他～是快快乐乐的,从不对人发脾气/她不高兴时,～是喜欢到湖边去散步/我～想养小动物,又～没有耐心照顾它们/我～吃不惯辣椒,吃川菜时,常常辣得龇牙咧嘴的/你～想找份又轻松报酬又高的工作,世上哪儿有这样的工作?/傍晚,我～喜欢站在自家的阳台上看楼下的风景/这些日子,奶奶～是咳嗽,还越来越厉害,上了几回医院,也没有查出是什么毛病

二、相当于"毕竟、总归、终归"。

same as "毕竟、总归、终归"; anyway; after all; eventually; sooner or later:

只要你努力,机会～是有的/男女同处一室,～不大方便/和男人相比,女人～是力气小一些/孩子大了,～要离开家的/你是大学生,再不行也～比我这个初中生强/虽然机器常出毛病,但～比手工干快多了

三、表示推测、估计,多用于数量,含有"大概、大约"的意思,但语气较为肯定。"总"后一般不再加"是"。

used to indicate an estimation; at least; surely; definitely：

这一袋米~有一二百斤吧/这楼这么高,~有二十多层吧/
这次去南方~得十天半月才能回来/结婚请客~得有十桌
八桌的/买一台新电视~可以看它七、八年/看你这房间的
装饰,花了~有两三万吧

总共 zǒnggòng ［副词 丙级］

表示数量的总计,相当于"一共",后面一般要有数量短语或表示
数量的疑问代词。

must be followed by a N-M phrase or some other phrase implying
quantity; altogether; in all：

1. 修饰带数量词语的动词短语。

used to modify a verbal phrase with N-M phrase：

今年参加水平考试的~有五百多人/这几年他们公司~招
了100多名大学毕业生/为这件事,我们~开了三次会/你
在这家工厂~干了多少年? /爸爸的六十大寿,~要请多少
人? /这儿离县城~不到二十里,你却走了整整一天,老实
说,干什么去了? /我~才离开几天,就出了这么多事,你们
是怎么搞的?

2. 直接放在表示数量的词语前。

used immediately before a N-M phrase：

从开工到完工~十个月/我们村~才一百多人/他收集的各
类唱片~一百多张/今年全市~多少高中毕业生? /这些粮
食~多少斤? /这两本书~多少单词?

总算 zǒngsuàn ［副词 丙级］

一、表示经过相当长的时间之后,某种希望的结果终于出现了。
含有强调语气。用于谓语动词前。

used before a verb to show emphasis; at last; eventually;
finally：

他追了她足足八年,今天,她~答应了他的求婚/春节的前

一天,儿女们~都回来过节了,老两口高兴极了/请教专家,
去各地采访,查找资料,两年后,他~把本地水污染的问题
给解决了/辛苦没有白费,~把问题给弄明白了

二、表示大体上说得过去,勉强可以。

all things considered; by and large; on the whole:

他~没有再错下去,就给他一次机会吧/你~能开口说话
了,进步还是挺大的/她~已经原谅你了,你就别再担心了/
你们怎么说也~是朋友一场,还是去机场送送他吧

足以　zúyí　[副词　丁级]

书面语词。完全可以,完全能够。否定形式是"不足以"。用于
谓语动词前。

written language; can be used before a verb; enough; amply:

凭这些证据,我就~向法院控告你/这些事实~说明,你们
先前的理解是错误的/他的能力~胜任这项工作/这些材料
还不~说明问题/现有的证据还不~给他定罪

最　zuì　[副词　甲级]

表示某种性质或特点在程度上胜过其余。重叠使用,程度更深。

most; least; best; to the highest or lowest degree:

1. 用于形容词性成分前。

used before an adjective:

我们几个之中,他的朋友~多/这个本子~薄/苏州的丝绸
~地道/她的动作~优美/今天的会上,他的发言~无聊/失
恋是~痛苦的

【注意】　**NOTE**

(1)"最+形容词"修饰名词,一般要带"的"。

"的"should be used in the structure"最+adj.":如:~
好的学校/~脏的房间/~便利的方法/~大的优点。

(2)"最+形容词"直接修饰名词时,形容词限于单音
节的。

when "最 + adj."is used to modify a noun immediately, the adjective can only be a monosyllabic word:

如:商品降价也要有～低限度/这是～小范围,不能再小了/～快速度是每分钟 100 米/～高气温零上 18 度。

(3)"最 + 形容词"可作状语,但限于修饰带时间、数量的动词短语,表示最大限度。

"最 + adj."can function as an adverbial, but it can only modify a verbial phrase followed by N-M phrase:

如:～少也得十天/～重也不过一百斤/～便宜也要二十块/每天辛辛苦苦地干,可一个月的收入～多只有四五百。

2. 用于动词性成分前。

used before verbs:

a. 用于心理状态动词前。

used before a verb indicating mental activities:

他～值得表扬/我～欣赏你的机智勇敢/在这些人中,我～佩服他/作为朋友,他～理解我/我～反对上课随便说话/青蛙～喜欢吃昆虫

b. 用于其他动词性成分前。

used before other verbs:

他这个人～能吹牛/我～愿意骑车去郊外玩/我们这些人中他是～有前途的/年轻活泼的老师～受学生欢迎/饭后百步走～有助于身体健康/在我们宿舍属他俩～合得来/他～看得起你,你可别让他失望/他～沉不住气,首先就把这消息给说出去了

3. 最 + 不 + 形容词/动词。形容词、动词多是表示积极意义的。

the adjectives or verbs used in the structure should be appreciative ones:

这种水果是～不甜的/～不干净的房间就是他的了/这儿～不方便的就是没有洗澡设备/我～不喜欢吃辣的/你是～不善于学习的/他～不会打网球了,你别难为他了

【注意】　**NOTE**

"最＋不＋形容词"多用做谓语、补语,很少作定语。

最＋不＋adj./v. seldom functions as an attribute:

如:可以说"这个方法 ~ 不好/他的房间打扫得 ~ 不干净"。但"× ~ 不简单的问题/× ~ 不平静的心情"都不成立。

4. 用于方位词前。

used to modify a noun of direction:

把书放 ~ 上边/ ~ 里边坐着一位老人/站在 ~ 右面的是一个姑娘/ ~ 东边的那间就是阅览室/我走在队伍的 ~ 前边

【辨析】　最——顶

compare　最——顶

(1)"最"在口语、书面语中都可以用,"顶"只用于口语。

"最"can be used in spoken or written languages and "顶"can only be used in spoken language.

(2)"最＋形容词"可直接修饰名词,"顶＋形容词"必须带"的"修饰名词。

"最＋adj."can be used to modify noun immediately, while "的"should be used after"顶＋adj.".

(3)"顶"不能用于方位词前。

"顶"can't be used before nouns of direction.

连 词

说 明

连词用来连接词、词组或小句。

有的连词只能用来连接词或词组,如"和"一般只用来连接名词性成分("我和你""北京和上海"),连接动词性成分时不能做谓语("×我们学习和进步"),更不能连接小句("×夏天白天长和夜间短")。

有的连词既可以连接词和词组,也可以连接小句。如"而":

这篇文章长而空,不值得一读。　　　(连接两个形容词)

这样做有百利而无一害。　　　(连接两个动词性成分)

他有两个哥哥,而我却一个都没有。(连接小句)

大部分连词用来连接小句,而且这些连词一般都要有另外一个连词或起关联作用的副词与它搭配使用,如"既然……就"、"因为……所以"、"即使……也"、"虽然……但是"等。学习这些连词时,最好的办法是把它们作为一个固定的搭配形式来记忆。另外,还要特别注意它们在小句中的位置,因为有的连词只能出现在主语前,有的连词只能出现在主语后。如:该动身了,不然咱们就赶不上火车了。("不然"只能出现在主语前)别人都同意了,他却不同意。("却"只能出现在主语后)有的连词则可以在主语前或主语后自由出现,并且意思不变。如:

虽然我去过中国,但我不会说汉语。("虽然"出现在主语前)

我虽然去过中国,但我不会说汉语。("虽然"出现在主语后)

有的虽然也可以出现在主语前,也可以出现在主语后,但不是自由的,要有条件。如:

不但我会说汉语,而且他也会说。　　　("不但"出现在主语前)

我不但会说汉语,而且还会说日语。("不但"出现在主语后)

当前后两个小句的主语不同时,"不但"要出现在主语前;当前后小句的主语相同时,"不但"要出现在主语后。

A BRIEF INTRODUCTION TO CONJUNCTIONS

The conjunctions are used to connect words, phrases or clauses.

Some conjunctions which link nominal elements, such as"和, 并且, 和", can only be used to connect words or phrases("我和你""北京和上海"). They can not be used to connect verbs to function as predicates("X 我们学习和进步")or clauses("X 夏天白天长和夜间短").

Some conjunctions, such as "而", can be used to connect words, phrases, and clauses too. For example:

这篇文章长而空,不值得一读。　　(used to link two adjectives)

这样做有百利而无一害。　　(used to link two phrasal verbs)

他有两个哥哥,而我却一个都没有。　　(used to connect two clauses)

Many conjunctions are used together with another conjunction or adverb to connect two clauses, such as"既然……就""因为……所以""即使……也""虽然……但是"etc.. Learners should remember them as fixed structures, and pay attention to their positions in the sentences, because some conjunctions can only be used before the subject while others can only be put after the subject. For example:

该动身了,不然咱们就赶不上火车了。　　("不然"can only be put before the subject)

别人都同意了,他却不同意。　　("却"can only be used after the subject)

Some conjunctions can be used before or after a subject and the meaning remains the same. For example:

虽然我去过中国,但我不会说汉语。　　("虽然"appears before the subject)

我虽然去过中国,但我不会说汉语。　　　("虽然"appears after the subject)

Some conjunctions can be used before or after the subject under different conditions. For example:

不但我会说汉语,而且他也会说。　　　("不但"appears before the subject)

我不但会说汉语,而且还会说日语。　　　("不但"appears after the subject)

When the subject in the clause is different from that in the main clause, "不但" should be used before the subject. If the compound sentence shares the same subject, "不但" should be used after the subject.

连词总表

B	
便	biàn
并	bìng
并且	bìngqiě
不但	bùdàn
不管	bùguǎn
不过	bùguò
不仅	bùjǐn
不论	bùlùn
不然	bùrán
不如	bùrú
不只	bùzhǐ
C	
才	cái
除非	chúfēi
此后	cǐhòu
此外	cǐwài
从此	cóngcǐ
从而	cóng'ér
D	
但	dàn
但是	dànshì
等到	děngdào
E	
而	ér
而且	érqiě
F	
反之	fǎnzhī
否则	fǒuzé
G	
跟	gēn
固然	gùrán
H	
好	hǎo
何况	hékuàng
和	hé
还是	háishì
或	huò
或是	huòshì
或者	huòzhě
J	
及	jí

即便	jíbiàn	那	nà
即使	jíshǐ	那么	nàme
既	jì	难怪	nánguài
既然	jìrán	宁可	nìngkě
加以	jiāyǐ	宁肯	nìngkěn
假如	jiǎrú	宁愿	nìngyuàn
假设	jiǎshè	**P**	
鉴于	jiànyú		
接着	jiēzhe	凭	píng
结果	jiéguǒ	**Q**	
尽管	jǐnguǎn		
进而	jìn'ér	且	qiě
就	jiù	**R**	
就算	jiùsuàn		
K		然而	rán'ér
		然后	ránhòu
看来	kànlái	任	rèn
可见	kějiàn	如	rú
可是	kěshì	如果	rúguǒ
况且	kuàngqiě	若	ruò
L		**S**	
连同	liántóng	甚至	shènzhì
M		甚至于	shènzhìyú
		省得	shěngde
免得	miǎnde	首先	shǒuxiān
N		虽	suī
		虽然	suīrán
哪怕	nǎpà	虽说	suīshuō

所以	suǒyǐ	以便	yǐbiàn
		以免	yǐmiǎn
T		以至	yǐzhì
倘若	tǎngruò	以至于	yǐzhìyú
同	tóng	以致	yǐzhì
同样	tóngyàng	因此	yīncǐ
W		因而	yīn'ér
		因为	yīnwèi
万一	wànyī	由于	yóuyú
无论	wúlùn	于是	yúshì
Y		与	yǔ
		与其	yǔqí
要	yào		
要不	yàobù	**Z**	
要不然	yàoburán	再说	zàishuō
要不是	yàobushì	则	zé
要么	yàome	只是	zhǐshì
要是	yàoshì	至于	zhìyú
以	yǐ	总之	zǒngzhī

便 biàn ［连词 乙级］

表示承接上文,得出结论。用在表示因果、条件等复句中的后一分句。常与"如果、只要、既然、因为"等连词一起用。多见于书面语。

written language, often used in conjunction with "如果、只要、既然、因为" to indicate a hypothetical concession:

> 如果你没有办入学手续,~不能到教室听课/只要把群众的积极性充分调动起来了,~能保证按时完成任务/既然他确实有困难,那~算了,咱们再换一个人去吧/因为没有挑选到最满意的型号,~决定暂时先用那台旧的电脑,等以后再说

并 bìng ［连词 乙级］

一、连接双音节动词。

used to connect disyllabic verbs; and; furthermore:

> 会议讨论~通过了他的提案/在长期的工作中,我逐渐了解~开始喜欢这个专业了/接触一段时间以后,他开始喜欢~爱上了她

二、连接做状语的双音节词语。

used to connect two disyllabic adverbial modifiers; and:

> 她迅速~正确地做出了判断/职员认真~努力地工作/学生流利~准确地读完课文/他用电脑快速~熟练地打出一份报告来

三、用于第二个小句前,小句主语承前省略。

used to connect two verb-predicate clauses with the same subject; and:

> 我们帮他找出了问题所在,~和他一起研究解决办法/他们安慰我,~鼓励我继续乐观地生活/他站起来,~开始发表自己的意见

并且 bìngqiě ［连词 乙级］

表示两个动作同时或先后进行。

used to indicate that two actions happen at the same time or successively：

一、单独使用，连接并列的动词、动词短语、形容词、助动词、分句等。

used to connect verbs, verbal phrases, adjectives, and clauses independently; and; moreover; in addition：

每个市民都了解～遵守交通规则，这是减少交通事故的前提/他把书籍按内容分好类，～一一登记下来/他的小说细致、深刻～幽默/大会开始之前，工作人员应该～必须做好准备工作/他们列出了计划，～制定了一份详细的经费预算/春节到了，他俩给父母寄去了贺年卡，～买了些食品和衣物

二、"并且"后边有副词"还、也"。

sometimes it is followed by "还、也"; and; moreover; furthermore：

参加晚会的客人可以观看各种表演，～还有机会得大奖/这本成语词典有例句，～还有不少有意思的插图/他是三年前离开家乡的，～也没有人知道他的去向/算了吧，这个住宅区交通不便，～房子的价格也偏高，你别买了

三、不但/不仅…并且(还/也)…，表示递进的意味较浓。

sometimes 并且 is preceded by 不但 or 不仅; not only..., but also...：

她不但见闻极广，～记忆力好，善于表达/小王不但喜欢听音乐，～自己也能演奏一些有名的曲子/他的书不但为他赢得了很高的知名度，～还给他带来了可观的收入/圣诞节那天小李的男朋友不仅给她寄来了卡片，～还寄来了鲜花和礼物/旅行社不仅替游客办理各种手续，～也替顾客预定房间和机票/这家超级市场不仅靠低廉的价格，～靠优质的服务，赢得了广大顾客的信任

四、连接句子，"并且"后可以有停顿。

used to connect clauses, a comma can be used after "并且"：

使用信用卡购物可以避免携带大量现金的风险,~,因为不需要准备零钱,还可以大大节约购物时间/要成为一名合格的管理人员,需要精通本专业的知识,~,还需要懂得如何处理各种关系,包括公司内部的人际关系,公司与公司之间、公司与客户之间的复杂关系

【注意】 NOTE

(1)"并且"一般不能连接名词或名词短语,例如不能说:"×北大~清华/×电脑~打印机/×去年~今年"等。

"并且"can't be used to connect nouns or nominal phrases.

(2)"并且"一般不连接单音节的形容词。

"并且"can not be used to connect monosyllabic adjectives.

不但 bùdàn ［连词 甲级］

用在复句的前一分句里,后一分句常有连词"而且、并且"或副词"也、还"等配合使用,表示意思比前边更进一层。

used in the first clause of a complex sentence in conjunction with"而且、并且、也 or 还" in the second clause, introducing a further statement; not only:

一、不但…而且(并且)…。

not only... but also...:

1. 连接动词性短语。当前后两个分句的主语相同时,"不但"出现在主语后;主语不同时,"不但"出现在主语前。

used to connect verbal phrases; when a complex sentence shares the same subject,"不但"is placed after it, otherwise, it should be used before the subject:

你~要学书法,而且一定要学好/小王~想考电影学院,并且要当电影明星/他的秘书~打字快,而且能熟练操作各种办公设备/这次 HSK(汉语水平)考试~比尔达到了八级水平,而且安娜、山本都达到了/小胖真可爱,~父母喜欢他,

而且叔叔、阿姨们都喜欢他

2. 连接名词短语或介词短语。

used to connect nouns or prepositional phrases：

~公司的职员,而且他们的家属都参加了这次春游活动/这家书店~理科书籍,并且文史书籍、工具书、生活常识等书籍都很丰富/~在上海、北京,而且在全国各大中城市都开展了建设文明城市的活动/他的新作品~在国内,并且在国外也引起了轰动

二、不但…也(还)…。后一小句是对前一小句内容的推进或补充。

sometimes"也 or 还"is used in the second clause to indicate that the second clause is a supplement to the first one：

经理这样做,~维护了消费者的权利,也保护了公司的威信/爷爷不喜欢流行歌曲,~自己不听,也不让孙子们听/听说你们要来做客,妈妈~做了几个拿手菜,还准备了几样点心/电冰箱、空调等大件电器,商场~送货到家,还负责安装调试

三、"不但…,连…也(都)…"、"不但…,甚至…也"、"不但…,即使(就是)…也…"。这几个格式都指出某种极限的程度,"不但"带有"不用说"的意思。

these structures are used to convey the notion of extremity, with the meaning of evidently or needless to say：

他的字写得太乱了,~别人看起来困难,连他自己有时也看不懂/小王爱看书,~书架里摆满了书,连衣柜里都装着书/她爱逛商场,~节假日要逛,甚至一个小时的午休时间也要在附近的商店逛逛/小刘崇拜那位意大利的球星,~关心他的一举一动,甚至把头发也染成了和他一样的金黄色/他下围棋下得很好,~在业余棋手中是高手,即使在专业棋手中也相当出色/小王讨厌他,~不愿意跟他去吃饭、跳舞,就是跟他说句话,也不愿意

四、不但…反/反而/反倒/相反/却…。"不但…"引出否定的意

思,后一部分则从肯定的方面把意思推进一层。

the first part of the sentence is in negative, and the later part has the contrary meaning; instead:

他～不认错,反说我们干涉了他的自由/吵架～没有影响他俩的友谊,他俩反而比从前更亲密了/试验失败～没有动摇他的决心,反而更激发了他的兴趣/我已经仔细计算过了,按半价处理这批商品～不会赔钱,反倒还能赚回一部分钱,比积压在仓库合算/部长在报上公开承认错误,～没有影响人们对他的看法,相反还给人们留下了诚实、谦虚的印象/这套衣服不适合你,穿上它～不能美化你,相反,却把缺点都暴露出来了

【注意】　NOTE

上下文清楚时,前一小句可以不用"不但",只在后一小句用"而且、并且、又、也"等,但不能只用"不但",不用"而且、并且、又、也"等。以下两组句子中,后一句都是错句。

when the context is clear, "不但"can be omitted in the complex sentence with "而且、并且、又、也", but "而且、并且、又 or 也"can't be omitted:

(1)(不但)他不同意,我们也不同意。(可省略"不但")

　　×不但他不同意,我们不同意。(不能省略"也")

(2)小王(不但)买了些日用品,还买了些蔬菜、水果。(可省略"不但")

　　×小王不但买了些日用品,买了些蔬菜、水果。(不能省略"还")

不管　bùguǎn　[连词　乙级]

意义、用法同"不论"。多用于口语。

spoken language, same as"不论"; used to introduce a conditional-concessive clause; no matter(what, how, etc.); regardless of:

我着急写稿子,～谁找我,都告诉他我不在/我最怕做饭

只要不让我做,～吃什么,我都没意见/小王有写日记的习惯,每天～多累,也要坚持写/～刮风下雨,老爷爷总是按时去医院陪生病的老奶奶/～小王还是小李去,都可以完成任务/～忙不忙,他总按时吃饭、睡觉

【辨析】 不管　无论 （见"无论"条）
compare 不管　无论 （see"无论"）

不过 bùguò ［连词　乙级］

表示转折,比"但是"语气轻。多用于口语。

spoken language; used to connect a concessive or contrastive clause to the preceding clause:

一、补充、修正上文的意思,相当于"只是"。

used in the second clause to introduce a supplement or amendment to the foregoing statement; same as"只是"; however; yet:

这些诗我上大学的时候读过,～印象不深了/天气渐渐转暖了,～出门还要穿大衣/这篇文章内容不错,～,有几个数字是不是再核对一下？/钱没有问题,～一时可能拿不出这么多现金,能不能用支票？/他们厂的产品质量还不错,～包装稍差一些/小王个子很高,五官端正,～,皮肤不太好

二、引出与上文相对立的意思。

used to introduce a statement constrasting with what precedes it; but; however:

那种新药很有名,价钱也贵,～我吃了并不见效/他的家挨着农贸市场,非常吵,～他已经习惯了/家具都旧了,～他们现在还没有钱买新的/中国菜很好吃,～有点儿油腻,我怕吃多了会发胖/飞机中午才起飞,～,最近常常堵车,我们还是早点儿出发吧/他的女朋友长得很漂亮,～性格有些古怪,不容易相处

不仅 bùjǐn ［连接　乙级］

意思、用法与"不但"基本相同,多用于书面语。

written language; same as"不但"; not only：

　　购买空调，~要去大电器商店买，而且一般要请专业人员安
　　装/十年的工作经历~增加了他的知识技能，并且也丰富了
　　他的生活经验/据说穿丝绸服装~凉爽、舒适，还对皮肤有
　　好处/工作太紧张了，下班后他~没力气购物娱乐，甚至没
　　精力与朋友、家人一起吃饭、谈话/那套书非常珍贵，~我们
　　这儿没有，即使是北京图书馆那样的大图书馆，也不一定有
　　/有些专家认为，孩子玩电子宠物~不能培养孩子对动物的
　　爱心，相反，还会影响孩子对自然界的兴趣

不论　bùlùn　[连词　乙级]

　　表示在任何条件下结果或结论都不改变。"不论"后常有副词
"都、也"等。

often followed by "都、也" to indicate that the conclusion or result
will remain the same, no matter what happens：

一、用于表示任指的疑问词"谁、什么、怎么、多少"等之前。

　　no matter（who, what, how, etc.）; regardless of：

　　他发起火来，~谁去劝，都劝不好/小王感冒了，不想吃东
　　西。~什么菜，都吃不下去/服务员怎么了？~你问什么，
　　他都说不知道/孩子哭得很凶，~怎么哄，也哄不好/那是一
　　件珍贵的文物，~花多少钱，也买不到/他总是打扮得很正
　　式，~上哪儿去，都打着领带

二、用于并列结构之前。

　　used before coordinate structures：

1. 动词、形容词的肯定、否定形式并列，即"V不V，A不A"式。

　　used before the structures "V不V or A不A"; whether or not：

　　~来不来，你都提前通知我一声/你好好考虑一下，~答应
　　不答应，都请告诉我/我妈妈忙了一下午，做了这么多菜，你
　　~饿不饿，都多吃点儿/商店里只有这种手套，~好不好，都
　　只能买它了/我很需要那套书，~贵不贵，你都给我搞一套
　　来

2. 两个或两个以上意义相关的名词、动词、形容词并列。

used before two or more than two nouns, verbs or adjectives with the related meanings; no matter:

a. 各并列成分之间不用连词。

no other conjunctions are used between the coordinate parts: 他是职业作家,每年~长篇短篇,总要发表几十万字/我们系里开联欢会,~教师学生,都表演了节目/他的妻子身体不好,家里~做菜打扫,都是他干/我的腿伤全好了,~跑步打球,都没问题/他不轻易表明自己的态度,~高兴生气,别人都看不出来/我的牙特别好,你看,~冷热酸甜,想吃就吃

b. 并列结构的各项之间用"还是、或者、或、和"连接。

"还是、或者、或 or 和" is used to connect the coordinate parts: 他的诗歌~内容上还是语言上,都有新的特点/~古典文学还是现代文学,他都有兴趣/在我们学校学汉语,~初级班或者高级班,都必须上听力课/放了假说什么我也得去旅行了,~去东北、西北,或是去江南/这几条裙子~样式、颜色和价钱,都非常理想,小赵不知道选哪条好

不然 bùrán ［连词 乙级］

一、表示对上文假设性的否定,引出结果或结论,相当于"否则"。"不然"后面可以带"的话",加强语气。

used at the beginning of a sentence to indicate a disagreement, often with "的话" for emphasis; otherwise:

我们得马上出发,~就赶不上飞机了/他酒后开车,幸亏警察及时发现,~一定会出交通事故/摄像机怎么只有英文说明书? 好在比尔来了,~我们恐怕还不会使用/临出门时我带了一张地图,~,我们可能要迷路了/快把房间收拾干净,~(的话),妈妈回来要发火的/我得把这些电话号码记在本子上,~(的话),一会儿就忘了

二、表示选择,对上文假设性的否定之后,引出另一种可能性。"不然"前面常常加"再",后面常常有"就"。

used to indicate a choice, it may be preceded by "再"and is often followed by"就"; or:

周六上午他一般是睡觉,~,就去郊外爬山/下午三点到四点,我总是在办公室,~就是在资料室/年轻人都叫他王老师,再~,就叫老王/小王懒得做饭,常吃方便面、速冻饺子,再~,就买个汉堡包吃/你每天晚上不是看电视就是打麻将,再~,就是跟朋友聊天,怎么不看看书,学点儿东西呢? /睡不着可以散散步,看看书,再~,就吃些有安神作用的药

【辨析】 不然　否则　(见"否则"条)

compare 不然　否则　(see"否则")

【辨析】 不然　要不　(见"要不"条)

compare 不然　要不　(see"要不")

不如　bùrú　[连词　甲级]

一、比较两项事物,引出说话人认为比较好的一项。前一小句中常有"与其"。"不如"前可以加"还、倒"等。

used when making a comparison between two things, "不如" is used to introduce the preference, sometimes "与其" is used in the first clause of the sentence, and "还 or 倒"can be added before"不如"; not so good as; inferior to; would be better:

文章写得这么糟糕,~不写/别在这儿谈无聊的事情,~出去散散步/你与其每天吃营养药,~好好吃饭/与其到处去请教别人,还~我们大家一起仔细研究研究/你与其说他是来帮忙的,还~说他是来添乱的/与其花钱买一大堆并不喜欢的廉价衣服,倒~买一两件虽然贵但却非常满意的衣服

二、介绍出说话人认为是最好的作法。

used to indicate what the speaker thinks the best:

路不太远,~我们一起走过去/那个地方不太好找,~我陪你们过去/晚了可能堵车,倒~现在就出发/~把孩子们都叫起来吧,外面空气那么好,该让他们出去玩儿玩儿/~我

先付了钱,回去你们再给我/还～晚些天再回来,现在正赶上过节,到处都拥挤不堪

不只 bùzhǐ [连词 丙级]

相当于"不但"的 1、2。

same as the first two usage of "不但":

1. 不只…而且/并且…。

not only... but also...:

～大连队要争冠军,而且北京队、上海队也都要争/这位老华侨～在东南亚一带开办了许多企业,而且在国内也投下了大量的资金/经过一番努力,我们的产品～成了全省的名牌,而且在全国也有了一定的名气/奶奶对中医很有兴趣,～阅读过大量中医的书籍,并且请教过很多位著名的医生/～小说诗歌要反映现实的生活,并且电影戏剧也不能总是选择历史题材/他的作品～在国内,并且在国外也拥有大批爱好者

2. 不只…也/还…。

not only; not merely:

他～自学了英语,还自学了日语/爷爷～自己喜欢钓鱼,还试着培养小孙子对钓鱼的兴趣/昨天小王过生日,我们～给他买了大蛋糕,还送了他一本词典/在他最困难的时候,～家里人支持他、鼓励他,亲戚朋友们也都帮助他/小刘经常参加这家书店为读者组织的活动,～了解了很多有关书籍的知识,也结识了很多爱读书的朋友/这种糖果味道真好,～小朋友们喜欢,大人们也很爱吃

才 cái [连词 甲级]

用在复句中的后一分句里,起关联作用。常与"只有、因为、由于、为了、要"等词配合使用。

used in the later part of a complex sentence, often in conjunction with "只有、因为、由于、为了、要":

只有付出艰苦努力的人，~能取得成功/只有王老师~最了解同学们的想法/因为下大雨，运动会~改期举行/由于事先做了充分的准备，我~顺利地通过了考试/由于社会的帮助，这些贫困家庭的儿童~有机会进学校学习/我是为了让爸爸妈妈高兴，~报考医学专业的/要多说多练，你的外语水平~会提高得快/要对别人真诚，别人~会对你真诚

除非 chúfēi ［连词 丙级］

引出惟一的条件。

used to introduce the only necessary precondition：

一、相当于"只有"。

same as "只有"：

1. 除非…，才…。表示一定要这样，才能产生某种结果。

used to indicate that only in a certain way can some result be achieved; only when; only if：

> ~你把门口儿这些东西搬走，大柜子才抬得进来/~你们答应保守秘密，他才肯说出真相/爸爸非常爱惜那套衣服，~是全家团圆的日子，他才拿出来穿上/~我们不坐飞机，改乘火车，奶奶才跟我们去旅行/~你把烟戒掉，才能参加我们的足球俱乐部/~你把那顶怪帽子摘掉，我们才带你去叔叔家

【注意】 NOTE

"才"只能用于后一分句的主语之后。

"才" can only be placed after the subject in the second clause.

2. 除非…才…；否则…不/没有…。表示一定要这样，才能产生某种结果；如果不这样，就只能产生另一种结果。

the first part of the sturcture is used to indicate that only in a certain way can some result be achieved, the second part is used to reinforce the statement mentioned above; only if; unless：

> ~你亲自去向他道歉，他才会原谅你；否则他不会原谅你/~是有固定的收入，才能申请办信用卡；否则不能申请/编

辑说~你把文章压缩成四百字左右的短文,才可能发表;否则不能发表/~把这张旧桌子扔掉,才有地方放新买的沙发;否则没有地方放

这个格式可以简化为"除非…,否则…不/没有…"。

sometimes "才..." can be omitted and just keep the reinforcing statement:

~人事经理签字,否则你不能进我们的公司/~我们掌握了足够的证据,否则没办法证明他有罪/~约好晚上见面,否则我没时间去

有时"除非…"也出现在后面的分句。

sometimes "除非…" is placed in the later part of a sentence:

你不能进我们的公司,~人事经理签字/我们没有办法证明他有罪,~我们掌握了足够的证据。

3. 要…,除非…,表示如果要取得某种结果,必须具备"除非"引出的条件。

"除非" is used to indicate the only premise:

要想人不知,~己莫为/老王爱喝酒,要请他帮你忙,~你准备好酒好菜招待他/如果要在三天之内把所有的货物全部运走,~我们八个人全都长出三头六臂/要拍一部赚钱的电影,~你能请到国内最有名的导演和演员

二、相当于"除了"。"除非"引导的从句有时可以放在主句之前。

same as "除了": sometimes the clause with "除非" can be put at the beginning of a sentence:

~有京剧或者足球赛,平时老王很少看电视/~刮风下雨,他每天都去操场锻炼一个小时左右/~三岁的孩子,谁会干出这么可笑的事?/他不可能认不出从小一起长大的朋友,~他是故意的

此后 cǐhòu [连词 丁级]

从上文所说到的这个时间以后。

after this; hereafter; henceforth:

> 去年他得了一场重病,花了不少钱,~,他家的生活一直很困难/前年他寄给我一张贺年片,~再没有他的消息/年初,几个旅行者发现了这个风景优美的地方,~来旅游的人一天比一天多了/去年在一次聚会上小李认识了小刘,~他们常常通信,成了无话不谈的朋友/八十年代末,北京第一家肯得基炸鸡店(KFC)在北京前门开业,~,这种快餐店一家接一家地出现在京城各处/图书馆实现了电脑管理,~,借书、还书更加简单、方便了

此外 cǐwài [连词 乙级]

指除了上文所说的事物或情况之外的。可连接分句、句子或段落。

used to connect clauses, sentences or paragraphs:

一、用于肯定形式之前,表示除了上文所说的事物或情况之外还有别的。"此外"后面常有"还、也、再"等副词。

used before an affirmative construction, often followed by "还、也、再"; in addition; besides; moreover:

> 他买了家具、电器,~还买了些日常用品/小王这次去广州是探望多年不见的朋友,~还想游览一下广州的名胜古迹/8月8日来本商场购物的顾客可以得到一份礼物,~,还可以看到专业演员的表演/这次庆祝活动主要是老王和老李组织的,~,老张、老刘他们几个也帮了不少忙/这个星期你得把上半年的营业额计算出来。~,你再把这几份报告准备好/为了帮助灾区,许多市民积极捐款。~,不少小朋友也把自己的零用钱捐了出来

二、用于否定形式之前,表示除了上文所说事物或情况之外没有别的。

used before a negative construction to indicate that apart from what mentioned above, no other things; except for that; apart from that:

> 她一生只写过一部长篇小说,~没有别的作品/他们只是问

了问价钱,~没说什么/这一带有两座古庙,一家博物馆,~,再没什么值得参观的地方了/小王很沉默,见了我们点点头、问个好,~就不开口了/学好外语,必须多听多看,~,再没有任何方便快捷的办法了

从此 cóngcǐ ［连词 乙级］

表示某事或某种情况从所说的时间起。可以连接分句或句子,常和"以后"连用。

often with "以后"; from now on; from then on; henceforth; from this time on:

他的第一部电影非常成功,~他成了国内知名的年轻导演/小王10岁那年参加了少年足球队,~开始了他的足球事业/她中学毕业后离开家乡到外地工作,~,我们再没有见过面/今年一月《晚报》开始连续发表几位著名作家的小说,~以后《晚报》成了深受读者喜爱的报纸之一/他用稿费购买了一台电脑,~以后,他开始用电脑写文章/那位歌星突然宣布退出歌坛,转向国画创作,~以后,她开始了新的奋斗历程

从而 cóng'ér ［连词 乙级］

用于后一分句的开头。前一分句介绍出某种原因、方法等,"从而"引出结果、目的,有"因此就"、"于是"、"以便"的意思,多用于书面语。

often used in written language, the first clause of a complex sentence is used to introduce the cause or means, and "从而" is used at the head of the second clause to intorduce the result or purpose; same as "因此就"、"于是"、"以便"; thus; thereby:

国家调整了经济政策,~加快了经济建设的步伐/市政府在市区的主要街道划出了公共交通专用车道,~大大改善了交通拥堵的状况/这条街上的几家大商场相继开业,~揭开了商战的序幕/许多大学生希望趁年轻多掌握几样技能,~

为日后就业打下坚实的基础/摄影师很小心地运用光和影的作用，~表现出人物的内心世界/设计者必须深入研究国际流行趋势，~使产品具备进入国际市场的条件

但 dàn ［连词 乙级］

基本用法同"但是"，多用于书面语。

often written language, same as "但是"; but; yet; still; nevertheless:

这两个词的意义、用法基本相同，~有一点需要特别注意/这个问题比较复杂，~也并不是没有解决的办法/虽然他只有二十七岁，~经历非常丰富，思想也很成熟/尽管这几幅字画售价并不高，~都出自名家之手，很有收藏价值/观众们在等候演出开始。~令人不解的是，已经超过一刻钟了，演出还未开始/她是个骄傲的姑娘，容貌美丽~缺乏热情，所以不太讨人喜欢

【注意】 **NOTE**

如果同一分句中有动词"是"，为避免重复，往往用"但"，不用"但是"。

"但"is used to avoid reappear in the clause with"是"：

例如："痛苦对人是一种考验，但也是一种磨炼"，"他的表演很成功，但还不是十全十美"。

但是 dànshì ［连词 甲级］

表示转折，引出与上文相关的另一个事实或与上文相对立的另一个意思。"但是"主要连接分句、句子、段落，也可以连接词或词组。"但是"后面可以有停顿，常与"却、也、还、仍然"等配合使用。

used to indicate transition, mainly connects clauses, sentences, paragraphs, and words or phrases; a pause may follow it and often go together with "却、也、还、仍然"：

1. …，但是…。引出与上文相关的另一个事实，限制或补充上文的意思。

used to introduce another fact which serves as a supplement or limitation to what mentioned above; but; yet：

> 我学过两年汉语，～还不能当翻译/他出院了，～医生还让他在家休养/电脑买回来了，～还不怎么会用/父亲给孩子们做了早饭，～他自己却没时间吃了/小王和小李分别好几年了，～他们一直保持着书信联系/我已经原谅他了，～，我仍然不想跟他见面

2. 虽然/尽管…，但是…。引出与上文相对立的另一个意思。

used to introduce a statement contrary to the previous one; but：

> 虽然那份工作很辛苦，～他很喜欢/虽然她个子不高，～不胖不瘦，身材很好/虽然小王并不是专业的摄影师，～他很擅长拍黑白照片/尽管他工作很忙，～他尽量抽时间照顾年老的父母/尽管他对跳舞不感兴趣，～只要女朋友想跳舞，他就一定陪她去/尽管很多报纸都指责那位作家，～，老王仍然相信他，敬佩他

3. 连接句子或段落，前面一般不用"虽然"、"尽管"。

when used to connect sentences or paragraphs, "虽然" or "尽管" can not be used：

> 他的父母都很和气，哥哥、姐姐也容易相处。～他最小的妹妹脾气很怪，很多人不喜欢她/可口可乐是世界上最流行的饮料之一，特别是在夏季，喝一杯冰镇的可乐，非常痛快。～，医生提醒您，过量饮用可乐，对孩子的健康不利

4. 连接两个意思相对的词或短语，相当于连词"而"，后面不能有停顿。

when used to connect two words or phrases contrary to each other in meaning, it means "而" and cannot be followed by a pause：

> 他的房间不大，家具简单～实用/我喜欢平淡～深刻的节目/他这个人呀，四肢发达～头脑简单/老先生治学严谨～待人亲切

【辨析】 但是　可是　（见"可是"条）

compare 但是　可是　（see "可是"）

等到　děngdào　[连词　丙级]

引出时间或条件,常和"…的时候、…以后"一起用。也可以只说"等"。

often with "…的时候、…以后"; it is used to introduce the time by which something happens or the condition for it to happen; sometimes"到" is omitted; by the time; when; till:

> ～我回上海探亲,一定给你买些上海特色的东西/～办好了签证,你就得赶快订飞机票/～孩子大学毕业的时候,父母的负担就轻多了/～送走亲戚以后,他连着几天洗床单衣物,收拾房间/等我赶到火车站,火车已经开走了,没能给小王送行/等我回到家的时候,已经是晚上八点多了

而　ér　[连词　乙级]

可连接形容词、动词、谓词性词组以及分句、句子甚至段落。多用于书面语。

often used in written language to connect adjectives, verbs, phrasal verbs, clauses, sentences or paragraphs:

一、连接语义相对或相反的成分,表示转折。

used to connect two components or elements which are contrary in meaning; but; yet:

1. 连接语义相对或相反的词、词组、分句。有"但是、却、然而、倒"等的意思。

used to connect words, phrases or clauses which are contrary to each other in meaning, same as "但是、却、然而、倒":

> 他的房间小～整洁/对这种可怜～又可恨的人,老王毫无办法/今天是除夕,～他家却冷冷清清,没有一点儿过年的气氛/小李二十几岁了,～言语、行动还幼稚得像个孩子/这份合同中都是对消费者应尽的义务的规定,～对消费者应该享受的权利却一字不提,实在不合理!

2. 连接肯定与否定的成分,对比说明一件事。

used to connect two clauses, one affirmative and the other negative to explain something by making a comparison：

> 顾客不满意的是产品的质量不好，~不仅仅是价格偏贵/我们认为大力发展汽车工业有利于刺激经济，~不利于环境保护/有病应该及时去医院治疗，练气功不应该作为治疗手段，~只应该作为辅助手段/老年人的饮食不宜油腻，~宜清淡

3. 连接语义相对,而形式上像主谓词组的两个成分,含有假设的意味,有"如果、要是"的意思,后面需要有表结论的句子。

inserted between subject and predicate to indicate a condition, similar to "如果、要是"：

> 老师~不上讲台,只埋头写作,那称不上是真正的教师/有毒药品~不在包装盒上注明"有毒"二字,就是害人/喜剧片~令人看了想哭,倒成了悲剧了

二、连接语义上互相补充的词、词组、分句。表并列或递进关系。

used to indicate coordination by joining words, phrases, or clauses which are complementary to each other; and：

1. 连接并列的形容词、词组。

used to connect coordinate adjectives or phrases：

> 他们家摆放工艺品的原则是少~精/用微波炉加热食品快捷~方便/孩子的歌声清脆~响亮/这几套服装样式新颖~做工精细/在我的朋友中,小王最善良、最聪明,~又最有幽默感/这几样点心松软、清淡,~又最易消化,适合老年人

2. 连接有承接或递进关系的动词词组、分句。

used to connect successive verbal phrases or clauses：

> 找不到最合适的,我们不得不退~求其次了/天渐渐亮了,~大街小巷的行人、车辆也渐渐多起来了/我们急需懂计算机的人才,~来应聘的大学毕业生中就有三个是计算机专业的/各地的风味小吃各具特色,~山西是以面食闻名天下

三、把表示目的、原因、依据、方式、状态的词语连接到动词或动词词组上。

used to connect a verb with words or phrases indicating aim, cause, basis, manner, etc.:

1. "而"前面有"为了、因为、为、随、对"等词语。

used after "为了、因为、为、随、对":

为实现理想～奋斗/母亲因失望～流下了眼泪/他来拜访叔叔,叔叔由于讨厌他～闭门不见/计算机因为感染病毒～无法工作/目前,就大多数人～言,公共电汽车仍然是主要的交通工具/购买何种等级的商品依个人的经济状况～定

2. "而"前面有表示方式、状态的动词或形容词。

used after a verb or adjective indicating manner:

球星刚走出体育馆,球迷们就一拥～上,请他签名/我们乘船顺流～下,饱览两岸的风光/我们保证让顾客高兴～来,满意～去/车队缓缓～行,穿过广场

四、由…而…。多连接名词、形容词,表示由一个阶段或状态过渡到另一个阶段或状态。

used in the sentence structure "由…而…" to indicate a change from one state to another:

她气极了,脸色由红～白,又由白～红/一个人影由远～近,是小王/由秋～冬,由冬～春,转眼又过了大半年/她对他由失望～憎恨,彼此竟成了仇人一样

五、用于固定说法中。

used in fixed structures:

1. "一而再,再而三"。表示重复,常做状语。

used as an adverbial to indicate repetition:

队长曾经一～再,再～三地宣布过这项规定,你们必须执行/我一～再,再～三地原谅你的过失,实际上是害了你/他为了找工作,一～再,再～三地给人才交流中心打电话/你一～再,再～三地把顾客气跑,我不得不解雇你

2. "不得而知",表示不知道。

used to indicate not knowing:

工厂内部管理情况连班组干部也不得～知/他俩为什么离

婚？详细情况不得～知，也不便打听/这次水灾中伤亡人数
尚不得～知/小王突然离家出走的原因还不得～知

而且. érqiě ［连词　甲级］

表示递进关系，同时有加强语气的作用。

used for emphasis and indicating coordination：

1. 用于后一分句，常有"还、也、又、更"等配合使用。

used in the second clause of a complex sentence with "还、也、
又、更"；and；and also；moreover；in addition：

喝这种茶能保养精神，～还能降低血压/朋友们都参加了聚
会，～还带来了他们做的菜/小王多才多艺，歌唱得很好，～
舞也跳得不错/几年没见面，她一点儿没变老，～好像更年
轻了

2. 前一分句用"不但、不仅、不只、不光、不单"等。

"不但、不仅、不只、不光，or 不单，etc."is used in the first part
of a complex sentence and "而且" is used to connect the second clause；
but also；moreover：

我跟他是从小一起长大的朋友，我们不但了解彼此的性格，
～还熟悉彼此的爱好/坚持锻炼身体不但可以增进健康，～
还有助于培养坚强的性格/为了减肥，她跳健美操、喝减肥
茶，几个月下来，不仅一点儿没瘦，～又长了几公斤/武打小
说很吸引人，不只年轻人喜欢看，～不少老年人也喜欢看/
不光他去过西安，～我们大家也都去过/最近一段时间，不
单北京出现了少见的高温，～整个北方地区的气温都居高
不下

3. 连接句子。如果句子较长，"而且"后边可以有停顿。

used to connect sentences and a comma is used after "而且" if the
sentence is long；and：

这个假期他们打算骑自行车沿京广线旅行，途中除了游览
名胜古迹外，也参观一些工厂、机关。～，有可能的话，他们
还想访问几个普通的家庭/当一名出色的教师，要有丰富的

知识,要懂得学生们的心理,~,最重要的,要有一颗善良的
心

4. 连接意思相关的形容词、动词或副词。

used to connect adjectives, verbs, or adverbs which are correla-
tive to each other in meaning：

今年流行瘦~长的裙子/都市的街道,繁华~拥挤/我学过
法语,能读~能写/这个周末应该~必须完成这些作业

【辨析】 而且　并且　(见"并且"条)
compare 而且　并且　(see"并且")

反之　fǎnzhī ［连词　丁级］

表示转折,引出与上文相反的另一个意思或从正反两个方面说
明同一个道理。可连接分句或句子,后面一般有停顿,多用于书面
语。意思明确时,可以做某些省略。有时说"反之也一样"、"反之亦
然"。

connects two sentences or clauses and may be followed by a pause;
often used in written language to indicate that what is introduced by "反
之"is contrary to the foregoing statement or situation; also"反之也一样"
or"反之亦然"which means "and vice verse"; contrariwise; contrarily：

谁的工作热情高,成绩突出,公司就奖励谁;~,谁对工作没
兴趣,常出错误,公司就处罚他/广告宣传做得好,商品的销
售量就大;~,宣传跟不上,商品知名度低,势必打不开市场
/平和、愉快的心情有利于健康,~,愤怒、忧伤会损害健康/
我认为听力的好坏与词汇量的大小有很大关系,词汇量大,
听力就好;~,词汇量小,听力就差/应该根据场合选择服
装,如果你去参加正式的宴会,最好穿正式的服装;~,朋友
聚会就可以穿得随便些/房产的价格与位置关系很大,越靠
近市中心,交通越便利,价格也越贵,~也一样

否则　fǒuzé ［连词　乙级］

如果不是这样。用于后一分句的开头,表示对前一分句做出假

设的否定,并指出可能产生的结果,或提供另一种选择。有时与"的话"一起用。

used at the beginning of the second clause to introduce a possible result or a choice; sometimes used together with "的话"; otherwise; if not; or else:

1. 单独使用。

used independently:

你必须在一周内将罚款交到银行,~就取消你的营业执照/这几座旧楼房的电线必须检修、更换,~可能会引起火灾/马上通知病人家属到医院来,~,动手术前谁来签字? /奶奶一定是有急事找你,~的话为什么催你回去? /现在出发还来得及,~的话就得赶下一班飞机了/我得赶紧学电脑了,~的话,将要落后于时代了

2. 除非…,否则…。

used in the structure 除非…,否则…:

除非你正式道歉,~我们不再见你了/除非你用特快专递(EMS)寄去,~可能来不及/除非你静下心来好好看一看,~理解不了这本书的内容/除非你保证再也不喝酒、不打麻将了,~的话我一定要离婚/除非我们现在就去买票,~的话,很可能看不上演出了/除非他是故意的,~的话,怎么跟爷爷说话那么不客气?

【注意】　NOTE

"除非…,否则…"实际上是"除非…,才…,否则…"的紧缩格式,例如上面所举的第一个可以说成:"除非你正式道歉,我们才见你,~我们不再见你了"。

the completely structure for "除非…,否则…" should be "除非…,才…,否则…".

【辨析】　不然——否则

compare　不然——否则

"否则"没有"不然"的第二用法,即"否则"不能表示选择。

"否则"can not be used to indicate a choice.

跟   gēn   [连词　甲级]

表示并列的联合关系。一般连接名词、代词或名词词组。多用于口语。"跟"前后两者的位置一般可以互换。

often used in spoken language as a conjunction to join two or more items; and; with:

> 小李~我都是大学三年级的学生/红茶、绿茶~花茶我都喜欢喝/据说,吃苹果~香蕉对身体非常好/妈妈~爸爸都不同意我考外地的大学/鞭炮~焰火都属于危险品,不许带上火车

固然   gùrán   [连词　丙级]

一、表示承认某个事实,引起下文转折。"固然"多用于主语后,后一分句中常有"但是、可是、不过、而、却"等呼应。

acknowledging a statement before raising one's main argument, often followed by "但是、可是、不过、而、or 却", etc. in the next clause; no doubt; it is true; admittedly; to be sure:

> 小王~有急躁、爱发火的缺点,但他对人热情,诚实可靠,朋友们都喜欢他/她的工资~不高,不过她善于计划,生活得很富足/冰淇淋~美味可口,但爱美的姑娘们却要当心,吃多了会发胖的/小刚~不如小强那么机灵聪明,可小刚勤奋好学,喜欢思考,将来说不定要超过小强

"固然"有时出现在重复的同一形容词之间,组成"形 + ~ +形"格式。

sometimes used between reduplicated adjectives to form the structure "adj. + ~ + adj.":

> 这种音响效果好~好,可是价格太贵/他的演讲长~长,但是内容生动有趣,听众反应很好/这本书的封面漂亮~漂亮,只是根本不像学术著作/住在市区内方便~方便,不过环境不如郊区安静,空气也不如郊区清新

二、表示承认某个事实,同时也承认另一个事实。前后语义没有转折,而是进了一层。常跟"更、也"配合使用。

often used together with "更、也"to coordinate two statements：

在大公司工作~好,可我认为在小公司更能表现自己的能力/自己包饺子~费些时间,不过更合自己的口味/你刚学钓鱼,钓得到~值得高兴,钓不到也没关系/问问小王吧,他能参加~好,不能参加我们的人也够了

【辨析】 虽然　固然

compare 虽然　固然

(1)都表示承认某个事实,"虽然"还侧重于让步,引起下文转折的语气也比较强。

"虽然"stresses concession with stronger tone.

虽然他没上过大学,但在工作中靠勤奋好学弥补了知识上的不足。

他固然没上过大学,但在工作中靠勤奋好学弥补了知识上的不足。

(2)"虽然"没有"固然"的第二种用法。

"虽然"doesn't have the second usage of "固然".

(3)"虽然"可以用在主语前,也可以用在主语后,"固然"一般用在主语后。

"虽然"can be placed before or after the subject, while "固然"usually is placed after the subject：

例如：

他虽然只有十八岁,但说话办事都很成熟。

虽然他只有十八岁,但说话办事都很成熟。

他固然只有十八岁,但说话办事都很成熟。

×固然他只有十八岁,但说话办事都很成熟。

还是　háishì　[连词　甲级]

1.用在疑问句里,表示选择。可以几个"还是"连用,也可以省略第一个选择项里的"还是"。

used in a question to indicate choice, several "还是"can be used in one sentence; or:

> 今天下午的会，~你去？ ~我去？ /你~赞成~不赞成？ /
> 去上海的飞机是3点半~4点半？/假期的旅行,咱们先去
> 哪儿？先去西安，~先去四川？ ~先去桂林？

2. 用在陈述句里。表示不确定的看法。

used in a declarative sentence to indicate uncertainty:

a. 句中要有"不知道、记不清、忘了"等表示不确定意思的词
   语。

"不知道、记不清 or 忘了"should be used in the sentence to indicate uncertainty:

> 我也不知道他是韩国人~日本人/谁都不记得他星期三~
> 星期四走的/时间太长了,我已经记不清这个建议到底是小
> 王~小张提出来的了/我真的忘了是王老师~李老师告诉
> 我这个消息的了

b. 提出选择的项目，再进一步提出自己的看法。

   giving words or phrases that are opposite in meaning first and
   then put forward the speaker's view:

> 你的意见对，~不对,要由事实来证明/你说的是真话,~假话,
> 等老王来了就一清二楚了/去好，~不去好,你自己拿主意吧

3. 用在固定格式里。"不管/无论/不论…还是…，都…"，表示
不受所说的情况影响。

used in the fixed structures"不管/无论/不论…还是…，都…"
to indicate what mentioned above will not influence the situation;
whether...or...:

> 不管刮风~下雨,他都是第一个到办公室的人/无论他以前
> 对我好~不好,我都会帮助他/不论这双鞋贵~不贵,我都
> 得买,因为我必须给太太买一件礼物回去

好 hǎo ［连词 丙级］
   用于后一分句,引出目的。常用于句首,也可用于主语之后。多

用于口语。

spoken language, used at the beginning of a sentence or after the subject; for the purpose of; in order to; so that：

> 把你的电话号码留给我，有事~通知你/红的、黑的你都试试，~比较比较/请您用普通话演讲，~让大家都听明白/妈妈准备了茶和咖啡，客人们~边喝边聊/小王希望多来几位外国朋友，他~有机会用用外语

何况　hékuàng　［连词　丙级］

一、用于后一分句，引出更进一层的意思，往往带有反问的语气。"何况"前面可以加"更、又"，后面可以加"又"。前一分句中常有"尚且、都、还、连…都/也…"等呼应。

used in the second clause in a rhetorical question, "更 or 又" can be placed before it and "又"can be placed after it; "尚且、都、还、连…都/也…"is often used in the first clause; let alone; moreover; furthermore：

> 他跟初次见面的人都能聊得很开心，更~老王是跟他从小一起长大的朋友？/那条山路非常危险，许多专业的登山运动员尚且不敢尝试，更~我们这些业余的登山爱好者/这么炎热的天气，在房间里不活动还浑身出汗，~在室外顶着烈日抢修公路呢？/小李爱热闹，周末的小聚会都不肯错过，又~这么大型的圣诞晚会呢？/那里地势高，空气稀薄，当地人尚且常常觉得头痛、喘不过气来，更~又是刚来的外地人

二、用于后一分句，补充或追加更进一步的理由，相当于"况且"。

used in the second clause to give more reason, same as "况且"：

> 大家好不容易聚在一起，~今天又是周末，多喝几杯酒吧/小王比较懒散，受不了严格的工作时间，~现在找工作也非常困难，所以他毕业后一直在家闲着/两个人的兴趣差别很

大，~交往的时间也不长，所以说分手就分手了/咱们去他家做客得买点儿水果，~他们家还有老人/我早就看出他们的报纸办不下去，因为已经有三家体育报了，~他们的报纸也没什么特色

【辨析】　何况　况且　（见"况且"条）

compare　何况　况且　（see"况且"）

和　hé　[连词　甲级]

表示平等的并列关系。用"和"所连接的成分一般是同类别的（如都是名词、代词或都是形容词、动词）或者是结构相近的短语。不能连接分句或句子。

used to connect coordinate elements in a sentence, can't be used to connect clauses or sentences：

老师~学生，老板~雇员永远是一对矛盾/王明~李红这一对夫妻，是从小一起长大的好朋友，可谓青梅竹马/会见在亲切~友好的气氛中进行/请你做进一步的补充~说明/大家对这个问题进行了研究.~探讨

【注意】　NOTE

(1) 连接成分在三项以上时，"和"一般放在最后一项的前面，前面的部分彼此之间用顿号连接。一般同一个句子中不能用两个"和"。

"和" is used between the last two elements in a sentence with more than three components to connect：

如：

我的房间里有桌子、椅子、书架和一张床/他参加的比赛项目有三个：跳远、100米跑和200米跑/慢跑、骑自行车、游泳和爬山都有利于减肥

(2) 由"和"连接的并列的动词或形容词结构一般不能单独做谓语，如果做谓语，这个结构的前边或后边一定有共同的附加成分或连带成分。

the coordinate verbs or adjectives connected by "和"

can't function as predicate independently, other additional element should be used before or after the structure:

如:

经过几年工作的磨炼,他变得更加精明~老练了/我们应该学会独立地去观察、思考~判断一些问题/我们要积极研制~开发市销对路的新产品

下面的句子是错句:

×① 他们对我热情和友好。

×② 王教授的发言简短和有力。

×③ 孩子长得白和胖。

×④ 她高兴得叫和跳。

①②应把"和"改为"而"。③④应用"又…又…"格式。

"而"should be used in the first two sentences and "又…又…"structure should be used in the next two sentences.

或 huò ［连词 乙级］

意义、用法同"或者"。

same as "或者":

我们需要一个人帮忙,小王~小刘都行/这是我的名片,有事给我打电话~发传真/小王常给我打电话,~清晨,~中午,~深夜,总之是专挑你睡觉的时候/食补~食疗,是一种靠调整饮食来治疗疾病、保养身体的办法/既然想减肥,那么无论节食~锻炼,都必须坚持

或是 huòshì ［连词 丁级］

同"或、或者"。

same as "或、或者":

明天~后天,我们开个会,好好研究一下这个问题/十个人足够了,小王参加~退出,影响都不大/星期天弟弟很少在家,他~到图书馆看书,~到郊外游玩/我的旅行路线还没确定,~向西走丝绸之路,~向南奔经济特区/无论你打算

毕业后上研究生～到公司工作,现在都不要放松外语学习/
周末女儿从学校回来,爸爸妈妈～包饺子,～烤蛋糕,～烙
馅儿饼,总之想方设法给女儿做好吃的

或者 huòzhě [连词 甲级]

一、表示选择,提出两种或多种可能性,从中选择一个。

used to indicate a choice; or:

明天我请客,吃中餐～西餐都行/我要个鲜艳颜色的,红的
～黄的/有问题问我～问老王都可以/你别不说话,～同意,
～反对,总得说出来/小王明年就要毕业了,～出国留学,～
在北京工作,～去南方发展,他一直拿不定主意/你得选一
门选修课,汉语语法、古代汉语～中国文化

二、表示两种或两种以上的情况交替出现。

used to indicate two or more situation appear alternatively;
either...or...

我平时不做饭,～在食堂吃,～回父母家吃/他们几个下班
后常聚在一起,喝茶聊天～锻炼娱乐/我们这里的年轻人个
个多才多艺,～能歌善舞,～能写会画/节假日小王从不闲
着,～去公园散步,～去商场购物,～去电影院看电影

三、表示等同。

used to indicate same item:

研究汉语语法应该以词组～短语为单位/番茄,～说西红
柿,在北方是一种极为普通的蔬菜/这一带有好几家小型的
美容美发店,～叫发廊/你做事不分轻重缓急,～按俗话说
的,眉毛胡子一把抓,怎么能提高效率?

四、表示包括所有的情况,用于"无论、不论、不管"之后。

used after "无论、不论、不管" to indicate everything is
included; whether...or...:

无论成功～失败,对他来说,并不重要/不论刮风～下雨,他
都准时来医院上班/这几年经济不太好,不管是文科专业毕
业的～是理科专业毕业的,都不太容易找工作/他可能离开

这里了,无论打电话~写信,都联系不上

及 jí ［连词 乙级］

表示并列关系。连接名词性成分。多用于书面语。

used in written language to join two or more nouns or nominal phrases; and:

1. "及"连接的词语在意义上有主次之分,不能颠倒,语义重点在"及"之前。

the noun or nominal phrase following "及" is subordinate in meaning and the order is unchangeable:

学校南门外有家小店,卖鲜花、礼品、文具~其他小商品/学生要系统学习必修课程~选修课程/这十年来他创作了两部长篇小说,十篇中篇、短篇小说~多篇杂文、随笔等/小王一早儿就去食品店采购了鲜肉、蔬菜、鸡蛋~各种调味品

2. "及"连接的词语在意义上没有主次之分,可以颠倒。

the nouns or nominal phrases connected by "及" are coordinate in meaning and their order is changeable:

他的摄影作品内容丰富,包括风景、人像、动植物~建筑/本店经营服装、电器、日用百货~工艺品/到我们公司之前,小王干过会计、秘书~接待员/卧室的墙壁宜选择淡雅的颜色,如浅绿、粉红、奶白~浅蓝

3. "及其"。固定词语,意思是"和他(他们)的"。

"及其" is a fixed pattern meaning "and his, her or their":

各国运动员~其教练、医生已陆续到达北京/学生~其家长都向老师表示了感谢/花店出售各种鲜花~其专用的土壤、肥料/选购计算机之前应该了解计算机的种类、型号~其功能、价格

【辨析】 及　以及

compare 及　以及

(1)"及"只能连接名词性成分,"以及"既可以连接名词性成分,又可以连接动词性成分。

"及"is used to join nominal elements while"以及"can be used to connect nominal and verbal elements.

(2) "以及"所连接的各部分可以有类别之分。

"以及"can be used to join items in different groups:

例如:"请家人、亲戚、朋友以及上司、同事来家聚会/招聘条件是:大学以上学历、懂外语、具有独立工作能力,以及五官端正、30岁以下的女青年",这两例中的"以及"不能换成"及"。

"及"can't be used in the sentences above.

(3) "以及"前面可以有停顿,"及"前不能有停顿。

a pause can be used before"以及".

即便 jíbiàn ［连词　丁级］

意义、用法与"即使"基本相同。

same as "即使":

他有写日记的习惯,晚上～再累再困也要写完日记才休息/这么重要的事情,～你不提醒我也忘不了/～他的化装术再高明,当父母的也能一眼就认出自己的儿子/这儿的风景太美了!～是我这样从不写诗的人也想写首诗赞美一番了/放心吧,～是我一个人也能照顾好奶奶/爸爸妈妈别担心,～不复习我也能通过这次考试

即使 jíshǐ ［连词　丙级］

表示假设或让步。相当于"就是"、"就算"。基本句型是"即使…也/还…"。可以用在主语前,也可以用在主语后。

used to indicate assumption or concession in the sentence structure "即使…也/还…", "即使"can be placed before or after the subject; even if; even though:

1. 引出假设的情况,后面再强调结果不受这种假设的影响。

used to introduce an assumed situation and the following sentence stresses that the assumption will not influence the result:

老李是内向的人,~心里很愤怒,表面上也看不出来/~用世界上最贵的化妆品也不能把六七十岁的人变成十六七岁/你把问题告诉我,我~回答不了,还可以去问别人/我爷爷最讨厌做投机生意的人,他~有钱也不会借给你/这么无聊的工作,老板~多给两倍工资,我们也不做了

2. 引出退一步的说法,后面再进一步证实这种说法。

used to introduce a concessionary situation and then prove it:

我不认识王刚,~以前见过也没什么印象/我们该买黄油了,家里~还有些也不多了/我想去旅游,~不去外地也得在郊区转转/小强这一年又长高了不少,~到不了爸爸的肩膀也差不了太多

【辨析】 虽然 即使

compare 虽然 即使

(1) 都表示让步,但"虽然"表示的是已出现的事实,而"即使"表示的是假设性的让步,例如"虽然今天天气很冷,我们还是坚持锻炼","即使天气再冷,我们也要坚持锻炼"。

both are used to express concession,"虽然"is used to stress the fact that happened already, while"即使"is used to indicate an assumed concession.

(2)"虽然"后面常用"可是、但是、还是、仍然"等呼应,"即使"后面常用"也、还"等呼应。

"虽然"is often followed by"可是、但是、还是、仍然"while"即使"is followed by"也、还".

既 jì [连词 乙级]

一、同"既然"。用于第一分句,表示承认某一事实或前提,后一分句根据这个事实或前提做出推断或结论。只能用于主语后。多用于书面语。

written language; used in the first clause of a complex sentence to acknowledge some fact and an inference is made based on the fact; it can only be placed after the subject; since; now that:

文章~要写,就要写好,否则不如不写/病人~愿配合,医生
治疗起来就顺利多了/你~知事件的真相,就不应该沉默/
她~爱看芭蕾舞,就一定不会错过这么精彩的演出
二、连接并列成分,表示两种情况同时存在。

used to join two coordinate elements:

1. 既…也…。连接两个结构相同或相似的分句。

既…也… is used to connect two clauses in the same structure:

老先生~精通英语,也精通日语/父母~不愿意去城里,儿
女也不愿意来乡下,因此一家人很少团聚/选一座理想的住
宅很费脑筋,~要考虑房屋结构,也要考虑居住环境

注意　NOTE

主语不同而谓语相同的分句,不能用这一格式。

two subjects share one predicate can not be used in this sen-
tence structure:

例如不能说:"×父母~不愿意去城里,儿女也不愿意去
城里"。

2. 既……又……。连接结构和音节数目相同或相似的形容词、
动词及动词词组。

used to connect parallel adjectives, verbs or verbal phrases:

孩子~天真又可爱/小王才二十几岁,但为人处事~成熟又
老练/才下了一场雨,空气~清新又凉爽/喝茶~消除疲倦,
又保养精神/幼儿园对孩子们照顾得很周到,~让他们吃
饱,又让他们吃好/父亲~是他慈祥的长辈,又是他亲密的
朋友

【辨析】　既　既然　(见"既然"条)

compare　既　既然　(see"既然")

既然　jìrán　[连词　乙级]

用于前一分句,引出事实或前提,后一分句根据这个事实或前提
作出判断或结论,常用"就、也、还"呼应。

often used together with "就、也、还"; used in the first clause of a complex sentence to acknowledge a fact and then an inference is made in the second clause; since; now that:

1. 可用于主语前或主语后。若前后分句主语相同,"既然"多用于主语之后。

　　used before or after the subject, if the subjects in the two clauses are the same, it is often used after the subject:

　　　~大家都到齐了,我们就出发吧/~你们都反对这项计划,我也就不再坚持了/~主人这么热情地邀请我们吃饭,我们就不客气了/你~把工作交给了小王,就应该信任他/老王~答应帮忙,那一定不会失信的/我们~都相信法律是公正的,也就不用再争吵了,等待法院的判决吧

2. 后一分句的判断或结论可以用问句或反问句的形式表示。

　　the inference in the second clause can be in question or rhetorical question:

　　　~你们之间没有误会,为什么见了面像仇人似的?/~你买了那么多新衣服,怎么还老穿这件旧的?/~大家都没什么事了,何不一起玩儿玩儿,热闹热闹?/你~这样决定了,还后悔什么呢?/你~认为服务员欺骗了你,为什么不去投诉呢?

【辨析】　既　既然
compare　既　既然

　　　(1)"既然"可以用在主语前,"既"不能。

　　　"既然"can be placed before the subject.

　　　(2)"既然"没有"既"的第二种用法,不能表示并列关系。

　　　"既然"can not be used to connect coordinate elements.

加以　jiāyǐ　[连词　乙级]

引出进一步的原因或条件。多用于后一分句的开头。

used at the beginning of the second clause to introduce additional reason or condition; in addition; moreover:

> 小王不注意饮食卫生,~最近常开夜车,一下子就病倒了/
> 他学画画有名师指点,~自己又特别用功,进步很快/她歌
> 唱得好,~舞台形象又漂亮,很快就成了小有名气的歌手/
> 这一带山清水秀,~草木繁多、空气清新,于是成了有名的
> 游览区

【注意】 **NOTE**

下面的例句中,"加以"是动词。动词"加以"必须带双音节
动词宾语。"加以"没有具体意义,真正表示动作的是后面
的动词。

in the following sentences, "加以" is used as a verb with
no specific meaning:

> ① 群众的生活困难要尽快加以解决。
> ② 这两个词语的区别应该加以说明。
> ③ 要对学习中遇到的困难加以分析,找出造成困难的
> 原因。
> ④ 把各项数据输入计算机加以对比。
> ⑤ 挑选有代表性的事例加以介绍。

假如 jiǎrú [连词 丙级]

与"如果"的第一种用法相同。"假如…"后面可带助词"的话"。
主句中常用"就、那、那么"等呼应。

same as the first usage of "如果", "就、那 or 那么" is often used in
the main clause; if; supposing:

1. 假如…(的话),…。

> ~广告宣传的规模再大些,我们就能争取到更多的客户/
> 明天雪停了的话,我要去拍些雪景照片/~哥哥、姐姐他们
> 也在北京的话,这个春节就热闹多了

2. …,假如…(的话)。

> 明天你们就可以拿到书了,~他们下午把书送来的话/或许
> 你能坐小李的车回家,~他今天能按时下班回家的话/丽丽

的全部运动就是穿上漂亮的游泳衣在海滩上晒太阳,或是穿上时髦的运动鞋在操场上走来走去,~这些也能称得上是"运动"的话

3. 上下文清楚时,可以用"假如…呢?"单独提问。

when the context is evident, "假如…呢?"can be used to ask question independently:

A:如果商品有质量问题,商店可以给您退换。B:~质量没有问题,只是我不喜欢了呢? /A:衣服沾上了牛奶、果汁什么的,用这种特殊的洗衣粉就能洗掉。B:~沾上了汽油呢? /A:我们下午就搬家吧,我找几个朋友来帮忙。B:~你的朋友都有事来不了呢?

假设 jiǎshè [连词 丁级]

用于前一分句,承认一个假设的情况,后一分句再根据这个情况得出结论,常用"那、那么、就"等呼应。

used at the head of the first clause to acknowledge an assumed situation, and an inference is made in the second clause; "那、那么 or 就"is often used in the second clause:

~他回家时经过这个路口,那他一定会发现这个广告牌/~我只有一百块钱,我会用九十元买 CD,10 元买面包/~这一期杂志能卖到五万册,那么我们就至少拥有五万个读者了/~你赶得上明天中午那趟飞机,后天一早就可以达到那里了

鉴于 jiànyú [连词 丁级]

用在表示因果关系的复句里,指出动作行为的原因或理由。一般出现在句首。

used at the beginning of a complex sentence to indicate the cause or reason of some action; in the view of; considering; seeing that:

~山里竹子资源非常丰富,他们决定建一个竹制品加工厂/~最近异常的天气变化,气象台提醒人们要时刻注意地震

的发生/～亚洲近年来经济快速增长,世界经济界人士预测,下世纪将是亚洲的世界/～他主动交代了自己的罪行,并配合政府抓获了其他犯罪分子,政府决定对他从轻发落

接着　jiēzhe　[连词　甲级]

表示某一动作或情况在另一动作或情况之后发生。强调两种动作或情况之间的时间间隔不长。后面多有停顿,常与"又"、"便"、"就"等词语配合使用。

often followed by "又"、"便"or"就", used to indicate that the second action takes place right after the first one, a comma can be used after it:

小王从地上爬起来,掸一掸身上的土,～一瘸一拐地往前跑/他喝了一口水,～又往下说/那辆汽车将货物卸下来,～便迅速开走了/一阵狂风过后,～就是倾盆大雨从天而降/演出结束了,观众席中先是短时间的沉默,～,爆发出一阵雷鸣般的掌声/他以优异的成绩从大学毕业,～,又被选派到国外留学。

有时为了强调时间间隔的短促,也可以说"紧接着"。

sometimes "紧接着"is used to stress the short period of time between the two actions:

下午4时15分,大楼的二层突然响起一声巨大而沉闷的爆炸声,～,一层又响起一声巨大的爆炸声,一些易燃品被烧着了/一道刺眼的电光闪过之后,～是震耳欲聋的雷声

【注意】　NOTE

下面句子中的"接着"是动词,表示活动(在某一动作行为或情况之后)连下去,延长下去,后面没有停顿。

in the following sentences, "接着"is used as a verb to indicate that the action is carried on without a pause:

如:"放下电话,她回到床上,想接着睡/把客人送走后,他接着复习功课/我讲完以后你接着讲"。

结果 jiéguǒ ［连词 甲级］

表示在一定的阶段,事物发展所达到的最后状态。

used to indicate the last statement of something; as a result; finally; in the end:

> 他到城里去看亲戚,～扑了个空/都怪你当时犹豫不决,没给孩子报名,～失去了一次好机会/北京队输给了上海队,～北京队没能参加决赛/他不懂做生意却非要试试,～赔了两万多块钱/他常常说谎骗人,～失去了朋友们的信任/小王没赶上末班地铁,～只好打了一辆出租车回家

尽管 jǐnguǎn ［连词］

表示让步,姑且承认某种事实,相当于"虽然"。

same as "虽然", used to indicate a concession:

1. 尽管…,但是/可是/然而/可/还是/仍然/却…。

   although; though:

   > ～老李已经六十多岁了,但他幽默、开朗,年轻人都喜欢他/～孩子们都在城里安了家,可是母亲却愿意一个人在乡下生活/～大家都称赞那部新书,可小李还是一点儿也看不下去/～我一连给他去了三封信,可他还是不肯原谅我/老王～并不喜欢儿子的女朋友,却不表现出来

2. …,尽管…。

   even though; although:

   > 我可以试试,～我并没有太大的把握/这些艺术品太令人感动了,～它们并不是出自名家之手/这样一改效果好多了,～只是把袖子改短了些/他很讨厌妻子的朋友,～他只跟她见过一面/我跟小刘是最好的朋友,～有时候也吵几句

【辨析】 尽管 不管

compare 尽管 不管

   (1)"尽管"表示让步关系,引出事实,"不管"表示条件关系,引出假设。

   "尽管" is used to introduce a fact, while "不管" is

used to introduce an assumption.

(2)"尽管"后面不能用表示任指的词语,"不管"后需要用表示任指的词语。

words such as "多少" can not be used after "尽管"

比较:

① 尽管花了这么多钱,但治好了孩子的病,很值得。

② 不管花多少钱,都要治好孩子的病。

③ 尽管工作很苦,工资很低,他还是坚持干下去。

④ 不管工作多苦工资多低,他都要坚持干下去。

进而 jìn'ér [连词 丁级]

用于后一分句,表示在前面已指出的情况下更进一步。"进而"前面可以有"又、再、才、并"等。常用于书面语。

written language; used at the beginning of the second clause to indicate a further statement, often followed by "又、再、才 or 并":

人事经理先看了他的履历表,~又询问了他的一些具体情况/这些年香港人学习普通话的热情很高,~出现了许多学习、研究普通话的民间团体/大会代表提出了几项投资计划,并~一一讨论了这些计划的可行性/医学家们经过研究,发现了导致这种疾病的病因,又~研究治疗这种疾病的方法

就 jiù [连词 甲级]

一、表示假设的让步。有"即使、就是"的意思。句中一般有"也"呼应。只用于主语后。

used after a subject to indicate assumed concession, meaning"即使、就是"; often used together with "也"; even if; even though:

你~不告诉我,我也能知道/今天~有雨也不会太大/这个问题真复杂,~厂长来了,也不一定能解决/你别骗我了,我~再糊涂,也不至于糊涂到这种地步,连老朋友都不认识了

二、表示轻微的转折。用于复句中的第二分句前,对前一分句

进行补充、说明。用于主语后。

used at the beginning of the second clause to convey a slight contrast, and introduce a supplement or revision to the first clause; only:

> 这件大衣你穿挺好看的，～颜色稍微深了点儿/我们家新买的房子各方面的条件都不错，～交通不太方便/他的女朋友长得很漂亮，～个子有点儿矮/他学习非常努力，～考试成绩老是不高

就算 jiùsuàn [连词 丁级]

表示假设或让步，相当于"即使"。后面常用"也、还、又"等呼应。多用于口语。

spoken language, same as "即使"; even; even if; even though:

> 这本书太吸引人了，～一夜不睡，我也要读完它/妈妈特别疼爱自己的女儿，～自己一年到头不买一件新衣服，也要把女儿打扮得漂漂亮亮的/合唱队要求很严格，～你想参加，还不一定能考上呢/妹妹没考好，躲在房间里哭。其实～她哭上一整天，又有什么用呢？

看来 kànlái [连词 乙级]

根据客观情况，做出估计或推测。可连接分句、句子或段落，可以有停顿。

used to indicate an estimation or conjecture, it may link clauses, sentences or paragraphs, and a pause can be followed after it; it seems; it appears; it looks (as if, as though):

> 电话一直打不通，～我得亲自去一趟了/都快十点了，小王还没来，～他又睡过头了/她从始至终不说一句话，～是不满意我们的安排/我给小李讲了好几遍，她就是不懂。手把手地教，她也学不会。～，她不适合做这项工作/这位老爷爷常来报亭买报纸、杂志，还常常买《作文报》和《儿童画报》。～，他家有一个正在上小学的孩子/连续几个月，这家商场的营业额一直很低。这里的购物环境不错，广告宣传

也做了不少,最近还增加了许多新商品。~,商场得做做市场调查,找出原因,再对症下药

可见　kějiàn　[连词　丙级]

可以看出;可以想像出。"可见"用于句首,引出根据上文的现象或事实所做出的判断或结论。可连接分句、句子或段落。"可见"连接长句或段落时,也说成"由此可见",语气更重一些。"可见"后面可以有停顿。

usually used at the beginning of a sentence, clause, or paragraph to introduce what is inferred from the phenomenon or fact related to the previous context; "由此可见" is used when joining long sentences or paragraphs with stronger tone, a comma can be used after it; it is thus clear or evident that:

房间里到处是灰尘,~这里已经好久没人住过了/他连基本的常识都不懂,~没受过什么教育/连续几周,这个歌星的磁带和CD都没卖出去。~听众还没接受他/老王没留神摔了一跤,躺在地上半天起不来。~,他摔得不轻/邻居的老爷爷花了一个月的时间,学会了电脑的汉字笔画输入方法,电脑的其他功能也掌握了一些。由此可见,电脑并非只属于年轻人,老年人也能学会操作/全国农业人口占人口总数的一半以上,而农业生产总值只占国民生产总值的百分之二十。由此可见,农业的生产水平还十分落后

可是　kěshì　[连词　甲级]

表示转折。引出与上文相对的意思或限制、补充上文。常与"却、还、也、仍然"等配合使用。

used to indicate transition, often used together with "却、还、也 or 仍然"; what follows is either contrary to what precedes it or restricts or supplements what precedes it; but; yet; however:

我想学游泳,~没有人教我/还没到夏天,~天气却热得要命/我俩一起吃过几次饭,跳过几次舞,~我还不了解他/这

次考试想考 100 分不大容易,~考不及格也不大可能/虽然我们好几年没见面了,~我在电话里仍然听得出他的声音/尽管他很不满意这种安排,~他并没有说什么

【辨析】 但是 可是

compare 但是 可是

(1)"但是"的转折语气较重,"可是"轻一些。

"但是"has a stronger tone.

(2)"但是"在书面语、口语中都用,"可是"多用于口语。

"但是"can be used in written or spoken languages, while "可是"is usually used in spoken language.

(3)"但是"可连接词组,"可是"一般不连接词组。

"但是"can be used to join phrases, while"可是"can't.

况且 kuàngqiě [连词 丙级]

表示进一步说明理由或者补充、追加新理由。常与副词"也、又、还"等配合使用。可连接分句、句子和段落。

used to give further reason or complement, often used together with "也、又、还"; moreover; besides; in addition:

那个地方很偏僻,~天也黑了,我们陪你去吧/这个球星最近表现得不太好,~报上又登出了关于他的丑闻,球迷对他非常失望/我奶奶一直把你当成孙女一样,~她又特意下厨房炒了你爱吃的菜,你就在我家吃顿饭,跟她老人家说说话吧/我很尊重他,因为他是我的长辈。~,在我最困难的时候,只有他帮助我、支持我/我建议你别买那个小区的住房。那一带没有商店,离市区又远,生活很不方便。~那儿还没有小学,将来孩子上学的问题如何解决?

【辨析】 何况 况且

compare 何况 况且

"况且"没有"何况"的第一种用法,即"况且"不能用反问的语气引出更进一层的意思。

"况且"doesn't have the first usage of "何况".

连同 liántóng ［连词　丁级］

引出有关的人或事物。含有"和…一起"、"包括"的意思，后面常有"一起、一道"配合使用，多用于书面语。

written language, often used together with "一起、一道"; together with; along with：

> 他的样子～他的那些趣事，我还记得很清楚／三个月前我就把申请表～各种证书的复印件一起寄给了那家公司，可是至今没有回音／推销员把产品的介绍～小包的试用品，一起发给了顾客们／刘冬红着脸把一束玫瑰花～一首小诗交给了圆圆

免得 miǎnde ［连词　丙级］

用于后一分句的开头，表示避免发生不希望的情况。

used at the beginning of the second clause to indicate that the previous action aims to prevent the occurrence of the following action; so as to avoid; so as not to：

> 你俩别吵架了，～伤了感情／做决定之前你要考虑清楚，～将来后悔／你最好今天晚上就把衣服都找出来，～明天早上来不及／我不想把真相告诉她，～她太难过了，犯心脏病／出门在外要常常给家里写信，～父母担心

哪怕 nǎpà ［连词　乙级］

表示让步关系。与"即使"、"纵使"等类似。后边常用"都、也、还、总"等呼应，多用于口语。

spoken language, same as "即使"、"纵使"; often used in conjunction with "都、也、还 or 总"：

1. 用于第一分句，引出说话人认为是达到了某种极限的情况。

    used at the beginning of the first clause to introduce some ultimate situation the speaker thinks; even if：

~所有的人都反对我的意见,我也要坚持下去/~你给他山珍海味,他都不想吃/~加班到深夜,小王都不忘记日记/~你磨破了嘴皮子,他还不一定相信你呢/~他跑到天边,我都有办法找到他

2. 用于第二分句,强调和突出第一分句的意思。

used in the second clause to emphasize what mentioned in the first; even:

我必须跟你谈谈,~只谈一小会儿/小王跟谁都能谈得来,~是初次见面的陌生人/明天我一定把计划做出来,~一夜不睡/把你的新玩具给我玩儿玩儿吧,~只玩儿十分钟

那 nà [连词 甲级]

表承接关系,同"那么",多用于口语。

spoken language, same as "那么"; then; in that case:

要是你们太忙,~咱们就过一段时间再聚会吧/要是没人告诉他,~他根本不可能知道这件事/如果你对这份工作还满意,~就好好儿干吧/既然饭菜都准备好了,~我们就边吃边谈吧/A:我一到北京,马上给你打电话。B:~我就等你的电话了/A:孩子昨晚上发烧,还拉肚子。B:~你得带他去医院检查检查,别耽误了

那么 nàme [连词 甲级]

表示承接关系。顺着上文的语意,引出应有的结果或判断。前面常有"如果、要是、既然"等;后面一般停顿。常与副词"就"配合使用。可连接分句、句子,也可以连接段落。

used to connect clauses, sentences or paragraphs, often collocates with "就", and "如果、要是 or 既然"is often used in the first sentence; then; in that case:

如果大家都没什么意见,~我们就这么决定了/病人要是不能尽快地送到医院治疗,~就很可能会有生命危险/既然大家都到齐了,~,我们就开始讨论吧/心理学的试验表明,大

多数人在学习语言的先天条件上并没有多大差异。～,为什么总是有些人学得好,有些人却学不好呢? /胖人不仅体内脂肪过多,脂肪的合成速度也超过正常人。～,要解决肥胖问题,就不仅仅要分解掉多余脂肪,还要降低体内脂肪的合成速度/普通楼房的卫生间一般都很小,空气流通也比较差。～,在卫生间里安装排风扇,就可以使里面的空气保持通畅,也有利于健康

难怪 nánguài [连词 丙级]

用于句首,表示明白了原因之后,对"难怪"引出的某种情况不再感到奇怪。

used at the beginning of a sentence to indicate that since the speaker has known the cause of the matter, he or she is not surprised at what has happened; no wonder:

1. …,难怪…。

原来你看过这本小说,～你知道最后的结果/小王是他的弟弟,～他俩长得这么像/这个老师是山东人,～他讲话我们听不太懂/原来北京烤鸭要用薄饼卷着吃,～服务员端来了饼和葱

2. 难怪…,…。

～他这几天买了那么多东西,原来要结婚了/～小胖大中午的在操场上跑步,他正在减肥呢/～他总是笑眯眯的,刚刚提了工资/～老刘买了好几套外语书,他退休后又上了老年大学了

【注意】 NOTE

(1)"难怪"用于形容词前时,形容词前常有"这么、那么"等表示程度的词语。

"这么 or 那么"is often used between "难怪"and the adjective.

如:她过去干过新闻记者,～这么厉害/孩子把香水瓶摔碎了,～屋子里这么香/他俩一起工作过三年,～那么熟

悉/他考试都通过了,~那么开心。

(2) 下面的例子中,"难怪"是动词,意思是不应该责怪.

in the following sentences, "难怪" is used as a verb with the meaning of understandable or pardonable:

① 这也~,爷爷奶奶太疼爱孙子了,什么活儿都不让他干。

② 他们把你的姓写成了"王",因为"黄"和"王"我们家乡话发音是一样的,这也~。

③ 这也~老刘,他年纪大了,记性不好。

宁可 nìngkě [连词 丙级]

比较两方面的利害得失之后,引出选取的一方面。可用在主语之后。

often used after the subject to indicate the speaker's preference which may not be totally satisfactory after weighing the prons and cons:

1. 宁可…也不/决不…。

would rather ... than:

~我们早到一些,也不能让人家等我们/照顾小孩子,~让他冷点儿饿点儿,也不要给他穿得太厚,吃得太饱/我~看打打杀杀的功夫片,决不看疯疯傻傻的爱情片/我们~取消合同,承担经济损失,也决不接受这么无理的条件

2. 与其…宁可…。

would rather... than...:

周末的晚上与其去卡拉 OK 厅消磨时间,我~在家读读书报,看看电视/我对吃饭要求不高,与其花几个小时去做饭,我~吃点儿方便食品/下班时间交通最拥挤,与其坐在汽车里慢慢爬行,我们~晚点儿走,在办公室里看看报/小王的家离公司很远,与其每天把时间都花在路上,他~在公司附近租间房子

3. 宁可…也要…。"也要"引出选取这一方面的目的。

"也要" is used to introduce the purpose of this choice; would

rather:

> 母亲～自己几年不买新衣服也要保证孩子吃好、穿好/比尔～跑遍全城的商店,也要找到女朋友喜欢的那种围巾/这个演员～冒着烧伤的危险,也要亲自表演那个惊险的动作/小陈是古典音乐爱好者,他～省吃俭用,也要买最好的音响设备和 CD

4. …,宁可…。

would rather:

> 孩子长得快,给他买衣服～大一点儿/我懒得跟人交往,～选陌生人做邻居/跟旅行社旅游限制太多,我看咱们～自己去/这几天水果价钱太贵,我～吃菠菜

宁肯　nìngkěn　［连词　丁级］

意义、用法与"宁可"基本相同,更强调意志或意愿。

same as "宁可", but with stronger will; would rather:

> 我～他误解我,也决不主动给他打电话/小美爱漂亮,夏天～穿长袖衣服,也不肯让别人看见她手臂上的伤疤/与其按照编辑的要求在小说中加入很多无聊的内容,我～不出版这部小说/我们～做得慢一点儿,也要保证每道菜的颜色、味道/妹妹对体育不感兴趣,她～看无聊的电视连续剧

宁愿　nìngyuàn　［连词　丁级］

意义、用法与"宁可"基本相同,更强调意志或意愿。

same as "宁可"; would rather; better:

> 弟弟说:"我～吃最苦的药,也决不打针。"/与其将来得肺癌,老王～现在把烟戒掉/与其在家等待,我～先找份临时工作干干/父母～过最俭朴的生活,也要让儿女上大学/公共汽车上人太多了,我～走着去

凭　píng　［连词　丙级］

意义用法跟"任凭"相同,有"不管、不论"的意思。后面常带"你、

他"等。只用于句首。

used at the beginning of a sentence, often followed by "你 or 他" etc., same as "任凭":

一、表示在任何条件下都是如此。它后面必须跟疑问代词。

often collocates with wh-word; no matter how（what, who, which, etc.）:

> ～你说什么,他就是不同意/～你跑到哪儿,我也要把你找回来/～他怎么喊怎么叫,就是没有人出来/家里就她一个孩子,所以～她要什么父母都会满足/～你怎么解释,他就是不相信/～你藏到什么地方,我挖地三尺也要把它找出来

二、表示在极端情况下结果也不会改变。

used to indicate an unchangable result; no matter; leave alone; whether:

> ～你说破了嘴皮,我就是不同意/～他说出大天来,我也不信/～你孙猴子七十二变,也逃不出如来佛的手掌心/～商家大降价还是大甩卖,我都不会上当/～你是龙潭虎穴我也敢闯/他这个人决不轻易改变自己的决定。～你们急死了也没用

且 qiě ［连词 乙级］

1. 表示并列关系。多和"既"一起用,组成"既＋形…且＋形…"式。

often collocates with "既" to form "既 + adj. …且 + adj. …" to incidate coordination; also; and:

> 这家店卖的西瓜既大～甜,所以顾客特别多/新图书馆里的阅览室既宽敞～明亮,在这里看书很舒服/几个人合伙坐一辆出租汽车去,真是个好主意,既经济～方便

2. 连接分句,表示递进关系。有"并且、而且"的意思。

used to connect two clauses or sentences; furthermore; moreover; in addition:

> 他的毕业论文内容充实,～文字流畅/新的经济政策符合社

会经济发展的需要,~已被事实证明是完全正确的/这种牌
子的电脑性能很好,~价格便宜,受到社会的欢迎

3. 且…且…。表示两个动作同时发生。相当于"一边…一边
…"。多连接意义有关联的单音节词。

 used to join two monosyllabic words and indicate that two actions
take place at the same time; while; as:

他们~走~聊,不一会儿就到了目的地/在博物馆里,代表
们兴致勃勃,~看~走,足足参观了一个上午/同学们~谈
~记,互相交流着学习体会

然而 rán'ér [连词 乙级]

表示转折,相当于"但是"。多用于书面语。

written language, used to indicate transition:

1. 引出与上文相关的另一个事实,是对上文的补充或说明。

 used to intruduce a supplement or explanation to what is men-
tioned in the first clause; however; nonetheless:

这个结果我们并不太满意,~也只能如此了/如果只是他一
个人有这种误解还不要紧,~大家都这样看,这就不好办了
/春节到了,人人喜气洋洋,~最快乐的还是孩子们

2. 引出与上文相对立的意思,前面常有"虽然、尽管"等配合使
用。

 often used together with "虽然、尽管" to introduce a statement
which has a contrary meaning to what mentioned above; yet; but; howev-
er:

那儿的房子不算太好,~交通极方便,所以他们还是决定买
下/他们很富有,~生活并不幸福/虽然这几年大型商场一
座接一座地建成开业,~普通百姓经常去的还是那些物美
价廉的食品店、百货店/虽然他没有用太多时间准备,~演
讲的效果却相当好/尽管这项研究在中国起步较晚,~发展
却很快/尽管双方多次会谈,~由于种种原因,始终没能签
订任何协议

然后 ránhòu ［连词 甲级］

表示某一动作行为或情况事件在时间顺序上发生在后。前面常有"先、首先"等词相呼应。后面有时用"再、又、才、就"等词搭配。

often followed by "再、又、才、就"; then; after that; afterwards:

我把房间又仔细检查了一遍，~放心地离开了/上午进行了大会发言，~分组进行了讨论/她请我坐下，~端来茶和水果招待我/考试时要看清题目，~再动笔答题/我打算先学习中文，~再学习国际贸易/他们先去了故宫、北海，~又去了天坛/你首先要通过这个考试，~才能申请转系/他把我送到楼下，~就开车走了/你先拿到证书，~就可以来公司应聘了

任 rèn ［连词 丙级］

"任"有"不管、无论"的意思。表示在任何条件下都是如此。它后面常有表示任指的疑问代词，并常有"都、也"等词相呼应。

used to introduce a conditional-concessive clause and "都 or 也"is often used in the second clause, showing whatever the condition may be, the conclusion ramains unchanged; no matter how (what, who, etc.):

~我们说什么，他都只是摇头/~你怎么喊怎么叫，也吵不醒他/~妈妈上哪儿他都跟着/~他是谁，也要遵守规矩/这件作品那么精美，~谁看见都会喜欢/~他怎么降价，我就是不买/~他做了多大的官，也不能忘了家乡/~你说破了嘴皮，也不可能说服他/~他跑到天涯海角，我也要把他抓回来

如 rú ［连词 乙级］

表示假设，同"如果"的第一种用法。后面多跟单音节词。多用于书面语。

written language, often followed by a monosyllabic word to express assumption, same as the first usage of "如果"; if:

~有疑问，请拨打电话 68422288/与会代表~不能按期到

达,请尽早通知/~能把精力用在学业上,以你的聪明,恐怕
早就学业有成了/请各位代表传阅这份计划,~无异议,请
签字/小王预测说,~过两个月再购买计算机,则可以节约
15%左右的费用

如果 rúguǒ [连词 乙级]

一、表示假设。

used to indicate assumption; if:

1. 用于前一分句,句尾可以用"的话"。后一分句常有"那、那
么、就、则"等呼应。

used at the beginning of the first clause ended with "的话",
"那、那么、就 or 则"is often used in the second clause:

~你有他的消息,请马上通知我们/~他来电话问考试的结
果,就告诉他已经通过了/~电视机出了问题,您就打这个
电话,维修人员会去您家修理/~你把客厅中那些多余的家
具搬走的话,客厅就显得宽敞、明亮了/~父母当心一些的
话,孩子就不会总是生病/~选红颜色的话,是不是更漂亮
一些?

后一分句若是对"如果…(的话)"做出判断或评论,常用"那、这"
作主语。

if the second clause is a conclusion drawn from"如果…(的话)"
clause, "那 or 这" is often used as a subject:

例如:

~你不肯接受治疗,那就只能是等死了/~花钱买没用的
东西,那就是浪费/~你过分谦虚,就显得虚伪了/~只凭
自己的喜好厌恶来评论一个人的好坏,这就太主观了

2. 用于后一分句,句尾多用"的话"。

used in the second clause and "的话"is often used at the end of
the sentence:

我一定来参加你的生日晚会,~我有时间的话/雇小时工做
家务也许是个好办法,~你们夫妇都太忙的话/这本书我想

再多看几天，~你不急着要的话/一周锻炼两次，怎么样？
~抽得出时间的话

3. 上下文清楚时，可以用"如果…呢"单独提问。

"如果…呢"can be used in a question independently when the context is clear：

A：明天让你爸爸来幼儿园接你。—B：~爸爸没时间呢？/ A：你帮我买一件红色的、中号 T 恤。—B：~红色的卖完了呢？/A：下星期三我们去颐和园春游。—B：~到时候下雨呢？/A：我们全家坐火车去吧。—B：~买不到这么多张票呢？

二、引出一种事实或判断，衬托后面的主句，加以对比。"如果…"不能后置。

used at the beginning of a sentence to indroduce a fact or judgement：

~说进公司工作，学习经营管理，是小王的第一个奋斗目标，那么当老板，拥有自己的公司则是他的第二个奋斗目标/~把这家大工厂比做一个人的话，那么他的心脏就是这个控制中心/~说妇女解放的全部意义是妇女获得本来就该享受的权利，那么男人家庭地位的下降就不应成为妇女解放所追求的目标

若 ruò ［连词 丙级］

古汉语词汇。表示假设关系，相当于"如果"。多用于书面语，常和"则、就、便"等配合使用。

archaic Chinese, which is often formal or literary, is used together with "则、就、便"to indicate an assumption; if：

人不犯我，我不犯人；人~犯我，我必犯人/获奖时小王向父母表示感谢，~没有父母的支持，他不可能取得这样好的成绩/~参加人数超过 10 人，则可以作为团体旅游，享受一定的优惠/书稿~能在四月底以前完成，就有可能列入上半年的出版计划/相邻的两家大商场竞争激烈。~从商家的角度

看,这种竞争带来的是价格和服务上的压力;～从消费者的
角度看,这种竞争则带来了更多的实惠和方便/～把这位历
史人物作为一个凡人而不是一位英雄来描写,小说中便要增
加许多有关他的日常生活的细节

甚至 shènzhì ［连词 丙级］

连接两项或两项以上的成分,"甚至"放在最后一项的前面,含有
更进一层的意思。

used to place between the last two elements; even; so much so that:

1. 连接词、词组。

used to connect words or phrases:

每个观众～裁判都站起来为他鼓掌/她不理解～也不了解
她丈夫的工作/他很善于利用时间,坐车的时候,睡觉以前,
～上厕所的时候,他都在看书/我已经游遍了整个中国,西
安、昆明、桂林、海南岛……,～新疆、西藏我都去过

2. 连接分句。"甚至"后多有"连…也/都",更强调突出的事例。

used for emphasis, often followed by "连…也/都" to join claus-
es:

这个问题很简单,～孩子也会回答/不但青年人参加了,～
老年人也都参加了/他从不跟家里人谈论公司里的事,～连
跟妻子也什么事都不说/他最近胖多了,～连我这个老朋友
也认不出他来了/他太忙了,～连一个完整的节假日都没过
过

甚至于 shènzhìyú ［连词 丙级］

同连词"甚至",引出最突出的事例,含有更进一层的意思。连接
两项或两项以上的成分,"甚至于……"要放在最后一项。

same as "甚至"; what follows "甚至于" is the most outstanding
item; even; so much so that:

1. 连接词或词组。

used to connect words or phrases:

他的著作在全国～全世界都有一定的影响/她不喜欢～厌恶他的那些甜言蜜语/参加座谈会的教师都在生活条件十分艰苦的山区工作了十几年～几十年/广告随处可见,在商店里,在大街上,在公共汽车上,～在地铁的扶手上,都有大大小小的广告/我跟小刘是好朋友,～他的父母、兄妹跟我也都十分熟悉/弟弟要参加律师考试,他从早到晚地复习,～连吃饭时也看书/我的论文他看得很仔细,～连几处标点符号的错误都替我改过来了

2. 连接分句。前一分句中可以有"不但、不仅",后一分句中常有"也、还、都、连…都/也…"等配合使用。

often used together with "也、还、都、连…都/也…" to connect clauses, and 不但 or 不仅"is often used in the first clause:

第一次讲课,平时爱说爱笑的小王不但不能说了,～还有些紧张、害羞/他从小就过分依赖父母,到外地读书后,不仅觉得孤单寂寞,～照顾不好自己的生活/他离开了那家公司,不但不难过,～还有一种解脱了的感觉/计算机病毒会导致文件丢失～系统崩溃

省得 shěngde ［连词 丙级］

避免某种不好的或不希望的情况发生,相当于"免得",多用于口语。

often used in spoken language to indicate that the action related in the first clause aims to prevent the occurrence of what is said in the second clause introcuded by "省得"; same as "免得"; so as to avoid; so as not to:

快给你奶奶打个电话吧,～她又到处找你/你自己学着做几个菜,～父母不在家只能吃方便面/不看电视就关了,～吵/他们问什么你就答什么,给几张表就填几张表,～啰嗦/现在就把旅行包收拾好,～出发前又找这找那的/这几天我常出去办事,您来之前打电话约一下儿,～我不在耽误您的事

首先 shǒuxiān ［连词 乙级］

用来表示列举,相当于"第一",也指最主要的,后面一般和"其次、第二、然后"等词语搭配使用。

used when giving enumeration, often followed by "其次、第二、然后"; first:

> 要想身体好,～要吃好睡好,其次要坚持体育锻炼/这钓鱼呀,～要有耐性,然后才是技术/争取男女平等,～女人应该自力自强,其次社会要给妇女提供更多就业、走向社会的机会/我们现在面临的困难～是资金问题;第二是技术问题;第三是人才问题

虽 suī ［连词 丙级］

意义、用法与"虽然"基本相同,但不能用在主语前。多用于书面语。

often used in written language; almost the same as "虽然", but can't be placed before the subject; although:

> 老王～不喜欢他们的那些娱乐,但他性情随和,所以从不扫大家的兴/故乡已没有什么亲人了,～有几间旧房,几年也难得回去一次/经理各处看了一遍,～没说什么,可表情相当不高兴/她年纪～小,却已跟随父母去过很多国家,有了丰富的经历/老爷爷的病情～已好转,然而医生仍让他卧床休息/他们两家～是亲戚,但不知何故,多年来一直没有来往

虽然 suīrán ［连词 甲级］

表示让步,承认某种事实。

used to indicate concession or admission of some fact:

1. 用于前一分句。后一分句常有"但是、可是、还是、仍然、可、但、却"等配合使用,表示与前一分句相反或相对的意思。

    used in the first clause of a complex sentence, and "但是、可是、还是、仍然、可、但 or 却" is used in the second clause to indicate that the two statements are contrary to each other; though; although:

> ～我很喜欢唱歌,但是我唱得不太好/～他年纪不小了,可是说话、办事还像个孩子/小王学过三年英文,～说得不太流利,但是他阅读能力很强/这套书我～很想要,可价钱太贵了,还是算了吧/他～在广东长大,普通话却说得很地道/我～不明白他为什么要这些资料,但仍然按他的要求给他送去了

2. 用于后一分句。有补充说明的作用。前一分句中不能用"但是、可是"等,"虽然"应出现在主语前。多用于书面语。

written language; used before the subject in the second clause to introduce some additional explanation, and "但是 or 可是" can't be used in the first one; though; although:

> 全家人礼貌地招待了这位亲戚,～多年没有来往,彼此很陌生/临出门,小王还是把叔叔写的介绍信拿上了,～他也不清楚这封介绍信究竟有没有用/每次路过那座楼,我仍然要望望三层的阳台,～那户人家已经搬走一年多了/我们依旧坚信他是无罪的,～所有的证据都对他不利/今年流行传统服装,不少时髦女子都以穿旗袍和中式服装为荣,～她们已在所谓"传统服装"中添加了不少现代的意义

【辨析】 虽然 固然 (见"固然"条)

compare 虽然 固然 (see "固然")

【辨析】 虽然 即使 (见"即使"条)

compare 虽然 即使 (see "即使")

虽说 suīshuō [连词 丙级]

意义、用法与"虽然"基本相同。多用于口语。

often in spoken language; same as "虽然"; although:

> 这些年他～赚了些钱,但都花在买古董上了,生活并没有什么改变/～是开玩笑,可也得看对象,不能不分老少男女地乱开/～老刘人很诚实,干工作也挺努力,可他的文化程度实在太低,不适合做管理工作/～在家里用不着穿得那么正

式,可你穿戴得也太难看了,看上去比实际年龄老了十岁/
~他们几个都是年轻人,没什么经验,但工作干得很出色

所以 suǒyǐ ［连词 甲级］
表示结果或结论。

used in a cause and effect complex sentence to introduce the result:
1. 用于后一分句。前一分句常有"因为、由于"等配合使用。

used in the second clause of a complex sentence to indicate the re-
sult, "因为 or 由于" is often used at the head of the first clause; so;
therefore; as a result:

他工作很忙,~平时没时间陪儿子玩/我临时有事出差,~
不能参加周末的聚会了/因为母亲身体不好,~小王想把母
亲接来一起住/秘书因为忘了通知大家开会的时间,~被领
导批评了一顿/由于春节后乘火车比较拥挤,~小王决定提
前回来/由于这几条街道太窄,常常堵车,~市政府计划从
下半年开始陆续加宽这些街道

2. 连接句子或段落。"所以"用于句首或者一段的开始,后面可
以有停顿。有时也说"所以说"。

used to connect sentences or paragraphs, "所以"or"所以说"is
used at the beginning of the first sentence or paragraph and a pause can be
used after it; so; therefore:

当前不少女作家在创作中存在一种倾向,那就是创作题材
非常有限,仅仅习惯于描写个人的情感及内心世界。~,我
认为,女作家们应该从个人世界中走出来,关注广泛的社会
生活/初学绘画的人,常常先练写生。桌上放一把茶壶,两
个茶杯,用笔把它们画下来,这就叫写生。写生练好了,就
为绘画打下了基础。~说,要学习绘画,写生是一门基本功

3. 在对话中承接上文,构成"所以呀"式,突出原因或理由。

used separately in a dialogue to indicate reason or cause; so; so
that; the reason why:

我去了几次人才市场,人家都要求懂外语,会电脑。B: ~

呀,趁年轻多学几样本领绝不是坏事/A:这些天太热了,好
多人下了班躲到有空调的大商场里凉快着,顺便也买了不
少东西。B:~呀,购物环境相当重要呀/A:小王买了那种
型号的电脑之后,才发现它的许多功能根本用不上,白白多
花了不少钱。B:~呀,买电器之前应该先了解一下有关的
知识,免得盲目购买/A:我在换季打折时买了很多便宜的
衣服,后来基本上没有穿。B:~呀,买东西不能只图便宜,
应该选自己真正需要的

4."(之)所以…,是因为/由于…"。见"因为"条。

used in the sentence structure "(之)所以…,是因为/由于…",
see "因为".

【辨析】 所以   因此
compare 所以   因此

(1)"所以"可以和"因为"配合使用,"因此"不能与"因
为"配合。

"所以" collocates with "因为", but "因此" does not:

例如:不能说"×因为这本词典非常适合留学生
使用,因此老师给我们推荐它。"

(2)"因此"没有"所以"的第三、四种用法,即没有"因
此呀"式,也没有"(之)因此,…是因为/由于…"的格式。

"因此" does not have the third and forth usage of "所
以".

倘若 tǎngruò [连词 丙级]

意义、用法和"假如"基本相同。"倘若"文言色彩较浓,多用于书
面语。

often in written language with strong literary flavour; same as "假
如"; if; supposing; in case:

~你们没有十分的把握,就不要冒这个风险/~他们父子之
间多一些相互交流和理解,孩子就不会离家出走/~城市的
绿地再扩大一倍,则空气污染会大大减少/~总认为自己的

失败是别人的不公平造成的,长期下去,自己对人对事也无法采取一种公平的态度/~允许我们重新选择一次,也许我们会选择新的工作、新的生活方式,从而体会一种新的人生

同 tóng ［连词 乙级］

表示并列的联合关系。一般连接名词、代词或名词词组。多用于书面语。

written language, used to connect nouns, pronouns or nominal phrases; and:

小李~我都住在学校的学生宿舍/他~小张、小李都是今年刚毕业的研究生/老王~我走东校门,你~老李走西门/鸦片~海洛因一样都是毒品/新出版的教科书~原来的教科书,在编排上改动不大

同样 tóngyàng ［连词 乙级］

表示前后两种情况、事实或道理相同或类似。用在分句之间,后面一般有停顿,也说成"同样的"。

used between two clauses to indicate that what follows is similar to what precedes it, it may also be replaced by "同样的", and a pause may be used after it; similarly:

父母应该理解孩子,~孩子也应该理解父母/对他的品德我非常佩服,~,对他的能力我也十分欣赏/在办公室里,适当地开一两句玩笑可以缓解工作的压力,~,在家庭中适当地开一两句玩笑可以避免生活的单调,总之,幽默可以改善我们的生活/正如音乐界存在着流行音乐和古典音乐之分,~的,在文学界,既有严肃题材的作品,也有轻松题材的作品/城市住宅的规模和形式有了很大的变化,~的,城市住宅的管理方式也与过去大不相同

【注意】 NOTE

下面的例句中,"同样"是形容词。

in the following examples, "同样"is used as an adjective:

姐妹俩有着～的性格/～一条裙子,穿在小王身上就比较好看/你只要提出申请,～可以成为俱乐部的会员/普通的女孩子好好儿打扮一下儿,～会变得光彩照人

万一　wànyī　[连词]

表示可能性很小的假设,多用于说话人不希望发生的情况。可以用在主语前,也可以用在主语后。

used before or after the subject to indicate a supposition of little probability; (just) in case; if by any chance:

～我没能及时赶来,请你替我主持大会/～他不同意我们的计划,我们就自己干/你别喝酒,～夜里有急事,你怎么开车呀/多订几个人的饭吧,～客人来得多,也没关系/妈妈把孩子们的电话都写在本子上,～忘了,可以查查/我录了音,他～不承认,我们也有证据

无论　wúlùn　[连词　乙级]

意义、用法与"不论"基本相同。

same as "不论"; no matter:

～什么也比不上健康重要/小刚不肯去学校,～妈妈怎么问,都不说原因/父母过分疼爱儿子,～他的要求是否合理,都想尽办法满足他/小李喜欢逛商场,～买不买东西,都要逛上大半天/这几份报告～从选题上还是从结论上看,都没有什么价值/老刘的知识面很广,～艺术、文学,或者体育、音乐,他都有研究

"～如何",是固定说法,表示在任何条件下;一定。

～如何我也不让孩子参加这种危险游戏/我非常需要资料,你～如何帮我收集一些/已经耽误了好几天了,明天一早我们～如何也要出发了/小陈说自己解决,～如何也不肯让我们帮助

【辨析】　不管　无论

compare　不管　无论

"不管"多用于口语,后面不能跟带文言色彩的"如何、与否"等,而"无论"则可以。如"无论正确与否,你都不表示自己的意见,这是很不合适的"。

"不管"is often used in spoken language, and can not be followed by "如何、与否".

要 yào [连词 丙级]

一、表示假设关系。相当于"如果、要是"。多用于口语。"要…"后可加"的话"。

often in spoken language, same as "如果、要是"; it indicates a supposition or condition and may be used in conjunction with"的话"; if; supposing; in case:

1. 连接分句。可用于主语之后。

used after the subject to connect clauses:

你~见着小李,替我们问他好/他们家~有老人、孩子的话,你最好带些水果、点心去/他~不守信用,我们都不理他/~明天有空儿,我就明天去看你/他们这时候已经到家了,飞机~没晚点的话

2. 连接名词性成分。

used to connect nominal phrases:

您身体真棒,~我早就累倒了/幸亏是我,~妹妹早吓哭了/奶奶心疼孙子,让你坐车回去;~爸爸、妈妈肯定让你走回去/我不怎么会做面食,~老刘准做馅饼

二、"要就…,要就…"。表示选择。含有"非此即彼"的意思,相当于"要么…,要么…"。前后常有表示结论的句子。

used in the sentence structure"要就…,要就…"to indicate a choice; either...or...:

~就去看电影,~就去逛商场,你选一样吧/~就让我教中级班,~就让我教高级班,反正不让我教初级班/只要有个人去帮帮忙就行,~就派小王,~就派小李/两套衣服都挺漂亮的,~就选这套黄的,~就买那套红的

要不 yàobù ［连词 丙级］

意义、用法基本上同"不然"。多用于口语。

spoken language; same as "不然":

1. 同"不然"的第一个用法。表示对上文假设性的否定，引出结果或结论。相当于"否则"。

same as the first usage of "不然"; otherwise:

我每次出差都得给奶奶买点儿吃的、玩的，~她老人家就会像小孩子一样生气/这个台灯太暗了，得换个亮一些的，~眼睛会坏的/他俩一定闹矛盾了，~怎么见了面谁也不理谁？/咱们快跑吧，~该淋雨了/从这个月开始必须少花点儿钱了，~暑假该没钱去旅行了/别为一点儿小事就哭鼻子，~人家该笑话你孩子气了

2. 同"不然"的第二个用法。表示选择，对上文假设性的否定之后，引出另一种可能性。

same as the second usage of "不然"; or else; or:

咱们别做饭了，吃点儿方便面吧，~就去买两个汉堡包/小李没精打采的，可能不舒服了，~就是昨晚没睡好/春节期间很多人跟旅行社去海南旅行，~就去香港和泰国/比尔就要回国了，他忙着给亲戚朋友选礼物，~就在房间里收拾东西/下学期我想继续留在中国学习，~就在北京找工作，总之我留会在北京

【辨析】 不然 要不

compare 不然 要不

(1)"不然"多用于书面语，"要不"假设的语气较重，多用于口语。

"不然"is often literary while "要不"is often used in spoken language.

(2)"不然"前面可以加"再"，说成"再不然"，"要不"不能加。

"再"can be placed before "不然".

要不然　yàoburán　［连词　丙级］

意义、用法与"要不"基本相同。

same as "要不"：

1. 相当于"不然、否则"，表示对上文假设性的否定，引出结果或结论。

same as "不然、否则"；otherwise：

你太累了，不能再开车了，~疲劳驾驶会出交通事故的/我得教女儿做饭、洗衣服什么的，~她不能照顾自己/幸亏我昨天准备得很充分，~今天回答不上来，多丢面子啊/咱们得把床和书桌换一个位置，~这个新书架放不进来/小李生病了，医生不让他劳累、生气，~会加重病情

2. 相当于"要么、或者"，表示选择，引出与上文相似、相关的情况。

same as "要么、或者"；or else；or：

下午四点到五点，小王常去操场跑步，~，就去游泳馆游泳/有什么好小说借给我看看，~给几本杂志也行/对付失眠我也没有什么好办法，你睡前喝一杯热牛奶，~洗个热水澡/看他俩谈得多开心，准是老朋友，~就是老同学

要不是　yàobushì　［连词　丙级］

用于前一分句，引出假设性的否定。相当于"如果不是…"，后一分句指出否定后将会出现的情况。后面可以加"的话"。

used at the beginning of the first clause to introduce an assumed negative; same as "如果不是…", and may be followed by "的话"; if it were not for; but for; without：

~哥哥、姐姐帮他求情的话，爸爸不会原谅他的/~过一会儿我还得开车回去的话，我真想跟你好好喝几杯/~那天我坐公共汽车坐过了站，还找不到这家又干净又便宜的小餐厅呢/妈妈是北方人，爱吃面食。~孩子们要吃米饭，她一年到头也想不起来做米饭/咱们有十年没见面了吧？刚才~你先跟我打招呼，我还认不出你呢

有时意思很明确,"要不是"可直接用在名词或名词性词组前面。

it can be placed before a noun or a nominal phrase when the meaning is clear:

> ~她,我们还不至于走错路呢/~自己的孩子,还真认不出来了。导演怎么把他打扮成这个怪样子? /~这瓶矿泉水,咱们今天就渴坏了

要么 yàome [连词 丁级]

表示选择关系,在两者之间做出选择。

used to indicate a choice from two:

1. 只用一个"要么",表示如果前边所说的情况、意愿不能实现,就选择后者。有让步的意思。

used to indicate that if the situation or will mentioned in the former part of the sentence can not be realized, then the later will be chosen; or:

> 瞧你累的,干脆别干了,~就休息一会儿再干/我家不好找,我去接你吧,~你跟小王一起来/你去看看他吧,~打个电话,吵几句就断交了吗? /听说他俩是多年的同事,~就是老同学,不然怎么那么熟悉? /明天我去你家找你,~我们就在车站集合吧

2. 要么…,要么…。相当于"或者…,或者…"。含有非此即彼,二者必选其一的意思,前后两个方面是互相排斥的。

same as "或者…,或者…"; either...or...:

> ~赞成,~反对,你不能这么含含糊糊的/~带孩子去,~我在家照顾他,反正我不能扔下他自己去玩/~他走,~我走,我不能跟他再共事了/我不能再吃方便面了,咱们~做点儿米饭,~包点儿饺子

要是 yàoshì [连词 甲级]

表示假设,相当于"如果",多用于口语。

spoken language; same as "如果"; if; in case:

1. 用于前一分句,后一分句中常有"就"。

used in the first clause of a complex sentence, and "就" is often used in the second clause:

~见到他俩,请替我问好/~没什么活儿要干,我就回家了/~他们都反对,这件事就算了吧/~我有足够的钱,我一定去周游世界/~没有身份证或护照,就不能住这家饭店/~我们不迟到,也许就能得到那位球星的签名了

2. "要是…的话"。这一格式既可用在前一分句,又可用在后一分句。

the sturcture"要是…的话"can be used in the first clause or the second one:

~还有时间的话,可以找家咖啡厅坐一坐,听听音乐/~你需要这些材料的话,我就给你复印一份/我们五年前在上海见过面,~我没记错的话/最迟后天下午,我们就能拿到钱了,~那个老板靠得住的话

3. 上下文清楚时,"要是…"可以单独用来提问。

"要是…" can be used to ask question independently when the context is evident:

A:明天早上八点出发。B:~下雨呢? /A:你可以到他的办公室找他。B:~他不在呢? /A:你下班回来时,顺便买几斤桃子。B:~没有卖桃子的呢? /A:我想回四川老家一趟,看看父母。B:~买不到火车票呢?

以 yǐ [连词 乙级]

用在第二分句里,表示目的。有"为了、以便"的意思。

used in the second clause to indicate purpose; in order to; so as to; for:

每个居民小区都设立了连锁店,~方便居民的日常生活/他每天都看电视听广播,~提高汉语听说水平/大学生应该多学一些知识,多掌握一些技能,~适应社会的需要/国家把这个地区辟为自然保护区,~保护这里的野生动物

以便 yǐbiàn ［连词 丙级］

用在后一分句的开头，表示前一分句所说的可以使后一分句所说的目的容易实现。

used at the beginning of the second clause to indicate that what mentioned in the first part aims to fulfill the purpose in the second part which is introduced by 以便；so that；in order to；for the purpose of：

请您把电话号码写在订单上，~货到时我们及时通知您/我把晚会的时间定在七点半，~有充足的准备时间/他把几个要点写在卡片上，~发言时提醒自己/请大家都做好充分的准备，~讨论时节省时间/小王出门时总带着钢笔和记事本，~随时记下有用的信息

以及 yǐjí ［连词 乙级］

表示并列关系。同"和"。连接并列的名词性成分或动词性成分。多用于书面语。

used in written language to indicate parataxis；same as "和"；as well as；along with；in addition：

1. 连接的成分有主次之分，往往前面的比较重要。

usually the nouns or noun phrases following "以及" subordinate in meaning：

这家商店主要经营电器、服装、鞋帽~各种日用百货/颐和园、故宫、长城、天坛~北海、中山公园等我们都去过了

2. 连接的成分有时间先后之分。

usually the nouns or verbal phrases are arranged according to the time sequence：

旅行团先后参观访问了五个城市：西安、北京、上海、杭州~广州/他向我们详细介绍了这个计划是如何提出的、如何得到领导的支持~如何取得成功的

【辨析】 及 以及 "见'及'条"

compare 及 以及（see "及"）

以免 yǐmiǎn ［连词 丁级］

用于后一分句的开头，表示前一分句所说的可以使后一分句的情况避免发生。相当于"免得"。多用于书面语。

often literary, same as "免得"; used at the head of the second clause to indicate that what is mentioned in the first clause aims to prevent the occurrence of what is mentioned in the second clause; in order to avoid or prevent; lest:

> 病人描述症状时要准确、真实，~影响医生的判断/不要贪图小利，轻信他人，~上当受骗/出版社改动书稿内容必须征得作者的同意，~引起矛盾/宿舍楼不要随便使用电炉，~发生火灾/出去以前，老王把房间钥匙放在旅馆的服务台，~外出时丢失/她尽量用平静、自然的语调回答问题，~给人以紧张、慌乱的印象

以至 yǐzhì ［连词 丙级］

一、表示在时间、数量、程度、范围上的延伸。可连接词或词组。连接的成分不只两项时，"以至"一般用在最后一项前。

used to indicate the extension of time, quantity, degree or limit; it is placed before the last item when the sentence has more than two nouns or phrases; down to; up to:

> 比尔反复听课文的磁带，两遍、三遍，~十几遍，终于能够复述了/广告宣传做得好，销售量上升了十几倍~几十倍/资助贫困孩子上学的活动影响很大，全国~港澳海外的人士都参加了捐款/大学生、青年工人、中年职员、老教授，~街道的大爷大娘、幼儿园的小朋友，总之，各行各业、各个年龄层都有京剧爱好者/这本日常生活手册内容十分广泛，从四季服装的清洁保养、中西菜肴的烹调技巧~美容化妆技巧等等/老王收集的邮票种类全、数量多，有 1949 年建国以来的邮票，三四十年代的邮票~清代发行的邮票

二、用于后一分句的开头。表示由于前一分句所说的情况程度深而产生后一分句的结果。

used at the beginning of the second clause to indicate that a state of affair or an action mentioned in the first clause has reached such an extent as to bring about a certain result which is introduced by "以至" in the second clause; to such an extent as to...; so...that...; even:

> 他对那一班学生印象很深, ~他们毕业二十年后还能一一叫出他们的名字/小王的笑话讲得那样好, ~房间里的人都放下手头的工作跟他一起哈哈大笑/这本书很受读者欢迎, ~重印了四次仍然被一抢而空/他专心地看书, ~我走进房间时他丝毫也未发觉

【辨析】 以至　以致 （见"以致"条）
compare　以至　以致 （see"以致"）

以至于　yǐzhìyú　[连词　丁级]

意义、用法基本上同"以至"。

same as "以至"; so that; consequently; as a result:

> 他的朋友极多, 遍布社会的各个阶层: 医生、作家、商人、出租司机、饭店老板~修自行车的工人/外来文化不断与本国文化交流、冲突、融合, 经过几十年~几百年, 终于发展成为一种全新的文化/闷热的天气持续了一周了, ~雷雨到来时很多人喜气洋洋地站在窗口、门口, 感受下雨带来的凉爽/这位设计师对传统文化有很深厚的感情, ~他的每一件作品都包含着传统文化的内容/山本的汉语进步太快了, ~连最严格的王老师也当众称赞他了

以致　yǐzhì　[连词　丙级]

用于后一分句的开头, 表示由于前一分句的原因导致说话人所不希望的结果。

used at the beginning of the second clause to indicate an unexpected or unpleasant result has been brought about by the cause mentioned in the first clause; so that; consequently; as a result:

> 她最近情绪很坏, ~经常一个人出去喝酒/小王没留神从楼

梯上滚了下去,～扭伤了胳膊和脚/老王没想到自己说真话却得罪了经理,～丢了工作/河里的泥沙大量沉积,～雨季来临时,河水上涨,冲出了河道/由于投资者没有及时供应原料,～工厂停产

【辨析】 以至　以致

compare 以至　以致

(1)"以致"不能表示时间、数量、程度、范围的延伸。

"以致"can not be used to indicate the extension of time, quantity, degree or limit.

(2)"以致"引出的结果多为不好的或说话人所不希望的,"以至"所引出的结果是由前一分句所说的情况程度深而形成的,含有"一直到"、"甚至"的意思。

the result caused by "以致"is unexpected, while what caused by "以至"indicates a high degree.

(3)"以至"可连接词、词组和分句,"以致"一般只能连接分句。

"以至"is used to join words, phrases or clauses and "以致"can only be used to connect clauses.

因此 yīncǐ [连词 乙级]

表示因果关系,引出结果或结论。可连接分句、句子或段落。连接分句时,前面有时用"由于"呼应。

used to indicate cause and effect, "由于"is used to join clauses, sentences and paragraphs; therefore; for this reason; as a result:

他能讲一口标准、纯正的普通话,～我建议他去参加播音员考试/这套沙发可以当床用,～非常适合住房面积小的家庭/由于他过于沉默,很少和人交流,～不了解他的人都认为他很骄傲/有些学习用品色彩鲜艳,形状可爱,很容易分散孩子的注意力。～,专家提醒父母在给孩子购买学习用品时应注重实用功能,尽量选择简单耐用的/炎热的夏季,在室外活动的人出汗过多,会感到头晕、恶心。～,在室外活

动的人必须注意补充水分,同时避免阳光直接照射

【辨析】 所以 因此 (见"所以"条)

compare 所以 因此 (see"所以")

因而 yīn'ér [连词 乙级]

表示因果关系。用于后一分句的开头,引出结果或结论,相当于"因此",但不能连接句子。

used at the head of the second clause to introduce result, same as "因此", but can not be used to connect sentences; therefore; thus; as a result:

这种商品的外包装颜色过于灰暗,~很难引起顾客的兴趣/这部新电影的情节、人物与那部老片非常相似,只是地点不同,~很多观众认为它有抄袭之嫌/由于商店允许顾客以分期付款的方式购买商品,~大大增加了销售量/他交际广泛,~消息灵通

因为 yīnwèi [连词 甲级]

表示原因。

used to indicate the reason; because; for; as; on account of:

1. 用于第一分句。

used in the first clause:

a. 因为…,…。

~飞机误点了,我们在机场等了一个多小时/真对不起,~我没把时间说清楚,你白跑了一趟/~想换换生活环境,她一个人去了海南/~没有工具,今天我不能帮你修理电视机了/~他们几个人都爱打球,星期天常聚在一起练习/~我还有别的事,星期天的晚会我不能参加了

b. 因为…,所以…。

~她们迷路了,所以不得不请警察帮忙/~他的钱不多了,所以想尽快找到一份工作/~手头的工作太多,所以小王一再推迟休假/~我家的房间太小了,所以只好把两个侄子安

排到旅馆里住下/~有几个词的用法还没弄明白,所以比尔
去向老师请教/他俩~晚上要出去,所以请邻居帮助照看一
下孩子

c. 因为…才/就…。

~这家商店比较便宜,我才介绍给你们/~今天是周末,爸
爸才有空儿陪我们看电视/~小孙子离不开奶奶,奶奶才答
应一起去旅游/~不懂才要学习,有什么难为情的? /我~
你爱吃就特意点了涮羊肉/~上班太远,小王就搬了家

2. 用于第二分句。

   used in the second clause:

a. …,因为…。

我一直没去看你们,~我家来了几位亲戚/他没有进法律
系,~他父母希望儿子成为一名医生/小王不知道应该送她
什么礼物,~他一点儿也不了解女孩子的心理/我建议你不
要买这件衬衫,~你没有合适的裙子跟它相配

b. 之所以…,是因为…。突出原因或理由,多用于书面语。

   used to stress the reason, often in written language:

我之所以不安排她进公司工作,是~我不相信她的品德/他
之所以谢绝了亲友们的帮助,是~他想靠自己的力量闯一
闯/之所以环境污染日益严重,是~建设者们缺少环境保护
意识/之所以动员全社会都来关心教育事业,是~教育是关
系着国家、民族命运的大事

由于 yóuyú [连词 乙级]

用在表示因果关系的复句里,表示原因或理由。后面常有"所
有、因而、因此、以致"等词与之呼应

used to indicate the reason in a cause and effect complex sentence,
often followed by "所有、因而、因此 or 以致"; owing to; because of;
because:

~他缺课太多,所以老师取消了他参加考试的资格/~司机
小李喝了很多酒,所以我们都不敢再让他开车/近些年~他

们封山育林、改造荒山,因而这儿的环境有了很大改善/～
吸烟有害健康,因此吸烟的人越来越少/～产品质量不高,
销路不好,以致造成了大量积压/～他不听劝告,一意孤行,
以致造成了今天的损失

于是 yúshì ［连词　乙级］

表示承接关系,后一件事是由前一件事引起的,是前一件事的自
然结果。可连接分句、句子或段落,可用于主语后,后面可以有停顿。

used to connect clauses, sentences or paragraphs indicating that what
is introduced by "于是" is a natural outcome of the previous event, can be
placed after the subject and followed by a comma; thereupon; hence;
therefore; consequently; as a result:

回到家后,小王越想越生气,～大哭了一场/只剩十分钟,来
不及去吃饭了,～他买了个面包边走边吃/鞋子太多,乱七
八糟放在门口儿,～她到家具店去买了个小鞋柜/看完电
影,时间还早,我～约了几个同事去逛商场/谈着谈着走到
了小李家门口,他～请我们进去喝杯茶/他真不喜欢这份工
作,可是又不愿意换新的工作,再从头干起。～他又年复一
年极不情愿地干下去了

"于是"有时也说成"于是乎",略带文言色彩。

also "于是乎" with the style of classical Chinese:

从众人的反应中他知道自己说错了话,～乎,沉默不语/有
报道说这一带发现了古人类遗迹,～乎,旅游者结队而来

与 yǔ ［连词　乙级］

意义和用法基本和"同"相同。表示并列的联合关系。一般连接
并列的名词、形容词、动词或词组,不连接分句。一般用于书面语。
可用在书名或标题中。

written language, can be used in a title; almost the same as "同",
but can't be used to connect clauses; and; together with:

他们走遍了大半个中国,最后,在广西～云南交界的地方住

了下来/领奖时,她的心情抑制不住地兴奋~激动/反正我
已经尽力了,成~不成都不遗憾了/《历史~现实》/《语言教
学~研究》/《文化~生活》

与其 yǔqí [连词 丙级]

比较两方面的利弊得失之后,用"与其"引出舍弃的一方面。后
面常用"宁可、不如、毋宁"等呼应,引出选取的一方面。

used in the first clause to indicate one's rejection or abandonment of
something after balancing the pros and cons, "宁可、不如 or 毋宁"is of-
ten used in the second clause to indicate one's preference; (would
rather...)than; rather than:

1. 与其…,宁可/宁愿/宁肯…。
~走马观花地读几十本流行小说,我宁可静下心来读一两
部名著/~坐在这儿乱猜,我宁愿跑去看个究竟/~一分一
角地节省,他宁可多做一份工作,增加一份收入/~在大公
司里当小秘书,小王宁肯在小公司里独立工作

2. 与其…,不如…。"不如"前面可以加"还、倒、真"等。
"还、倒、真"can be used before "不如":
~在家里闲得无聊,不如多读些书,长长见识/~互相约、互
相等耽误时间,还不如我们各走各的/只有三天假,~去远
处旅行,累得筋疲力尽,真不如在家好好休息休息/~住在
市中心,忍受噪音和污染,不如住到郊区去,空气好,环境也
好

3. 与其说…,不如/毋宁说…。表示对客观情况的判断,在说话
人看来,"不如/毋宁说"引出的说法更正确些。多用于书面语。
often in written language; used to indicate the speaker's judge-
ment:
看看你的宝贝儿子吧,~说是在洗衣服,不如说是在玩水/
她刚走。~说是来表示关心,还不如说是来打听消息/小王
对孩子们真好,~说她是孩子们的老师,不如说是孩子们的
大朋友/这~说是一封家信,毋宁说是一篇优美的散文/这

几只漂亮的玻璃杯~说是日用品,毋宁说是精美的艺术品

再说 zàishuō ［连词 丙级］

引出补充的理由,有推进一层的意思,可连接句子或分句,多用于口语。

spoken language; used to connect clauses or sentences introducing an additional reason; besides; moreover:

> 游泳池里水不深,~他们几个又都会游,您就放心让小宝去吧/天热,喝水多,~那一带也找不到商店,你们还是多带几瓶矿泉水吧/我这几天特忙,下了班哪儿也不想去。~这个画展又以国画为主,油画很少,我就不去看了/他很客气,说话讨人喜欢。~他又是我的朋友介绍来的,所以我们对他都很热情/我很少喝甜饮料,甜饮料喝多了吃不下饭,~对牙齿也有损害/少锻炼一次不要紧,~今儿又是星期天,你就多睡一会儿吧

下面的例子中的"再说"是副词"再"加上动词"说",表示留着以后再办理或考虑:

in the following sentences, "再" is used as an adverb and "说" is a verb which means to talk about something later; not consider or tackle a problem until some other time:

(1) 我快迟到了,得马上走,那件事我们晚上再说。

(2) 你先好好准备考试,旅行的事等考完试再说。

(3) 我要饿死了,有什么事吃了饭再说行不行?

则 zé ［连词 乙级］

古汉语词汇。表示承接关系,引出结果或结论,有"那么"的意思,多用于书面语。

archaic Chinese; used to introduce the cause or effect; then; in that case:

> 如果对方不能按规定交货,~本公司有权要求赔偿/如果病人出现异常,~立即停止使用这类药物/这个丑闻一旦公

开，～公众对你必定大失所望/读者若不了解时代背景，～
难以理解书中人物的思想、行为

只是　zhǐshì　［连词　乙级］

一、多用在第二分句前，表示轻微的转折，对前一部分起修正和
补充的作用。意思相当于"不过"，但转折的语气和程度比"不过"稍
轻。

　　　used at the beginning of the second clause to indicate a slight
contrast, it introduces a supplement or revision to the first clause; only：

　　　房子好是好，～离城里远了点儿/她很漂亮，也很聪明，～有
　　　点儿骄傲/哈尔滨的冰灯美极了，～天气太冷，我有些受不
　　　了/这个工作待遇高，福利好，～比较辛苦/他汉语说得非常
　　　流利，～有点儿口音
使用"只是"的句子，句末常常用"而已、罢了"相呼应。
"而已 or 罢了" is often used at the end of the sentence：

　　　他和哥哥一样聪明能干，～机会不如哥哥好罢了/他们也没
　　　有恶意，～玩笑开得有些过分罢了/她的男朋友各方面条件
　　　都不错，～个子矮一点而已/他哪里见过外星人，～吹牛而
　　　已/我并不是想打听你的私事，～有点儿好奇而已

二、用"只是…才"表示条件关系。"只是"引出必需的条件或理
由。

　　　in the sentence structure "只是…才", "只是"is used to intro-
duce a necessary condition or reason：

　　　我们～关心你才这样劝你，换个人才不管呢/他～看在老朋
　　　友的面子上才肯帮你这个忙/我～因为不习惯城里的生活
　　　才要回家的/我～没休息好时才会晕车，一般情况是没有问
　　　题的

只要　zhǐyào　［连词　乙级］

表示必要条件，最低要求。

used to indicate the basic requirement; so long as; if：

1. 要…就/便…。后一分句是结果。

　　used in the sentence pattern 只要…就/便…, the second clause indicates a result:

　　　~有时间,我就一定来/~经济发展了,人民的生活水平就一定会提高/~领导支持,便一切问题都能解决/咱们~团结一致,便能战胜一切困难

2. "只要"后用"是…的"或反问句,表示会出现的结果。后一分句不用"就、便"。

　　followed by "是…的" or a rhetorical question to indicate a possible result:

　　a. "只要"后用"是…的"句式。

　　　followed by the sentence pattern"是…的":

　　　~你理由充分,我们是会支持你的/咱们~再早五分钟出发,是不至于迟到的/你们~真心对待别人,是会得到回报的

　　b. "只要"后用反问句。

　　　followed by a rhetorical question:

　　　~产品质量好,难道会没有市场吗? /你~亲自去邀请他,难道还怕他不答应吗? /~准备得好,还怕考试吗?

3. "只要"用在后一分句。

　　"只要"can be used in the second clause:

　　　运动会明天将继续举行,~天不下雨/我可以给他打个电话,~你同意/你可以提前毕业,~完成了所有的学分

【辨析】　只有　只要　[见"只有"条]
compare　只有　只要　(see"只有")

只有　zhǐyǒu　[连词　乙级]

表示唯一的条件。非此不可。only; alone:

1. 只有…才…。

　　　~发展经济才能提高人民的生活水平/他的病~动手术才行/~在大家的共同努力下,我们才有可能按时完成任务/

～你去,才能向他解释清楚

2."只有"后不用"才",用"还"或其他形式与之呼应。

　　used in coordination with "还"or other forms:

　　～老王的主意还比较合理/～你亲自去,否则问题解决不了
　　(＝才能解决问题)/～把实情告诉他,要不他是不肯罢休
　　的(＝他才肯罢休)

3."只有"用于后一小句。

　　used at the head of the second clause:

　　要想看日出,～早起/要想事业取得成功,靠别人是不行的,
　　～靠自己/如果你考试再通不过,～退学

【辨析】　只有　　只要
compare　只有　　只要

　　　　(1)"只要"表示具备了某条件就可以了,也不排除有
别的条件引起同样的后果。"只有"表示唯一条件,其他条
件都不行。

　　　　"只要"is used to indicate that some other condition
may lead to the same result while "只有" is used to introduce
the only condition:

　　　　(2)"只要"常与"就"搭配。"只有"常与"才"搭配。

　　　　"只要"is often used together with "就"while "只有"
is often followed by "才".

至于　zhìyú　[连词　丙级]

　　表示承接关系。用在两部分之间,引出和前一部分有关的另一
部分。可以连接分句和句子,也可以连接段落。

　　used to connect clauses, sentences or paragraphs; as for; as to:

　　我们最近准备去南方实习,～去哪儿还没最后决定/我现在
　　在大学学习外语,～毕业以后做什么,到时候再说吧/学校
　　组织的暑期社会实践活动你们也可以参加,～报名手续,请
　　你打电话问学生会的同学/你只要告诉我做什么就可以了,
　　～怎么做,那是我的事/在我的记忆里,从小这个胡同就叫

这个名字，~为什么叫这个名字有各种各样的说法/你们放心地去选择专业吧，~上大学的费用，爸爸、妈妈早就准备好了/她觉得小王人品很好，对自己也很关心，就跟他交往，~将来两人会不会结婚，她还没考虑/邻居只知道他们一家人搬到南城去了，~搬到什么地方，他们没说，邻居也没问

下面的例子中，"至于"是动词，意思是达到某种程度、发展到某个地步：

in the following sentences，"至于"is used as a verb with the meaning of going as far as to, or going to such an extent：

① 一次考试不及格就想退学，~吗？

② 我们如果早出来三十分钟，何~被堵在这儿？

③ 小刘在上班时间喝酒，经理很生气，说要处分他，但还不~开除吧？

总之 zǒngzhī ［连词 丙级］

也说成"总而言之"，后面要有停顿。

also "总而言之"，a pause is followed：

一、引出总括性的话，后面常常有停顿。

used to introduce a summing-up, and often followed by a pause; in a word; in short：

老王给女儿买了很多礼物：发卡、巧克力、小熊猫、小钱包，~都是小女孩喜欢的东西/参加妇女大会的有女教师、女医生、女诗人、女画家、女科学家，女工人……~，各行各业的妇女代表都有/这幅画上的人物有的坐、有的站、有的蹲、有的靠，有的仰面大笑，有的低头不语……，~，每个人都有一定的动作、神态/对于经理的提议，有赞成的，有反对的，有沉默的，有怀疑的，总而言之，持各种观点的人都有

二、引出大致的、概括性的结论，含有"反正"的意思。用于第二分句的开头。

used at the beginning of the second clause to introduce a generalized conclusion; in short; in brief：

那个人的长相我记不清了，~是个男人，个子不矮，有1.75
米左右，好像还戴了一副眼镜/我也没有什么特长，~什么
运动都喜欢/怎么形容这份工作呢？~是挺累人的/不管你
怎么认为，~我不赞同这种说法/我不知道他俩之间发生了
什么，~是相互越来越冷淡，越来越疏远/无论有什么困难，
~12月1日之前必须完成这项工作

介　词

说　明

　　"把、被、比、以、从"等词是介词。介词的作用主要用来引出与动作行为相关的时间、处所、方向、对象、依据以及原因、目的等。介词最主要的特点是使用时后面一定要有宾语,而且宾语多为名词性成分,通常把"介词＋宾语"称作介词结构。介词结构最常见的用法是在动词前做状语。如:

　　我从明天起要天天早起。　　("从"引出动作的时间"明天")
　　学生在教室里学习。　　　　("在"引出动作的处所"教室里")
　　汽车一直向东开去。　　　　("向"引出动作的方向"东")
　　她把房间打扫得干干净净的。("把"引出动作的承受者"房间")
　　杯子被弟弟打破了。　　　　("被"引出动作的发出者"弟弟")
　　我要练习用毛笔写字。　　　("用"引出动作所使用的工具"毛笔")
　　这本字典是按音序排列的。("按"引出行为的依据"音序")
　　由于天气不好,运动会改期了。("由于"引出行为的原因"天气不好")

　　除了做状语外,有的介词结构加"的"以后可以在名词前做定语。如:

　　请你谈谈对这本书的看法。
　　我们正在讨论关于周末旅行的事。

　　还有的介词结构可以用在动词后做补语,这些介词主要是"自、于、往、在、向、以"等。如:

　　他来自日本。
　　本次列车开往广州。

请别站在椅子上。

这条小路通向海边。

学习介词时,要特别注意它们常常和哪些动词搭配使用,特别是能用在动词后做补语的介词,因为和这些介词搭配的动词是固定的。例如,可以说"来自日本",却不能说"去自日本";可以说"开往广州",却不能说"走往广州"。

另外,还要注意近义介词之间的差别。如"给、为、替"都可以用来引出动作的服务对象,但是用法上差别很大,三者不能自由地互相替换。

A BRIEF INTRODUCTION TO PREPOSITIONS

"把、被、比、以、从"are prepositions. It is a word used to introduce time, place, object, direction, reason, purpose, and so on. Usually a prepositional phrase, a preposition used together with a noun, functions as an adverbial modifier. The most important feature of preposition is that it can not be used independently. For example:

我从明天起要天天早起。　　("从"is used to introduce time"明天")

学生在教室里学习。　　("在"is used to introduce place"教室里")

汽车一直向东开去。　　("向"is used to introduce direction"东")

她把房间打扫得干干净净的。　　("把"is used to introduce the receiver "房间")

杯子被弟弟打破了。　　("被"is used to introduce the doer"弟弟")

我要练习用毛笔写字。　　("用"is used to introduce the tool"毛笔")

这本字典是按音序排列的。　　("按"is used to introduce the basis"音序")

由于天气不好,运动会改期了。　　("由于"is used to introduce the

reason "天气不好")

Some prepositional structures with "的" can function as attributes before nouns. For example：

请你谈谈对这本书的看法。

我们正在讨论关于周末旅行的事。

Some prepositions, such as "自、于、往、在、向、以" can be put after verbs to function as complement. For example：

他来自日本。

本次列车开往广州。

请别站在椅子上。

这条小路通向海边。

Learners should pay special attention to prepositions used together with verbs, especially those function as complements, because they are fixed. For example：you can say "来自日本", but you cannot say "去自日本"；"开往广州" is a correct saying, but "走往广州" is wrong.

In addition, users should pay attention to the difference between analogous prepositions. For example, "给、为、替" can be used to introduce the objects, but they are totally different in usage, and cannot be substituted.

介词总表

A	
按	àn
按照	ànzhào

B	
把	bǎ
被	bèi
本着	běnzhe
比	bǐ

C	
朝	cháo
趁	chèn
冲	chòng
除	chú
从	cóng

D	
打	dǎ
当	dāng
对	duì
对于	duìyú

G	
给	gěi

跟	gēn
关于	guānyú

H	
和	hé

J	
鉴于	jiànyú
将	jiāng
叫	jiào
较	jiào
经过	jīngguò
就	jiù
据	jù
距	jù
距离	jùlí

K	
靠	kào

L	
离	lí
连	lián

P	
凭	píng

R		X	
任	rèn	向	xiàng
S		**Y**	
顺	shùn	沿	yán
随	suí	依照	yīzhào
随着	suízhe	以	yǐ
T		由	yóu
		由于	yóuyú
替	tì	于	yú
通过	tōngguò	与	yǔ
同	tóng	**Z**	
W			
		在	zài
往	wǎng	照	zhào
为	wéi	自	zì
为	wèi	自从	zìcóng
为了	wèile	作为	zuòwéi

按 àn ［介词 乙级］

一、引进动作行为的凭借或依据,表示遵从某种准则。

used to introduce the basis or standard of an action; according to:

> ～他指的方向,我很快找到了图书馆/～老师说的去做,别自作主张/～客观规律办事就会成功,否则就会失败/～专家的建议,他们采用了一种新的方法,效果很好/～学校规定,你可以休学一年/～你的条件,什么样的对象找不到?为什么偏找他呢?

二、指出动作行为所依照的条件,表示遵从某种标准。

used to indicate the condition or requirement an action should base&on; according to; in accordance with; on the basis of:

> 作为学生,你应该每天～时完成作业/名单的排名～姓氏笔画为序/城市小时工是～小时计算报酬的/退休工人～月从原单位领取退休金/出租车～公里收费,价格根据车型的不同而有所不同/学生队伍～系走过主席台/～一美元折合人民币8.4元进行兑换

有时后面可以跟一组意义相对的形容词。如"大小、高矮"等,作为衡量事物的标准。

sometimes followed by two adjectives that are opposite in meaning, e.g. "大小、高矮".

> 幼儿园～孩子的年龄大小分班/请同学们～个子高矮排好队/大学的新生是～考试分数高低择优录取的/对有关人员～贡献大小进行奖励/～加班时间的长短领取加班费

三、"按"与"说、来说、来讲、来看"等词语搭配使用,表示根据某种事理来推断。

used to introduce the basis from which a conclusion is drawn when collocates with "说、来说、来讲 or 来看"; according to; in accordance with; on the basis of:

> ～说,这个时候他该回来了/～说已经九月了,天气应该凉快了/他是你儿子,～道理说有事一定会告诉你的/～道理

说我应该支持母亲再婚,可就是感情上有点儿接受不了/~
你现在的学历来看,找个好工作应该没有问题/~居住的面
积来讲,农村比城市宽敞得多

【辨析】 按　照　（见"照"条）
compare 按　照　（see"照"）

按照　ànzhào　[介词　乙级]

意义和用法基本和"按"相同。但"按照"的宾语不能是单音节词
语。

same as "按", but can not be followed by monosyllabic word:

一、表示遵循某种准则或依照某种标准。

used to introduce the basis or standard of an action; according
to:

~他给我们的地址,我们顺利地找到了他的家/小王什么事
都~书上说的去做,我们大家都叫他书呆子/~今年的录取
条件,你有一门课不及格,不能被录取/电脑夜校~学员们
的要求分了五个班/请大家~票上的号码找到自己的座位/
我们工厂是~工作年限的长短支付退休金的/他们~银行
的外汇比价兑换人民币

二、"按照"可以与"说、来说、来讲、来看"等词语搭配使用,表示
根据某种事理来推断,但"按照"后一定要跟有名词性成分。

used to introduce the basis from which a conclusion is drawn;
often used together with "说、来说、来讲、or 来看", and the component
after "按照" should be nominal; according to; in accordance with; on the
basis of:

~节气说,已经立秋了,天气应该凉快一些了/~一般情况
来说,这个时候他应该在家/~道理讲,子女有义务赡养老
人/~书本知识来看,你比我喝的墨水多,但说到实际经验
你就不如我了/~现在的工程进度看,按时完成任务应该没
有问题

【辨析】 按照　依照　（见"依照"条）

compare 按照　依照　（see"依照"）

把　bǎ　［介词　甲级］

跟名词组合构成"把"字词组，用在动词前面做状语。"把"后的名词常常是后面动词的宾语。

used together with a noun, which is often the object of the following verb, to form "把"structure：

一、表示处置，即对"把"后的名词怎么样。动词一定是及物的，名词是动作的承受者。

used to indicate how a person or thing after "把"is dealt with or affected, the object of "把"should be the receiver of the action and the verb should be transitive：

我～苹果吃了/他～作业交了/妈妈～菜买来了/哥哥～自行车修理了一下儿/请你～房间整理整理/～这台旧电视扔了，换一台新的吧

二、表示致使，有"使、叫、让"的意思，后面的动词多带结果补语或程度补语。

used to indicate "result in" with the meaning of "make or let", the verb is often followed by a complement：

弟弟～杯子打破了/我～录音机摔坏了/球迷们～嗓子都喊哑了/小红～钱弄丢了/请你～手洗干净/我想～这个问题弄清楚/他这么晚还没来，～我们急死了/接到录取通知书，～小王高兴坏了

有时动词或形容词后面用"得"引进情态补语。

sometimes "得" is used after the verb or adjective to introduce complement showing mood or state：

学生们～教室坐得满满当当/王教授的演讲非常精彩，～我们都听得如醉如痴/今天太热了，刚出门就～我热得满头大汗/冷风吹过，～他冻得直打哆嗦/热情的球迷～门前的广场挤得水泄不通

三、表示动作行为的处所或范围。

used to indicate the extent of an action:

~整个校园都找遍了,也没见他的影子/我~全城的书店都跑遍了,才买到你要的书/我~屋里屋外又检查了一遍,还是没有发现起火的原因/他们~几家电子市场逛了好几遍,最后选中了一家,买了一台电脑

四、表示"拿"的意思。

means "拿"; used to introduce the object of a following verbal phrase:

你别理他,看他能~你怎么样?/他爸爸是局长,谁能~他怎么样/不说话,人家就~你当聋子吗?

五、和"当做"等构成"把…当做/看做/看成/当成/比做"等格式,引进被比较的对象。

used to introduce the object of comparison in the structures "把…当做/看做/看成/当成/比做":

他们~我当作亲儿子抚养/我~她看作我最要好的朋友/他~成绩看成前进的动力/你没有妈妈了,你就~我当成你的妈妈吧/人们~香港比作东方之珠/人们常常~教师比作园丁

【注意】 **NOTE**

(1) 关于"把"后面的名词。

about the noun after "把":

名词所指的事物一定是有定的,是说话人听话人都知道的。前面常加"这、那"或其他限制性的修饰语。

the noun after "把" should be a particular thing that the speaker and listener both know, and is often preceded by "这 or 那":

~大衣穿上,外面冷/~饭吃了再走/麻烦你~那本词典拿过来/请你~这封信交给王教授/下午我先~旅行要用的东西收拾一下儿

所指事物是无定的名词不能跟"把"组合。

"把" can't be used before a noun that is not specific:

比较：

把那封信写完了——×把一封信写完了把这两本书借给他——×把两本书借给他发表了一篇文章——×把一篇文章发表了买来了很多菜——×把很多菜买来了

(2) 关于"把"字句里的动词。

about the verb in "把" sentence：

"把"字句中的动词一般不能是单个动词，特别不能是单个单音节动词，一般要加其他成分，最少也要加"了"或"着"。

the verb in the structure should be disyllable and "了" or "着" should be used after a monosyllabic verb：

常见的形式有：

other usage：

a. 动词 + 了/着

monosyllabic verb + 了/着：

～水喝了/～旧车卖了/～鞋脱了/～钱拿着/～门开着/～干粮带着

b. 动词重叠

the verb is reduplicated：

～衣服洗洗/～院子扫扫/～房间收拾收拾/～学过的生词复习复习

c. 动词后带结果补语或趋向补语

a complement is followed after the verb：

～窗户关上/～文章写完/～饭做好/～他叫起来/～饮料罐儿扔到垃圾桶里

d. 动词 + 得 + 情态补语

verb + 得 + complement indicating mood or state：

～我笑得肚子都疼了/～他吓得出了一身冷汗/～她羞得满脸通红/～我累得腰都直不起来了

少数动补式的双音节动词有时可以单个使用，动词后不再带其他成分。

some disyllabic verbs can be used independently:

~展览的展期延长/~室内温度提高/~明天的约会取消/~调查范围扩大/~旅行的费用降低/~建设规模缩小

e. 动词 + 动量/时量宾语

verb + measure word:

~考卷又检查了一遍/~来信看了好几遍/~婚期向后推了一个月/~回国日期提前了一个星期

f. 动词 + 介词宾语

verb + prepositional phrase:

~钢琴放在客厅/~狗养在家里/~信投到邮筒里/~花盆放到阳台上/~这本书翻译成汉语/~这本词典带给小王

(3) 否定词"不、没"或能愿动词一般放在"把"字前。

used after "不、没"or modal verb:

他没~酒喝完/我昨天没~作业交给老师/他们没~王教授请来/不~他教训一顿,我这口气出不来/今天不~事情说清楚不许离开/你应该~工作做完/我愿意~我知道的都告诉你/我一个人就能~房间布置好

(4) 下面几类动词或结构一般不能用于"把"字句。

"把"can't be used in the following structures or the sentences with the verbs below:

a. 不表示具体行动意义的动词。如:"有、在、是、像、属于"等。

verbs that don't describe actions, e.g. "有、在、是、像、属于".

b. 表示心理感知的动词。如:"感觉、听见、知道、以为、相信、同意、赞成"等。

verbs indicating perception, e.g. "感觉、听见、知道、以为、相信、同意、赞成".

c. 表示身体的具体动作的动词。如:"走、跑、站、坐、睡、躺、蹲、卧"等。

verbs indicating specific body movement，e. g."走、跑、站、坐、睡、躺、蹲、卧".

d. 动词 + 可能补语。

v. + complement indicating possibility：如：可以说"我听得懂你的话"，但不能说："我把你的话听得懂"。可以说"他爬得上去那座山"，不能说："他～那座山爬得上去。

被 bèi ［介词　甲级］
用于被动句，引进动作行为的主动者。主语是动作的承受者。
used in a passive sentence to introduce the agent or doer：

1. 被 + 名 + 动词性成分。

被 + noun + verbal phrase：

奶奶的杯子～我打碎了/我刚睡着，就～一阵敲门声惊醒了/你小时候～妈妈打过吗？/你要的那本词典～别人借走了/他过马路时～车撞了一下/屋里～太阳照得亮亮的/轮船～海风吹得东摇西晃

2. "被"直接放在动词前，表示动作的被动性。"被"后的名词由于不必说或不能说而被省略。

placed directly before the verb to indicate the passive voice and the noun is often omitted：

这个孩子～吓坏了，一句话也说不出/毕业后，我～分配到报社工作/他～派到上海的分公司做业务经理/那件文物一直～陈列在博物馆里/父母去世后，她～寄养在一个远方亲戚家

注意　NOTE

"被"可以跟少数单音节动词构成固定词语，多表示不利的事。例如：～动/～迫/～捕/～杀/～害/～控/～盗/～窃/～告。

"被" can be used together with some monosyllabic verbs to form fixed phrases expressing unpleasantness.

3. 被…所 + 动。有加强动词被动意义的作用。双音节动词前"所"可以省略;单音节动词前"所"字不能省,并带有较浓的书面色彩。

"被…所 + verb" is used in written language for emphasis, "所" can be omitted before disyllabic verb:

我们都～他的英雄事迹所感动/观众～她动人的舞姿所吸引/评委～他出众的才华所折服/我们决不能～暂时的困难所吓倒/供应车～风雪所阻,不能按时到达/这儿的人们～酷热所苦,夜不成眠/村里人～生活所迫,很多人出外做工

上述句中的"被"用"为"替代以后,文言色彩较浓。

"为"can be used instead of "所" with a strong sense of archaic Chinese in the sentences above.

4. 被 + 动词 + 的 + 名词性成分。上下文清楚时,名词可略去不说。

the noun can be omitted when the context is clear in the structure "被 + verb + 的 + nominal phrase":

他就是～撤职的那位干部/～批评的应该是我,而不是你/～学校开除的那个学生后来怎样了? /～车撞伤的那个人送到医院去了吗? /～洪水淹没的有百亩良田,还有田里的庄稼

【注意】 NOTE

(1) 句子中的主要动词一般为带附加成分的及物动词,不能是单个动词。

the main verb in the sentence should be transitive verb with added component:

房子～水淹了/奶奶～他推着去了医院/我小时～妈妈打过/晚上我～一阵雷声惊醒/我的自行车～小王借走了/他～人打了一顿/我刚出门就～他叫了回来/她的脸～阳光映得通红/小树～风吹得东倒西歪

少数双音节动词可以不带附加成分,但"被"前要有助动词(可能、愿意等)或表时间的词语(已经、两天前等)。

some disyllabic verbs can be used without added compo-
nent, but auxiliary words(可能、愿意, etc.)or temporal words
(已经、两天前, etc.)should be placed before "被":

我们谁也不愿意~人误解/他的建议已经~领导采纳/
这座城于两天前~敌军占领

(2) 动词后有时可以带宾语,主要有以下几种形式:

sometimes the verb can be followed by an object in
one of the following cases:

a. 宾语是主语的一部分或属于主语。

the object is a part of the subject or belongs to the sub-
ject:

桌上的桃子~小孩偷吃了两个/我的汽车~人撞坏了
车尾灯/他~爸爸剪去了长头发/那片山林~烧毁了四分之
一/哥哥~人打伤了一条腿

b.宾语是主语受动词影响、支配而达到的结果。

the object is the result produced by the subject after it is
affected by the verb:

李老师~大家选为优秀教师/这部名著~我们改编成
了电影/这座教学楼~学校临时改做了教工宿舍/他~调来
帮助你组织会议

c. 主语指处所。

the subject is used to indicate place:

房子~他请人装修了一下/院子里~调皮的孩子们搞
得乱七八糟的/有些地铁的墙上~人涂画得不像样子

(3) 否定词及其他助动词、副词一般放在"被"前。

negative, auxiliary word or adverb is usually placed
before "被":

最后他还是没~说服/幸亏那个本子没~他扔掉/我放
在桌上的东西可能~人拿走了/我们说的话都~她听去了/
我才不愿意~人误解呢

(4) 传统的"被"字句,多用来表示对当事人来说不愉快、不如意、不企望的事件。但随着语言的发展,"被"字句表示的语义也有了变化。除了仍保留表示原意外,也可以表示好的、如意的事情。

"被" was traditionally used to indicate something unhappy, but now it can also be used to indicate something good:

如:

他~大家选为劳动模范/小王~派往国外留学/我~分配到电视台工作

还可以表示无所谓如意不如意的事情,这种用法多半是景物描写。

"被"can be used to describe a kind of state:

她的手~冻得通红/节日的天安门广场~装扮得分外美丽/~冰雪覆盖的北国到处是白茫茫的世界

(5) 汉语的习惯,并不是凡有被动意义的句子都要用"被",如上边最后三个例句,删去"被",不再做任何改动,即"他的手冻得通红"等,更符合汉语的习惯。另外就是保留被动义,但用其他介词,如"自行车让小王借走了"、"他让人打了一顿"。再就是在行文当中自动选用其他句式,如"我们把这部小说改编成了电影"、"他请人把房子装修了一下"、"大家选他当劳动模范"等。

Sometimes "被" can be omitted in a passive voice and other prepositions can also be used to indicate passive voice.

【辨析】 被 叫 让 (见"叫"条)
compare 被 叫 让 (see"叫")

本着 běnzhe [介词 丁级]

指出动作行为所遵循的准则或表明动作者的态度,有"按照、根据、遵循"的意思。多与表示抽象意义的"原则、精神、方针、态度"等名词搭配。名词前常有修饰成分。

used together with abstract nouns modified by another component to point out the criterion of an action; in line with; in accordance or conformity with; in the light of：

> 双方～互利的原则,签订了协议/今年我们～择优录取的原
> 则,招收了 100 名新生/代表们～"知无不言、言无不尽"的
> 方针,对领导们的工作提出了一些意见/医生应该～"救死
> 扶伤"的精神,为病人服务/他们～实事求是的态度,友好地
> 交换了意见

比 bǐ ［介词 甲级］

引进被比较的对象,用来比较性状或程度的差别。

used to introduce the object of comparison. The subject of the sentence and the object of"比" are the two things compared for a quality or degree of which the subject has more：

1. 两个不同事物之间进行比较。"比"的前后一般是相同的词类或结构。

　used to make a comparison between two things of the same type or structure; than：

> 造句～解词容易一些/这本书～那本书难/南京的夏天～北
> 京的夏天热/他(个子)～我个子高/开着窗～关着(窗)凉快
> /走路～骑车累得多/我觉得饭做多了总～做少了好一点儿
> /我们认为他做这件事～你(做)更合适/她发起脾气来～老
> 虎(发脾气)还凶

2. 同一事物前后不同时期进行比较。"比"的后面多用时间词。

　making comparison between different time of the same thing, a temporal word is placed after "比"：

> 今年夏天～去年(夏天)热/现在的日子～以前好多了/你
> (现在)说汉语～刚来的时候流利多了/经过锻炼,他的身体
> ～以前壮了,也结实了/现在的护城河水～前几年干净了很
> 多

3. "一+量词"在"比"的前后重复,表示程度的累进。

　used between reduplicated "一 + measure word" to indicate an increase in extent or degree; more and more：

秋天一到,天气就一天～一天凉了/我的学生一个～一个聪明/现在的生活一年～一年好/我们的课本一课～一课难/这儿的风景一处～一处漂亮/她打字的速度一次～一次快/他做的饭一次～一次好吃

【注意】 NOTE

(1) "比"字句中的谓语多是形容词,形容词前后可带表示数量或程度的成分。

the predicate in a sentence with "比" is often an adjective and other components indicating quantity or degree can be placed before or after it:

他～我小两岁/我～你高一个年级/白天～晚上气温高五度/他跑步～我快得多/出租车～公共汽车贵很多/孩子丢了,作为家长我～谁都着急

(2) 谓语如果是动词,多限于表示能力、愿望、爱好、增减的动词。

predicate can only be the verbs indicating ability, wish, hobby, increase or decrease:

哥哥～我会开车/农村人～城里人能吃苦/父母～我更希望我能考上大学/她～我这个北京人还喜欢唱京剧/今年的学生～去年多招了50名/告诉孩子做人的道理,教会孩子生存的知识和技能,～送给孩子多少钱都有意义

(3) 谓语如果是表示一般行为动作的动词,一般要用带"得"的补语。"比…"在"得"的前后都可以。

a complement with "得" should be used before or after "比…"when the predicate is a verb indicating an action:

她跳舞跳得～我好(=她～我跳舞跳得好)/他说汉语～英语说得好(=他说汉语说得～英语好)/他做饭做得～我们都好(=他做饭～我们都做得好)

朝 cháo [介词 甲级]

一、表示动作的方向。宾语一般是表示方位、处所的词语。有

时"朝"可以表示抽象意义的方向。

used to indicate the direction of an action and the object can be a word indicating direction or place; facing; towards:

~前看,那边那座高塔就是电视塔/顺这条路一直~东走,到路口往右拐就到了/你们把方向搞错了,应该~西南方向开/他们~海边走去/我看见他~教室跑去了/~他来的方向看了又看,还是没有他的身影/运动员们加快速度,~终点飞快地冲过去/他的病在~好的方向发展/我们在~这个目标努力

二、表示动作、行为的对象。宾语多是表示人或事物的词语。

used to introduce the object of an action which is a word indicating a person or thing; to:

他老远就~我笑,好像很高兴的样子/老王走过他身边时,~他点了点头/我~孩子们挥了挥手,然后钻进了汽车/老板~我看了一眼,什么也没说/小明~老师行了个礼,飞快地跑走了/他远远地~我打了个招呼/~她的窗户看了半天,也没见她出来

【注意】 **NOTE**

"朝"有时可带"着",但宾语不能是单音节的,一般是多音节词语或短语。

"着" is occasionally used after"朝"and the object should be polysyllabic word or phrase:

她~着窗外发呆,好像在想心事/他~着树上扔了一块石头,没打中/他们~着太阳升起的方向走去/妈妈~着孩子回家的方向看了好长时间/我们~着预定的目标前进/事情正~着对我们有利的方向发展

【辨析】 往 朝 (见"往"条)

compare 往 朝 (see"往")

趁 chèn [介词 乙级]

表示所利用的机会或条件。后面所带词语是双音节以上的词语

时,可加"着"。

if the object of "趁" is disyllabic or polysyllabic word, "着" can be used after it; take advantage of; avail oneself of; at an opportune moment:

> 妈妈刚给你做好一碗鸡蛋汤,快~热喝了/真对不起,让那个小偷~乱逃跑了/(着)年轻多学点东西,对你的将来是会有好处的/~(着)今天晴天赶快把衣服晒一晒/~(着)放假好好儿玩玩儿,开始上班后就没有玩的时间了/我们几个同学~(着)实习的机会到南方旅游了一趟/~(着)现在有钱好好儿吃一顿

当"趁"的宾语比较长时,后面可以有停顿,或把"趁…"放到主语前。

when the object of "趁" is comparatively long, it can be followed by a pause or "趁…" can be placed at the head of the sentence:

> ~离起飞还有一点儿时间,他在机场买了一些纪念品/~护士没注意,她偷偷溜出了病房/~王老师现在有空儿,我向他请教了几个问题/~妈妈没在家,他将小朋友带回家看电视/~着现在运动场上没人,我们进去跑了几圈

冲 chòng [介词 丙级]。

一、指出动作行为的对象,相当于"朝"。可以加"着",多用于口语。

spoken language; used in the same sense as "朝" and can be followed by "着"; facing; towards:

> 孩子~我笑了,样子非常可爱/老师~我点点头,表示赞赏/他~楼下大声喊着什么,因为距离太远听不清/小淘气~着老人做了一个鬼脸,转身跑走了/他~着开过来的汽车不停地挥手,示意他们停下来

二、表示动作行为的凭借或依据。多用于口语。

spoken language; used to indicate the basis on which an action is done; on the strength of; on the basis of; because of:

~你的面子,这个忙我一定帮/~你们现在的干劲儿,按时完成任务没问题/就~你这句话,我觉得你这个朋友没有白交/~着咱们多年的交情,我答应你去试试/~你这马虎劲儿,不出问题才怪

除 chú [介词 丙级]

引进被排除的对象。多跟"外"、"以外"、"之外"等搭配使用。多用于书面语。

written language, often used together with "外"、"以外"、"之外" to introduce the object excluded:

一、排除个别的,强调其余的没有例外。后面常用"都"、"全"等呼应。

used together with "都" or "全"; except; except for:

~小张外,大家都来了/~星期六晚上外,其他时间都可以/~这块地种粮食外,别的地都种了蔬菜/~北海以外,北京的名胜古迹我全游遍了/打球的人里,~他是老师外,其他全是学生/这次考试~一门90分以外,其他课全是100分/他这个人~脾气急一点以外,还是挺不错

有时在后面用"不""没有"等否定形式,表示被排除的事物或动作是惟一的。

"不" or "没有" is used in the later part of the sentence:

~小张外,我们都不会开车/~汉语外,他什么语言也不懂/~香港之外,我哪儿也没去过/~洗了几件衣服以外,我今天什么事也没做/周末,他~呆在宿舍以外,没有什么地方可去/~老李选票超过半数之外,没有一个人选票超过20票

二、在被排除的事物之外,还有补充。前后两部分都包括在所说的范围之内。后面常跟"还、也、又"等词搭配。

used together with "还、也 or 又"; besides; in addition to:

~小李外,去长城的还有小张和小王/~唱歌之外,她还喜欢跳舞/~妈妈给我的500元外,我又借了200元/这条街

上经营电脑的公司,~这家外还有十几家/他~会讲汉语以外,还会讲法语和德语/检查结果,他~心脏有些问题以外,肝脏也不大好/引进新技术以后,~提高了生产效率以外,工人的劳动强度也减轻了

除了　chule　[介词　甲级]

基本用法同"除"。多跟"外"、"以外"、"之外"等搭配使用。

basically used in the same sence as "除"; often used together with "外"、"以外"、"之外":

一、表示所说的排除在外。后面常有"都、全"或"没、不"等呼应。

often followed by"都、全"or "没、不" to introduce the object excluded; except; except for:

~ 小王,别人都来了/~星期三以外,我天天都有课/我们班,~小张之外,其他同学全是北京人/我~日本以外,别的国家哪儿也没去过/他啊,星期天~睡觉、看电视之外,不干别的

二、表示除此之外,还有别的。后面常有"还、也"等呼应。

used together with "还、也"to indicate that something else is included; besides; in addition to; apart from:

小张~喜欢打网球之外,还喜欢打羽毛球和棒球/~去邮局寄信外,我还要去书店买几本书/我姐姐~会说英语之外,法语和日语也不错

三、"除了…就是…"。表示"不是…就是…",二者必居其一。"除"不具备这个用法。

used in coordination with "就是"; same as "不是…就是…"; "除"doesn't have this usage;either …or:

星期天妈妈~打扫房间就是为全家做饭,很少出去/我的早饭~牛奶就是茶,从来不喝咖啡/每天~学习就是吃饭、睡觉,生活真是太没意思了

从 cóng [介词 甲级]

一、指出起点。常和"到、往、向"等词搭配使用。"从"后有时可以加"起、开始"等词语，更加强调和突出起点。

    often used together with "到、往、向"，sometimes with "起 or 开始" to indicate the starting point; from:

1. 表示时间。

    used to indicate the starting point of time：

    每天上班的时间~上午8点到下午5点/他的工作很辛苦，每天~早忙到晚/姐姐~小到大，都是好学生/~进屋到现在，她一直不停地在说话/~现在起，我再也不吸烟了/~1997年起，香港回归了中国/他~18岁参加工作起，整整工作了四十年了

2. 表示范围。

    used to indicate scope：

    ~北京到上海坐火车要二十多个小时/她今天~头到脚一身新，原来是要去参加朋友的婚礼/妈妈~上到下把他看了好几遍，怎么看也看不够似的/这本书我~头至尾仔细看了一遍，没有发现什么错误/参加这次活动的人，~老人到小孩，人人都兴高采烈

3. 表示处所、来源。

    used to indicate place or source：

    ~这儿往北100米就是百货大楼/你要去上海？真巧，我昨天刚~上海回来/我是~美国来的，现在在北京的一所大学学习汉语/小王~电视上看到一则征婚启事，就写了封信去应征/他~图书馆查到了一些资料/他把书~地下捡起来/她~国外寄来一封信/你~哪儿知道的？是她告诉你的吗？

4. 表示发展或变化。

    used to indicate development or change：

    这家公司~无到有，~小到大，发展非常快/他努力学习，虚心求教，~不懂到懂，~一个外行成为了一位专家/十几年过去了，她~一个小女孩长成了一个大姑娘，我也~一个小

伙子变成了一个小老头/经过治理,这座城市的护城河~一
条污水河变成了一条清水河

二、引进动作行为的凭借或依据。后面有时跟"看、来看、看来、
来说"等词语。

often followed by "看、来看、看来、来说" to introduce the
ground or basis of some action:

~相片就能看出她是你女儿/他~口音听出你是上海人/~
内容上看,这本小说很有意思,但~语言角度看,还欠功底/
~孩子的角度来说,离婚对孩子的成长很不利/~检查结果
来看,你的病不太严重

三、引进动作行为经过的路线、处所。后面常有"过"或别的表
示趋向的词语。

used together with "过" or other words indicating directions to
introduce the route or place of some action; past; by; through:

飞机每天都~我们头上飞过,飞机噪音真让人受不了/汽车
慢慢~小桥上开了过去,还好,小桥安然无事/我们~小路
爬上了山/阳光~窗外照进来,屋里亮堂堂的/他每天都~
我的门前经过,一来二去我们就成了熟人/救灾的食品以最
快速度~海上运到了灾区

四、引进动作行为的着眼点。有从某方面考虑的意思。

used to introduce the focus of attention in considering a prob-
lem:

你们应该~工作出发,好好儿合作/~维护社会治安考虑,
应该加强对外来人口的管理/不但要~思想上重视引进先
进技术,还要落实到具体行动上/我们领导对青年职工~生
活上关心,~工作上严格要求/~环境的美化可以体现精神
文明/他~点滴小事方面严格要求自己,为大家做出了榜样

打 dǎ [介词 丙级]
同介词"从"的意义和用法基本相同,多用于北方口语。
spoken language, same as "从"; from; since:

1. 表示处所、时间、范围的起点。

　　used to indicate the starting point of some place, time or scope:

　　～这儿往北走两百米就到了/我昨天刚～上海出差回来/～这学期起,我们改为八点上课/～那次喝酒误事以后,他就戒酒了/～老人到孩子,每个人都是高高兴兴、喜气洋洋的/～领导到工人,大家都希望把工厂搞好

2. 表示事物的来源、出处或动作发生的场所。

　　used to indicate the source or place of something:

　　听说"博士"这个词是～中国传到日本,又～日本传回中国的/这段话是我～书上抄来的/他～床下找出一本旧相册/妈妈看到孩子们都来给她过生日,～心里感到高兴

3. 指出动作经过的路线或场所。

　　used to indicate the route or place of some action; past; by; through:

　　一只鸟～我们头上飞过/她偷偷地～门缝往外看,黑乎乎的,什么也看不清/他明天上班都～这个商店过/月亮～树梢慢慢露出脸来/我们～小路走吧,比较近/大门已经关了,于是他～墙头爬了进去

当 dāng ［介词　甲级］

一、表示事件发生的时间。多用于书面语。

　　often used in written language to show the time that something happens; just at (a time):

1. "当"后跟"…时"或"…的时候"。多用在句首,表明事情发生在另一件事或另一种状态出现的时候。

　　used at the beginning of a sentence and "…时"or"…的时候" is often followed to function as an adverbial of time; at the time that; when:

　　～汽车通过大桥时,大桥突然塌了/～一轮明月挂上天空时,湖上的风景美极了/～他五岁的时候,得了一场大病,腿落下了残疾/～我回到宿舍的时候,已经是半夜两点了,同

屋早就睡了/～我第一次见到他的时候,他还是个孩子,现
在大学都快毕业了

汉语习惯上不常用"当"。以上各句有许多人是不用"当"的。

"当"常跟"每"或"正"一起使用,"每当…"表示"每一次到…时
候";"正当"表示"正在那时候"。

usually "当"is omitted in a sentence,"每"is often used together with
it to indicate "whenever" and when "正"is used together with it, it means
"just at that time when"; just when:

每～我听到这首歌时,就想起了小时候的情景/爷爷有关节
炎,每～天气不好的时候,腿就疼/正～我们要出发的时候,
他突然肚子疼了起来/正～我不知该往哪里走的时候,一位
警察走了过来

2."当"后跟"…以前/之前"或"…以后/之后",表示事件发生在
另一事件以前或以后。

often used together with "…以前/之前"or"…以后/之后"to in-
dicate that after or before one thing happens, another thing happens; be-
fore; after:

～我收到他们的信以前,就已经知道他们要结婚了/～洪水
过去以前,我们最好留在山上/～他回到老家以后,才知道
叔叔已经去世了/～天气好了以后,我带你去放风筝

以上各句可以去掉"当"。

"当"can be omitted in the sentences above.

二、表示事情或行为发生的处所或方位等。

used to indicate the place or direction of one action or thing:

1."当"后跟单音节名词。

followed by a monosyllabic noun:

联欢会上,他～场表演了一个小魔术/领导～众宣布,由小
王当公司的经理/接到女朋友的绝交信时,他好像～头挨了
一棒/他气极了,对我～胸打了一拳/你这样～众批评我,不
是成心不给我面子吗?

2."当"后加"面",表示面对面。"当"后还可加"着"组成"当着

…面"的格式。

　　followed by "着" to form "当着…面" with the meaning of facing; confronting; to sb.'s face; in sb.'s presence：

　　　钱款要~面点清,以免有差错/有事~面说,不要背后议论
　　　人/~着小王的面,我没好意思说这件事/今天~着大家的
　　　面,我们把事情说清楚

对　duì　[介词　甲级]

　　一、引出动作、行为的对象或目标。有"朝、向"的意思。"对"一定放在主语的后面。有时"对"后可以加"着"。

　　used after an subject to introduce the object or target of an action with the meaning of "朝 or 向", sometimes followed by "着"; towards; to：

　　　他~我笑了笑/王老师~小李说了句话/她~我打了个手势
　　　/~你表示衷心的感谢/她心里的秘密~谁也不说/他~着
　　　她的窗户唱歌/我~着他的下巴打了一拳/小李~着经理的
　　　背影做了个鬼脸

　　二、引出与动作、行为有关系的人或事物。表示对待。

　　used to introduce a person or a thing that is related to the action：

　　1. 表示人与人之间的对待关系。多修饰表示态度的词语。不能换成"对于"。

　　can't be followed by "于"; used to indicate the treatment between people：

　　　他~我很友好,也很热情/我~他没有好感/因为是第一次
　　　一个人出远门,妈妈~他很不放心/我~你怎么样,你应该
　　　心里有数/作为教师,应该~学生负责/由于他个人条件差,
　　　介绍的几个女孩子~他都不满意

　　2. 表示事物与人之间的对待关系。不能换成"对于"。

　　can't be followed by "于"; used to indicate the treatment between thing and people：

　　　你的发言~我很有启发/这件事~世人有深刻的警示作用/

你讲的这番话，～她不能不有所触动/高考落榜～他打击很
大

3. 表示人与事物之间的对待关系。大致相当于"对于"。"对"
放在主语前后都可以。

same as "对于"，"对" can be placed before or after the subject;
used to indicate the treatment between people and thing:

领导～他的意见很重视——/～他的意见领导很重视/我～
这个问题不感兴趣——/～这个问题我不感兴趣/经理～她
的设计不太满意——/～她的设计经理不太满意/学校～他
们打架的事已经做了处理——/～他们打架的事，学校已经
做了处理

【注意】 NOTE

有时为了突出或强调宾语，可以用"对"把动词的宾语
提前。

the object can be placed between "对" and the predicate for
emphasis:

他每天忙于工作，不太关心 孩子→他每天忙于工作，
对孩子不太关心 父母支持我的选择→父母对我的选择很
支持 公司很重视我们的试验→公司对我们的试验很重视
他一点儿也不了解中国的历史→对中国的历史他一点儿
也不了解

三、"对…来说"，表示从某人或某事的角度来看。

"对…来说" is used to indicate the person or thing to whom or
which a statement pertains; regarding; concerning:

这件事～我来说有点儿难/父母离婚～孩子来说是非常可
怕的/这点儿钱～他来说算不了什么/～王红来说，她最希
望的事是能考上大学/～学外语的人来说，掌握正确的发音
是不太容易的/失业～他来说，有如世界末日一般

对于 duìyú [介词 甲级]

指出与动作、行为有关系的事物。多带名词或名词性词组。

often followed by noun or nominal phrase to indicate the thing related
to some action; about; concerning; with regard to:

1. 用在主语前,一般有停顿。

　　used before a subject and a comma is used to indicate the pause:
　　　～中国古代哲学,我没有什么研究/～公共道德,大家都应
　　该自觉遵守/～他的失败,大家都觉得可惜/～他的计划,大
　　家有不同的看法/～有技术特长的人,我们公司非常愿意接
　　受/～知法犯法的人,一定要坚决打击

2. 用在主语后。

　　used after a subject:

　　他们～周围的环境还不太熟悉/这种药～癌症有很好的治
　　疗作用/我们～当时的具体情况还要做进一步的调查

【辨析】 对　对于

compare 对　对于

　　　　凡是能用"对于"的地方都能用"对",但是能用"对"的
　　地方不能都用"对于"。

　　　　"对"can always substitute"对于", while "对于" can't be
　　used in the following sentences where "对"is used:

　　　　(1) 当"对"引进动作、行为的对象或目标时,"对"不能
　　换成"对于"。

　　　　　　when "对"is used to introduce the object or target of
　　an action:

　　　　例:

　　　　① 他对我笑了笑,还对我招了招手。

　　　　② 我对他们大声喊叫,可他们谁也没有听见。

　　　　(2) 当"对"表示人与人之间的对待关系时,不能换成
　　"对于"。

　　　　　　when "对"is used to indicate the treatment between
　　people:

　　　　例:

　　　　① 他们每个人对我都很友好。

② 小李为人比较小气,很多人对他都有这样的看法。

(3) 有助动词或副词时,"对"用在助动词、副词的前后都可以。"对于"只能用在助动词、副词的前面。

"对"can be used before or after auxiliary word or adverb, while "对于"can only be used before auxiliary word or adverb:

例:

① 我们会对这件事做出安排的;我们对/对于这件事会做出安排的。

② 大家都对这个决定有意见;大家对/对于这个决定都有意见。

给 gěi [介词 甲级]

一、指出交付、传递的对象。

used to introduce the object of handing over or passing; give; present; grant:

1. "给"用在动词前。

used before a verb; to; with:

我今天晚上要～妈妈打电话/毕业以后,我常常～老师写信/我去邮局～弟弟寄书/服务员小姐～运动员们送来了饮料/记着下午～他发一个传真

2. "给"用在动词后。

used after a verb; to; with:

他交～我一张便条,请我和他一起去看电影/她留～小王一封信,向他告别/妈妈从家乡寄～我一个包裹/父母应该教～孩子做人的道理/李红把花献～自己心目中的英雄/朋友借～我一万元去做生意

注意　NOTE

动词本身有给予意义时,"给"可以省略。如果动词本身没有给予的意义,必须用"给"。

"给"can be omitted when the verb has the same meaning as

"给", otherwise, it can't be omitted:

> 生日时,父母送(给)我一套连衣裙/请你把复习资料
> 还(给)他/王师傅教(给)了我修车的技术/朋友搬走
> 时留给我一些旧家具/请你把入学通知书寄给学生/
> 这封信是写给父母的,不是写给你的

二、指出动作行为的服务对象。有"替、为"的意思。

used to introduce the object of the service; for; for the benefit of:

> 她虽然病了,但还~丈夫、孩子洗衣服、做饭/王医生在~病
> 人看病/妈妈退休后~女儿带孩子/请你~客人倒茶/王教
> 授~那本新书写了序言

三、指出受到不利影响的人或事物。

used to introduce the related object which is harmed as a result of an action:

> 对不起,~您添麻烦了/由于他的疏忽大意,~学校造成了
> 严重损失/因为我的病,把孩子的终身大事~耽误了/弟弟
> 把我的录音机~弄坏了/到一边儿玩去,别在这儿~大人添
> 乱/他已经很忙了,就别再~他找麻烦了

四、"给 + 我"。加强语气,表示说话人的某种意志或感情。

"给 + 我"is used for emphasis:

1. 引进服务的对象。

used to introduce the object of service:

> 出去时~我把门关上/你下班回来时,~我把报纸带回来/
> 你~我看看,头上有什么东西,挺痒的/你~我把行李收拾
> 一下儿/这事你~我打听打听/我耳朵背,你再~我说一遍

2. 用于命令句,表示命令或敦促的语气。

used in an imperative sentence to indicate command:

> 这次就算了,下次~我注意点儿/你~我走开,现在不想看
> 到你/你~我离远点儿,别烦我/你~我滚出去!

五、指出动作行为的承受者。相当于"朝、向、对"。

used to introduce the recipient of an action, same as "朝、向、

对":

> 孩子们整齐地~老师行了个礼/我想~你提个意见/~你们
> 道喜了,祝新婚快乐!/老王~我使了个眼色,我赶紧闭上
> 了嘴/我~他打了个手势,然后,悄悄走了出去/新年好!我
> 们~您老拜年了

六、引进动作行为的主动者,"给"的意思接近于"让、叫、被"。

used to introduce the agent of an action, same as "让、叫、被":

> 他~雨淋病了/窗玻璃~风吹掉了/我最喜欢的杯子~弟弟
> 打破了/那台旧电视~他修好了/我晒在外面的衣服~小偷
> 偷走了/旧自行车~他卖掉了

跟 gēn [介词 甲级]

一、指出与动作行为相关联的另一方。表示动作是由双方共同
完成的。但句中的主语在动作的过程中起主导作用,"跟"前后两者
的位置不能互换。

used to introduce the other party with whom the subject executes
the action; with; and:

> 下午你~我一起去总公司开会/校长~来宾一一握手/他~
> 爸爸回老家了/我喜欢~同屋聊天/明天我们的校队要~他
> 们比赛/这件事我要~家里商量一下儿/你~谁吵架了,生
> 这么大的气?

【注意】 NOTE

(1) 否定词"不"用在"跟"前表示主观意愿;用在"跟"
后面,表示客观事实。

subjective desire is expressed when "不" is placed be-
fore "跟" and objective fact is expressed when "不" is placed after
"跟":

例:

① 我不~你去,我要跟他一起去/他(生气了),一直不
~我说话

② 我~父母不住在一起(我住在宿舍)/我不喜欢他,

我 ~ 他不说话

    (2)"没"用在"跟"前后意思相同。

      "没"can be used before or after "跟":

    ① 我没 ~ 他一起去/我 ~ 他没一起去

    ② 我没 ~ 父母住在一块儿/我 ~ 父母没住在一块儿

二、引进和动作、行为有关的对象。有"同、向、对、从"的意思。

  used to introduce the object related to some action; with; to; from:

    劳驾,我 ~ 你打听一个人/有什么新闻,快 ~ 我们说说/他 ~ 经理汇报了最近的工作情况/这钱你是 ~ 谁借的? /你们家的家具真漂亮, ~ 哪儿买的? /告诉妈妈,这张照片你 ~ 哪儿找出来的?

三、指出与某人或某事物有关联的另一方。

  used to introduce another part related to the person or thing:

    我 ~ 他是大学足球队的球友/我证明,他 ~ 这事没关系/这个城市 ~ 北京市是友好城市/我们早就分手了,现在她好不好都 ~ 我没有什么相干/为什么你住在他的房间,你 ~ 他是什么关系?

四、引进比较的对象。后面常有"比、一样、不同、相同、相似、差不多"等词语呼应。

  used together with "比、一样、不同、相同、相似、差不多" to indicate comparison between two things:

    ~ 过去比,我们的生活好多了/他们待我就 ~ 亲生儿子一样/喝酒 ~ 吸烟不太一样,喝少量的葡萄酒对身体有好处/南方菜 ~ 北方菜的味道很不同/他为人处事的态度和方法 ~ 他父亲完全相同/他讲话时的手势 ~ 李教授非常相似/你的汉语水平 ~ 我差不多

【辨析】 跟　和

compare　跟　和

    (1)"跟"与"和"的用法基本相同,常常可以互换。

      same as "和":

例：经理跟/和客人们一一握手；王老师跟/和李老师是校友；我跟/和这件事没有关系；我的英语水平跟/和你差不多；

(2)"跟"与"和"的区别是，"跟"多用于口语，"和"口语、书面语都用。

"和"is used in spoken or written language, while "跟"is used in spoken language.

关于 guānyú [介词 乙级]

引进动作、行为所涉及的人或事。

used to introduce a person or thing related to some action; about; on; concerning; with regard to; as regards:

一、"关于"和名词或名词短语组成介词短语，做定语。"关于……"与中心语之间一定有"的"。

used together with a noun or noun modifier to form prepositional phrase, "的"should be inserted between "关于"and the head word：

书架上有~古代中国文化的书，也有~中国现代社会的书/我需要一些~儿童教育问题的资料/民间有很多~长城的传说/~爱情的话题是永恒的/~这方面的数据还没有统计出来

二、"关于+名/动/小句"作状语，表示跟某种行为有关的人、事物或范围。多放在句首或主语前，后面要有语音上的停顿。

used together with a noun, verb or clause to indicate the scope of an action or the person or thing the action is about, a comma is followed when "关于"is used at the beginning of a sentence：

~这个问题，目前我们正在研究/~我的建议，希望你考虑一下/~个人买房，大多数人表示赞成/~是否能入系，这要看你的考试成绩了/~你出国进修的要求，我们会考虑的

三、"关于……"用在"是……的"句式里，强调事物所涉及的范围或包含的内容。

used in the structure"是……的"to stress the contents concerning the matter:

> 这几条建议都是~公司改革的/这几本书是~中国历史的/
> 电视广告中有相当部分是~化妆品的/报纸上刊登了一则
> 新闻,是~绑架案的/我们今天讨论的话题是~空气污染的

四、"关于…"单独使用,用来做文章的题目。

used independently in a title:

> ~现代汉语语法/~招收留学生来华进修的问题/~校风建
> 设/~学生宿舍管理的几点规定/~大搞爱国卫生运动的通
> 知

【辨析】 关于 对于

compare 关于 对于

(1)"关于"表示动作行为所关联、涉及的事物或范围;
"对于"指出动作行为的对象。

"关于"is used to indicate the matter or extent relating
to some action, while "对于"is used to introduce the object of
action:

> 例:
> 关于断桥,民间有个美丽的传说。
> 对于民间传说,我们应该加以搜集和整理。
> 两种意思都有时,用"关于、对于"都可以。

sometimes"关于 or 对于"is changeable:

> 例:
> 关于(对于)去香山看红叶的提议,大家都表示赞成。

(2)"关于"做状语时,只能用在主语前面;"对于"用在
主语前后均可。

"关于" can only be placed before the subject when
functions as an adverbial, while"对于"can be placed before or
after the subject:

> 例:
> 关于中国历史,我知道得不多。/×我关于中国历史知
> 道得不多。

对于具体问题,我们应该具体分析。/我们对于具体问题应该具体分析。

（3）"关于"有表示提示的作用,"关于"组成的介词短语可以做文章的题目;"对于"组成的介词短语只有加上名词才可以做文章的题目。

"关于"can be used independently in a title, while a noun should be followed in the title starting with"对于":

例:

关于现代中国经济　　关于孔子的教育思想
对于现代中国经济的几点看法
对于孔子的教育思想的认识

和　hé　[介词　甲级]

一、指出与动作行为有关联的另一方,表示动作是由双方共同完成的。

used to introduce the other party with whom the subject executes the action; with：

~她谈话很愉快/~高手下棋可以提高棋艺/我~小李见过几次面/我喜欢~他一起散步/有事我愿意~父母商量商量/这个问题我~董事长研究一下儿再答复你

二、指出与动作行为有关的对象。有"向、对"的意思。

used to introduce the object related to an action, same as "向、对"：

别着急,如果你不方便的话我~她说/他~我谈了一下儿老家的情况/李老师既亲切又和蔼,同学们有话都愿意~她说/我很愿意~你讲讲试验的进展情况/孩子大了,现在什么事都不~我说

三、引进与某人或某事物有关联的另一方。

used to indicate the relationship between two parties：

我~他只是好朋友,没有别的关系/我不知道,这事~我一点关系也没有/王老师~我们既是师生又是朋友/你一直和

她在一起,你不可能~这件事毫不相干/这次大桥倒塌~责任者的玩忽职守有直接关系

四、引进比较的对象,后面常有"一样、相同、相比、差不多、相反"等词语呼应。

used together with "一样、相同、相比、差不多、相反" to indicate comparison:

你儿子的学校~我女儿的一样/这本书的难度~那本书相同/虽然我的水平有了一些提高,但~你比起来还差得很远/我们公司的管理在国内是知名的,但~发达国家相比还存在差距/这种水果的味道~苹果差不多/你的答案~我的正相反

【辨析】 和 跟 (见"跟"条)
compare 和 跟 (see"跟")

鉴于 jiànyú [介词 丁级]

用于有因果关系的句子里,指出动作行为的依据,有"由于、察觉到、考虑到"等意思。"鉴于…"放在主语前后都可以。句子的主语一般为人或某机构组织。多用于书面语。

written language, used to indicate the base of an action in a cause and effect sentence; same as "由于、察觉到、考虑到"; the subject of the sentence must be a substantive denoting person(s) or organization(s), and the predicate introduces the action or attitude to be taken by the subject(agent); in view of; seeing that; considering that:

1. 用在主语前

used before the subject of a sentence:

~他的突出业绩,他被破格提升为总经理/~现在的恶劣天气,我们准备晚一些出发/~越来越热的足球市场,为了吸引观众,他们俱乐部花重金买了几位外援

2. 用在主语后

used after the subject of a sentence:

厂里~他们家的具体困难,决定发给他一千元生活补助费/

汽车公司~上下班高峰汽车拥挤的状况,决定在高峰时增
加车次/我校学生会~目前校园里存在的一些不文明现象,
提出修身养性的大学生文明公约

将 jiāng ［介词 乙级］
一、表示对人或事物的处置。相当于"把"。一般用于书面语。
      same as "把", usually used to introduce the object before the
verb in written language:
      希望你能~自己的经历写成一篇报告文学/老教授~论文
提纲放进抽屉里/是谁~这个商业情报泄露给对方的？/这
个星期一定要~所有的文件整理一遍/我们一定要~对手
打败
二、表示使用某种工具。相当于"用、拿"。一般用于固定词组
中。
      often used in idioms or dialects with the meaning of "用 or 拿";
with; by means of; by:
      她平时对咱们那么好,~心比心,咱们真不应该为了一点儿
小事就跟她吵架/我看他误会了我,也就~错就错,装作新
同学混进了会场
【注意】 **NOTE**
      (1) 用"将"的句子,句中的动词不能是简单的,不能说
"将桌子搬""将文章写",而要说成"将桌子搬走/开""将文
章写完/好"。
          the verb used in a sentence with "将"cannot stand by
itself, often taking some trailing elements.
      (2) 如果句中有否定词或助动词,要放在"将"前。例
如不能说"×他将真实情况不反映给领导"、"×我们将这个
消息能公开吗？"而要说成"他不将真实情况反映给领导"、
"我们能将这个消息公开吗？"
          the negative or auxiliary word should be placed before
"将".

叫 jiào ［介词 甲级］

一、表示有意识地吩咐、命令或准许、允许。同"让"。多用于口语。

used to indicate permission or command, same as "让"; allow; permit; let:

妈妈~我跟你一起去/我一会儿~小王把书送到你家去/这事~我去办就行了,你就别操心了/大夫~我在家好好儿休息/我~他八点来接我/爸爸不~你去你就别去了/因为我太胖了,所以大夫~我少吃糖,多运动

二、同"被",引进动作行为的主动者。多用于口语。

often in spoken language, used to introduce the doer of an action, same as "被":

他~爸爸打了一顿/爷爷~他送医院去了/我~隔壁的卡拉OK吵醒了/那本书~小王借走了/身上的衣服都~雨淋湿了/我刚出门就~他叫了回来/她的皮肤~太阳晒得黑黑的/小树~风吹得摇摇晃晃的

有时"叫…"和动词之间可以加"给",意思不变。

sometimes "给" is inserted between "叫" and the verb without affecting the meaning:

我的车~他给撞坏了/他的钥匙~我给弄丢了/你放在我这儿的花~我给养死了/你那个破箱子~我给扔了/那辆旧车~他修理好了

【辨析】 被 叫 让

compare 被 叫 让

(1)"叫、让"的介词用法基本同"被"。"叫、让"一般用于口语,"被"多用于书面语。

the usage is almost the same, "叫 or 让" is usually used in spoken language, and "被" is often used in written language:

如:王小明被(×叫×让)学校选派去国外进修/他被(×叫×让)公司聘为总经理。

(2)"被"后的宾语可以省略,直接用在动词前。"叫、让"不行。

the object after"被" can be omitted while "叫 or 让" has to be followed by an object:

比较:

他被打断了一条腿　　　×他叫/让打断了一条腿

他叫/让人打断了一条腿

他们的事叫/让领导发现了

他们的事被发现了　　　×他们的事叫/让发现了

较　jiào　[介词　乙级]

引出比较的对象。有"比"的意思。用于书面语。

written language, used to introduce the object of comparison; compare to; than:

粮食产量~去年有所增加/水平~以前有所提高/北京的发展~上海要慢一些/这部影片的摄影~那部水平要高得多

经过　jīngguò　[介词　甲级]

用来提出某个过程,表示由于这个过程的完成,促使某种情况发生变化或某种目的得以实现。

used to indicate that some situation changes or some purpose is realized when the process ends; as a result; after; through:

~打扫,屋里干净多了/~大家的帮助,他的学习有了很大的进步/~老师的耐心讲解,我终于明白了/~自己的努力,他终于考上了研究生/~到中国各地旅游观光,我对中国的风景和民情有了一些了解/~十几年的绿化,这儿的环境有了很大的改善

就　jiù　[介词　乙级]

一、引进动作的对象或范围。

used to introduce the object or scope of some action; on; concerning：

老师～同学们提出的问题进行了解答/代表们～目前的经济形式展开了热烈的讨论/请你～这个问题发表自己的看法/两国政府已～贸易问题签订了长期协议

二、表示从某一方面进行论述。多用于与其他人、事进行比较。常见的格式有：

used to introduce a statement or an opinion of someone，and it is often used in the following structures：

1．就…来说/来讲。

as far as sb./sth. is concerned：

～我个人来说，我是希望孩子能学经济管理，但他自己要学法律/～学习来说，你不如他，但～工作能力来讲，你可比他强多了

2．就…而言/而论。多用于书面语。

used in written language；according to，with regard to：

～病人目前的情况而言，动这么大的手术是不适宜的/你现在还是一个学生，～你的身份而言，你根本不应该参加这个会议/虽然这场比赛中国队输了，但～队员们的表现而论，打得还是真不错

3．就…看。

according to；in sb.'s opinion：

～你看，这个问题应该怎么解决才好/～我看，他这样做是故意的/～地震后的受灾情况看，房屋建筑的质量还要进一步提高

据 jù ［介词 丙级］

指出得出某种论断的凭借或依据。

used to introduce the basis of some conclusion：

1．跟表示动作行为的双音节动词搭配使用。可以加宾语。

used together with a disyllabic verb indicating an action, an object can be used in between；according to；on the grounds of：

~(政府)统计,农村人口增长率在逐年下降/~(新华社)报道,今年来华旅游的人数比去年有所增加/~调查资料显示,年轻人的择偶观近年来已经有了相当大的变化/~(有关部门)调查,城市中由三口人组成的核心家庭越来越多/~(当地居民)反映,公房出租问题仍然存在

2. 跟"说、讲、看、了解、估计、预测"等词语搭配使用。

used together with "说、讲、看、了解、估计、预测"; according to; based on:

~他说,王教授最喜欢养花/~老人讲,这里原来是一片农田/~我看,解决这个问题不太难/~我了解,这种机器是目前最先进的/~活动组织者的估计,前来参加活动的人大概有五千多/~气象部门的预测,未来几天将持续高温

"据"也可以直接和"说、了解、传、估计"等词语搭配,表示不太确定的论断依据。

used to indicate an uncertain grounds when followed directly by "说、了解、传、估计":

~说,她和父母的关系不太好/~传,这是乾隆皇帝题写的碑文/~了解,出事那天,他根本不在现场/~估计,今年的粮食产量将高于去年

距 jù [介词 丙级]

意义和用法基本同"离"。多用于书面语。常带数量宾语。

written language, same as "离", often followed by numeral object; be apart or away from; be at a distance from:

1. 表示空间上的距离。

used to indicate distance in space:

学校~飞机场约两公里/他的住所~车站开车大概两个小时/那个小亭子~山顶有二十米远/游行的队伍~此不到100米/刀口很深,~心脏仅差1厘米/电梯坏了,我只好爬楼,~我家还有五层楼的时候,我终于爬不动了

2. 表示时间上的距离。

used to indicate interval：

现在~新年还有30分钟,人们已经聚集在广场上准备听新年钟声了/~高考还有一个星期,考生们紧张地做着最后的准备/~演出的日子越来越近,我不禁有点儿担心/考古发现,这个遗址~今有一千多年

3. 表示抽象的距离或差距。

used to indicate abstract distance：

我~父母对我的要求还差得远/她钢琴弹得很好,但~演奏家的水平还有距离/学校的教学质量有了很大提高,不过~一流院校的标准还有相当差距/我的外语虽然有了很大的进步,但~翻译的标准还有不小的距离

距离 jùlí ［介词 乙级］

意义和用法同"距",一般不能用在单音节词语前。

same as "距"; usually not followed by a monosyllabic word：

1. 表示事物在空间或时间上的间隔。

used to indicate the distance in space or interval：

我住的地方~市中心不太远/学校~飞机场约20公里/北京~广州相当远/他在~对方约20米的地方开了枪/~放暑假还有一个月,同学们已经归心似箭了/~约定的时间越来越近了,我有点儿紧张/这段长城是秦朝修的,~现在已有两千年了

2. 表示抽象的距离或差距。

used to indicate the abstract distance：

虽然你很努力,但~成为一个专家还差得远/现在的情况发展~我们原来的预想越来越远了/只要努力去追求,幸福~我们并不遥远/我这次比赛虽然取得了比较好的成绩,但~一个优秀运动员的标准还有差距

靠 kào ［介词 乙级］

指出动作行为所依靠的对象。

used to introduce the object an action relies on; depend on; rely on:

全家~爸爸一个人的工资生活/他~打工读完了大学/这几年他们~养鸡发了财/农民们引进了先进的科学技术,不再~天吃饭/你想~投机取巧取得成功是不可能的

离 lí [介词 甲级]

表示"距离""相距"。引出距离的另外一端。

used to introduce another end of the distance; off; away; from:

1. 表示空间距离。

used to indicate space distance:

这儿~市中心很近/我住的地方~学校不太远/那个游乐园~市中心有20公里/他在~我五六米的地方站住了/我从~地面50米的塔顶上往下看,感到一阵头晕/车在~河边只有半米的地方停住了,乘客们都吓出了一身冷汗/北京~广州有多远?

2. 表示时间距离。

used to indicate interval:

~新年只有几天了,百货商店里到处都是采购的人群/~开学还有一个星期,学生们却大部分已经回到了学校/~飞机起飞不到一个小时了,他还没来,真急人/~分别的日子越来越近了,两个人的心里都很难过/虽然这次比赛成绩不错,但~他个人的最好成绩还差10秒钟

3. 表示抽象的距离或差距。

used to indicate abstract distance:

你的设计很不错,但~我们的要求还有距离/他的汉语是很好,可~汉学家的标准还差得很远/你的论文写得不错,但~博士生的水平还有点儿距离/这几年企业有了飞速发展,不过~一流企业还有相当差距

连 lián [介词 乙级]

一、连同另一个有关的事物。

together with; along with：

狂风把小树~根拔起/我买了他的全部藏书,他~装书的大书柜一起给了我/用电脑时要小心,别~有用的文件也一起删掉/在这儿吃饭不贵,8个人吃饭,~啤酒饮料才不到200元

二、包括;算上。

including：

~孩子一共是二十一个/~今天已经过期五天了/~吃住差不多花了两千块钱/~小王带来的才有五副球拍,还差两副呢/~老师在内,我们一共买了十张票/~听力和读报,这学期才有五门课,不太紧张/~服务费,你们得交146块

三、强调动作的主体或对象,含有"甚至"的意思,常与"都、也"配合使用。

used together with "都、也" for emphasis; even：

1．用于名词前。

used before a noun：

我们家~奶奶都爱看足球赛/~三岁的孩子也喜欢这个歌星/他怎么了？~我都不认识了/~老师也不明白这道题的意思

2．用于动词前。后一部分的动词是否定形式。

used before a verb in nagative：

我的建议他~听都不想听/弟弟~骑自行车都不会/小丽心情不好,~逛商店也没兴趣了/他~想也没想就答应了儿子的要求

3．用于小句前,小句中要有疑问代词。

used in clause with interrogative pronoun：

我~他家有几口人都说不清/母亲~女儿第一次演出唱了哪几首歌都记得/小王~那位歌星爱穿什么颜色的衣服也不知道,称不上是忠实歌迷/他~自己一顿吃几两干饭都不清楚(表示对自己的能力没有正确的估计和评价)

4．用于"一"前,后一部分的动词是否定形式。

used before "一" in negative:

> 我刚到家,～一口水都没来得及喝就又出去办事了/今天的
> 考试,他～一道题都不会做/今天的客人我～一位也不认识
> /这儿太冷了,我～一天都住不下去

拿　na ［介词］

一、行为凭借的工具、材料、方法等。相当于"用"。多用于口语。

　　used in spoken language in the same sense as 用; with; by means of; by; in:

> 你～手试试,看看他有没有发烧/～尺子量量就知道有多长
> 了/这里的人喜欢～竹子编花篮/这个菜这么好吃,是～什
> 么做的? /你不能光凭嘴说,要～事实来证明

二、表示对待关系。

　　used to introduce the object of a following verbal phrase:

1. 拿＋名词/代词＋当"。

　　used in the same sense as 把:

> 你要尊重大家,不要～别人当傻瓜/大家早已～你当自己人
> 了,千万不要客气/你最近老头晕,可不能～它不当一回事,
> 得去医院好好查查/他老是～菜当饭吃

2. "拿＋名词/代词＋没办法/怎么样/开心/开玩笑"。相当于"对"。

　　used in the same sense as "对":

> 他谁的话也不听,真～他没办法/我就是不去,你能～我怎
> 么样? /老王脾气好,大家老～他开心/以后谁也不要～这
> 件事开玩笑

三、进论说、比较对象。组成"拿…来说/来讲/比/比较"的格式。

　　used in the sentence pattern "拿…来说/来讲/比/比较" to introduce the object of a comparison:

> 这儿的物价的确很低,～鸡蛋来说,一斤就比我们那儿便宜

5毛钱/你不要太理直气壮了,～这件事来讲吧,明显就是你不对/～我跟他比,是比不出结果的/～他们两个人比较的话,我看还是小王的英语好一些/～现在流行的话说,这叫作"酷"

凭 píng ［介词 丙级］

指出动作行为的依据或凭借。常跟名词或名词短语组合,可以用在主语前。当所带成分较长时,"凭"后可以加"着"。

used to introduce the base or grounds of an action, often followed by a noun or nominal phrase and "着" can be placed in between when the nominal phrase is long; go by; base on; act according to:

～我的经验,明天一定会刮大风/～他现在的水平,管理一个小公司没有问题/单～一点儿小聪明而不努力,是学不好语言的/只～你这点工资,哪里养得活一家五口人? /我想～本事赚钱没有错/这个小山村～着自己的力量修了一条公路/～着祖父留下的一张旧照片,他找到了失散多年的姑姑

"凭什么"是一个凝固格式,表示责问、质问的语气。

"凭什么"is used to indicate a interrogative or reproving mood:

你又不是我妈,～什么管我的事? /他的学问并不比你好,～什么让他当教授? /留学生也是学生,你～什么不让我参加学生暑期旅游团? /你又不是她的什么人,她的事～什么要告诉你?

让 rang ［介词 甲级］

一、示有意识地吩咐、命令或准许、允许。同"叫"。

used to indicate permission or command, same as "叫":

组长～我跟你一起去/我一会儿～秘书把材料给你送去/妈妈～我在家好好儿休息,不要外出/老板～司机九点来接他/经理不～你去你就在家休息吧

二、"被",引起动作行为的主动者。多用于口语。

same as "被", often used in spoken language to introduce the a-
gent or doer:

> 奶奶～他送到医院去了／那本字典～一年级的同学借走了／
> 你的大衣都～雨淋湿了／她的皮肤～太阳晒得健康极了／小
> 树～大雨浇得摇摇晃晃的／我的电脑～他给弄坏了

【辨析】　被　　　叫　　　让(见"叫"条)
compare　被　　　叫　　　让(see "叫")

任　rèn　[介词　丙级]

表示放任,不干涉,不过问,听其自然。有"任凭、听凭、随、由"的
意思。宾语多为主谓结构的动词性词组。

used to indicate an indulgent attitude with the meaning of"任凭、听
凭、随、由", a subject-predicate verbal phrase often functions as an object;
let; allow; permit:

> 屋里的东西,～你挑／凭你的条件,城里的姑娘～你选／我们
> 从来不强迫孩子做什么,～他自由发展／海阔～鱼跃,天高
> ～鸟飞／你应该反抗包办婚姻,怎么能～人摆布呢?

有时"任"后可以加"着",但不能带单音节词语。

sometimes "着"is used between "任"and polysyllabic word:

> 孩子嘛,不能～着他的性子,想做什么就做什么,还是应该
> 管管／如果～着人们在草坪上走,那这块草坪很快就完了／
> 只要交了门票钱,这个园子里的葡萄～着你摘／如果～着行
> 人穿越高速公路,将会发生很多交通事故

顺　shùn　[介词　乙级]

一、表示动作经过的路线,兼表动作所遵循的方向。常带"着",
特别是后面所带的短语较长时,一定加"着"。

used to indicate the direction of an action, "着"is used before a
long phrase; in the same direction as; along with sth.:

> 他们～大路下山,我们则～小路上山,结果没有碰到／～湖
> 边走,人比较少／天太热了,才干一会儿汗水就～(着)背往

下流/我们~(着)手电光一看,地下有个洞/~着那条两边
种满了树的胡同走到头,就是杨大爷家

二、表示遵循或按照。"顺"后一定要加"着"。

used together with "着"; adhere to; according to:

她~着妈妈的意思,办了一个热热闹闹的婚礼/你应该~着
老人的话说,免得让他不高兴/我~着孩子的意愿,让他报
考了艺术院校/运动员们~着指定的路线,陆续到达了终点
/这个媳妇,不大~王大妈的心思

三、表示不是专门去做某事,而是不经心或顺便去做。

used to indicate that something is done at one's convenience:

今天出门时,他~手把我的钥匙带走了/我一不注意,把小
王告诉我的话~嘴说了出来/我让他帮我还书,他~口答应
了,可是,却没有把书带走/下班后,我想~路去一趟商店/
出差回来,我~道回老家看了看

随 suí [介词 乙级]

一、表示某种动作行为跟随或伴随的对象。

used to indicate the object an action follows or accompanies; with; along with:

我~他走进办公室后,随手把门关上了/我从小~爷爷奶奶
长大,所以对爷爷奶奶的感情很深/爸爸调到南方工作后,
我们一家也~爸爸搬到了南方/树叶~风发出哗哗的响声/
火~风势越烧越大,令人很难靠近

二、表示某事物发生变化的条件或根据。宾语多为"名词+的
+动词"的结构。

used to introduce the condition that something changes, the object is usually the stucture of "n. + 的 + v.":

他的脾气~病情的加重越来越坏/人的友情会~地位的改
变而发生变化/种植庄稼要~季节的不同而不同/教学方法
要~教学对象的不同而有所变化/各国所采取的政策~各
国国情的不同而有所区别

三、表示无条件任凭某人做某事。

let (sb. do as he likes); do at one's convenience; do at one's discretion：

你愿意要什么 ~ 你说/我们的队员个个都很棒, ~ 你们挑/老太太想吃什么菜 ~ 她点/什么时候去,我们 ~ 你的时间/买票进场后,看多长时间的电影 ~ 观众的便/圣诞节放不放假要 ~ 学校的安排

四、表示某动作行为是在不经意中做的。常和"口、手、地"等词语搭配。

often used together with "口、手、地" to indicate that an action is done casually; along with (some other action)：

他出去时 ~ 手关上了门/为了哄孩子,她 ~ 口答应了孩子的要求,但事后却忘得一干二净/她 ~ 手锁上了汽车,却忘了带钥匙/垃圾应该扔到垃圾桶里,不能 ~ 地乱扔

随着 suízhe ［介词 丁级］

一、表示某事物发展变化的前提条件或原因。常放在句首,宾语多为"名词 + 的 + 动词"的结构。

often used at the beginning of a sentence to indicate the cause or condition of some development or change, the object is usually "n. + 的 + v."; along with：

~ 经济的发展,人民的生活水平逐渐提高/ ~ 高考日期的日益临近,教室里的气氛也紧张起来/ ~ 爸爸的去世,家里的经济情况越来越不好/ ~ 年龄的增长,他越来越理解父母的良苦用心/ ~ 夜幕的降临,气温逐渐降了下来/ ~ 身体的逐渐康复,他的心情也变得开朗起来

二、表示某动作行为紧跟在另一事件发生之后。常放在句首。

used at the beginning of a sentence to indicate that another action follows; following：

~ 一阵急促的脚步声,几个年轻人闯了进来/ ~ 隆隆的雷声,大雨倾盆而下/ ~ 他的讲解,同学们好像进入了另一个

奇妙的世界/～苹果的大丰收,销售问题成为果农们关注的焦点

替 tì [介词 乙级]

一、指出代替的对象。

used to introduce someone or something being replaced; take the place of; on behalf of:

王老师病了,李老师～她上课/你要的书我～你借到了/她出差了,妈妈～她照顾孩子/你放心地去吧,我～你浇这些花/今天晚上我走不开,这个晚会你～我去吧/别的事我都可以～你做,考试的事可替不了

二、指出动作行为的服务对象。有"给"或"为"的意思。

same as "给" or "为", used to indicate the object an action serves; for:

老李～公司挽回了巨额损失,为此受到公司的嘉奖/我～经理代写了讲演稿/警察～顾客找到了钱包/她～双方的老人一人买了一双健身鞋/我每天～你洗衣、做饭、料理家务,辛辛苦苦这么多年,没有功劳也有苦劳呀

三、指出关心或注意的对象。

used to indicate the object that one cares or concerns:

很晚了他还没回家,我们有点儿～他担心/很快要到终点了,她还跑在第二,大家都～她着急/你就要结婚了,妈妈真～你高兴/她的哥哥不幸在交通事故中死去了,我们大家都～她感到难过/他差几分没有考上大学,老师和同学都～他惋惜

通过 tōngguò [介词 甲级]

一、提出某种媒介或手段。表示利用这种媒介或手段来达到某种目的,或取得某种结果。

used to introduce the means by which a purpose is reached; by means of; by way of; by; through:

他们因为不会外语,只能～翻译进行交谈/恋人们喜欢～书信表达爱情/他们～电脑网络来收集有关资料/～到农村参观、与农民座谈,同学们加深了对现代农村的了解/～小李的介绍,我认识了王经理

二、表示得到某人或某组织的同意。

asking the consent or approval of some person or organization:
这个计划没有～校长就直接上报了国家教育部/你们应该～政法部门寻求法律上的帮助/这件事他们没有～律师,自己私下解决了/你怎么能不～总经理就私自做出决定呢?

【辨析】　经过　通过
compare　经过　通过

　　"经过"主要是提出促使某种情况发生变化的过程;"通过"主要是引进达到某种目的或结果的媒介手段,两者不能互换。

　　"经过" is used to introduce the process that one thing changes, while "通过" is used to introduce the means by which a purpose or result reaches:

　　比较:

　　① 经过大家的帮助和自己的努力,他终于考上了大学。

　　房子经过翻修,里外焕然一新。

　　经过 90 分钟的比赛,主队终于战胜了来访的客队。

　　② 他们俩每天通过电子信箱联系。

　　我通过王老师认识了李教授。

　　通过这次比赛,大家加深了了解和友谊。

同　tóng　[介词　乙级]

与"跟"的意义和用法基本相同,有方言色彩。

same as "跟", dialect:

一、指出与动作行为相关联的另一方,表示动作是由双方共同进行的。

used to introduce another party related to the action; with：

我～叔叔一起去书店买书/经理～客人们一一握手/他～父母住在一起/我们公司～他们公司有业务来往/这件事我要～家里商量一下儿再决定/你这个星期抽时间～小王见个面，好吗？

二、引进与动作行为有关的对象，有"向、对"的意思。

same as "向、对", used to introduce the object related to the action：

我已经～他打过招呼了/李明在家吗？我有事要～他说/今年的足球联赛决赛，～北京队争夺冠军的是广东队/设立"见义勇为奖"就是鼓励大家～坏人坏事做斗争

三、指出与某人或某事物有关联的另一方。

used to introduce another party related to some person or thing：

我～他是老乡，又是大学时候的同屋/小王～这个表姐一向没有来往/这个城市～上海市是友好城市/我国～世界上的许多国家建立了外交关系/这件事自始至终我没有插手过，所以～我没有任何关系

四、引进比较的对象。后面常有"比、一样、相像、相似"等词语呼应。

used to introduce the object of comparison; compare to; like; as：

～刚来时比，你的发音好多了/今年的夏天～往年有点不一样，雨水比较多/中国人～日本人、韩国人在外貌上差别不大/他走路的样子～父亲非常相像/这儿的天气～我的家乡很相似/外地来的年轻人～你们不同，一切都要靠自己

往 wǎng ［介词　甲级］

表示动作、行为的方向。

used to indicate the direction of an action; in the direction of; towards; to; forward：

1. 用在动词前。宾语一般是表示方位、处所的词语，有时也可

以是表示抽象意义的词语。

used before a verb, the object can be a word indicating direction or place or some abstract words:

　　~ 前走, 那边那座高楼就是/别 ~ 后看, 老板在后面呢/他们沿着弯曲的山路 ~ 上爬/你什么东西都 ~ 桌上放, 看桌上乱的/孩子害羞了, 一个劲儿 ~ 妈妈怀里钻/人 ~ 高处走, 水 ~ 低处流, 谁不想让自己的日子过得好一些呢? /他每月都 ~ 家里寄钱, 供弟弟妹妹上学/最近很多读者 ~ 报社写信, 反映自己身边的各种问题/他 ~ 系里打电话, 可是一直没人接/凡事多 ~ 好处想, 千万别总是把事情 ~ 坏处想/目前的一点挫折算不了什么, 我们应该 ~ 远处看

　　2. 用在某些单音节动词后, 跟表示处所的词语组成介宾短语做补语。

inserted between a monosyllabic verb and some words indicating place to be a complement:

　　开 ~ 北京的 92 次列车马上就要开车了, 请各位旅客赶快检票上车/飞 ~ 广州的班机因天气情况不能起飞, 请大家原谅/你听说了吗? 打 ~ 国外的电话费最近要减价了/运 ~ 灾区的物资全部安全准时到达了/因成绩优秀, 他被单位派 ~ 国外留学进修

【注意】　NOTE

　　有些"往 + 方位词"短语往往有引申用法

　　some "往 + noun of direction or locality" phrases have different meanings:

　　(1) 往 + 下。

　　a. 表示动作的方向。

　　used to indicate the direction of an action; from:

　　从山上往下看/从飞机上往下跳/从楼上往下搬东西/往下扔酒瓶

　　b. 引申表示动作的继续。

　　used to indicate the continuity of an action; on:

往下说,后来呢? /你接着往下念/把他们送走后,我接着往下写

(2) 往 + 后。

a. 表示动作的方向。

used to indicate the direction of an action; backward:

往后看/往后退/往后站站/往后靠一下/往前坐,别往后坐

b. 表示从今以后。

from now on; henceforth; later on; in the future:

往后一个人在外面要多写信/往后你就是人家媳妇了/往后的日子一天比一天好

【辨析】 往 朝

compare 往 朝

"往"的基本意义是移动;"朝"的基本意义是面对。

"往"is used to stress the movement of an action, and "朝" means towards:

(1) 面对某个方向移动,既可用"往"也可用"朝"。

"往"or"朝"is changeable when used to indicate moving towards an direction:

如:朝前看——往前看;朝南开——往南开;朝教室走——往教室走。

(2) 只有面对,没有移动的意思,只能用"朝"。只有移动的意思,没有面对的意思,只能用"往"。

"朝"is used to indicate facing to or towards without moving, "往"is used to indicate moving towards:

如:窗户朝南开——×窗户往南开;往家里寄钱——×朝家里寄钱

(3) "往"只能表示动作的方向,不能表示动作的对象。"朝"两者都可以。

"往"can't be used to indicate the object of an action, while "朝"can be used to indicate the object or direction of an action:

　　　方向:

　　　往我这儿看——往前面挥了挥手——往他腿上开了一枪

　　　朝我这儿看——朝前面挥了挥手——朝他腿上开了一枪

　　　对象:

　　　×往我们看——×往我挥了挥手——×往他开了一枪

　　　朝我们看——朝我挥了挥手——朝他开了一枪

为　wéi　[介词　甲级]

引进动作行为的施事者,表示被动意义,相当于"被"。常和"所"搭配使用,多用于书面语。

written language; same as "被", often used together with "所"; used to introduce the doer of an action in passive voice:

　　　他热心助人的事迹~社会称颂/他站在一个不~人注意的角落/我们应该引进国外的先进技术,~我所用/救灾物资车~洪水所阻,不能按时送到灾区/孩子们~那神奇的世界所吸引/地方戏曲通俗易懂,~人民群众所喜闻乐见

为　wèi　[介词　甲级]

一、指出动作行为的服务对象。

used to introduce the object of one's service; on behalf of; for the benefit of; in the interest of:

　　　公司~他们提供了试验所需要的一切条件/学校应该~社会培养更多的人才/我们要~人民多做些事情/~孩子的将来着想,你们应该让他自己决定选什么专业/不管是~子孙后代,还是~自己,都应该加强环境保护

二、指出关心和注意的对象,有"替"的意思。动词多为表示心理情感类的。

used to introduce the object that one concerns, the verbs are the ones that express feelings:

> 听说你考上大学了,我们都～你感到高兴/我会照顾自己,
> 不用～我担心/老刘的女儿三十多了还没结婚,亲戚们都～
> 她着急/错了还不认错,我真～你感到害羞

三、表示原因。可以加"了","为(了)"用在主语前后都可以,用在主语前时有语音上的停顿。

used to indicate a reason, sometimes is accompanied by"了" and a pause is followed when placed before the subject; because; for; on account of:

> 我们～准备晚会忙了一天/他～那件事感到对不起孩子/～
> 祝贺我的生日,同学们送了我一本相册/～妈妈不让她去旅
> 行,她生了两天气/～能买到演唱会的票,他排了一天的队

四、表示目的。一般可以加"了","为(了)"多用在主语前,有语音的停顿。

used together with "了" before the subject to indicate the purpose, a pause is followed; for (the purpose or sake of):

1. "为"后跟名词或动词性成分。

followed by a noun or verbal phrase:

> 老师们～培养下一代,辛勤工作/～大家的健康干杯/～学
> 习汉语,了解中国,他和女朋友一起来中国留学/～我们两
> 国人民的友谊干杯/～解决职工上下班交通难的问题,公司
> 准备购买一辆大轿车/～祖国早日实现四个现代化多做贡
> 献

2. "为"和"而"搭配使用,组成"为……而"结构,强调做某事的目的。可以加"了",一般用在主语的后面

used together with "而" to form the structure "为…而" to emphasize the purpose of doing something, usually placed after the subject when "了" is followed:

> 他们～祖国而战/我们～维持世界和平而努力/他～治好女
> 儿的病而四处奔走/这个组织～促进两国人民友好关系的
> 发展而努力工作/他们决心～实现人人平等的目标而奋斗

3. "为"和"起见"搭配使用,组成"为…起见"格式。一般用在主语前,不能加"了"。

used together with "起见" to form the structure "为…起见", usually placed before the subject and "了" can't be used in the pattern：

~ 方便起见,他每天在食堂吃饭/~ 保险起见,还是把钱放在银行吧/~ 安全起见,我们明天早上再出发/~ 慎重起见,请你在这儿签个字

为了　wèile　[介词　甲级]

一、表示目的。

used to indicate the purpose; for; for the sake of; in order to：

1. "为了"和名词或动词性成分组成介词词组。

used together with a noun or verbal component to form propositional phrase：

a. 介词词组用于句首,要有语音停顿,在书面上用","来表示。

used at the beginning of a sentence with a comma followed：

~ 父母,他报考了医学院/~ 孩子, ~ 未来,我们应该保护环境/~ 了解中国,提高汉语水平,我打算去中国留学/~ 更好地照顾父母,他把父母接来同住

b. 介词词组用于主语后。

used after the subject：

他~ 买汽车和房子,每天努力工作/学校~ 迎接新年的到来,要在大礼堂开一个联欢晚会/他们 ~ 扩大业务,准备在南京开一个分公司

2. "为了"和"而"搭配使用,组成"为了……而"格式,更加强调目的。一般放在主语的后面。

used together with "而" to stress the purpose, usually placed after the subject：

老师们~ 更多更好地培养人才而努力工作/他们 ~ 维持世界和平而四处奔走/他们~ 试验早日成功而奋战在实验室/

他~找到一份更理想的工作而到处应聘/妈妈~照顾孩子
而早起晚睡

3. "为了"和"起见"搭配使用,组成"为了…起见"格式。一般用
在主语前。"为了"后多跟双音节词。

used together with "起见" to form the structure "为了…起见",
disyllabic word is often used in between:

~方便起见,他住在学校的宿舍/~慎重起见,他们签了一
份合同/~保险起见,六点钟的飞机,他五点就到机场了/~
安全起见,他们决定坐火车去/~放心起见,还是去大医院
查查吧

二、表示原因。

used to indicate the reason; because of; for:

两个好朋友~一件小事闹翻了/~参加学生的毕业典礼,王
教授从医院跑出来了/~送孩子去幼儿园,他今天上班迟到
了

向 xiàng [介词 甲级]

一、表示动作的方向。

used to indicate the direction of an action; to; towards:

1. 用在动词前。如果宾语不是单音节词语,"向"可以加"着"。

used before a verb, "向" can take "着" when the object is poly-
syllabic word:

~前走,不要回头/晕车时~外看,这样你会觉得好一点/
他们顺着梯子~上爬,很快爬到了山顶/体育老师正在操
场上训练今年的新同学,不停地喊着"~后转! ~右看
齐! ~前看!"/贵宾~路边的人群招手示意/从窗口~外
看,沿途的景色非常漂亮/火车以每小时 100 公里的速度
~着北京开去/航天飞机~着未知的太空飞去

2. 用在单音节动词后。这些单音节动词只限于"走、奔、冲、飞、
通、转、流、涌、滚、指、投、驰、划、飘、射、刺、杀、引、偏"等。

used after some monosyllabic verbs, e.g. "走、奔、冲、飞、通、

转、流、涌、滚、指、投、驰、划、飘、射、刺、杀、引、偏", etc.:

他们公司的产品已经走~了世界/条条河流汇集起来,最后
奔~大海/战士们勇敢地冲~敌人/他们发射了一颗飞~太
空的探测卫星/这座大桥飞跨长江,通~对岸/孩子们把目
光一齐转~老师,寻找答案/这条河流~太平洋/一块大石
头从我身边擦过,一直滚~盘山公路/舆论攻击的矛头渐渐
指~了环境污染源/他的眼光投~遥远的未来/赛艇飞快地
划~终点/热气球慢慢飘~天空/他射出的子弹准准地射~
靶心/罪犯把刀子正刺~老李时,警察及时赶到,抓住了罪
犯/他巧妙地把众人的注意力引~其他问题/我的观点比较
偏~老李一边

二、用在动词前,表示动作、行为的对象,宾语通常是表示人或
事物的词语。

used before a verb to indicate the object of action, the object is
usually the words denoting a person or thing:

你既然错了,就应该~他道歉/我想~王老师请教一个问题
/~小李借的那本书放在哪儿了?/我~你说心里话,我从
心里不想离婚,实在是没办法/我们国家~国外派遣了大批
留学生,目的是学习和引进国外先进的科学技术/凌晨三
点,~敌人的军事目标发起了攻击/登山队队员背起行囊,
~预定的目标进发了

【辨析】　朝　　向
compare　朝　　向

(1) 用"朝"的句子都可以用"向"。

"向"can be used in the place where "朝"is used.

(2) "向"可以用在动词后,"朝"只能用在动词前。如:
"飞向月球/流向大海/冲向前去/杀向敌人"。"朝"没有这
种用法。

"朝"can only be used before a verb.

(3) 表示动作、行为的对象时,"朝"只能和指身体动作
姿态等具体动作的动词性词语组合,如:"朝他挥手/朝我点

头/朝他身上踢了一脚"等。"向"没有这样的限制。"向他
学习/向老师请教/向小王借了一本书"中的"向"都不能换
成"朝"

        "朝"can only be used together with words indicating
specific body action when indicating the object of an action.

沿　yán　[介词　乙级]

一、表示动作经过的路线。可加"着",特别是所带短语较长时,
一般要带"着"。

        often used together with "着", especially when the phrase is
long; along:

        她习惯早上～湖边跑步/卖菜的小贩在～街叫卖/他们～长
        城走了十公里/考察团～着当年红军的足迹,重走了长征路
        /我们～着风景秀丽的漓江顺流而下,游览了两岸的风景,
        参观了～途的名胜古迹

"沿"可以带抽象意义的词语。此时一般加"着"。

usually takes "着" before the abstract word:

        ～着建设有中国特色的社会主义道路前进/～着邓小平同
        志所指引的方向进行经济建设/我们公司～着解放思想、开
        拓进取的新思路,一步一步走到了现在

二、表示存在的处所。多用于"是"字句、"有"字句或描写性的
句子里。

        used to indicate the position of persons or things in the sentences
with "是" or"有"or descriptive sentences:

        今年天气热极了,～河边到处都是乘凉的人/庙会很热闹,
        ～路看过去,有各种各样的小吃和民俗表演/西湖风景优
        美,～着堤岸种满了垂柳/参加展销会的人很多,～街停满
        了各种车辆

【辨析】　顺　沿

compare　顺　沿

        (1)"顺"强调方向,"沿"强调路线和范围。

"顺"is used to stress the direction and "沿"is used to emphasize the route and scope.

雨水顺着屋檐往下流。×雨水沿着屋檐往下流。

沿街摆了很多花坛。×顺街摆了很多花坛。

(2)"沿"可以修饰抽象意义的词语;"顺"不能。

"沿"can be used to modify an abstract word:

沿着现代化的道路走向前方。×顺着现代化的道路走向前方。

依照   yīzhào   [介词   丙级]

指出动作、事件所凭借的依据。一般用在双音节以上的词语前面。多见于书面语。

written language, used before a disyllabic or polysyllabic word to indicate the grounds provided for an action; according to; in the light of; on the basis of:

~婚姻法,你们完全可以结婚/~消费者权益保护法第 49 条,你们应该赔偿消费者的损失/~现在流行的说法,时间就是金钱/一切~原来的计划进行,没有改变/~学校规定,三门课不及格者将被取消学籍

【辨析】   依照   按照

compare   依照   按照

"依照"偏重于强调完全照办,不能变动,所以多用于法律条文或政府文件。"按照"则偏重于引出动作行为的原则根据或凭借,在做的过程中需要根据实际情况具体化。

"依照"is often used before legal provisions or government docunments to stress that something is unchangeable, while "按照"is used to introduce the grounds or rules provided for an action:

比较:

① 依照婚姻法,结婚必须履行婚姻登记手续,否则婚姻关系不能成立。

② 依照国际惯例,劫机犯应该被遣送回原国家接受法律的制裁。

③ 按照他的说法,有好处不占是傻瓜,我对此不以为然。

④ 一般来说,大学是按照考生的分数高低择优录取,但对有特殊才能的学生,条件可以适当放宽。

以 yǐ [介词 乙级]

一、指出动作行为的依据或凭借,相当于口语中的"用"、"拿"。

same as "用" or "拿" in spoken language, used to indicate the grounds provided for an action; with:

1. "以"后跟名词性词组。

followed by a nominal phrase:

他~优异的成绩考进了重点大学/我~老朋友的身份劝你好好考虑考虑/我们要~实际行动迎接百年校庆的到来/他~加倍的努力来报答国家对他的培养/他~他的诚实和勇敢赢得了姑娘的爱慕

"以"的这种用法还见于很多成语。

used in idioms:

例:"以身作则/以理服人/以逸待劳/以毒攻毒/以子之矛攻子之盾/滴水之恩,以涌泉相报"等。

2. "以……而论"、"以……来说",表示举例,常做插入语。

used in a sentence as parenthesis when giving examples:

这几年人们的生活水平有了很大提高,~我们家来说,年收入比五年前提高了两倍/~书本知识而论,老王不如你读的书多;但就实际经验来说,你就比老王差多了

二、表示动作行为进行的程度或方式。有"按照、依照"的意思。

same as "按照、依照", used to indicate the manner or degree of an action or the status of a participant; according to:

每班~15 人计算,20 个班共有 300 人/大家齐心协力,工程~前所未有的速度进行/他无论在工作中还是在学习上,都

～高标准严格要求自己/据说,杨晨～70万马克的身价转会到法兰克福队

三、表示原因或理由。有"因为、由于"的意思。后面有时有"而"相呼应。

used to indicate the cause of something; same as"因为、由于"; because of; for; by:

苏杭自古就～盛产丝绸著称/黄山一向～奇松、怪石、云海、飞瀑闻名于世/家乡～有这样的优秀子孙而感到骄傲和自豪/他一向～敢于揭露社会阴暗面而著名/万里长城～它的雄伟博大而著称于世

四、表示补充和说明。"以…"通常用在动词后。动词多为表示"给予"意义的单音节动词。书面语色彩比较强。

used after monosyllabic verbs like "致、处、报、给", etc. to indicate explanation:

我代表公司向大家致～节日的问候/他罪大恶极,法院决定对他处～重刑/大家对他的讲话报～热烈的掌声/这次战役给了敌人～沉重的打击/小红拾金不昧、热心助人,学校决定对她予～表扬/这些捐款将用～建设希望小学

五、和"为"构成"以…为"格式。

used in the structure "以…为":

1. 有"拿…作为""把…当作"的意思,"以"后多为名词或名词短语。

same as "拿…作为""把…当作", a noun or nominal phrase is placed in between:

工人们～厂为家,爱厂如家/考察队员长期生活在野外,～苦为乐,为祖国寻找石油/我们要～他为学习榜样,为国家多做贡献/～北京为中心,建成了纵横全国的公路交通网

2. 有"要算、要数"的意思。"为"后多为形容词。有时多种事物进行比较时,常常加"最"。

used to introduce the best in a comparative sentence, "最" is often used in the sentence:

要论经验，~老李为最丰富；要论年龄，~老张为长/中国的
名山中，~黄山最为著名，风景中~桂林最为闻名/众多茶
叶中，~杭州龙井最为有名/公司职员中，从今年的业绩看，
~李方为最突出

3. 有"认为、觉得"的意思，表示主观判断。

used to indicate the subjective judgment：

我们要在全社会提倡：~讲文明为光荣，~不讲文明为可耻
的风气/他~帮助别人为最大的乐事

六、用在方位词前面，表示空间、数量或范围的界限。

used before words of locality to indicate the limits of time,
place, direction or number：

那座县城位于青山~东，淮河~西50里处/一般来说长江
~南的地区冬天不供暖气/这次参加的人数要控制在30人
~内/新学员的年龄都在20岁~下/每件衣服的价格都在
100块钱~上/这几天的气温每天都在零度~下

由 yóu [介词 乙级]

一、指出动作行为的施动者。动作的受事可以放在主语前。

used to introduce the doer of an action, the object of the action
can be placed before the subject; to or for (sb.); by (sb.)：

~他负责公司的广告业务/~老王把情况介绍一下儿/他从
小~爷爷奶奶带大/贵宾们~校长陪同，参观了校园/今天
的晚会~他们俩主持/公司的损失~保险公司赔偿

二、表示原因、来源或构成成分、构成方式。常与"构成、组成、
产生、造成、引起"等动词搭配使用。

often used together with "构成、组成、产生、造成、引起"to in-
dicate the cause, source, or the parts or ways of constituting; by means
of; be composed of：

电脑~三大部分构成/这个顾问小组~五名专家教授组成/
人民代表~群众投票选举产生/这起车祸是~自行车抢道
造成的/拉肚子是~喝生水引起的/~吸烟引起了山林大火

三、表示起点,相当于"从"。

used to indicate the starting point:

1. 表示时间的起点。

used to indicate the starting point in time; from:

~现在到放假,还有一个多月/~今天开始,每天记五个外语单词/~上午八点等到十点,经理一直没有出现/~明年起,这种车型的车子将禁止上路/~他爷爷搬到北京算起,他们一家已经在北京住了六十年了

2. 表示空间或处所的起点。

used to indicate the starting point of a place:

他们~电影院出来,又去了游乐宫/飞机~广州起飞,途径香港,飞往新加坡/以前皇帝~正门进宫,其他人只能走旁门/我们骑车~颐和园骑到了香山/爸爸随公司~北到南推销产品,跑遍了大半个中国

3. 表示范围或发展、变化的起点。

used to indicate the starting point of the scope or change:

~附近的居民中选出两位代表,参加居委会/他们把房子~里到外,~上到下大修了一番/他~ABC 开始学起,现在已经能讲一口流利的英语了/经过自己的努力,她的 HSK 的成绩~三级上升到七级/她被他气得脸~红变白

四、表示事物的由来或出处。

used to indicate the source or reason of something:

~这件小事,我们了解了他的为人/~过去的痛苦经历,爷爷总结出几点人生经验/~她的来信可以看出她很矛盾/~中国的近代史,我们深切地感到:落后就要挨打

"由"常和"此"组合成一个固定搭配,表示从前文所讲述的事实或所论的观点中,可以得出下面的结论。后面常有"可见、可知、看来"等词语。多用于长段的书面语中。

often used together with "此" to introduce a conclusion from what mentioned above in written language and "可见、可知 or 看来" is often followed:

有关专家证明,吸烟的人比不吸烟的人得肺癌的比例要高一倍;被动吸烟的人和没有被动吸烟的人得肺癌的比例与此相似。～此可见(看来),吸烟不仅有害自己的健康,对家人的健康也有影响。

由于 yóuyú ［介词 乙级］

表示原因或理由。"由于…"可以放在主语之前,也可以放在主语之后。

used to introduce cause or reason; owing to; because of; due to:

1. 用于句子的前一部分,后一部分说明结果。有时后面有"就、才、而"等词语相呼应。

used in the first part of a sentence to indicate the cause, "就、才 or 而"is used in the second part of the sentence to indicate the effect:

　　a. 用在主语前。

　　used before a subject:

　～大家的共同努力,试验终于成功了/～参赛名额有限,学校决定进行选拔/～家庭和睦,教子有方,老王一家被评为五好家庭/～这件事本身的特殊性,经过几次开会讨论,大家才取得了一致意见/～近些年化肥的过度使用,造成土壤退化而导致减产

　　b. 用在主语后。

　　used after a subject:

　我们～工作关系,常常见面/他～家庭问题没有解决,而不能全身心投入工作/他～身体不好的缘故,平时很少出门

2. 用于句子的后一部分,补充说明原因。常出现在"是"字句里。

used to give reason in the second part of a sentence with "是":

　这次考得不好,主要是～自己的复习时间不够/大会能够圆满成功,是～领导的正确指导和全体与会者的共同努力/你一直说不好汉语,是～你周围没有语言环境,不能常常练习/黄河之所以出现断流,是～上游对水资源过度的开发和

使用

于 yú ［介词 乙级］

一、和时间名词组成介宾短语，表示时间，相当于"在"。

used together with a temporal word to indicate time; same as "在"; in; on; at:

1. 用于动词前。

used before a verb:

李红～1990年出生在上海/晚会～7点钟准时开始/列车晚上8点钟开车，～第二天早上7点钟到达/你的来信已～一周前收到/录取通知书已～上周全部发出/本规定～即日起生效/下届奥运会～2004年召开

2. 用于动词后。

used after a verb:

王小明生～1980年4月/中华人民共和国成立～1949年/中国近代史开始～鸦片战争/电脑产生～20世纪/这座大楼建～60年代

二、表示来源或处所。有"在、从、自"的意思，多用于动词后。

used after a verb to indicate the source or place; from; out from:

长江发源～青藏高原/龙井茶产～杭州西湖/他1965年出生～浙江/李老师毕业～北京大学/俗话说"青出～蓝而胜于蓝"，学生胜过老师是很常有的情况/此书1998年6月写～日本东京

三、指出动作的对象及有关的人或事物。有"对、向"的意思。

used to introduce the person or thing related to the action; same as "对、向"; to; towards:

1. 用于动词前。

used before a verb:

家庭稳定，～国家～社会都有利/婚礼办得过分讲究，会造成浪费，～人～己都没有好处/目前的情况～我们非常不利

/现在仍然应该提倡储蓄,这~己~国都是件好事/事情已
经发生了,后悔死也~事无补

2. 用于动词后。

used after a verb:

他有恩~我,我一定要报答他/我们是好朋友,我现在有求
~他,他会帮忙的/学校把对他的处理决定公之~众/他不
满足~现状,想换个环境/全部捐款都用~兴建希望小学

四、表示方向、目的或目标,多用于动词后。

used after a verb to indicate the direction or goal; to; on:

王老师一生都从事~教育事业/他们公司正致力~创出中
国的名牌/作为学生,应该将精力集中~学习,而不是穿着
打扮/他现在的汉语水平接近~汉语水平考试的几级水
平?/每一个有志青年都应该献身~祖国的建设事业/图书
馆将图书分类编目,便~读者查找

五、表示方面或原因,多用于动词后。

used after a verb to indicate the reason; at; for; to:

最近,我在忙~毕业论文的写作/他一直埋头~工作,我进
屋来他都没发现/他们夫妻俩,丈夫很善~演讲,妻子却拙
~辞令/我们要学会严~律己,宽~待人(对自己严格要求,
对别人宽容)/我早想认识她,但一直苦~没有机会/他这样
做,也是出~一片好心

六、用在动词后,表示被动。动词多为单音节动词。

used after a monosyllabic verb in the passive voice; by:

上海队二比三负~北京队/限~目前的居住条件,我们还不
能请你们住在我家/迫~各方面的压力,他们放弃了这个计
划/我们家的老房子在二战中毁~战火

七、引进被比较的对象。

used to introduce the object of comparison; than; be the same
with; be different from:

一米等~三尺/这座房子的价钱相当~我二十年的工资/同
学们期末考试的成绩好~期中成绩/今年夏天的温度高~

往年/现在这种商品供大～求,所以产品滞销/今年人口的
出生率低～往年

【注意】   **NOTE**

"忠于、属于、勇于、敢于"因为结合紧密,已经各自形成
为词。

"忠于、属于、勇于、敢于"are fixed words with their own
meanings.

与   yǔ [介词 乙级]

一、与"同"的意义和用法相同,多用于书面语。

used in written language, same as "同":

1. 指出与动作行为相关联的另一方,表示动作是由双方共同进
行的。

used to introduce another part of an action; with:

我父亲～你祖父是多年的朋友/校长～部长一同走进会场/
领导应该～老百姓同甘共苦/你～他萍水相逢,他这样热情
地帮助你,是不是有什么企图? /我～你素不相识,为什么
要相信你呢?

2. 引进与动作行为有关的对象。

used to introduce the object related to an action; with; against:

我们要～一切困难做斗争/他们～洪水战斗了三天三夜,保
护了人民的生命财产/医生们同他一起～病魔进行了顽强
的斗争,他终于重新站了起来/我们不仅要同恶劣的天气斗
争,还要～旧的习惯势力较量

3. 指出与某人或某事物有关系的另一方。

used to introduce another party related to a person or thing;
together with; with:

你～他是什么关系? /她过得好不好～我有什么相干? /他
的失踪～银行被盗有关/这几名罪犯～几年前的飞机失事
案有关/这些年他一个人东游西走,～天地为伴,～大海为
邻

二、引进比较的对象。后面常有"比、一样、相同、一致、不同"等词语呼应。

used together with "比、一样、相同、一致、不同" to introudce the object of comparison：

~十年前比,农民的收入提高了几倍/这里的水温~别的地方不一样/试验结果~我们预料的相同/他的供词~我们掌握的材料一致/新的建筑~老的建筑在风格上有点不同

在 zài ［介词 甲级］

和表示时间、处所、方位、范围等的词语组合使用。

used together with the phrases indicating time, place, direction or scope, etc.; in; at; on：

一、引进时间。

used to introduce time：

1."在…"用在动词、形容词或主语之前,表示动作、行为发生的时间。

used before a verb, an adjective or the subject of a sentence to indicate the time of an action：

飞机~上午十点起飞/展览会~六月五号闭幕/西瓜~刚上市时又贵又不好吃/~十年以后我才又见到他/~过去,女孩子只能留在家里做家务,不能到学校学习

2."在"用在动词之后表示时间。动词一般为表示出现、消失或某些不明显的动作的动词。

used after a verb to indicate time：

a. 单音节动词 + 在。单音节动词多为"生、死、处、抢、改、放、排、定"等词。

used after monosyllabic verb like "生、死、处、抢、改、放、排、定"; etc.：

生~一九八六年/处~困难时期/要抢~大水下来以前修好大坝/会议改~后天下午/这事放~以前妈妈一定不会同意/我们的演出排~最后一天

　　b. 双音节动词＋在。双音节动词限于"出生、诞生、生活、出现、发生、安排、布置、确定、固定"等词。

　　used after disyllabic verbs like "出生、诞生、生活、出现、发生、安排、布置、确定、固定", etc.：

　　诞生～公元一九一九年/生活～九十年代/发生～战争时期/安排～暑假/研讨会的时间确定～五号下午/我们见面的时间固定～星期五

二、引进处所。

　　used to introduce place：

　　1."在…"用在动词、形容词或主语之前。指出动作、行为发生或事物、现象存在的处所。

　　used before a verb, an adjective or the subject of a sentence to indicate place：

　　～院子里养花/～海上行船/～电视上主持节目/这种事～农村很普遍/这首歌～年轻人中很流行/～街上,你到处可以看到欢乐的人群/～湖中央有一个小岛,～岛的中间是一个漂亮的赏景亭

　　2."在"用在动词后,指出动作所达到的处所或方位。

　　used after a verb to indicate the place at which a person or thing has arrived through the action：

　　躺～床上/写～黑板上/种～院子里/看～眼里,记～心上/房子盖～山坡上/一拳打～下巴上/钥匙锁～房间里/大家围坐～一起/他晕倒～街上/钱包遗忘～出租车上/那幅名画一直保存～博物馆里

　　3."在"用在动词前、后都可以,意思上没有什么区别,指出出生、发生、产生、生长、居留或居住的处所。

　　used before or after some verbs indicating the place where an action takes place：

　　住～天津/～天津住/生长～海边/～海边生长/出生～广州/～广州出生/这种水果产～南美洲/这种玉石～南非生产/我～农村住过一段时间/我有一段时间住～农村/这事

发生~一家旅馆里/~一家旅馆发生了一件事

【注意】 NOTE

(1)"在"有时用在同一个动词的前面或后面都可以，但表达的意思不同。

sometime it means differently when "在"is placed before or after the verb:

比较：

① A. 写在床上(字写在了床上)

　 B. 在床上写(坐或躺在床的上面往别的地方写字)

② A. 跳在车上(从别处跳到车上)

　 B. 在车上跳(跳的动作就在车上发生)

③ A. 一枪打在屋顶上(枪弹打在了屋顶上)

　 B. 在屋顶上打枪(在屋顶上向别的地方打枪)

(2) 动词如果带有后附成分,"在"只能用在动词前面。

"在"can only be used before a verb followed by other component:

比较：

① 在床上躺着　　　　　/×躺着在床上

② 在这条胡同住过　　　/×住过在这条胡同

③ 在中国学习汉语　　　/×学习汉语在中国

④ 在公园里散步　　　　/×散步在公园

⑤ 在上海上了四年大学　/×上了四年大学在上海

三、引进范围。

used to introduce the extent:

1. 跟"上、中、方面"等方位词配合使用。用在动词、形容词或主语前。

used together with words indicating direction before a verb, an adjcetive or a subject:

~工作中取得了一些成绩/~实践中去检验真理/~学习上很认真/~穿着上不太讲究/~生活方面你要多关心他,~学习方面你要多帮助他/~学习方面我不如你,~劳动方面

你不如我

2. 和"以下、以内、以外、之间"等词搭配,用在动词后。

used together with "以下、以内、以外、之间" after a verb; within; under; between:

　　硕士研究生的年龄限制～三十五周岁以下/参加旅游的人
数控制～一百人以内/摔跤运动员的体重要求～一百公斤
以外/我校今年录取新生的分数～560到480之间

四、"在+名词+的+动词+下"。表示条件,用在动词或主语
前。

used before a verb or subject in the structure "在+n.+的+v. +下" to indicate the condition:

　　～大家的帮助下,我的外语水平有了明显提高/全厂职工
的共同努力下,提前完成了生产任务/～老师的鼓励下,我
报名参加了演讲比赛/～政府的亲切关怀下,几个失去父母
的孩子正在健康成长

【注意】 **NOTE**

　　上述各例中"帮助、努力、鼓励、关怀"等动词的前面必
须加上"的",和"在…下"共同构成条件句。

"的" can't be omitted in the sentences above.

五、"在+指人的名词或代词"。引进行为的主体,相当于"对…
来说"。有时跟"看来"搭配使用。

used together with "看来" to introduce the doer of an action:

　　五百万,～富翁看来不过九牛一毛,～我则是天文数字/这
件事～我看来是无所谓,～他却是一个不小的打击/这样的
天气～他已经习惯了,～新兵来说却难以忍受

【注意】 **NOTE**

　　下面例句中的"在"是动词。

"在" is used as a verb in the following sentences:

① 甲:小王在家吗?

　　乙:不在,出去了。

② 甲:妈妈在哪儿? 乙:在厨房。

③ 我的家在东城区,学校在西城区。

照 zhào [介词 乙级]

一、指出动作的方向。有"朝、向"的意思。

used to indicate the direction of an action, same as "朝、向"; in the direction of; towards:

> 我捡了一块石头,~树上扔去/他~小王的胸脯打了一拳,把小王打得一连后退了好几步/大娘拿起棍子~小偷的脑袋打了一下儿/他~有灯光的地方开了一枪/老李~山顶的方向晃了晃信号灯

二、提出动作行为所遵循的依据或标准。

used to indicate the grounds or rules provided for an action; according to; in conformity with; in accordance with:

> ~书上的样子画/孩子们~老师的样子做舞蹈动作/我们~王教授说的方法试了试,果然不错/一切~原来的计划进行,不要有任何的改变/小王~着菜谱做了一个朝鲜泡菜/他和你身材差不多,~你的号码给他买就行/~前面那位客人的菜单,也给我来一份/~老规矩,过春节应该给老人拜年

三、"照"和"说、说来、看、看来"等词语搭配使用,指出根据某人的看法或某种依据。

used together with "说、说来、看、看来"to indicate the speaker's opinion; in sb.'s opinion; in sb.'s view:

> ~我说,等他回来商量一下再干/~你这么说来,我今天是不该来了?/~我看,我们下个星期再去香山比较好/一般人看来,他们郎才女貌,是天生的一对,谁知才一年就离婚了呢?/~你目前的水平看来,考研究生有点儿困难

【辨析】 按 照

compare 按 照

(1)"按"可以和表示时间、范围或其他界限的词语搭配,"照"没有这种用法。下面例子中的"按"都不能换成

"照"。

　　　"按"can be followed by words indicating time, scope or limits, while "照"doesn't have this usage：

　　按时完成作业/按期交货/按月发退休金/按班级排队/按民族划分/按地区进行人口统计

　　　(2)"照"有模仿临摹的意思,表示完全仿效以前的动作进行,"按"没有这个意思。下面例子中的"照"不能用"按"。

　　　"照"has the meaning of imitation, while "按" doesn't have this meaning：

　　照黑板上的样子画/照老师的动作做/照尺寸裁剪衣服

自　zì　[介词　乙级]

一、表示时间、空间或处所的起点,相当于"从"。多用于书面语。

　　written language, same as "从", used to indicate the starting point of time, space or place; from; since：

1. 表示时间的起点。

　　used to indicate the starting point of time：

　　他～小就是一个听父母话的乖孩子/本规定～公布之日起生效/～1991 年初开始这项研究,到现在已有十年了/～开始上大学算起,我已经在这个学校整整呆了十年了/～你走后,家乡发生了很大的变化/～他当了公司经理以后,才知道管理一个公司的难处/～妻子得病住院以来,他每天都来照顾她/～古以来,人类就在探索大自然的奥秘

2. 表示空间或处所的起点。

　　used to indicate the starting point of space or place：

　　黄河～西向东,流经九个省/洪水～山上冲下来,冲毁了大片农田/订单像雪片一样～全国各地寄来/这次考试的范围～第十一课到第二十课

3. "自…而…"。表示空间的起点,着重强调变化或范围。进入

此格式的词语为意义相对的单音节词。

　　used to emphasize the change and scope, monosyllabic antonyms are placed in the structure：

　　　　全国～上而下地掀起了一场绿化祖国的运动/马蹄声～远而近,在我们的房前停了下来/他的目光～左而右,将队伍扫视了一遍/我们把房子～内而外,粉刷一新/这件衣服～新而旧,整整穿了八年

　　二、表示动作发生的由来或原因。"自"一般放在动词之后,多和"寄、来、选、出、抄、录、摘、译、引、转引"等词语搭配。

　　used after verbs, e.g."寄、来、选、出、抄、录、摘、译、引 or 转引", to indicate the cause or reason of an action：

　　　　这封信寄～黑龙江省哈尔滨市/我们学校的留学生来～世界各地/这篇课文选～鲁迅的《呐喊》/这件艺术品出～一位民间艺人之手/这个场景录～一个南方小镇/本文转引～《人民日报》海外版

自从　zìcóng　［介词　乙级］

　　表示时间的起点。相当于"从",限指过去的时间。后多跟动词性词组或由"以后、以来"组成的短语。

　　used together with "以后、以来"to indicate the starting point of time in the past; since：

　　　　～来到中国,我的体重不断增加/～开始练太极拳,妈妈的身体比以前好多了/～他对她有了那种意思,每次见到她总有点儿不自然/～父母离婚后,他就一直和奶奶住/～我在画报上看到介绍中国的报道以后,就产生了来中国留学的念头/～王老师下海从商以后,我再也没听到过他的消息/～他大学毕业参加工作以来,每月都给父母写信

作为　zuòwéi　［介词　乙级］

　　表示以某种身份去做某事或从某种角度做出判断。

　　used to indicate that one does something in a certain capacity, or makes the judgement from a certain angle; as:

1. 多用于句首,有时也用于句中。

    used at the beginning or in the middle of a sentence:

    ~一名学生,首先应该把学习搞好/~领导,要时刻关心群众的生活/~老朋友,我劝你要慎重考虑/~一名老司机,发生这样的事情是不应该的/~中国的首都,北京既是全国的政治中心,又是文化中心/我们要把精神文明~一件大事来抓

2. 与"来说"配合使用,构成"作为…来说"的格式。

    used together with "来说":

    ~老师来说,和学生吵架是非常不应该的/~子女来说,有赡养老人的义务/~一名在异国他乡留学的学生来说,遇到的困难一定不会少/~初次参加世界大赛的运动员来说,取得这样的成绩是相当不容易的/~只有几十个人的小厂来说,生产这种产品技术上有相当的难度/~一个长辈来说,你这样做是有失身份的

助　词

说　明

助词不能独立使用，必须附着在其他词的后面或附于句尾。它们在句中只起一种辅助作用。助词可以分为三类：结构助词、动态助词和语气助词。

结构助词主要有"的、地、得"等。"的"连接定语和中心语（我的书），"地"连接状语和中心语（慢慢地说），"得"连接补语和前面的动词、形容词（洗得干净）。学习结构助词时，应该特别注意它们什么情况必须使用，什么情况可以省略，什么情况一定不能使用。

动态助词主要有"了、着、过"。一般来说，"了"表示动作行为的完成、实现；"着"表示动作或状态的持续；"过"表示曾经发生某事或经历某事。学习汉语动态助词时要注意理解它们的确切含义及掌握使用规则，并且注意一定不要将它们与其他语言中相应的时态作简单的对应，以避免造成错句。

语气助词主要附着在句尾，表示各种各样的语气或表达一定的情感态度。常见的语气助词有"啊、吧、吗、啦、呢、嘛"等。学习语气助词，一要注意它们表达的究竟是什么语气。如"你还是去吧"，"吧"表示商量的语气。"有话好好说，别急嘛"，"嘛"表示请求、劝阻的语气。二要注意它们能附着在什么样的句子后边。如"吗"一般只能用在疑问句尾，"呢"可以用在疑问句、感叹句和陈述句三种不同句子的句尾，"啊"则可以用在疑问句、感叹句、陈述句和祈使句四种句子后。三要注意它们常常和哪些词搭配使用。例如"呢"常常与"才"搭配（我才不相信你说的呢！），"啦"则与"太、可"搭配（他讲的太好啦！）。

A BRIEF INTRODUCTION TO AUXILIARY WORDS

Auxiliary words, which are also called "particles", may supplement other words or end a sentence, but can not be used independently. The three main kinds of auxiliary words are structural particles, aspect particles and modal particles.

"的、地、得"are three main structural particles. "的"is used to connect the attributive and its headword(我的书), "地"is used to connect the adverbial and its headword(慢慢地说), "得"is used to connect the verb or adjective and its complement(洗得干净). Learners should pay attention to the usage of these particles, like when they should be used, when they cannot be used, or under what condition they can be omitted.

The main aspect particles are "了、着、过". Generally speaking, "了"is used to indicate an accomplishment of an action; "着"is used to show the continuance of an action; "过"is used to indicate that something has happened. Learners should grasp the rules of these particles, and cannot parallel them simply with the tenses in other languages.

Modal particles are attached to the end of sentences to express various moods or feelings. "啊、吧、吗、啦、呢、嘛"are popular modal particles. Learners should pay attention to the mood a particle expressed in each sentence. For example："你还是去吧", "吧"is used to indicate a suggestion. "有话好好说,别急嘛", "嘛"is used to indicate a dehortatory. Learners should also notice that different modal particles can only be attached to different sentences. For example："吗"can only be used at the end of an interrogative sentence. "呢"can be attached to the end of a question, an exclamatory or a declarative sentence. "啊"can be attached to a question, an exclamatory, a declarative or an imperative sentence. Some modal particles are often used together with specific words. For example："呢"is often used together with "才"(我才不相信你说的呢!), "啦"is used together with "太、可"(他讲的太好啦!).

助词总表

A		M	
啊	a	吗	ma
B		嘛	ma
吧	ba	**N**	
般	bān	哪	na
D		呢	ne
的	de	**S**	
地	de	似的	shìde
得	de	所	suǒ
等	děng	**W**	
E		哇	wa
而已	éryǐ	**Y**	
G		呀	ya
给	gěi	以来	yǐlái
过	guò	哟	yō
L		**Z**	
啦	la	着	zhe
来	lái	之	zhī
了	le	左右	zuǒyòu

啊 ɑ ［助词　甲级］

用于句子末尾,表示一种舒缓随便的语气。

used at the end of a sentence to soften the tone of the sentence:

1. 用于疑问句尾。

　　used at the end of a sentence to express doubt:

　　　　你到底是不是英国人~?／你不知道他是华侨~?／你明天
　　　　打算干什么~?／谁来参加开幕式~?／这么好的电影,你
　　　　怎么不去~?

2. 用于感叹句尾。

　　used at the end of a sentence to express admiration or confirmation:

　　　　今天太阳多好~!／这个问题真难~!／他学得真快~!

3. 用于祈使句尾,常带有催促、劝告的语义。

　　used at the end of an imperative sentence as a sign of advice:

　　　　你可得好好干~!／快走~!／你别事事都听他的~!

4. 用于陈述句。

　　used in a declarative sentence:

　a. 用于话题停顿处,引起听话人的注意。

　　used in the middle of a sentence indicating a short pause to
　　draw attention to what is to be said next:

　　　　他~,从小就这怪脾气／老李~,我们都拿他没办法／下面
　　　　~,我讲一下注意事项／你这么一说~,还真叫我有点不好
　　　　意思／即使告诉他~,他也不会来的／当时我要是在场~,我
　　　　一定饶不了他

　b. 用于举例的格式,如"比如…啊"、"就拿…来说啊"、"…啊、
　　…啊,…啊…。"

　　used after each item of a series:

　　　　我认为凡是花都很漂亮,比如槐花~,就挺好看的／他们都
　　　　很努力,拿玛丽来说~,她每天都坚持学习十个小时／米饭
　　　　~,馒头~,面条~,天天如此,我都吃够了

　c. 用于陈述句末尾。常带有提醒、解释等语气。

used at the end of a sentence as a sign of reminding or explanation：

你说什么？我听不见～/他是你的父亲～/你应该常常去看看他～

5. 用于习用语。

 used in idioms：

 a. 表示同意。

  used to express agreement：

   好～,我马上就去/可也是～,我亲自去一趟吧

 b. 表示不同意。

  used to express disagreement：

   哪儿～,我根本不知道/什么～,他原来就是这样的

吧　ba　[助词　甲级]

基本语义是表委婉语气。

used in a sentence to soften the tone：

1. 用于疑问句,表委婉的询问,带有揣测语气,并期待对方做肯定回答。常与"大概、也许"等搭配使用。

 often used together with" 大概、也许" at the end of a question to indicate doubt or surprise：

  听口音你是上海人～？/他明天没事,大概会去～？/你也许从来也没遇见过这种事～？

2. 用于祈使句,表达委婉的态度,带有商量、建议的语气。常出现在动词重叠式或"别＋动词＋了"等格式之后。

 used at the end of an imperative sentence to indicate suggestion, request, or command：

  你快给我讲讲～！/别唱了～！/你好好总结一下这次的教训～！

3. 用于陈述句,表达委婉的态度。

 used in a declarative sentence to express euphemistic attitude：

 a. 用于话题停顿处。

used in a sentence to indicate pause after suppositions, conces-
sions or conditions:

她~,总不在家/平时~,他很忙,我找不到他;星期天~,我
又不好意思去打扰人家/说~,不好意思;不说~,我又憋得
慌/即使这样做~,也于事无补/就算你赢了他~,也没什么
了不起的

b. 用于举例的格式,如"就拿…来说吧"、"比如…吧"等。表
达委婉语气,略带迟疑。

used to indicate hesitancy in the sentence patterns"就拿…来说
吧" or "比如…吧"when giving examples:

打好羽毛球很不容易,就拿发球来说~,也有很多讲究/这
次演讲比赛大家都表现不错,比如小王~,讲得就很好/你
太不努力了,就说昨天~,除了睡觉以外,你还干了点什么?

c. 用于句末。多用于"动词 + 就 + 重复动词 + 了 + 吧"格式
中。带有"没关系、不要紧"的意味,后面常跟另一句话进
一步补充自己的想法。

used at the end of a sentence to indicate persuasion:

丢就丢了~,再买一只新的/不及格就不及格~,下次再考
好一点儿/想哭就哭~,别憋在心里

4. 用于习用语。

used in idioms:

好~,我去/这样~,你先用我的,反正我现在也不用/得了
~,你别骗我了/等着~,有你好看的

般 bān ［助词 丙级］

附着在某些词语后,表示比喻。后面常跟有"的"或"地"。多用
于书面语。

written language; used after some nouns as a suffix to indicate
description, often followed by "的"or"地"; -like:

演出结束时,会场响起了雷鸣~的掌声/两年多的共同奋斗
使他们结下了兄弟~的友谊/他像孩子~地大哭起来/鹅毛

~的大雪纷纷扬扬地下起来

的 de ［助词　甲级］

一、附在某些词或词组的后面，构成"的"字短语，在句中充当定语、谓语、补语、主语和宾语。

　　used after some words or phrases to function as attribute, predicate, complement, subject and object in the sentences：

1. "的"字短语作定语。

　　used after an attribute when the attribute modifies the noun in the usual way：

　　a. 双音节形容词＋的。

　　　disyllabic adjective ＋的：

　　　美丽～姑娘/明亮～月光/勤奋～学生/纯洁～心灵/繁华～街道/伟大～事业/雪白～衬衫/惟一～好处

　　b. 形容词性成分＋的。

　　　adjective ＋的：

　　　大大～眼睛/干干净净～房间/绿油油～麦田/脏乎乎～小手

　　c. 动词＋的。

　　　verb ＋的：

　　　看～书/洗～衣服/写～文章/睡觉～时间/表演～节目/演唱～歌曲

　　d. 词组＋的。

　　　phrase ＋的：

　　　他做～面条/桌子上～笔筒/带来～礼物/写字用～纸/来中国留学～费用/你写给我～信/关于比赛～情况

　　e. 名词或代词＋的。

　　　noun or pronoun ＋的：

　　　书～内容/车～速度/布～质量/鞋～式样/水～深度/校园～环境/衣服～颜色/头发～长短/书包～价钱/我～专业/他～国籍/我们～教室/你们～责任/他们～兴趣

【注意】　**NOTE**

　　(1) 单音节形容词做定语,一般不加"的"如"新问题/坏毛病/酸苹果/脏衣服"。

　　"的" usually doesn't follow after monosyllabic adjective:

　　(2) 名词作定语,表示它所修饰的成分的质地、属性、产地、用途时,一般不加"的",如"木头桌子/孩子脾气/山东苹果/网球拍子"。

　　when a noun is used as an attribute to indicate the place, quality, or purpose of the noun it modifies, "的" is usually not used.

　　(3) 代词作定语,被修饰成分是亲属称谓或指一个集体或机构时,一般不加"的",如"我妈妈/他们中文系/你们国家/咱们学校"。

　　"的" is not used after a pronoun when it is used to modify personal pronoun or an organization.

2. "的"字短语作谓语或补语。

　used as a predicate or complement:

　a. 名词/代词 + 的。

　　noun/pronoun + 的:

　　那辆自行车塑料~/这张桌子木头~/这笔谁~?/书我~,笔记本他~/这杯茶你~,那杯小王~,别搞错了

　b. 形容词 + 的。

　　adjective + 的:

　　水甜~/房间(收拾得)干干净净~/手(弄得)脏乎乎~/心里怪感动~

　c. 动词/小句 + 的。

　　verb/clause + 的:

　　这钱包捡~/这篇散文他写~/这个报告江教授做~

　d. 固定结构 + 的。

　　fixed group + 的:

房间(搞得)乱七八糟～/他们有说有笑～/他整天胡思乱想
～

3."的"字短语作主语、宾语,指代它所修饰的人或事物。"的"
后常可补出它所修饰的名词。

　　used at the end of a nominal structure to substitute for something
or somebody already mentioned:

　　a. 名词/代词 + 的(+ 名词)。

　　　noun/pronoun + 的(+ noun):

　　木头～(家具)比较好看/他考得比我好,我～(成绩)不如他
/哥哥～(苹果)比弟弟～大,弟弟不高兴

　　b. 形容词 + 的(+ 名词)。

　　　adjective + 的(+ noun):

　　我喜欢个子高～,他个子太矮/我要那个大～(苹果)/鲜艳
一点儿～(花)好吗?

　　c. 动词/小句 + 的(+ 名词)。

　　　verb/clause + 的(+ noun):

　　开车～(司机)都去哪儿了? /开会～(人)都到齐了/他写～
(文章)是这篇/这是他送你～(礼物)

二、用在句子的末尾。加强肯定。

　　used at the end of a statement to indicate certainty:

1. 用于未然。

　　used in a statement that has not happened:

　　告诉他,他会生气～/这件事,你应该事先问问他～/别着
急,到时候有人帮你～

2. 用于已然,强调已发生的事情,常与"是"搭配使用。

　　used with "是"in a statement that has happened for emphasis:

　　我们(是)骑自行车去～/他是 1973 年 7 月出生～/我(是)
一个人回来～,散电影时我和他们走散了/他是来帮忙～/
是小周告诉我们～,不是小王

三、其他用法。

　　other usage:

1. 用于并列的两个同类词语之后,表示列举未尽。

used after words or phrases belonging to the same part of speech to imply further enumeration：

> 做饭啊,油、盐、酱、醋~,什么都不能缺/自由市场上,苹果、香蕉、橘子~,品种多着呢/什么姑姑、阿姨,叔叔、舅舅~,中国的亲属称呼复杂着呢

2. 用在两个相同的动词性成分之间,对某种情况加以概括。

used between identical verbs to constitute a sequence of contrasts：

> 擦玻璃~擦玻璃,扫地~扫地,大伙儿干得都很带劲儿/说~说,唱~唱,跳~跳,生日晚会热闹极了/洗菜~洗菜,做饭~做饭,布置桌子~布置桌子,大家都在为年夜饭忙着

3. 在某些动宾短语中间,插入"指人的名词/代词+的",表示动作的对象。

used between a verb and its object to introduce the object of an action：

> 帮朋友~忙/生姐姐~气/开他~玩笑/握他~手

4. 用在"大+表示时间的词语+的"格式中,强调原因、条件、情况等,隐含有另一种与此不相称的情况存在。

used in the sentence pattern "大 + temporal words + 的"to emphasize what precedes it, it often implies the existence of some inappropriate situation：

> 大白天~,睡什么觉啊(意思是"白天的时间,不应该睡觉")/大过节~,休息休息吧(意思是"过节,应该休息,不要工作")/大星期天~,也不出去玩玩(意思是"星期天,应该出去玩儿,不要呆在家里")

地 de ［助词 甲级］

附在某些词语后面,构成"地"字短语,在句中充当状语。

used after an adjective or a phrase to form an adverbial adjunct before the verb：

1. 某些双音节副词 + 地。

disyllabic adverb + 地:

偶然(~)想起来/渐渐(~)热了/反复(~)强调

2. 形容词性成分 + 地。

adjective + 地:

激动 ~ 告诉我一个好消息/勇敢 ~ 冲上前去/很快 ~ 走/很
安静 ~ 坐在那儿/非常平静 ~ 说/别着急,慢慢(~)说/舒舒
服服(~)睡一觉/慌里慌张 ~ 跑过来

3. 各种词组 + 地。

phrase + 地:

无缘无故(~)发脾气/三天两头(~)往家跑/毫无保留 ~ 告
诉他/有计划 ~ 进行调查/手牵手 ~ 出去了/没完没了 ~ 说/
像发疯一样 ~ 跑了出去

4. 拟声词 + 地。

mimetic word + 地:

哇哇 ~ 大哭起来/砰 ~ 打了一枪/哗啦啦 ~ 掉下来

5. 某些双音节动词 + 地。

disyllabic verb + 地:

他对我同情 ~ 笑了笑/请着重 ~ 谈谈这一点/他表示理解 ~
点点头

6. 某些名词 + 地。

noun + 地:

这个任务历史 ~ 落在我们肩上/科学 ~ 总结30年来的教训
/形式主义 ~ 看问题/机械 ~ 模仿

【注意】 NOTE

(1) 单音节形容词或副词做状语时,不用"地"。如:
"快走/慢跑/刚来/你到底去不去? /他究竟是谁?"。

"地"is not used after monosyllabic adjective or adverb
when it is used as an adverbial.

(2) 有时"地"可省略不用,主要是某些副词后、双音节
形容词后、形容词的重叠形式后和某些固定格式后,如上例
带括号(~)各例中的"地"都可省略。

sometimes "地" can be omitted.

得 de ［助词 甲级］

用在动词、形容词后,连接补语。

used after a verb or an adjective to introduce a complement of result or degree：

一、连接表示可能的补语,做补语的只限于单个的动词或形容词。否定式是"动词＋不＋补语"。

used to introduce a complement indicating possibility, the complement can only be monosyllabic verb or adjective, and the negative form is "verb ＋ 不 ＋ complement"：

看～到——看不到/买～着(zháo)买不着/抬～上去——抬不上去/扔～过来——扔不过来/洗～干净——洗不干净/调查～清楚——调查不清楚

二、连接表示状态程度的补语,补语常由以下成分充当：

used to introduce a complement indicating degree, and the complement can be acted by：

1. 形容词。否定式一般为"动词＋得＋不＋形容词"。

noun, the negative form is "verb ＋ 得 ＋ 不 ＋ adjective"：

这个字写～好——这个字写得不好/他跑～很快——他跑得不快/我站～近,所以看～很清楚/这个孩子虽然有点胖,但胖～比较可爱/这种飞机速度快～惊人

2. 副词"很"。

adverb"很"：

好～很/痛苦～很/单纯～很/危险～很

3. 词组或小句。

phrase or clause：

想～很明白/看～一清二楚/吓～脸色都变了/追～满头大汗/高兴～跳起来/忙～没工夫吃饭/他的房间脏～谁都不想进去

【注意】 NOTE

带补语的动词,不能再带"了、着、过",也不能重叠。如"×看了得很清楚""×看看得很清楚"都不成立。

a verb followed by a complement can not be used together with "了、着、过" or reduplicated.

等 děng [助词 甲级]

一、用于两个或两个以上的词或词组后,表示列举未尽,"等"后也可跟有相关名词。多用于书面语。

written language, used after a personal pronoun or noun to indicate plural number; and so on; etc. :

桌子上有书、笔、尺子、橡皮~/秘书的工作是接电话、做记录、接待客户~/中国的大城市,如北京、上海、广州~地,我都去过

二、项目全部列举后用"等",表示列举已完,后面一般跟有前面所列各项的总计数字。

used to end an enumeration:

我们有汉语课、口语课、听力课~三门课/有 375 路、355 路、331 路、332 路~四路公共汽车经过我们学校/苹果、橙子、香蕉~三种水果最便宜

而已 éryǐ [助词 丁级]

用在陈述句末尾,有把事情往小里说的意味,常与"不过、无非、只、仅仅"等呼应,多用于书面语。

written language, often collocates with "不过、无非、只、仅仅" at the end of a declarative sentence to indicate that nothing serious happens; nothing more; nothing but; only:

我只是有点儿感冒~,你不必过于担心/他只是比你起步早一点~,你一定可以赶上他的/在奴隶社会里,奴隶不过是会说话的牛马~,没有一点地位/我无非是不想和他吵架~,并不是怕他/他仅仅迟到了五分钟~,你不要那么责

骂他

给 gěi ［助词 甲级］

在表示被动、处置等意思的句子里，用在谓语动词前面，起加强语气的作用。如果去掉"给"字，句子的意思基本不受影响。

used directly before the verb of a "把、被、叫 or 让" sentence to add force, may be omitted without affecting the meaning：

> 衣服被雨~淋湿了/杯子叫他~摔破了/虫子让弟弟~踩死了/她把电视~关了/我把那件事~忘了/我把钥匙~弄丢了

过 guò ［助词 甲级］

一、附在动词或形容词后，表示行为或状态已经成为过去，成为一种经验。

used after a verb or an adjective to indicate a past action or experience：

1. 动词+过。动词前常有表示时间的词语，如"曾经"、"已经"、"从来"、"以前"、"两年前"等。

often with "曾经"、"已经"、"从来"、"以前"、"两年前"etc. verb + 过.：

> 我们曾经一起留~学/这件事我已经听说~很多次了/我们从来没研究~这样的问题/那个地方你以前听说~没有？/这个地方两年前我去~/你看没看~这本小说？

【注意】 NOTE

　　(1) 动词前必须是表示确切时间的词语，否则不能成立。如"×有一年我见过他"。

　　specific temporal words must be used before the verb.

　　(2) 动作性不强的动词，如"知道、以为、认为、在、属于、使得"等，不能带"过"。如"×我以为过他是日本人"——我曾以为他是日本人。

　　verbs like "知道、以为、认为、在、属于、使得"etc.

cannot be followed by "过".

2. 形容词＋过。

adjective ＋过：

没想到他也曾经浪漫～啊/他们俩好～一段时间,不过现在
已经分手了/我也年轻～,我理解你现在的心情/他也痛苦
～,可是他现在已经没事儿了

【注意】　NOTE

否定式为"(从来)没＋形容词＋过"。

negative form is "(从来)没＋ adj. ＋过"：

如"他对待工作(从来)没认真过/他们俩的关系(从来)
也没好过"。

二、表示想像中将要发生的事情或假设要发生的事情已经完
成,已经成为过去。

used to indicate a past exporsence in the future：

那部小说等我看～了再还给你,你别急/你只有目睹～现
场,你才能知道犯罪分子有多残忍/只有亲自调查～,你对
这件事才有发言权

【辨析】　过　了
compare　过　了

(1) "过"着重说明动作已经成为过去,已经成为一种
经验;"了"着重说明动作已经实现。

"过"is used to stress the action has become an expe-
rience, while "了"is used to emphasize the completion of an
action：

比较：

A. 我参加过学校举办的联欢会(强调我有过这样的
经验)。

B. 我参加了学校举办的联欢会(强调"参加"这个动
作已经实现、完成)。

(2) 否定式不同,"动词＋过"的否定式是"没＋动词
＋过","动词＋了"的否定式是"没＋动词"。

the negative form for "verb + 过"is "没 + verb + 过", while that for "verb + 了"is "没 + verb":

比较：

我去过颐和园——我没去过颐和园

我(已经)吃了晚饭——我(还)没吃晚饭

(3) 用"过"的句子一般可以加副词"曾经"，用"了"的句子不能加。如可以说"我们曾经为这事争吵过"，但是不能说"×我们曾经为这事争吵了"。

"曾经"can be used in the sentence with "过".

啦 la ［助词 甲级］

用于表示舒缓随便的语气,同"啊"。

used at the end of a sentence to indicate exclamation, interrogation, etc.:

1. 用于疑问句。只用于过去或变化了的事情。

used in an interrogative sentence with past tense or changed situation:

你已经去过那儿~？/他刚才和你说什么~？/怎么？你又不想去~？/又下雨~？这天真够讨厌的

2. 用于感叹句。常见格式如"太+形容词+啦"、"可+形容词+啦"等。

used in an exclamatory sentence, "太+形容词+啦"、"可+形容词+啦"are the familiar structures:

这儿真是太美~！/她女儿可漂亮~！/味道可鲜美~！

3. 用于陈述句。

used in a declarative sentence:

a. 用于某些复句。

used in some compound sentences:

即使说对~,也不能表明你就真的都懂了/你要是去~,问题就变得更复杂了

b. 用于列举的每一项之后,如"…啦、…啦,…。"

used after each item of a series：

苹果～、橘子～、香蕉～,都很便宜/汉字～、发音～、语法
～,都不太好掌握

c. 用于句尾。

used at the end of a sentence：

他不肯来,所以我就去～/我昨天把那件麻烦事给解决～

4. 用于习用语。

used in idioms：

对～,就是这样/巧～,我也认识他/不麻烦你～,我自己能
找到那个地方

来　lái　[助词　乙级]
一、表示大概的数目。

used after a round number like 十, 百, 千 to indicate approximation：

1. 用于数词后,量词前。数词限于十或末位是零的多位数。

used between a numeral 十, 百 or 千 and the measure word：

a. 一般量词。

general measure words：

七十～岁/这酒也就三十～度/一百四十～辆车/一千八百
～个人/这套房子得三十～万元/出席大会的有两百～人/
她一次就买了十～件衣服

b. 时间量词。

temporal words：

排队买火车票花了三十～分钟/我已经在这儿住了有三百
四十～天了/十～周的时间不算太长/这事发生在二十～年
以前了

c. 临时量词(多由名词充当)。

nouns used as measure words：

十～瓶酒/三十～桶水/三百～杯/二十～碗

d. 表示动作的量词,数词只能为十。

measure words indicating actions, the numeral can only be
"十":

敲了十~下也没人来开门/上海我去了十~趟了/喊了十~
声了,可是没人答应/看了十~次了/念了十~遍/他被坏人
打了十~拳/踢了十~脚/你怎么了? 才吃了十~口饭就不
吃了/他一连说了十~句"对不起"

e. 度量词。"来"后要有形容词"重、长、大、厚、宽、高、深、远"
等配合使用。

used together with "重、长、大、厚、宽、高、深、远":

十~公斤重的东西/300~公里长/11200~米深

2. 用于度量词后。数词只能是单位数,"来"后要有形容词"重、
长、大、厚、宽、高、深、远"等配合使用。

used between a measure word and an adjective "重、长、大、厚、
宽、高、深 or 远":

这个西瓜有八斤~重/那条绳子有三米~长/这口井七丈~
深

二、用在表示时段的时间词语后,表示某一时段中的事情。

used after a time phrase or its equivalent to indicate a duration
that lasts from the past up to the present:

三年~,我们一直保持通信联系/四天~,他不曾合过眼/多
少年~,我一直梦想着有机会周游世界/这两个月~,天气
一直不太正常/了解一周~的国际大事/报告一个学期~的
工作情况

【辨析】 来 以来 (见"以来")
compare 来 以来 (see "以来")

了 le [助词 甲级]
    一、用在动词后,宾语前,表示完成、实现。这种用法一般称作
结构动词。

    used between a verb and its object to indicate the completion of
an action:

1. 用于陈述句中。

   used in a declarative sentence：

   a. 过去动作的完成、实现。

   used to indicate the completion of an action happened in the past：

   昨晚我们吃～饭就去看电影了／我回家后给他写～一封信／今天上午上～四节课／他一口气喝～两大杯凉茶

   b. 将来动作的实现。

   used to indicate the completion of an expected action：

   等我做完～作业我就去找你／吃～这些药你再来医院做一次检查／别急, 穿好～衣服再走／等我买～汽车, 天天送你去上班

   c. 假设的完成。

   used to indicate the completion of a hypothetical action：

   要是累～就休息一会儿／如果这事让他知道～, 能把他气死／万一他真来～, 我们怎么办? ／你要是见到～他, 替我谢谢他

2. 用于祈使句中。动词限于"倒、卖、扔、忘、吃、喝、丢、洒、擦、关、砸、摔、踩"等含有"去除"义的单音节动词。

   used after a monosyllabic verb like "倒、卖、扔、忘、吃、喝、丢、洒、擦、关、砸、摔 or 踩" in an imperative sentence：

   这些药已经坏了, 倒～它吧／都吃～, 别浪费／卖～它再买新的／都旧成这样了, 快把它扔～／忘～他吧, 别老想着他

【注意】   NOTE

   (1) 动词"是、姓、好像、属于、觉得、认为、希望、需要、作为"等后不能加"了"。

   "了"can not be used after verbs like "是、姓、好像、属于、觉得、认为、希望、需要、作为"etc..

   (2) 句中有"每、常常、经常"等词语, 句子本身表示经常性行为时, 不能加"了"。如不能说"×我以前常常睡了午觉"是错句, 应去掉"了"。

　　　　　　　"了"can't be used in the sentences with "每、常常、经常".

　　(3) 句中有副词"没(有)",也不能加"了"。如不能说"×我没学习了汉语""×他没同意了我的意见"。

　　　　　　　"了"can't be used in the sentences with "没(有)".

二、用在句末,表示变化或语气。这种用法一般称作语气助词。

　　used as a modal particle at the end of a sentence to indicate a change：

　1. 表示变化。

　　used for a change：

　　a. 已经实现的变化。

　　　used to indicate the completion of a change：

　　　春天到~,天气暖和~/你是大学生~,这点道理还不懂?/孩子长大~,懂事多~/天黑~

　　b. 表示将要发生的变化,常与"要、快、快要"等搭配使用。

　　　used with "要、快、快要" to indicate a forthcoming change：

　　　姐姐要结婚~/他明天就要回国~/快上课~,咱们进教室吧/快要下雨~,我们快走吧

　2. 表示偏离某一标准,后面常跟有另一句话补充说明。

　　used after an adjective to indicate a change of some standard：

　　　你买多~,其实有两三个就够了/菜做咸~,没法吃/我看他是喝多~,说话都说不清楚了/颜色浅~,再深点儿就好看了/咖啡里糖放少~,再放点儿吧

　3. 说话人觉得程度高、时间长、数量大,常与程度副词、时间词或数量词配合使用。

　　used to indicate that the speaker thinks it is a long time or a large amount：

　　　我太激动~/香山的风景可美~/都三个月~,他怎么还不给我来封信/已经 12 点~,我该回去了/我都听了三遍~,还听不懂/告诉他四五次~,他总记不住

　4. 表示催促或劝止。用于祈使句,多用于否定式。

used in a negative imperative sentence for urging or dissuasion：

别等～,走吧/好好拿着,别掉地上～/别唱～,我们要睡觉
了/不要再说～

5. 表示对结论很有把握、很肯定。

used to imply certainty about one's conclusion：

这是你最后的一次机会～,要好好把握/他学习太不认真
了,不及格已不是第一次～/好吧,就这么决定～吧/这次比
赛能不能赢就看你的～

6. 用于习用语。

used in idioms：

对～,我想起来了/好～,今天就讲到这儿吧/算～,别和他
计较了/得～,就这样吧

吗 ma ［助词 甲级］

表单纯的询问语气。

used to indication a question：

1. 用于一般问句。

used at the end of a question：

你知道北京这个名字的来历～? /你是留学生～? /明天有
考试～? /这些工作今天要全部完成～? /这个报告也要再
复印一份～? /你的房间每天都打扫～?

2. 用于反问句。常见格式有"不是…吗""难道…吗""还…吗"
等。在不同语境下,和不同的语词搭配,可以表达不同的感情、态度、
意向。

used at the end of a rhetorical question to indication dissatisfaction
or disagreement, often in conjunction with "不是""难道" or "还"：

a. 用肯定形式强调否定。

used to emphasize negation in the affirmative form：

你天天喝酒,像话～? (= 天天喝酒不像话)/他就应该总是
上班迟到～? (= 他不应该总是上班迟到)/我们难道就永
远过着这样的日子～? (= 我们不能永远过这样的日子)

b. 用否定形式强调肯定。

　used to emphasize affirmation in the negative form：

　你不是一直在帮助他～?（＝你一直都在帮助他）/你难道
　不知道我现在很忙～?（＝你应该知道我现在很忙）/我这
　样做还不行～?（＝我这样做已经可以了）/你也是从农村
　来的,不是～?（＝你是从农村来的）

嘛 ma ［助词　甲级］

1. 用于祈使句。常带有期望、劝阻义。

　used to express an expectation or dissuasion：

　车开得慢一点儿～!/你说得详细一点～!/告诉他～! 怕
　什么!

2. 用于陈述句,含有本来如此、显而易见的意思。

　used at the end of a declarative sentence to indicate that the reason
or cause is obvious：

　　a. 用于话题停顿处。

　used within a sentence to mark a pause drawing attention to what is
coming：

　学生～,就应该好好学习/长城～,当然很长/颐和园～,能
　不漂亮吗?

　　b. 用于举例格式"就拿…来说嘛"。

　　used in the sentence structure"就拿…来说嘛"to make enu-
　　meration：

　就拿我们这一代人来说～,生活条件比我们父母那一代好
　多了/水果也不能吃得太多,就拿梨来说～,吃多了就对身
　体不好

　　c. 用于假设小句的末尾。

　　used at the end of a clause indicating assumption：

　有意见～,可以当面提出来/你要是早一点说～,我还可以
　考虑考虑

　　d. 用于陈述句末尾,有强调意味常和"是、本来"等连用。

used at the end of a declarative sentence for emphasis, often in conjunction with "是、本来"：

我妈是叫王玉荷～/我就是不想去～/你说的本来就不对～/外面挺冷的,多穿一点～

3. 用于习用语。

used in idioms：

可不～,事情的经过就是这样的/可不是～,他真的在那儿坐着呢

哪 nɑ [助词 甲级]

意义用法同"啊"。"啊"前面的词以"-n"收尾时,"啊"发生音变,读作 na,写作"哪"。如：

same as "啊"; used after a word ending in "n" to tone up what is being said：

这颜色多好看～,你怎么会不喜欢? /加油干～,时间不多了/你没看见我出了好多汗～/这样做多慢～

呢 ne [助词 甲级]

表示提醒注意的语气,提醒听话人特别注意某一点。

used at the end of a sentence to draw attention：

1. 用于疑问句。

used at the end of an interrogative sentence to soften the tone：

a. 用于一般疑问句。

used in a question：

他是哪国人～? /谁去合适～? /他会不会早来了～?

【注意】 NOTE

在一定的上下文里,"呢"可以直接用在名词性成分后,表示疑问。例如:"我这次考试不太好,你呢?"意思是"你考得怎么样?"再如"我的书呢? 你知道在哪儿吗?"

used to ask about "how about" or "where abouts" of a missing person or thing.

b. 用于反问句。常见格式有"哪里…呢"、"怎么…呢"、"何必…呢"等。

used in a rhetorical question, often in the structures"哪里…呢"、"怎么…呢"、"何必…呢":

怎么不给客人倒茶～？/他哪里知道我的苦处～？/你何必跟他计较～？

2. 用于感叹句。含有强调语气。常见格式有"才…呢"、"可…呢"、"还…呢"等。

used at the end of an exclamatory sentence to give emphasis:

如果大家一起去,那才好玩～！/王府井可热闹～！/那天的晚餐很丰富,还有一大盘对虾～！

3. 用于陈述句。

used in a declarative sentence:

a. 用于话题停顿处。常含有对比的意思。

used within a sentence to make a pause, usually to show a contrast:

我～,想买没钱;他～,有钱不想买/你要是不愿意～,就算了;要是愿意～,就给我来个电话/学～,就努力学好;要不然,就别学/下面～,咱们开始分组做练习

b. 用于陈述句末尾。常和"正、正在、在"或"着"连用,提醒听话人注意,且含有强调义。

used to add force at the end of a declarative sentence to indicate that an action is in progress, often with "正、正在、在"或"着":

他在屋里坐着～/他正吃饭～/我正在给你写信～/他正生着病～,不能跟咱们一起去游泳/忙着～,每天很晚才能回家/香着～,不信你闻闻

4. 用于习用语。

used in idioms:

我说～,街上怎么那么多人,原来是在等着看歌星/怎么说～,这事也不能全怪你/管它～,我们干我们的/还说～,要

不是因为你记错了地址,咱们也不至于迟到/哪能~,我还得好好教这些淘气的学生,谁叫咱是老师呢?

似的　shìde　[助词　丙级]

用在名词性或动词性成分后,前面常有"像、好像、仿佛"等词呼应。

used after a noun or a verb to indicate that one person or thing is similar to another; often used in conjunction with "像、好像、仿佛":

一、表示比喻。

used to indicate comparison:

1. 跟在名词性成分后。

used after a noun:

门口站着一个黑瘦的、乞丐~男人/他木头~站在那儿/一阵风~跑了进来/你看他跑得多快,像兔子~/他被雨淋得像个落汤鸡~

2. 跟在动词性成分后。

used after a verb:

我腿累得像要断了~,一步也走不动了/心里像压了块大石头~,怎么也高兴不起来

有时候用来比喻的东西不说出来,用"什么"来代替,常表示程度很高。如:见到老鼠就怕得什么~,真拿她没办法/她的回信把他美得什么~。

sometimes used after "什么" to indicate a high degree:

二、表示跟某种情况相似。跟在动词性成分后。

used after a verb to indicate similarity:

她什么事都听他的,仿佛离开了他就不能生活了~/你怎么好像没睡醒~,眼睛都睁不开/他天天皱着眉头,好像有一百个心事~/我叫了他两三遍,可是他连动都没动,好像没听见~

三、表示不大肯定,实际情况是不是这样。跟在动词性成分或句子后。

used to indicate uncertainty：

这个词我们好像已经学过了~/听！外面好像起风了~/我好像在哪儿见过这个人~

四、表示实际情况并非如此,多用于反驳。跟在动词性成分或句子后。

used to indicate refutation：

不去就不去,好像你不去就没人能去~/说就说,好像谁怕你~

所 suǒ ［助词 乙级］

用于及物动词前,组成"所+动词"短语,作用相当于一个名词。多用于书面语。

written language；used before a transitive verb to form a nominal phrase"所 + verb"：

1. 所+动词+的(+名词)。

所 + verb + 的(+ noun)：

以上~说的道理很简单/这是我们~要考虑的几个方面/他们~希望的就是这些/这正是他~关心的问题

2. 所+动词。动词限于单音节,多用于固定短语。

used before a monosyllabic verb to form a fixed phrase：

我要向你们介绍我这次去西藏的~见~闻/你不要~答非~问/茶、咖啡、酒…,什么都有,大家各取~需吧/这正是问题~在/据我~知,他至少有四所房子/不出~料,他们果然都在/尽我~能资助他读完大学/综上~述,我们可以得出一个结论,历史的发展有其自身的规律/这是人心~向,你不能违背

3. 有/无+所+动词,动词多为双音节词。

used between 有/无 and a disyllabic verb to form 有所…(meaning to some extent) or 无所…(meaning all-inclusive) structure：

对同学们提出的问题,老师都已有~准备/你要对你的行为有~解释/今年的粮食产量比去年又有~增长/计划有~改

变/他是一个无～畏惧的人/你怎么能如此无～作为呢？/
关于电脑知识,他真是无～不知,无～不晓

【注意】　**NOTE**

"所"后的动词可以带修饰成分,若修饰成分是副词和
助动词,"所"要放在修饰成分前。如:这是我们所不能答应
的/这一点是我们所必须遵守的。

If there is an adverb or an auxiliary verb, then it should be
used between "所"and the verb.

4. 为/被＋名词＋所＋动词。古汉语用法。

archaic Chinese; used before a verb and in conjunction with "为"
or"被" to indicate passive voice:

你们不要为表面现象～蒙蔽/她为情～困,不能自拔,整天
借酒消愁/我们每一个人都被他的热情～感动/这部作品早
为广大读者～熟悉

哇　wa　[助词　乙级]

意义、用法同助词"啊"。"啊"前词的韵母或韵尾为 u,ao,ou 时,
"啊"发生音变,写作 wa,写作"哇"。如:

same as"啊"; variant of "啊"when preceded by words ending pho-
netically in "u, ao, ou":

快走～/现在的生活真是很幸福～/好～,你躲在家里睡大
觉

呀　ya　[助词　甲级]

意义用法同"啊"。"啊"前的词以"a. e. i. o. ü"收尾时,"啊"发
生音变,读作"呀"。如:

same as "啊"; when the syllable preceding "啊"ends in "a. e. i. o.
ü", this ending and "啊"should be fused into "呀":

这菜好辣～/你们都喝～,别光看着～/这儿的风景多美～/
弟弟～弟弟,你什么时候才能懂事一些? /湖水可真绿～

以来   yǐlái   [助词   乙级]

用在某些时间词或含有时间意义的词语后,表示从过去某一时间开始到现在为止的一段时间。多用于书面语,常有"自、自从、从"等呼应。

written language; used after a word or phrase indicating a fixed time in the past to refer to the time elapsed from that time to the time of speaking; often with "自、自从、从"; since:

1. 用于表示时间的词语后。

used after a temporal word:

1982 年~,我们厂的生产一直不错/从 1840 年鸦片战争~,中国经受了种种磨难/长期~,他都致力于这个课题的研究/二十多年~,他们互相帮助互相爱护,过着幸福美满的生活/有史~就是这样

2. 用于动词性成分后。

used after a verb:

开学~,同学们的学习积极性一直很高/开设文化选修课~,他便忙着编写教材,现在终于写完了/从到法国留学~,我就开始收集有关资料/两国建交~,友好关系不断向前发展

【辨析】   以来   来
compare   以来   来

(1)"以来"强调的是某一段时间的起点,"来"强调的是一段时间。

"以来"is used to stress the starting point of a period of time, while "来"is used to emphasize a period of time.

(2)"以来"前可用"自、从、自从"搭配,"来"前不可。

"以来"can be used together with "自、从、自从".

(3)"以来"常用在表示时点的词语后,也可以用在动词性成分和表时段的词语后,"来"只能用于表时段的词语后。

"来"can only be used after words indicating a period

of time.

哟 yō ［助词　丙级］

用在句末，表示感叹或祈使的语气。

used at the end of a sentence to express exclamatory or imperative sense：

> 快来看～,好多蜻蜓! /大家一齐用力～/你可别犯糊涂～,
> 我的孩子

着 zhe ［助词　甲级］

一、用于动词或形容词后，表示动作或状态持续。

used after a verb or adjective to indicate that an action is in progress：

1. 用于动词、形容词后。句尾有时可加"呢"，进一步强调动作或状态的持续。

used after a verb or adjective to indicate the continuation of a state, sometimes "呢"is used at the end of the sentence：

> 天上飞～一群鸟/书房的墙上贴～一张地图/门口站～一个
> 人/瓶子里插～一束花/画儿在墙上挂～呢/你先在楼下等
> ～,我们一会儿就下来/门开～,房间里传出动人的音乐声/
> 他低～头,红～脸,不知道说什么好/教室里的灯还开～,可
> 能还有学生在学习/要是没有饭吃,可怎么活～呢? /所有
> 的事他都在心里记～呢/他房间的门还关～呢,可能还没起
> 床呢

2. 用于动词之间。

used between verbs：

a. 表示后一动作进行时前一动作在持续，前一动作可看作是后一动作进行的状态或方式。

used to indicate that the second action takes place while the first one is still in the progress, the first action is a means of accomplishing the second：

主人笑～迎上前去/他板～脸不理我/我伸～头往外看/他穿～衣服躺在床上/爸爸和妈妈喜欢看～电视吃饭/她嘟～嘴站在那儿不说话

b. 表示第一个动作持续进行时出现了第二个动作,第一个动词和"着"必须重复使用。

used to indicate that when the first action is still in the progress, the second one takes place, then the first verb and "着"should be repeated:

他说～说～就哭起来了/他走～走～摔倒了/他看～看～睡着了

二、用于动词后,表示动作正在进行,前面可加"正、正在、在",句末可加"呢"。

used together with "正、正在、在"to indicate that an action is in the progress:

我进去的时候,他正讲～话呢/他正在打～电话呢,你等一会儿吧/来客人的时候,他们俩在做～饭/他耐心地看～、听～,一句话也没说/墙上的挂钟单调地走～/他正在思索～发生过的事情

【注意】 **NOTE**

如果动词前加"多少年来"、"一直"等词语,可以表示从过去到现在一直在进行的动作。如:他的脑子里多少年来一直思索着这个问题/多少年来,我一直在想着、盼着回到你身边。

can be used to indicate that an action has been in the progress since some time in the past when "多少年来"、"一直" or similar phrase is used before a verb。

之 zhī ［助词 丙级］

古代汉语遗留下来的结构助词,与"的"差不多,但以下情况一般用"之"。

a relic of archaic Chinese, almost the same as "的", but "之"has to be used in the following sentences：

1. 用在定语和中心语之间，"之"后的词多为单音节。

used to connect the attributive and the head word, usually the word after "之"is monosyllable：

> 他们一家有三个运动员，真称得上是体育～家/别灰心，失败是成功～母/虽然她们是姐妹俩，但长得一点儿也不像，相似～处很少/回国～前，他准备了很多礼物/你这是利用工作～便走后门

2. 用在主语和谓语之间，使主谓词组变成名词性短语。主语和谓语多为双音节词。多用于书面语。

written language; inserted between the subject and predicate to express subordination, the subject and predicate are disyllabic words：

> 影响～深远，范围～广泛，都是前所未有的/态度～恶劣，言行～粗鲁，简直无法想像/思维～敏捷，成就～卓越，是常人所难以达到的

3. 某些固定格式中。

used in some fixed structures：

a. …分之…。

used to indicate the relationship between the part and the whole：

> 三分～一/百分～八十

b. 之所以…。

used to indicate the reason why：

> ～所以告诉你是因为我信得过你/～所以选他当班长，是因为他很有能力

c. 之多、之久、之极。

used for emphasis：

> 去南方旅行一趟，收获～多出乎意料/手术从早9点一直做到晚上12点，手术时间～久令人不敢相信/不能与父亲见上最后一面，他感到痛苦～极

左右 zuǒyòu ［助词 乙级］

用在数量词后,指比某一数量稍少或稍多。

used after a numeral to show that the number is approximate; around; or so:

1. 表示时间。

used after a temporal word:

三年~/五个月~/四个星期~/八天~/十个小时~/九分钟~

2. 表示年龄。

used after age:

一个十五岁~的孩子走了过来/椅子上坐着一位六十岁~的老人

3. 表示钱数。

used after amount of money:

两毛钱~/十块~/一百元~/三千块~

4. 表示其他数量。

used after other numerals:

百分之三十~/一百五十斤~/一百米~/发出去的电影票有四十张~

叹　词

说　明

"啊、唉、哎呀、呸"这些词叫叹词,叹词主要用在口语里,表达各种各样的情感态度:惊讶、不满、怀疑、无可奈何、惊叹等。叹词从不跟别的词发生组合,总是独立地使用,无论出现在句子的前面还是出现在句子的后面,在它的前后总有停顿。如:

哎呀,我差点把这件事忘了。　　　　　（表示惊讶）

唉,可怜的孩子,才三岁就没有妈妈了　　（表示叹息）

嗯,我知道了,你放心吧。　　　　　　（表示应答）

瞧他那神气劲儿,哼!　　　　　　　　（表示不满）

A BRIEF INTRODUCTION TO EXCLAMATIONS

"啊、唉、哎呀、呸"are called exclamations. Exclamations are used in spoken language to express various feelings:surprise, discontentment, suspicion, regret, and so on. Exclamations are used independently at the head or end of sentences and a pause is always used to separate it from the main clause. For example:

哎呀,我差点把这件事忘了。　　　（used to express surprise）

唉,可怜的孩子,才三岁就没有妈妈了（used to express a sigh）

嗯,我知道了,你放心吧。　　　（used to express a response）

瞧他那神气劲儿,哼!　　　（used to express discontentment）

叹词总表

A			嘿	hēi
			哼	hēng
啊	ā		N	
啊	á			
啊	ǎ		嗯	ńg
啊	à		嗯	ňg
哎	āi		嗯	ǹg
哎呀	āiyā		O	
哎哟	āiyō			
唉	āi		噢	ō
唉	ài		哦	ò
H			Y	
咳	hāi		呀	yā
呵	hē		哟	yō

啊 ā ［叹词　甲级］

劝对方听从自己,希望对方同意,"啊"的前后要有停顿。

expressing consent or an earnest request, a comma is used to separate it with the main clause:

　　妈妈对儿子说"听话,~,别闹"/认真点,~/要努力学习,
　　~/别忘了给我打电话,~

啊 á ［叹词　甲级］

由于听不清、不理解等而追问。可用在疑问句前或用在疑问句后。

used at the head or end of an interrogative sentence to demand an answer or request repetition of what was said:

　　~? 你说什么? /~? 他今天不在? 不是说好了让他在家
　　等我吗? /你听明白了没有? ~?

啊 ǎ ［叹词　甲级］

表示由于出乎意料而惊讶。

expressing bewilderment:

　　~? 他爸爸去世了? /~? 你竟然不知道这事! /~? 你没
　　见到他?

啊 à ［叹词　甲级］

一、用于应诺,表示"我听见了"。

making a response:

　　~,我马上就去/~,好的,我一定转告他/~,是我,你有什
　　么事吗?

二、表示"原来如此"。

indicating realization or understanding:

　　~,原来你就是小王/~,是一只猫进来了/~,这就是你年
　　轻时候的照片

三、表示因惊恐或疼痛而大叫;表示惊异或赞叹,音较长。

expressing amazement or admiration with prolonged pronunciation:

~,他大叫一声昏倒在地/~,他抱住脚喊叫起来/~,他又考了第一名/~,多好的天气啊! /~,那太好了!

哎 āi [叹词 乙级]

一、用于提请对方注意或突然想起什么要说给对方听。

used to attract someone's attention or greet someone:

~,你找谁? /~,别走、别走/~,大家快来看啊/~,你过来帮个忙/~,小张,你说他们会不会来啊/~,你知道吗? 他已经结婚了/~,对了,你去书店的时候顺便帮我买一本吧/~,我给你留电话了没有?

二、表示惊讶、不同意等。

used to express astonishment or dissatisfaction:

~,谁帮我收拾好了屋子? /~,你怎么可以这样跟爸爸讲话/~,话可不能这么说

哎呀 āiyā [叹词 甲级]

一、表示惊讶、出乎意料、惊恐。

used to express surprise or fright:

~,你怎么来了? /~,这是怎么搞的? /~,我真让你给问住了/~,你怎么能这样和老人讲话? /~,快来看,这是怎么回事? /~,你怎么跟人家吵起来了? /~,真该死!

二、表示着急、埋怨、不耐烦等。

used to express weariness or vexation:

~,都这时候了,他怎么还不来/~,你啰嗦什么/~,快走吧,别耽误时间了/~,吓死我了/~,你怎么又忘了/~,你就不能早点来一会儿吗/~,真拿你没办法

哎哟 āiyō [叹词 甲级]

表示惊讶、疼痛。

used to show astonishment or pain：

~,没时间了,快走吧! /~,我又忘了/~,这么一件破衣服值那么多钱啊/~,疼死我了! /~,不行了,快送我去医院吧

唉 āi ［叹词　甲级］

用于应答,表示"听见了"。

a sound indicating response：

~,这样叫就挺好的,以后别叫我什么师傅了/~,听见了,我马上就来

唉 ài ［叹词　甲级］

表示伤感、无奈、不满意等。

a sound indicating grief, depression or dissatisfaction：

~,这孩子可叫我怎么办哪/~,这日子就凑合着过吧/~,谁知道以后会怎么样呢/~,祸不单行啊

咳 hāi ［叹词　甲级］

一、表示不满、惋惜、责怪等。

used to express sorrow, regret, blame, etc.：

~,做人没这么做的/~,我也做不出什么好菜来,你随便吃点吧/~,怎么偏偏让我碰上这样的事/~,真遗憾,我来晚了,这么好的片子都没看上/~,你怎么这么糊涂/~,你就不能忍一忍,和他这种人吵什么呀/~,过去的事就让它过去吧,别再瞎想了

二、表示赞叹、惊异。

used to express admiration, amazement：

~,那场球踢得才精彩呢,真带劲儿/~,你没看见,他的表演要多棒就有多棒/~,我告诉你,这事还非得他来做不可/~,还真有这种怪事,我还是第一次见到

三、表示对熟人或叫不出名字的生人不客气的非正式的招呼。

informal greeting; hello; hey:

~,你过来一下/~,你们都给我听着/~,这个小伙子,靠边站/~,你走不走?

呵 hē ［叹词 甲级］

一、表示惊讶、赞叹等。

used to indicate astonishment or admiration; ah; oh:

~,跑得真够快的/~,好厉害的小姑娘/~,真带劲儿/~,这么容易/~,你的记性真够好的/~,你看人家那精神劲儿

二、表示不满。

used to express displeasure:

~,你这么晚才来/~,天天穿得那么漂亮干吗/~,你对人真是越来越不客气了/~,这个人说话口气还不小

嘿 hēi ［叹词 甲级］

一、表示不客气地打招呼或提请注意。

used as a casual or informal greeting or to call attention:

~,小伙子,过来/~,你听见没有?/~,把东西拿到那边去/~,别在这儿挡路/~,我怎么和他联系?/~,老张,今天怎么这么没精神

二、表示得意。

used to express satisfaction or self-congratulation:

~,他又得了个冠军/~,瞧咱们队,打得多漂亮/~,这儿的交通可是一流的/~,你真行!

三、表示惊讶。

used to express surprise:

~,都六月了,怎么下起雪来了?/~,天下竟有这样的人?/~,你刚才不是已经答应了吗?

哼 hēng ［叹词 甲级］

表示不满、鄙夷、不相信等。

used to express dissatisfaction or suspicion：

～,有什么了不起的/～,这个人真讨厌/～,你先别高兴得太早/～,走着瞧吧,还不一定谁输呢/～,收起你那一套把戏吧/～,得了吧,我才不信呢/～,我才不在乎呢/～,他的话怎么能信呢!

嗯 ˊng ［叹词　甲级］

表示由于听不清、不理解而追问,同"啊",只是不张嘴而已。

used in questioning, same as"啊"：

你说什么?～? 再说一遍/～? 我听不清/～? 什么意思?

嗯 ˇng ［叹词　甲级］

表示疑惑、出乎意外或不以为然。

used to express surprise, doubt, or disapproval：

～? 不对吧?/～? 怎么? 你也去过吗?/～? 你说什么?/～? 他是混血儿?

嗯 ˋng ［叹词　甲级］

一、表示同意对方的话。

used to indicate agreement：

～,你说得对,我们就这么办吧/～,我也是这么认为的/～,他就是我们的汉语老师/～,这事我也是刚知道的/～,好,我马上就去叫他

二、表示肯定或赞许自己的想法。

used to indicate affirmation of one's own views：

～,不错,是个好主意/～,我以前怎么没想到呢?/～,这是个新线索,今天下午咱们就去查查看/～,是这样的,没错儿/～,对,就是他,这次不会错的

三、用于应答,表示"听见了"。

used to express response：

～,～,好的,我亲自去办/～,知道了,我一定去/～,我还有

一个妹妹/~,是这样的

噢 ō [叹词 甲级]

表示领悟或醒悟。

used to indicate understanding or realization:

~,这个就是录音带啊/~,原来你就是领队/~,你没去呀,怪不得你不知道呢/~,这就是你所说的那个好地方啊

哦 ò [叹词 甲级]

一、表示明白了。

used to indicate realization or understanding:

~,是这么回事,我知道了/~,你是新来的,怪不得有点儿面生/~,他学的是俄语,我还以为他是英语专业的呢/~,是这么回事,我告诉他吧

二、表示将信将疑。

used to express dubiousness:

~? 是吗? /~? 他怎么知道? /~? 是这样的吗? 我再去了解一下/~? 会是他来了吗?

呀 yā [叹词 甲级]

表示惊讶。

used to express surprise; oh; ah:

~,你还没走哇/~,着火了! /~,你都做完了,这么快! /~,下雨了,这天真是说下雨就下雨

哟 yō [叹词 丙级]

表示轻微的惊讶。

used to express slight astonishment or surprise:

~! 太便宜了/~! 你怎么来了? /~! 下雨了/~,怎么这么多人/~,好大的风啊

音序索引

A			
啊	a	（助）	416
啊	ā	（叹）	447
啊	á	（叹）	447
啊	ǎ	（叹）	447
啊	à	（叹）	447
哎	āi	（叹）	448
哎呀	āiyā	（叹）	448
哎哟	āiyō	（叹）	448
唉	āi	（叹）	449
唉	ài	（叹）	449
按	àn	（介）	340
按期	ànqī	（副）	12
按时	ànshí	（副）	12
按照	ànzhào	（介）	341
暗暗	àn'àn	（副）	12
B			
吧	ba	（助）	417
把	bǎ	（介）	342
白	bái	（副）	13
白白	báibái	（副）	14
般	bān	（助）	148

被	bèi	（介）	346
本	běn	（副）	15
本来	běnlái	（副）	16
本着	běnzhe	（介）	349
甭	béng	（副）	16
比	bǐ	（介）	350
比较	bǐjiào	（副）	17
必	bì	（副）	19
必定	bìdìng	（副）	20
必须	bìxū	（副）	21
毕竟	bìjìng	（副）	21
便	biàn	（连）	255
便	biàn	（副）	22
别	bié	（副）	23
并	bìng	（连）	255
并	bìng	（副）	25
并非	bìngfēi	（副）	25
并且	bìngqiě	（连）	255
不	bù	（副）	26
不必	bùbì	（副）	30
不曾	bùcéng	（副）	32
不大	bùdà	（副）	32
不但	bùdàn	（连）	257
不定	bùdìng	（副）	33
不断	bùduàn	（副）	34
不妨	bùfáng	（副）	34

不管	bùguǎn	（连）	259
不过	bùguò	（连）	260
不禁	bùjīn	（副）	35
不仅	bùjǐn	（连）	260
不料	bùliào	（副）	35
不论	bùlùn	（连）	261
不免	bùmiǎn	（副）	36
不然	bùrán	（连）	262
不如	bùrú	（连）	263
不时	bùshí	（副）	36
不停	bùtíng	（副）	37
不要	bùyào	（副）	37
不宜	bùyí	（副）	38
不用	bùyòng	（副）	38
不由得	bùyóude	（副）	39
不只	bùzhǐ	（连）	264
不至于	bùzhìyú	（副）	40
不住	bùzhù	（副）	41
C			
才	cái	（连）	264
才	cái	（副）	41
曾	céng	（副）	43
曾经	céngjīng	（副）	43
差点儿	chàdiǎnr	（副）	45
常	cháng	（副）	46
常常	chángcháng	（副）	47

朝	cháo	（介）	351
趁	chèn	（介）	352
乘机	chéngjī	（副）	48
重	chóng	（副）	48
重新	chóngxīn	（副）	49
冲	chòng	（介）	353
除	chú	（介）	354
除非	chúfēi	（连）	265
除了	chúle	（介）	355
处处	chùchù	（副）	50
此后	cǐhòu	（连）	266
此外	cǐwài	（连）	267
从	cóng	（介）	356
从此	cóngcǐ	（连）	268
从而	cóng'ér	（连）	268
从来	cónglái	（副）	51
从头	cóngtóu	（副）	52
从未	cóngwèi	（副）	53
从小	cóngxiǎo	（副）	53
从中	cóngzhōng	（副）	53
凑巧	còuqiǎo	（副）	54
D			
打	dǎ	（介）	357
大半	dàbàn	（副）	54
大大	dàdà	（副）	54
大都	dàdōu	（副）	55

大多	dàduō	（副）	55
大力	dàlì	（副）	56
大肆	dàsì	（副）	56
大约	dàyuē	（副）	56
大致	dàzhì	（副）	57
单	dān	（副）	58
但	dàn	（连）	269
但是	dànshì	（连）	269
当	dāng	（介）	358
倒	dào	（副）	58
到处	dàochù	（副）	60
到底	dàodǐ	（副）	61
的	de	（助）	419
地	de	（助）	422
得	de	（助）	424
等	děng	（助）	425
等到	děngdào	（连）	271
的确	díquè	（副）	61
顶	dǐng	（副）	62
定向	dìngxiàng	（副）	63
都	dōu	（副）	64
独自	dúzì	（副）	66
对	duì	（介）	360
对于	duìyú	（介）	361
顿时	dùnshí	（副）	66
多	duō	（副）	67

多半	duōbàn	（副）	69
多亏	duōkuī	（副）	69
多么	duōme	（副）	70
E			
而	ér	（连）	271
而后	érhòu	（副）	70
而且	érqiě	（连）	274
而已	éryǐ	（助）	425
F			
凡	fán	（副）	71
凡是	fánshì	（副）	71
反	fǎn	（副）	72
反倒	fǎndào	（副）	72
反而	fǎn'ér	（副）	72
反复	fǎnfù	（副）	73
反正	fǎnzhèng	（副）	73
反之	fǎnzhī	（连）	275
非	fēi	（副）	73
非常	fēicháng	（副）	75
分别	fēnbié	（副）	76
分外	fènwài	（副）	77
奋勇	fènyǒng	（副）	78
否则	fǒuzé	（连）	275
G			
赶紧	gǎnjǐn	（副）	78
赶快	gǎnkuài	（副）	78

赶忙	gǎnmáng	（副）	78
刚	gāng	（副）	79
刚刚	gānggāng	（副）	83
格外	géwài	（副）	84
给	gěi	（介）	363
给	gěi	（助）	426
跟	gēn	（连）	277
跟	gēn	（介）	365
更	gèng	（副）	84
更加	gèngjiā	（副）	86
公然	gōngrán	（副）	87
共	gòng	（副）	87
姑且	gūqiě	（副）	88
固然	gùrán	（连）	277
怪	guài	（副）	89
关于	guānyú	（介）	367
光	guāng	（副）	90
果然	guǒrán	（副）	91
过	guò	（助）	426
过	guò	（副）	92
过于	guòyú	（副）	92
H			
咳	hāi	（叹）	449
还	hái	（副）	93
还是	háishì	（连）	278
还是	háishì	（副）	95

好	hǎo	（连）	279
好	hǎo	（副）	95
好容易	hǎoróngyi	（副）	96
好像	hǎoxiàng	（副）	97
好在	hǎozài	（副）	98
呵	hē	（叹）	450
何必	hébì	（副）	98
何等	héděng	（副）	99
何况	hékuàng	（连）	280
和	hé	（连）	281
和	hé	（介）	369
嘿	hēi	（叹）	450
很	hěn	（副）	100
哼	hēng	（叹）	451
忽然	hūrán	（副）	102
胡	hú	（副）	103
胡乱	húluàn	（副）	104
互相	hùxiāng	（副）	104
缓缓	huǎnhuǎn	（副）	105
回头	huítóu	（副）	105
或	huò	（连）	282
或是	huòshì	（连）	282
或许	huòxǔ	（副）	106
或者	huòzhě	（连）	283
J			
几乎	jīhū	（副）	106

及	jí	（连）	284
及早	jízǎo	（副）	108
即便	jíbiàn	（连）	285
即将	jíjiāng	（副）	109
即使	jíshǐ	（连）	285
极	jí	（副）	109
极度	jídù	（副）	111
极力	jílì	（副）	111
极其	jíqí	（副）	112
既	jì	（连）	286
既然	jìrán	（连）	287
加以	jiāyǐ	（连）	288
假如	jiǎrú	（连）	289
假设	jiǎshè	（连）	290
简直	jiǎnzhí	（副）	112
渐渐	jiànjiàn	（副）	113
鉴于	jiànyú	（连）	290
鉴于	jiànyú	（介）	370
将	jiāng	（介）	371
将	jiāng	（副）	114
将要	jiāngyào	（副）	115
叫	jiào	（介）	372
较	jiào	（介）	373
较	jiào	（副）	116
皆	jiē	（副）	116
接连	jiēlián	（副）	117

接着	jiēzhe	（连）	291
结果	jiéguǒ	（连）	292
竭力	jiélì	（副）	117
仅	jǐn	（副）	118
仅仅	jǐnjǐn	（副）	118
尽管	jǐnguǎn	（连）	292
尽管	jǐnguǎn	（副）	119
尽快	jǐnkuài	（副）	119
尽量	jǐnliàng	（副）	119
进而	jìn'ér	（连）	293
经过	jīngguò	（介）	373
净	jìng	（副）	120
竟	jìng	（副）	120
竟然	jìngrán	（副）	121
究竟	jiūjìng	（副）	121
就	jiù	（连）	293
就	jiù	（副）	123
就	jiù	（介）	374
就地	jiùdì	（副）	126
就近	jiùjìn	（副）	127
就算	jiùsuàn	（连）	294
居然	jūrán	（副）	127
据	jù	（介）	374
距	jù	（介）	375
距离	jùlí	（介）	376
决	jué	（副）	128

K			
看来	kànlái	（连）	294
靠	kào	（介）	376
可	kě	（副）	128
可见	kějiàn	（连）	295
可巧	kěqiǎo	（副）	129
可是	kěshì	（连）	295
恐怕	kǒngpà	（副）	129
况且	kuàngqiě	（连）	296
L			
啦	la	（助）	428
来	lái	（助）	429
来回	láihuí	（副）	130
老(是)	lǎo(shì)	（副）	130
了	le	（助）	430
离	lí	（介）	377
立即	lìjí	（副）	131
立刻	lìkè	（副）	132
连	lián	（介）	377
连	lián	（副）	132
连连	liánlián	（副）	133
连忙	liánmáng	（副）	133
连同	liántóng	（连）	297
连夜	liányè	（副）	134
另外	lìngwài	（副）	134
陆续	lùxù	（副）	134

屡次	lǔcì	（副）	135
略微	lüèwēi	（副）	135
M			
吗	ma	（助）	433
嘛	ma	（助）	434
马上	mǎshàng	（副）	136
没	méi	（副）	137
没有	méiyǒu	（副）	138
每	měi	（副）	140
猛然	měngrán	（副）	141
免得	miǎnde	（连）	297
明明	míngmíng	（副）	141
莫	mò	（副）	142
默默	mòmò	（副）	142
N			
拿	ná	（介）	379
哪	na	（助）	435
哪怕	nǎpà	（连）	297
那	nà	（连）	298
那么	nàme	（连）	298
难道	nándào	（副）	143
难怪	nánguài	（连）	299
难以	nányǐ	（副）	143
呢	ne	（助）	435
嗯	ńg	（叹）	451
嗯	ňg	（叹）	451

嗯	ǹg	（叹）	451
宁可	nìngkě	（连）	300
宁肯	nìngkěn	（连）	301
宁愿	nìngyuàn	（连）	301
O			
噢	ō	（叹）	452
哦	ò	（叹）	452
偶尔	ǒu'ěr	（副）	144
P			
怕	pà	（副）	144
偏	piān	（副）	144
偏偏	piānpiān	（副）	145
凭	píng	（连）	301
凭	píng	（介）	380
颇	pō	（副）	146
Q			
其次	qícì	（副）	147
其实	qíshí	（副）	148
恰好	qiàhǎo	（副）	148
恰恰	qiàqià	（副）	149
恰巧	qiàqiǎo	（副）	150
千万	qiānwàn	（副）	150
悄悄	qiāoqiāo	（副）	150
且	qiě	（连）	302
且	qiě	（副）	151
亲笔	qīnbǐ	（副）	152

亲手	qīnshǒu	（副）	152
亲眼	qīnyǎn	（副）	153
亲自	qīnzì	（副）	153
全都	quándōu	（副）	153
却	què	（副）	154
R			
然而	rán'ér	（连）	303
然后	ránhòu	（连）	304
让	ràng	（介）	380
任	rèn	（连）	304
任	rèn	（介）	381
任意	rènyì	（副）	154
仍	réng	（副）	155
仍旧	réngjiù	（副）	155
仍然	réngrán	（副）	155
日益	rìyì	（副）	156
如	rú	（连）	304
如果	rúguǒ	（连）	305
若	ruò	（连）	306
S			
擅自	shànzì	（副）	156
尚	shàng	（副）	157
稍	shāo	（副）	158
稍微	shāowēi	（副）	158
甚至	shènzhì	（连）	307
甚至	shènzhì	（副）	160

甚至于	shènzhìyú	（连）	307
省得	shěngde	（连）	308
十分	shífēn	（副）	161
时常	shícháng	（副）	162
时而	shí'ér	（副）	163
时时	shíshí	（副）	163
实在	shízài	（副）	164
始终	shǐzhōng	（副）	165
势必	shìbì	（副）	165
似的	shìde	（助）	437
是否	shìfǒu	（副）	166
首先	shǒuxiān	（连）	309
首先	shǒuxiān	（副）	166
顺	shùn	（介）	381
顺便	shùnbiàn	（副）	166
顺手	shùnshǒu	（副）	167
说不定	shuōbudìng	（副）	167
私自	sīzì	（副）	168
似乎	sìhū	（副）	168
虽	suī	（连）	309
虽然	suīrán	（连）	309
虽说	suīshuō	（连）	310
随	suí	（介）	382
随后	suíhòu	（副）	169
随即	suíjí	（副）	169
随时	suíshí	（副）	170

随意	suíyì	（副）	171
随着	suízhe	（介）	383
所	suǒ	（助）	438
所以	suǒyǐ	（连）	311
索性	suǒxìng	（副）	171
T			
太	tài	（副）	171
倘若	tǎngruò	（连）	312
特别	tèbié	（副）	174
特此	tècǐ	（副）	175
特地	tèdì	（副）	175
特意	tèyì	（副）	175
替	tì	（介）	384
挺	tǐng	（副）	176
通过	tōngguò	（介）	384
同	tóng	（连）	313
同	tóng	（介）	385
同样	tóngyàng	（连）	313
统统	tǒngtǒng	（副）	177
偷偷	tōutōu	（副）	177
W			
哇	wa	（助）	439
万分	wànfēn	（副）	178
万万	wànwàn	（副）	178
万一	wànyī	（连）	314
万一	wànyī	（副）	179

往	wǎng	（介）	386
往往	wǎngwǎng	（副）	179
为	wéi	（介）	386
惟独	wéidú	（副）	180
为	wèi	（介）	389
为了	wèile	（介）	391
未	wèi	（副）	181
未必	wèibì	（副）	182
未免	wèimiǎn	（副）	182
无从	wúcóng	（副）	183
无非	wúfēi	（副）	183
无论	wúlùn	（连）	314
勿	wù	（副）	184
务必	wùbì	（副）	184
X			
瞎	xiā	（副）	184
先	xiān	（副）	185
先后	xiānhòu	（副）	186
现	xiàn	（副）	186
相	xiāng	（副）	187
相继	xiāngjì	（副）	188
向	xiàng	（介）	392
向来	xiànglái	（副）	189
幸好	xìnghǎo	（副）	189
幸亏	xìngkuī	（副）	189
徐徐	xúxú	（副）	190

许	xǔ	（副）	190
Y			
呀	ya	（助）	439
呀	yā	（叹）	453
沿	yán	（介）	394
眼看	yǎnkàn	（副）	190
要	yào	（连）	315
要不	yàobù	（连）	316
要不然	yàobùrán	（连）	317
要不是	yàobùshì	（连）	317
要么	yàome	（连）	318
要是	yàoshì	（连）	318
也	yě	（副）	191
也许	yěxǔ	（副）	193
一	yī	（副）	194
一旦	yīdàn	（副）	196
一道	yīdào	（副）	197
一度	yīdù	（副）	197
一概	yīgài	（副）	197
一个劲儿	yīgejìnr	（副）	198
一共	yīgòng	（副）	198
一会儿	yīhuìr	（副）	199
一举	yījǔ	（副）	200
一口气	yīkǒuqì	（副）	200
一块儿	yīkuàir	（副）	201
一连	yīlián	（副）	202

一律	yīlǜ	（副）	202
一齐	yīqí	（副）	202
一起	yīqǐ	（副）	202
一同	yītóng	（副）	204
一头	yītóu	（副）	204
一下儿	yīxiàr	（副）	204
一下子	yīxiàzi	（副）	205
一向	yīxiàng	（副）	206
一一	yīyī	（副）	206
一再	yīzài	（副）	206
一直	yīzhí	（副）	207
依次	yīcì	（副）	208
依然	yīrán	（副）	209
依照	yīzhào	（介）	395
已	yǐ	（副）	209
已经	yǐjīng	（副）	210
以	yǐ	（连）	319
以	yǐ	（介）	396
以便	yǐbiàn	（连）	320
以及	yǐjí	（连）	320
以来	yǐlái	（助）	440
以免	yǐmiǎn	（连）	321
以至	yǐzhì	（连）	321
以至于	yǐzhìyú	（连）	322
以致	yǐzhì	（连）	322
毅然	yìrán	（副）	211

因此	yīncǐ	（连）	323
因而	yīn'ér	（连）	323
因为	yīnwèi	（连）	324
硬	yìng	（副）	211
哟	yō	（助）	441
哟	yō	（叹）	453
永远	yǒngyuǎn	（副）	212
尤其	yóuqí	（副）	212
由	yóu	（介）	397
由于	yóuyú	（连）	325
由于	yóuyú	（介）	400
有点儿	yǒudiǎnr	（副）	213
有时	yǒushí	（副）	214
有些	yǒuxiē	（副）	215
又	yòu	（副）	216
于	yú	（介）	401
于是	yúshì	（连）	326
与	yǔ	（连）	326
与	yǔ	（介）	403
与其	yǔqí	（连）	327
预先	yùxiān	（副）	218
原来	yuánlái	（副）	219
约	yuē	（副）	219
Z			
再	zài	（副）	220
再三	zàisān	（副）	223

再说	zàishuō	（连）	328
在	zài	（介）	404
在	zài	（副）	224
暂	zàn	（副）	224
暂且	zànqiě	（副）	225
早	zǎo	（副）	225
早日	zǎorì	（副）	226
早晚	zǎowǎn	（副）	226
早已	zǎoyǐ	（副）	226
则	zé	（连）	328
照	zhào	（介）	408
照例	zhàolì	（副）	227
照样	zhàoyàng	（副）	227
着	zhe	（助）	441
真	zhēn	（副）	228
正	zhèng	（副）	229
正巧	zhèngqiǎo	（副）	232
正在	zhèngzài	（副）	232
之	zhī	（助）	442
直	zhí	（副）	233
只	zhǐ	（副）	235
只得	zhǐdé	（副）	236
只顾	zhǐgù	（副）	236
只管	zhǐguǎn	（副）	236
只好	zhǐhǎo	（副）	236
只能	zhǐnéng	（副）	238

只是	zhǐshì	(连)	329
只是	zhǐshì	(副)	238
只要	zhǐyào	(连)	329
只有	zhǐyǒu	(副)	239
只有	zhǐyǒu	(连)	330
至于	zhìyú	(连)	331
至于	zhìyú	(副)	239
终	zhōng	(副)	240
终究	zhōngjiū	(副)	240
终于	zhōngyú	(副)	241
逐步	zhúbù	(副)	242
逐渐	zhújiàn	(副)	242
逐年	zhúnián	(副)	243
专程	zhuānchéng	(副)	243
自	zì	(介)	409
自从	zìcóng	(介)	410
自行	zìxíng	(副)	244
总(是)	zǒng	(副)	244
总共	zǒnggòng	(副)	245
总算	zǒngsuàn	(副)	245
总之	zǒngzhī	(连)	332
足以	zúyǐ	(副)	246
最	zuì	(副)	246
左右	zuǒyòu	(助)	444
作为	zuòwéi	(介)	410

笔画索引

一画			
一	yī	（副）	194
一一	yīyī	（副）	206
一下儿	yīxiàr	（副）	204
一下子	yīxiàzi	（副）	204
一口气	yīkǒuqì	（副）	200
一个劲儿	yīgejìnr	（副）	198
一旦	yīdàn	（副）	196
一头	yītóu	（副）	204
一共	yīgòng	（副）	198
一再	yīzài	（副）	206
一同	yītóng	（副）	204
一向	yīxiàng	（副）	206
一会儿	yīhuìr	（副）	199
一齐	yīqí	（副）	202
一块儿	yīkuàir	（副）	201
一连	yīlián	（副）	202
一直	yīzhí	（副）	207
一度	yīdù	（副）	197
一举	yījǔ	（副）	200
一律	yīlǜ	（副）	202
一起	yīqǐ	（副）	202

一道	yīdào	（副）	197
一概	yīgài	（副）	197
二画			
十分	shífēn	（副）	161
几乎	jīhū	（副）	106
又	yòu	（副）	216
了	le	（助）	430
三画			
于	yú	（介）	401
于是	yúshì	（连）	326
才	cái	（副）	41
才	cái	（连）	264
大力	dàlì	（副）	56
大大	dàdà	（副）	54
大半	dàbàn	（副）	54
大多	dàduō	（副）	55
大约	dàyuē	（副）	56
大都	dàdōu	（副）	55
大致	dàzhì	（副）	57
大肆	dàsì	（副）	56
万一	wànyī	（副）	179
万一	wànyī	（连）	314
万万	wànwàn	（副）	178
万分	wànfēn	（副）	178
与	yǔ	（介）	403
与	yǔ	（连）	326

与其	yǔqí	（连）	327
千万	qiānwàn	（副）	150
凡	fán	（副）	71
凡是	fánshì	（副）	71
及	jí	（连）	284
及早	jízǎo	（副）	108
之	zhī	（助）	442
已	yǐ	（副）	209
已经	yǐjīng	（副）	210
也	yě	（副）	191
也许	yěxǔ	（副）	193
马上	mǎshàng	（副）	136

四画
横起

无从	wúcóng	（副）	183
无论	wúlùn	（连）	314
无非	wúfēi	（副）	138
专程	zhuānchéng	（副）	243
不	bù	（副）	26
不大	bùdà	（副）	32
不仅	bùjǐn	（连）	260
不由得	bùyóude	（副）	39
不只	bùzhǐ	（连）	264
不用	bùyòng	（副）	38
不必	bùbì	（副）	30
不过	bùguò	（连）	260

不至于	bùzhìyú	（副）	40
不论	bùlùn	（连）	261
不如	bùrú	（连）	269
不时	bùshí	（副）	36
不但	bùdàn	（连）	257
不住	bùzhù	（副）	41
不免	bùmiǎn	（副）	36
不妨	bùfáng	（副）	34
不要	bùyào	（副）	37
不定	bùdìng	（副）	33
不宜	bùyí	（副）	38
不料	bùliào	（副）	35
不停	bùtíng	（副）	37
不断	bùduàn	（副）	34
不然	bùrán	（连）	262
不曾	bùcéng	（副）	32
不禁	bùjīn	（副）	35
不管	bùguǎn	（连）	259
太	tài	（副）	171
尤其	yóuqí	（副）	212
互相	hùxiāng	（副）	104
比	bǐ	（介）	350
比较	bǐjiào	（副）	19
竖起			
日益	rìyì	（副）	156
撇起			

仅	jǐn	（副）	118
仅仅	jǐnjǐn	（副）	118
反	fǎn	（副）	72
反之	fǎnzhī	（连）	275
反正	fǎnzhèng	（副）	73
反而	fǎn'ér	（副）	72
反复	fǎnfù	（副）	73
反倒	fǎndào	（副）	72
公然	gōngrán	（副）	86
从	cóng	（介）	356
从小	cóngxiǎo	（副）	53
从中	cóngzhōng	（副）	53
从未	cóngwèi	（副）	53
从头	cóngtóu	（副）	52
从而	cóng'ér	（连）	268
从此	cóngcǐ	（连）	268
从来	cónglái	（副）	51
分外	fènwài	（副）	77
分别	fēnbié	（副）	76
勿	wù	（副）	184
点起			
为	wéi	（介）	386
为	wèi	（介）	389
为了	wèile	（介）	391
以	yǐ	（连）	329
以	yǐ	（介）	396

以及	yǐjí	（连）	320
以至	yǐzhì	（连）	321
以至于	yǐzhìyú	（连）	322
以来	yǐlái	（助）	440
以免	yǐmiǎn	（连）	321
以便	yǐbiàn	（连）	320
以致	yǐzhì	（连）	322
五画			
横起			
未	wèi	（副）	181
未必	wèibì	（副）	182
未免	wèimiǎn	（副）	182
正	zhèng	（副）	229
正巧	zhèngqiǎo	（副）	232
正在	zhèngzài	（副）	232
本	běn	（副）	15
本来	běnlái	（副）	16
本着	běnzhe	（介）	349
打	dǎ	（介）	357
可	kě	（副）	128
可见	kějiàn	（连）	295
可巧	kěqiǎo	（副）	129
可是	kěshì	（连）	295
左右	zuǒyòu	（助）	444
竖起			
且	qiě	（副）	151

且	qiě	（连）	302
由	yóu	（介）	397
由于	yóuyú	（连）	325
由于	yóuyú	（介）	400
只	zhǐ	（副）	235
只有	zhǐyǒu	（副）	239
只有	zhǐyǒu	（连）	330
只好	zhǐhǎo	（副）	236
只是	zhǐshì	（副）	238
只是	zhǐshì	（连）	329
只要	zhǐyào	（连）	329
只能	zhǐnéng	（副）	238
只顾	zhǐgù	（副）	236
只得	zhǐdé	（副）	236
只管	zhǐguǎn	（副）	236
叫	jiào	（介）	373
另外	lìngwài	（副）	134
撇起			
仍	réng	（副）	155
仍旧	réngjiù	（副）	155
仍然	réngrán	（副）	155
白	bái	（副）	13
白白	báibái	（副）	14
必	bì	（副）	19
必定	bìdìng	（副）	20
必须	bìxū	（副）	21

处处	chùchù	(副)	50
务必	wùbì	(副)	184
点起			
立即	lìjí	(副)	131
立刻	lìkè	(副)	132
宁可	nìngkě	(连)	300
宁肯	nìngkěn	(连)	301
宁愿	nìngyuàn	(连)	301
让	ràng	(介)	380
永远	yǒngyuǎn	(副)	212
折起			
加以	jiāyǐ	(连)	288
对	duì	(介)	360
对于	duìyú	(介)	361
六画			
横起			
地	de	(助)	422
老(是)	lǎo(shì)	(副)	130
共	gòng	(副)	87
再	zài	(副)	220
再三	zàisān	(副)	223
再说	zàishuō	(连)	328
在	zài	(副)	224
在	zài	(介)	404
有时	yǒushí	(副)	215
有些	yǒuxiē	(副)	216

有点儿	yǒudiǎnr	（副）	214
而	ér	（连）	271
而已	éryǐ	（助）	425
而且	érqiě	（连）	274
而后	érhòu	（副）	70
过	guò	（副）	92
过	guò	（助）	426
过于	guòyú	（副）	92
至于	zhìyú	（副）	239
至于	zhìyú	（连）	331
毕竟	bìjìng	（副）	21
竖起			
此外	cǐwài	（连）	267
此后	cǐhòu	（连）	266
早	zǎo	（副）	225
早已	zǎoyǐ	（副）	226
早日	zǎorì	（副）	226
早晚	zǎowǎn	（副）	226
光	guāng	（副）	90
当	dāng	（介）	358
同	tóng	（连）	313
同	tóng	（介）	358
同样	tóngyàng	（连）	313
因为	yīnwèi	（连）	324
因而	yīn'ér	（连）	323
因此	yīncǐ	（连）	323

回头	huítóu	（副）	105
吗	ma	（助）	
则	zé	（连）	
刚	gāng	（副）	79
刚刚	gānggāng	（副）	83

撇起

先	xiān	（副）	185
先后	xiānhòu	（副）	186
任	rèn	（连）	304
任	rèn	（介）	381
任意	rènyì	（副）	154
自	zì	（介）	409
自从	zìcóng	（介）	410
自行	zìxíng	（副）	244
全都	quándōu	（副）	153
向	xiàng	（介）	392
向来	xiànglái	（副）	189
似乎	sìhū	（副）	168
似的	shìde	（助）	437
多	duō	（副）	67
多亏	duōkuī	（副）	69
多么	duōme	（副）	70
多半	duōbàn	（副）	69

点起

并	bìng	（副）	25
并	bìng	（连）	255

并且	bìngqiě	（连）	255
并非	bìngfēi	（副）	25
关于	guānyú	（介）	367
冲	chòng	（介）	325
决	jué	（副）	128
许	xǔ	（副）	190

折起

那	nà	（连）	298
那么	nàme	（连）	298
尽快	jǐnkuài	（副）	119
尽量	jǐnliàng	（副）	119
尽管	jǐnguǎn	（副）	119
尽管	jǐnguǎn	（连）	292
如	rú	（连）	304
如果	rúguǒ	（连）	305
好	hǎo	（副）	95
好	hǎo	（连）	279
好在	hǎozài	（副）	98
好容易	hǎoróngyi	（副）	96
好像	hǎoxiàng	（副）	97
约	yuē	（副）	219

七画
横起

进而	jìn'ér	（连）	293
却	què	（副）	154
极	jí	（副）	109

极力	jílì	（副）	111
极其	jíqí	（副）	112
极度	jídù	（副）	111
更	gèng	（副）	84
更加	gèngjiā	（副）	86
把	bǎ	（介）	342
否则	fǒuzé	（连）	275
来	lái	（助）	429
来回	láihuí	（副）	130
连	lián	（副）	132
连	lián	（介）	377
连同	liántóng	（连）	297
连忙	liánmáng	（副）	133
连连	liánlián	（副）	133
连夜	liányè	（副）	134
竖起			
时而	shí'ér	（副）	163
时时	shíshí	（副）	163
时常	shícháng	（副）	162
呀	ya	（助）	439
呀	yā	（叹）	453
足以	zúyǐ	（副）	246
吧	ba	（助）	342
别	bié	（副）	23
撇起			
私自	sīzì	（副）	168

何必	hébì	（副）	98
何况	hékuàng	（连）	280
何等	héděng	（副）	99
但	dàn	（连）	269
但是	dànshì	（连）	269
作为	zuòwéi	（介）	410
每	měi	（副）	140
免得	miǎnde	（连）	291
点起			
况且	kuàngqiě	（连）	296
还	hái	（副）	93
还是	háishì	（副）	95
还是	háishì	（连）	279
没	méi	（副）	137
没有	méiyǒu	（副）	138
究竟	jiūjìng	（副）	121
折起			
即使	jíshǐ	（连）	285
即便	jíbiàn	（连）	285
即将	jíjiāng	（副）	109
陆续	lùxù	（副）	134
八画			
横起			
现	xiàn	（副）	186
幸亏	xìngkuī	（副）	189
幸好	xìnghǎo	（副）	189

其次	qícì	(副)	147
其实	qíshí	(副)	148
若	ruò	(连)	306
直	zhí	(副)	233
按	àn	(介)	340
按时	ànshí	(副)	12
按期	ànqī	(副)	12
按照	ànzhào	(介)	341
势必	shìbì	(副)	165
或	huò	(连)	282
或许	huòxǔ	(副)	106
或者	huòzhě	(连)	283
或是	huòshì	(连)	282
顶	dǐng	(副)	62
奋勇	fènyǒng	(副)	78
到处	dàochù	(副)	60
到底	dàodǐ	(副)	61
始终	shǐzhōng	(副)	165
竖起			
非	fēi	(副)	73
非常	fēicháng	(副)	75
果然	guǒrán	(副)	91
固然	gùrán	(连)	277
明明	míngmíng	(副)	141
呵	hē	(叹)	450
哎	āi	(叹)	448

哎呀	āiyā	（叹）	448
哎哟	āiyō	（叹）	448
呢	ne	（助）	435
撇起			
和	hé	（连）	281
和	hé	（介）	369
凭	píng	（连）	301
凭	píng	（介）	380
依次	yīcì	（副）	208
依然	yīrán	（副）	209
依照	yīzhào	（介）	395
的	de	（助）	419
的确	díquè	（副）	61
往	wǎng	（介）	386
往往	wǎngwǎng	（副）	179
所	suǒ	（助）	438
所以	suǒyǐ	（连）	311
忽然	hūrán	（副）	102
点起			
单	dān	（副）	58
净	jìng	（副）	120
怕	pà	（副）	144
怪	guài	（副）	89
沿	yán	（介）	394
定向	dìngxiàng	（副）	63
尚	shàng	（副）	157

实在	shízài	（副）	164
折起			
居然	jūrán	（副）	127
姑且	gūqiě	（副）	88
终	zhōng	（副）	240
终于	zhōngyú	（副）	241
终究	zhōngjiū	（副）	240
经过	jīngguò	（介）	373
九画			
横起			
甚至	shènzhì	（副）	160
甚至	shènzhì	（连）	307
甚至于	shènzhìyú	（连）	307
恐怕	kǒngpà	（副）	129
要	yào	（连）	315
要么	yàome	（连）	318
要不	yàobù	（连）	316
要不是	yàobùshì	（连）	317
要不然	yàoburán	（连）	317
要是	yàoshì	（连）	318
哟	yō	（助）	441
哟	yō	（叹）	453
胡	hú	（副）	103
胡乱	húluàn	（副）	104
挺	tǐng	（副）	176
甭	béng	（副）	16

皆	jiē	（副）	116
相	xiāng	（副）	187
相继	xiāngjì	（副）	188
竖起			
省得	shěngde	（连）	308
是否	shìfǒu	（副）	166
哇	wa	（助）	439
虽	suī	（连）	309
虽说	suīshuō	（连）	310
虽然	suīrán	（连）	309
咳	hāi	（叹）	449
哪	na	（助）	435
哪怕	nǎpà	（连）	297
撇起			
便	biàn	（副）	22
便	biàn	（连）	255
看来	kànlái	（连）	294
重	chóng	（副）	48
重新	chóngxīn	（副）	49
顺	shùn	（介）	381
顺手	shùnshǒu	（副）	167
顺便	shùnbiàn	（副）	166
独自	dúzì	（副）	66
点起			
差点儿	chàdiǎnr	（副）	45
首先	shǒuxiān	（副）	166

首先	shǒuxiān	（连）	309
亲手	qīnshǒu	（副）	152
亲自	qīnzì	（副）	153
亲笔	qīnbǐ	（副）	152
亲眼	qīnyǎn	（副）	153
总(是)	zǒng	（副）	244
总之	zǒngzhī	（连）	332
总共	zǒnggòng	（副）	245
总算	zǒngsuàn	（副）	245
恰巧	qiàqiǎo	（副）	150
恰好	qiàhǎo	（副）	148
恰恰	qiàqià	（副）	149
说不定	shuōbudìng	（副）	167
将	jiāng	（副）	114
将	jiāng	（介）	371
将要	jiāngyào	（副）	115
折起			
结果	jiéguǒ	（连）	292
给	gěi	（介）	363
给	gěi	（助）	426
统统	tǒngtǒng	（副）	177
既	jì	（连）	286
既然	jìrán	（连）	287
除	chú	（介）	354
除了	chúle	（介）	355
除非	chúfēi	（连）	265

十画

横起

替	tì	（介）	384
赶忙	gǎnmáng	（副）	78
赶快	gǎnkuài	（副）	78
赶紧	gǎnjǐn	（副）	78
都	dōu	（副）	64
莫	mò	（副）	142
真	zhēn	（副）	228
格外	géwài	（副）	84
原来	yuánlái	（副）	219
逐步	zhúbù	（副）	242
逐渐	zhújiàn	（副）	242
索性	suǒxìng	（副）	171
顿时	dùnshí	（副）	66
较	jiào	（副）	116
较	jiào	（介）	373

竖起

哼	hēng	（叹）	451
啊	a	（助）	416
啊	ā	（叹）	447
啊	á	（叹）	447
啊	ǎ	（叹）	447
啊	à	（叹）	447
唉	āi	（叹）	449
唉	ài	（叹）	449

哦	ò	（叹）	452
撇起			
乘机	chéngjī	（副）	48
特地	tèdì	（副）	175
特此	tècǐ	（副）	175
特别	tèbié	（副）	174
特意	tèyì	（副）	175
倒	dào	（副）	58
倘若	tǎngruò	（连）	312
徐徐	xúxú	（副）	191
很	hěn	（副）	100
拿	ná	（介）	379
般	bān	（助）	418
点起			
离	lí	（介）	377
悄悄	qiāoqiāo	（副）	150
被	bèi	（介）	346
通过	tōngguò	（介）	384
折起			
预先	yùxiān	（副）	218
难以	nányǐ	（副）	143
难怪	nánguài	（连）	299
难道	nándào	（副）	143
十一画			
横起			
接连	jiēlián	（副）	117

接着	jiēzhe	（连）	291
据	jù	（介）	374
硬	yìng	（副）	211
竖起			
常	cháng	（副）	46
常常	chángcháng	（副）	47
略微	lüèwēi	（副）	135
距	jù	（介）	375
距离	jùlí	（介）	376
啦	la	（助）	428
撇起			
偶尔	ǒu'ěr	（副）	144
偏	piān	（副）	144
偏偏	piānpiān	（副）	144
偷偷	tōutōu	（副）	177
假如	jiǎrú	（连）	289
假设	jiǎshè	（连）	290
得	de	（助）	424
猛然	měngrán	（副）	141
竟	jìng	（副）	120
竟然	jìngrán	（副）	121
惟独	wéidú	（副）	180
点起			
着	zhe	（助）	441
凑巧	còuqiǎo	（副）	54
渐渐	jiànjiàn	（副）	113

折起			
随	suí	（介）	382
随后	suíhòu	（副）	169
随时	suíshí	（副）	170
随即	suíjí	（副）	169
随着	suízhe	（介）	383
随意	suíyì	（副）	171
颇	pō	（副）	146
十二画			
趁	chèn	（介）	352
朝	cháo	（介）	351
暂	zàn	（副）	224
暂且	zànqiě	（副）	225
眼看	yǎnkàn	（副）	190
最	zuì	（副）	246
稍	shāo	（副）	158
稍微	shāowēi	（副）	158
等	děng	（助）	425
等到	děngdào	（连）	271
就	jiù	（副）	123
就	jiù	（连）	293
就	jiù	（介）	324
就地	jiùdì	（副）	126
就近	jiùjìn	（副）	127
就算	jiùsuàn	（连）	294
曾	céng	（副）	43

曾经	céngjīng	（副）	41
屡次	lǚcì	（副）	135
缓缓	huǎnhuǎn	（副）	105
然后	ránhòu	（连）	304
然而	rán'ér	（连）	305
十三画			
鉴于	jiànyú	（介）	371
鉴于	jiànyú	（连）	290
暗暗	àn'àn	（副）	12
照	zhào	（介）	408
照例	zhàolì	（副）	227
照样	zhàoyàng	（副）	227
跟	gēn	（连）	277
跟	gēn	（介）	365
嗯	ńg	（叹）	451
嗯	ňg	（叹）	451
嗯	ǹg	（叹）	451
简直	jiǎnzhí	（副）	112
十四画			
嘛	ma	（助）	434
竭力	jiélì	（副）	117
十五画			
瞎	xiā	（副）	184
嘿	hēi	（叹）	450
噢	ō	（叹）	452
靠	kào	（介）	376

毅然	yìrán	（副）	211
十六画			
擅自	shànzì	（副）	156
默默	mòmò	（副）	142